柳经纬，福建寿宁人，1982年厦门大学历史系本科毕业，获历史学学士学位；1985年厦门大学法律系民法专业研究生毕业，获法学硕士学位。毕业后留校任教，1996年晋升教授，2003年被授予博士研究生导师资格。创办《厦门大学法律评论》，并任主编至2005年6月。2005年3月调至中国政法大学，现任中国政法大学教授、博士生导师、科研处处长。主要学术兼职有中国法学会民法学会理事，中国法学会商法学会常务理事。合著或主编的著作和教材有《民法总论》、《物权法》、《债权法》、《商法总论》、《医患关系法论》、《上市公司关联交易法律问题研究》、《我国民事立法的回顾与展望》、《最新司法案例精解丛书》等。

作者简介

郭懿美，美国杜兰大学法律科学博士(S.J.D.)(1991)，厦门大学管理学院管理科学副教授(2001-2007)，现任厦门大学法学院经济法学教研室教授。编著《入世后中国企业必备国际法规与陷阱防范——跨入世界门槛的通行证》(2001)、《电子商务法律与实务》(2004)、《经济法》(2007)，主编《电子商务法经典案例研究》(2006)，副主编《电子商务法》(科学出版社2007年版)，译著《防止小企业内部的网络欺诈——审计师与业主须知》(2001)。

蔡庆辉，厦门大学法学院副教授，国际法学博士研究生，硕士研究生导师，福建省法学会国际法专业委员会常务副主任。曾获福建省第六届社科优秀成果奖三等奖，厦门市第六次、第七次社会科学优秀成果三等奖，曾主持上海WTO事务咨询中心课题"欧盟对华反倾销案例研究（机械冶金类）"，并参与"经济全球化进程中税收国际协调法律问题研究"等国家社科基金、商务部、国家税务总局多项课题。已正式出版论著《电子商务法经典案例研究》(主编,2006)、《欧盟对华反倾销案例研究》(主编,2006)、《国际经济法》(副主编)等11部，并在《现代法学》、《厦门大学学报（哲社版）》等专业期刊上发表论文40余篇。

[商法系列]

主　编　柳经纬
副主编　刘永光
　　　　陈明添

【第三版】

郭懿美　蔡庆辉

电子商务法

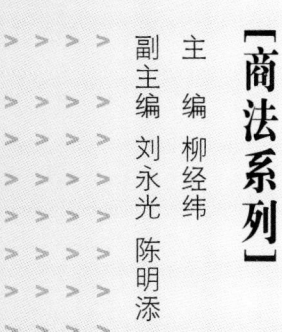

厦门大学出版社
XIAMEN UNIVERSITY PRESS

国家一级出版社
全国百佳图书出版单位

第二版前言

本系列丛书出版以来,我国的商事立法又有了重大进展。2005年10月27日,第十届全国人民代表大会常务委员会第十八次会议分别通过了修订后的《中华人民共和国公司法》和《中华人民共和国证券法》。借这两部法律修订之际,我们组织作者,对本系列丛书进行及时的修订。

本次修订,我们依然遵循初版的编写宗旨,注重结合我国的立法和司法实践,系统地阐述各商事法律的基本概念、基本知识和基本理论,并尽可能地汲取理论研究的新成果。

值此再版之际,再次感谢厦门大学出版社的大力支持,并对支持本系列丛书出版和修订的其他各位人士,一并致谢。

刘永光(代)
2007年1月

第一版前言

在我国社会主义法制建设中,商事立法是最为活跃的领域,也是最具成就的领域。从1979年的《中外合资经营企业法》,到1993年的《公司法》,再到2001年的《信托法》,大凡公司、企业、证券、票据、保险、海商、信托、担保、期货、招投标、拍卖等多数商事法领域,都有了专门的立法(法律或法规)。由于商事法律最直接地反映了市场经济的要求,学习和掌握商事法的理论知识可以直接服务于市场经济活动,因而在法学教育以及各种形式的法律知识培训中,商事法都备受重视,成为法律学习中的一个突出的亮点,商事法研究也成为法学理论研究的热点之一。

厦门大学法律系近年来一直致力于民商法学科和课程、教材的建设,组织编写了民商法学系列教材(包括民法总论、物权法、债权法、知识产权法、婚姻家庭和继承法、商法[上、下]),取得了一定的效果。为了进一步推进商事法的理论教学和研究,厦门大学法律系与福建省政法管理干部学院首次合作,组织部分从事民商法理论教学和研究的教师,编写了这套商法丛书,力图在商事法的教学和研究方面,有所作为。

编写本丛书的初衷在于为法学本科专业学生提供一套较为完整的商事法教材和参考书,因此我们特别强调,应当注重结合我国的立法和司法实践,系统地阐述各商事法律的基本概念、基本知识和基本理论,并尽可能地汲取理论研究的新成果。因此,本丛书既可作为商事法教学用书,亦可作为一般读者了解和掌握商法或商法的某个领域的法律知识之读物。

本丛书由柳经纬担任主编,刘永光和陈明添担任副主编。《电子商务法》为本丛书之一,具体分工:郭懿美撰写第一章、第六章、第七章、第八章、第九章、第十章、第十一章;蔡庆辉撰写第二章、第三章、第四章、第五章、第十二章。本书不足之处,敬请读者和专家批评指正。

本丛书的编写得到厦门大学出版社的大力支持,在此表示感谢。

柳经纬

2003 年国庆

目 录

第一章　电子商务与电子商务法……………………………… 1
　第一节　电子商务概述……………………………………… 1
　第二节　国际电子商务法律环境…………………………… 12
　第三节　我国电子商务法律环境…………………………… 30
　第四节　我国电子商务法立法建议与进展………………… 40
第二章　电子合同法律问题…………………………………… 45
　第一节　电子合同概述……………………………………… 45
　第二节　电子合同的成立与生效…………………………… 51
　第三节　电子合同的履行与违约救济……………………… 81
第三章　电子签名与电子认证法律问题……………………… 90
　第一节　电子签名法律问题………………………………… 90
　第二节　电子认证法律问题………………………………… 108
第四章　电子支付法律问题…………………………………… 128
　第一节　电子支付概述……………………………………… 128
　第二节　网上银行的法律问题……………………………… 142
　第三节　电子货币的法律…………………………………… 148
　第四节　电子资金划拨的法律问题………………………… 151
第五章　电子商务税收法律问题……………………………… 157
　第一节　电子商务对税法的冲击与挑战…………………… 157
　第二节　国际上对电子商务税收的态度及我国的对策…… 161
第六章　网络金融的法律问题………………………………… 167
　第一节　网络金融概述……………………………………… 167
　第二节　网络金融的发展及主要问题……………………… 169
　第三节　对中国发展网络金融的建议……………………… 189

第七章　电子商务中的知识产权保护问题 192
- 第一节　电子商务专利 192
- 第二节　域名的法律保护 196
- 第三节　网络著作权的保护与限制 212
- 第四节　网上商业秘密保护的问题 231

第八章　电子商务中的反垄断和不正当竞争问题 246
- 第一节　中国对反垄断的法规 246
- 第二节　中国网上反垄断案例简介 250
- 第三节　中国对网上不正当竞争的法规 252
- 第四节　中国网上反不正当竞争案例简介 254

第九章　电子商务中的消费者权益保护问题 270
- 第一节　电子商务中的消费者权利 270
- 第二节　网络服务经营者的义务和责任 277
- 第三节　我国网络消费者保护有关案例 282

第十章　电子商务中的隐私权保护问题 289
- 第一节　隐私权的意义 289
- 第二节　我国隐私权保护的法律基础 290
- 第三节　信息科技对隐私权保护的新威胁 292
- 第四节　网络服务提供商的隐私权保护责任 297
- 第五节　我国网络隐私权保护立法进展 299
- 第六节　垃圾邮件（spam）的管制问题 301

第十一章　网络犯罪问题 308
- 第一节　国际网络犯罪防治的概况 308
- 第二节　网络犯罪的特点暨构成特征 311
- 第三节　网络犯罪的种类与案例选介 313
- 第四节　我国对网络犯罪的规范与防治对策 321

第十二章　电子商务纠纷的解决问题 328
- 第一节　电子商务纠纷的司法管辖问题 328
- 第二节　电子商务纠纷的法律适用问题 345
- 第三节　电子商务纠纷解决的替代方式
  ——在线争议解决方式 356
- 第四节　电子商务诉讼中的电子证据问题 362

参考书目 368

第一章
电子商务与电子商务法

第一节 电子商务概述

一、电子商务的定义

作为一种新兴的交易模式，电子商务（Electronic Commerce，简称 E-Commerce 或 EC）虽然发展迅猛，但目前学术界和实务界对其尚无明确定义。1996年12月16日联合国国际贸易法委员会（UNCITRAL）在联合国第51次会议上所通过的《电子商务示范法》（*Model Law on Electronic Commerce*）的第1条规定："本法适用于在任何商业活动过程中所使用以数据信息形式存在的任何形式的信息。"该条不是对电子商务的准确定义，而只是对该法适用范围的定义。不过我们从该规定中可以推论得出该法对电子商务的基本看法：凡是运用数据电文的商业或商务活动，均视为电子商务。

《电子商务示范法》第1条(a)项对"数据电文"的解释为："系指由电子、光学或类似手段，包括但不限于电子数据交换（EDI）、电子邮件、电报、电传、电子复印等方式，所产生、发送、接受或储存的信息形式。"其核心意思是商业活动的信息是运用电子手段表达、传递的。因此，《电子商务示范法》对电子商务的理解也可以表达为：电子商务就是"商务活动电子化"，或者说是"电子技术＋商务活动"。[①]

《电子商务示范法》在脚注5中注明："'商业'这一术语应作广泛解释，包括来源于所有具有商业特征的关系的事项，不论是否存在合同。具有商业特征的关系包括但不限于下列业务：提供或交换商品或服务的任何贸易业务；分销协议；贸易代表或代理；代管；租赁；建筑工程；咨询；工程；许可；投资；融资；

[①] 高富平主编：《电子商务法律指南》，法律出版社，2003年版，第1页。

银行;保险;开发协议或特许;合资或者其他形式的工业或商业合作;以航空、海运、铁路或公路方式运输货物或乘客。"

1997年4月15日,欧盟制定的《欧洲电子商务提案》第5点对电子商务作了以下描述:"电子商务是指通过电子网络来做生意。电子商务基于对文本、声音和图像数据的电子处理与传输来实现。它包括多种行为,如商品的电子贸易和服务,数字内容在线发送,电子资金转账,电子股票交易,电子提货单,商业拍卖,合作设计和工程,在线资源,政府采购,消费者直接买卖和售后服务。电子商务既涉及产品(例如消费品、专业化的医药设备)又涉及服务(例如信息服务、金融和法律服务);既包括一些传统行为(如健康、教育)又包括一些新型行为(如虚拟商场)。"①

美国Kalakota和Whinston两位学者则对电子商务做了如下定义:

1. 广义的电子商务,指现代的一种商业行为,其目标在于应付企业与客户的需求,达到降低成本、增进商品及服务质量,并且强化服务提供的效率。

2. 狭义的电子商务,泛指运用现代的电脑网络,或是未来由无数网络所组成的"信息高速公路"(Information Superhighway),来销售与购买信息、产品以及服务等行为。②

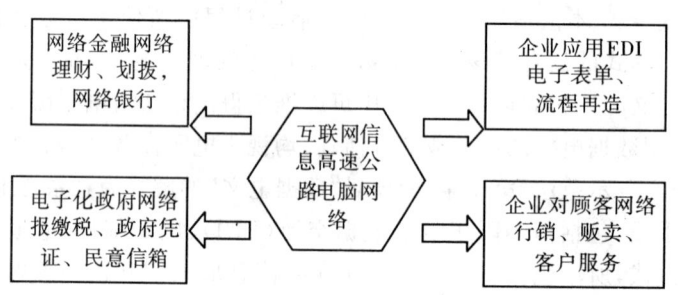

图1-1 电子商务运行简图

资料来源:邵晓薇、郭雨涵:《电子商务导论》,台湾旗标出版(股)公司,1990年版,第1~4页。

---

① 阿拉木斯、高富平主编:《中华人民共和国电子商务与网络法规汇编》,法律出版社2002年版,第552页。

② Kalakota & Whinston, *Frontiers of Electronic Commerce*, 1997, 转引自邵晓薇、郭雨涵:《电子商务导论》,台湾旗标出版(股)公司1990年版,第1~4、1~5页。

此外，我国也有专家认为，电子商务本质上是交易的一种方式，从交易的结构来看，交易主体依然是企业、消费者，交易客体包括有形商品和无形商品，交易场所则是网络平台。一般而言，电子商务就是利用电子数据在消费者、企业和政府间进行无纸化的信息交换（包括商品信息及其订购信息、资金信息及其支付信息、安全及其认证信息等），在参与者之间建立一种自动化的关系，完成信息流、物流和资金流配置。电子商务与传统交易的最大的区别在于交易场所的不同，因而演变出新的交易规则，电子商务的最基本的规则是在任何时间（anytime）、任何地点（anywhere）提供任何方式（any style）的交易。电子商务实质上是用先进的信息技术改造传统商业模式的一次革命。

电子商务的主体是政府（Government）、企业（Business）以及消费者（Consumer）。政府是作为管理者的角色出现，主要制定电子商务的"游戏规则"，维护网络的安全和保密、保障知识产权和交易主体的隐私权等；企业和消费者是交易主体，门类各异、形态百千的交易在企业与消费者之间通过不同的组合在网络平台上发生，这是电子商务发展最快、最激动人心的部分。①

二、电子商务的分类

透过电子商务纷繁复杂的交易形态，我们发现，根据交易主体的不同，电子商务分为企业对企业（B2B）、企业对个人（B2C）、个人对个人（C2C）以及个人对企业（C2B）四种模式，其中前两种是电子商务中最常见的模式。B2C 涉及的领域广泛，如股票交易、PC、Modem、金融、中介服务、鲜花礼品等等；B2B 大多发生在企业之间的大宗交易中，如电子元器件、会计服务、商业抵押、证券、电机、网络产品、解决方案等。目前涉及电子商务的网站主要从事 B2B，B2C 较少，这是由于网上购物的消费者少，但 B2C 应是电子商务发展的大趋势，也是电子商务最具潜力和盈利空间的领域。根据商品的形态的不同，电子商务则分为无形商品的电子商务和有形商品的电子商务。无形商品的电子商务在网络上完成订购、支付资金、交付商品的全部行为，即信息流、资金流和物流都在网络上发生；有形商品的电子商务则在网络上完成订购、支付过程，交付行为则通过商品配送系统来完成，即信息流、资金流发生在网络上，物流则

---

① 巴劲松：《电子商务的发展趋势与立法原则的调整》，《管理咨询》，http://www.chinese-voices.net/tanpanjuaiche/0995.htm。

在网络外进行。①

随着电子商务的发展,近些年来又出现了市场与市场之间(Market to Market,简称 M to M 或 M2M)、点对点之间(Peer to Peer,简称 P to P 或 P2P)的新模式。电子商务从内容上可以分为三类,即网上购物、网上服务、网上洽谈商务。网上购物又可分为两类,一类是有形商品交易,一类是无形商品交易。网上服务主要是信息服务,也包括金融服务等。网上洽谈商务包括询价、报价、发布商业信息、签订合同、结算等,也包括知识产权贸易。

此外,世界著名的市场数据统计和分析公司 Dataquest 公司,将现有的各种电子商务经营方式分为 5 种:

1. 电子零售商(e-Tailers),指直接向消费者提供商品和服务的电子商务经营方式;

2. 商业门户(Portals),指引导消费者到其他网站达成交易的经营方式;

3. 专项事务服务者(Metamendiaries),指以专项事务(如婚丧嫁娶、生子、买卖房地产等)为目标提供商品和服务的电子商务经营方式;

4. 动态价格制定者(Dynamic Pricers)或社区组织者,指将供需双方撮合在一起进行电子商务交易的经营方式,如进行拍卖(顾客报价)、逆向拍卖(卖主互相竞价)、集体议价(通过集体购买压低价格)、集中采购(供方联合起来,满足需方的特定要求)、双向撮合(把供需双方撮合在一起进行交易等);以及

5. 关系中介者(Relationship Mediators),指采用各种灵活方式,协助用户在网上购物或找到满意的服务的经营方式,包括购物代理、管理服务、信息咨询服务等。

前四种经营方式现已基本完备成型,第五种经营方式已崭露头角,正待发展,预计将会成为未来电子商务最主要的经营方式。②

三、全球上网人口与电子商务发展情况

随着网络的普及和应用,全球上网人口与电子商务的交易量迅速增加。联合国国际电信联盟(ITU)2011 年初公布了最新的统计数据,截至 2010 年

---

① 巴劲松:《电子商务的发展趋势与立法原则的调整》,《管理咨询》,http://www.chinese-voices.net/tanpanjuaiche/0995.htm。

② 李顺德:《中国知识产权保护制度的发展和完善》,中国法学网,2003.6.23,http://www.jcrb.com/zyw/n144/ca79528.htm。

年底,全球网民数量已达 20.8 亿,同时手机用户数量已达 52.8 亿。①据市场研究机构波士顿咨询公司(Boston Consulting Group)最新报告显示,世界网民数量到 2016 年将达到 30 亿,约占全球总人口的 45%。②

而 2012 年 1 月 16 日中国互联网络信息中心(CNNIC)发布的第 29 次《中国互联网络发展状况统计报告》显示,截至 2011 年 12 月 31 日,我国网民数量已经达到 5.13 亿人,③是全球上网人口最多的国家。

据 Internet Retailers 引用 Goldman Sachs 的一组数据显示,2010 年全球电子商务规模为 5725 亿美元,平均增速为 19.4%;预计到 2013 年全球电子商务销售额将接近万亿美元,达到 9630 亿美元。2010 年美国电子商务占全球交易额比例为 29%,欧洲达到 34%。Goldman Sachs 预计 2012 年亚洲占比将达到 27.5%,超过欧洲所占市场份额。对于全球移动电子商务市场,不同的研究机构争议较大。来自于 Coda Rsearch 的数据显示,2010 年移动电子商务规模达到 24 亿美元,预计在 2015 年达到 238 亿美元。但 ABI 数据则预计 2015 年移动电子商务规模仅为 107 亿美元。④

而据艾瑞咨询最新统计数据显示,2011 年中国电子商务市场整体交易规模达到 7.0 万亿元,同比增长 46.4%。预计未来 3—5 年内,中国电子商务市场仍将维持稳定的增长态势,平均增速超过 35%,2015 年达到 26.5 万亿元。又据艾瑞咨询统计数据显示,2011 年电子商务市场细分行业结构中,B2B 电子商务交易额占比 86.6%,较 2010 年略降 1.7 个百分点,其中,中小企业 B2B 电子商务交易规模占比最高,为 48.9%,比 2010 年下降 3.9 个百分点;规模以上企业 B2B 交易规模占比 37.7%,比 2010 年提高了 2.2 个百分点;网络购物交易规模占比由 2010 年的 10.4%上升至 2011 年的 11.0%。⑤

电子商务作为新型的商业模式,首先,其最根本的革命就是缩短供给者与

---

① 仲丽丽:《全球网民达 20.8 亿 手机用户数量达 52.8 亿》,2011.1.30,http://news.zol.com.cn/215/2156176.html。

② 《报告称 2016 年全球网民达 30 亿》,2012.1.29,http://digi.runsky.com/2012-01/29/content_4145261.htm。

③ 参见《CNNIC 发布第 29 次〈中国互联网络发展状况统计报告〉》,2012.1.16,http://www.cnnic.cn/dtygg/dtgg/201201/t20120116_23667.html。

④ 《Internet Retailers:2013 年全球电子商务销售额将达 9630 亿美元》,,http://www.199it.com/archives/201103137942.html。

⑤ 艾瑞咨询:2011 年中国电子商务交易规模达 7.0 万亿元,2012.1.13,,http://www.aliresearch.com/index.php?m-cms-q-view-id-69760.html。

需求者的距离,从"迂回经济"走向"直接经济",传统经济条件下过多的代理链条被取消,降低了交易成本,提高了交易效率。其次,电子商务冲破了交易的地域限制和时间限制,在全球范围内完成交易。第三,信息流、资金流和物流的速度和强度增加,资源以更高的效率配置。与此同时,交易双方的身份、场所、权限等要素的虚拟化等特点,使它具有前所未有的潜在风险,在从传统的基于纸张的贸易方式向电子化的贸易方式转变的过程中,如何保证电子化的贸易方式与传统方式一样安全可靠是人们关注的焦点,同时也是电子商务全面应用的关键问题之一,因而就更加需要一个比传统商务更加完善的法制环境。[①]

四、电子政务

(一)电子商务与电子政务息息相关

电子政务(E-Governance)是以现代信息通讯技术改造政府行政业务而成为一种新的政府管理方式,包括政府间的电子政务(G2G)、政府对企业的电子政务(G2B)和政府对公民的电子政务(G2C)三个方面。简言的,电子政务就是政府部门办公事务的网络化和电子化。作为最大的经济实体,政府的电子化在电子商务中无疑是一个巨大的市场空间。

在信息时代,电子政务已经成为治国不可或缺的工具。在经济和信息全球化加快发展的情况下,一个信息化的政府已经成为提高一个国家或地区全球竞争力的要素。电子政务的发展对一个国家或地区的经济和社会发展,特别是信息产业的发展有着十分重要的影响。电子政务的发展还将对一个国家或地区各行各业信息化的发展,包括电子商务和电子社区的发展,起着示范作用。[②] 没有电子政务,不存在真正意义的电子商务;政府信息化的建设,从某方面而言是在拉动整个信息化产业的发展。亦即企业各项电子商务操作,尚需仰赖电子政务的配套,二者密切配合,才能事半功倍。电子政务具有虚拟性、超地域性等诸多特点,90年代以来已成为许多国家的优先发展战略。

---

① 巴劲松:《电子商务的发展趋势与立法原则的调整》,《管理咨询》,http://www.chinese-voices.net/tanpanjuaiche/0995.htm。

② 周宏仁:《电子政务的全球透视与我国电子政务的发展》,2002.9.6,http://www.juns.com.cn/guandian/qqsy(200107).htm。

电子政务与电子商务示意图——物理世界到数字世界的映射

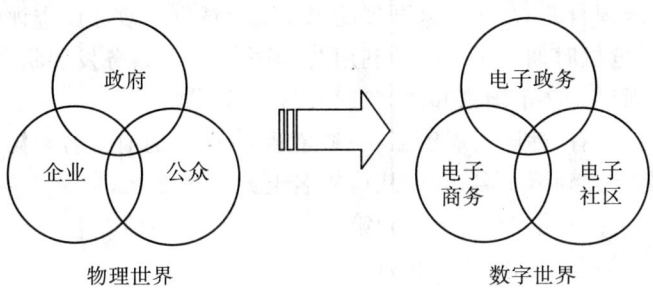

图 1-2

资料来源：中关村科技软件，www.censoft.com.cn/marking/marking/image/000138.ppt

表1-1 电子政务的五个方面

发起者＼响应者	政　府	企　业	公　众
政　府	G2G	G2B	G2C
企　业	B2G	B2B	B2C
公　众	C2G	C2B	C2C

↑电子政务　　↑电子商务　　↑电子社区

资料来源：中关村科技软件，www.censoft.com.cn/marking/marking/image/000138.ppt

（二）全球电子政务调查报告

据报道，目前"电子政府"（E-Government）正在全球范围内兴起。2011年6月，联合国经济和社会事务部发布了2010年全球电子政务调查结果，包括电子政务准备度和电子化参与度两个部分。在电子政务准备度方面，韩国、美国和加拿大包揽前3名，中国排名第72。在电子化参与度方面，韩国、澳大利亚和西班牙包揽前3名,中国排名第32。

这是联合国自2002年以来开展的第5次全球电子政务调查评估,评估的主题是"金融危机时期电子政务的利用"。报告从电子政务发展状况和电子化参与两个方面对183个国家和地区进行调查和评估。

从国家排名看,韩国发展迅猛,一举超越2008年的前3名瑞典、丹麦和挪威,从第6名上升到第1名;美国从第4名上升到第2名,加拿大从第7名上升到第3名,英国从第10名上升到第4名。2008年的前3名瑞典、丹麦和挪威分别下降到第12名、第7名和第6名。

从地区排名看,全球5大洲电子政务发展水平不一。其中,欧洲居世界首位,以下依次为美洲、大洋洲、亚洲和非洲,其中大洋洲、亚洲和非洲均低于世界平均水平。

从国家发展程度看,发达国家、发展中国家、最不发达国家和小岛发展中国家电子政务发展水平差别较大。其中,最不发达国家和小岛发展中国家均低于全球平均水平。

综合联合国5次调查结果来看,中国电子政务准备度和电子化参与度排名都经历了"先前进、再后退"的情况。电子政务准备度排名在2002年、2003年、2005年连续3年持续提升,但2008年和2010年则连续后退;电子化参与度基本维持在大致水平上,但2010年与2008年相比,也出现了较大退步。[①]

(三)国外电子政务发展概况

1. 欧盟

虽然信息通讯技术的发展是推广电子政务的关键,但电子政务并不是一个IT技术支持部门,而是一个服务单位。让政府服务增值,才是电子政务计划的终极目标。在如今的欧洲,法国人在网上查看、确认个人税单,伦敦人通过网站交纳交通拥堵费,瑞典人通过"软电子ID"完成退税手续,奥地利学生习惯于通过专门的网站申请奖学金。随着电子政务在欧盟的迅速发展,人们的生活变得越来越便利,足不出户就能跟很多政府部门打交道。

欧盟委员会2005年提出"i2010战略计划",将2010年设定为全面完成电子政务体系建设年。届时,欧盟内部将实现网络普及化,90%的人口使用互联网,保证允许进入所有的政府公共网页。通过实施该计划,欧盟每年将节约数

---

① 王友奎:《联合国发布2010年全球电子政务调查结果》,2011.6.10, http://www.jiaoyanshi.com/article-7881-1.html。

百亿欧元的支出,各国政府的服务效率也将大大提高。①

2. 美国

美国在1993年由当时的总统克林顿和副总统戈尔首倡电子政务。1995年和1996年,克林顿政府先后出台《政府纸张消除法案》和"重塑政府计划",要求各部门呈交的表格必须使用电子方式,美国应尽可能在2003年10月以前实现政府的无纸化办公,联邦机构最迟在2003年全部实现上网,使美国民众能够充分获得联邦政府掌握的各种信息。现在美国政府的网站能够提供包括办公室电话、办公地址、在线报刊、在线数据库以及外部网站链接、外语翻译、个人隐私政策、广告、安全特性、免费电话、技术服务等在内的27种功能。②

此外,美国总统布什已于2002年12月17日签署《2002年电子化政府法案》(E-Government Act of 2002),宣布美国将成立电子化政府基金,未来四年将花费3亿4500万美元的预算,以提供更完善的电子化政府服务。2003年到2006年四个会计年度,美国电子化政府预算将分别为4500万美元、5000万美元、1亿美元和1亿5000万美元。③

3. 加拿大

加拿大政府在1999年的国情咨文中表明,政府要做使用信息技术和因特网的模范,计划到2004年实现电子政府,政府适于公开的信息和服务将以因特网为主进行。据称目前全世界上网最多的是加拿大人,加拿大号称是全球联网率最高的国家。全国主要城市均有高速数据网联通,通讯上网费全球最低。由政府、企业共同参与建设的国家光纤网于2001年建成。该网的技术甚至比美国领先6个月,加拿大在"国家信息基础建设"(National Information Infrastructure,NII)安全方面的巨大优势为其发展电子政务打下了坚实的基础。

在电子政务建设方面,政府大力推广和加大电子政务在各行业的应用,加拿大政府不仅实现了教育、就业、医疗、电子采购、社会保险等领域的政府电子

---

① 《让政府服务增值:欧洲电子政务终极目标》,《第一财经日报》2006年10月,http://e-gov.nsa.gov.cn/process.asp?articleid=346。

② 参见《国外电子政务发展概况》,《软件世界》,2002.8.23,http://xxhb.hd.gov.cn/trsweb/Detail.wct?SelectID=6697&RecID=1。

③ 刘芳梅:《美国总统签署〈2002年电子化政府法案〉》,2002.12.20,http://www.find.org.tw/0105/news/0105-news-disp.asp?news-id=2703。

化服务,而且根据需要不断增加和集成新的政府门户网站,先后建立了加拿大政府门户网站、加拿大出口资源网站、加拿大青年网站等诸多政府网站。

4. 新加坡

据报道,新加坡政府将为最新的五年期电子政府总体规划——"iGov2010"投资20亿新元,目标是转变后台工作流程,提高前台效率和效能,建设一个"集成政府"(Integrated Government),通过应用信息技术为用户带来便利,并将公众连接起来。在新的规划中,新加坡政府将继续以用户为中心,一切从用户利益出发。

为了实现这个目标,新加坡政府将加强后台跨部门工作流程的重组,从而改进以用户为导向的服务提供。下一步,新加坡政府将把重点从前台转移到后台集成,从集成服务转向集成政府。到2010年,新加坡将实现一个能够智能化地解决用户需求和提供高质量服务的政府,届时,新加坡政府至少将实现以下几个具体目标:80%的用户对电子政府服务整体质量非常满意;90%的用户会推荐其他人通过电子政务服务办理相关事务;80%的用户对在线公布的政府政策、项目和计划等信息的透明度和可用性非常满意。①

5. 日本

日本在1993年制定了《行政资讯推进共同事项行动计划》,并于2000年3月正式启动了"电子政务工程"。这项工程的主要内容是通过因特网办理各种申请、申报、审批等手续,进行政府网上采购,预计将于2003年全面投入使用,并力争在2005年之前使政府各部门的主要业务全部通过互联网进行,建立一个在全球信息化潮流中领先的"E-Japan"。② 2001年1月日本信息技术战略总部出台了"电子日本战略:行动纲领"(E-Japan Initiative: Action Plans),主要内容之一是在5年内使宽带网用户发展到3000万户,把日本建成世界信息技术最先进的国家。而在2003年6月2日,日本信息技术战略总部又通过了"电子日本战略Ⅱ",提出支持在医疗、食品、生活、中小企业金融、教育、就业和行政7个领域使用信息技术,创建新产业的方针。这标志着日本

---

① 《新加坡制定最新五年期电子政府总体规划》,中国信息化网,2007.6.13, http://e-gov.nsa.gov.cn/process.asp? articleid=373&guestflag=1。

② 《国外电子政务发展概况》,《软件世界》,2002.8.23, http://xxhb.hd.gov.cn/trsweb/Detail.wct? Select ID=6697 & Rec ID IP=/2002.08.28。

到目前为止以宽带网等基础建设为重点的信息技术政策发生了转变。①

6. 韩国

1996年6月,韩国制定了"促进信息化基本计划",决定在2010年前分3个阶段推进这一计划;同年9月,政府通过了"促进信息化实施计划"。1999年,随着知识经济日益成为新的发展模式,韩国修改了"促进信息化基本计划",发表了"21世纪网络韩国"的计划。这一计划的核心是提前5年,在2005年完成超高速通信网的建设,以全面实现信息化。从1998年至2002年间,韩国政府已投入约91.67亿美元的资金建设宽带网基础设施。韩国政府决定在2005年前再投入110亿美元,以进一步提高宽带网普及率,同时把目前平均3Mbps的速度提高到20Mbps。

韩国政府认为,建立法律法规和制定完善政策,创造良好的法制环境是顺利推进信息化建设所必需的。因此,国家最高决策层非常重视,于1996年制定了《信息化促进基本法》,此后又陆续制定或修改了一系列相关的法律法规,如《电子签署法》、《信息通信基础保护法》、《密码利用促进法》、《个人信息保护法》等。一系列日益完善的法规为韩国信息技术应用环境的创立奠定了基础,也为信息化稳步推进提供了强力保障。

据联合国2002年5月公布的《电子政务对比分析:评估联合国成员国电子政务进展情况》的分析报告,韩国是当前世界上电子政务发展水平达到"在线处理"(联合国将电子政务发展过程划分为五个阶段:起步阶段、提高阶段、交互阶段、在线处理阶段和无缝阶段)阶段的17个国家之一。②

2007年8月,美国布朗(Brown)大学发布了最新《全球电子政务》年度研究报告。报告指出,在全球各国电子政务绩效评估中,韩国电子政务服务水平全球第一。美国和英国电子政务服务水平分别位于第4名和第5名。报告还指出,韩国政府网站组织非常出色,网站上提供丰富的信息和服务。韩国政府门户可在线执行的服务多达500多个。其他各部门网站也有大量在线服务,如网上交税、律师考试结果查询、寻找朝鲜失散亲属等。韩国电子政府网站还具有很高水平的个性化功能,让用户管理自己的网上活动。此外,大部分站点提供PDF或无线接入,几乎所有站点都允许访问者订阅E-mail通知。韩国

---

① 参见《日本出台"电子日本战略Ⅱ"》,新华网,2003.7.4, http://news.xinhuanet.com/it/2003-07/04/content-954012.htm。

② 邵春光:《"太极虎"如何插上信息化翅膀》,http://www.exin.net/cap-info/r05/18.html。

政府网站与用户的互动特色也非常显著。每个政府站点都在显著位置包含访客留言或论坛。在设计上,韩国网站色彩丰富的按钮对于导航的提示明确。总体上,韩国网站在保持以访问者用户为中心的基础上,提供了丰富的特色服务。①

(四)中国电子政务建设亟待加强

电子政务在中国也是势头强劲。1999年被称为"政府上网年",而2002年则为"电子政务年"。许多地方政府,如上海、深圳、天津等沿海城市都提出以电子政务为核心内容的数字化城市或数码港计划。根据2006年5月16日国务院信息化工作办公室在京发布的《2005年中国互联网络信息资源数量调查报告》,在我国政府网站建设方面,网站数量和其拥有的在线数据库数量持续增加,提供的信息和服务更加多元化,政府日常办公事务与政府网站相关服务结合得更加紧密。②

而根据前述联合国经济和社会事务部发布的《2010年度全球电子政务调查报告》显示,中国的电子政务状况全球排名第72。中国的电子政务准备度指数为0.47;电子化参与度指数为0.3714,位列全球第32名。

第二节 国际电子商务法律环境

一、国际电子商务政策与立法推动现状

电子商务的指数级发展,给现行的法律体系带来了新的挑战。尽快在全球范围内营造良好的电子商务法律环境已成为各国政府和国际经济组织的共识。世界范围内的立法工作正处于一个探索和试验的阶段。发达国家政府和国际组织均在立法方面给予了大力支持,做了大量工作。从电子商务发展战略的角度,国际社会制定了一系列法律法规并起草电子商务基本框架、签署双边协定、发表白皮书等(目的都是为了争取制定电子商务国际规则的立法权)。

(一)国际经济合作与发展组织(OECD)有关电子商务的立法

电子商务的立法准备工作起始于20世纪80年代初。国际经济合作与发

---

① 王欣:《全球领先的韩国电子政务》,《学习时报》,2007.11.26,http://e-gov.nsa.gov.cn/process.asp?articleid=422&guestflag=1。

② 《电子商务政务——2005年中国互联网信息资源数量调查报告发布》,上海网站建设网,http://www.allonweb.net/knowledge_detail.asp?id=709。

展组织(OECD)在这方面做了大量的工作,1980年提出了《保护个人隐私和跨国界个人数据流指导原则》;1985年发表了《跨国界数据流宣言》;1992年制定了《信息系统安全指导方针》;1997年发表了《电子商务:税务政策框架条件》、《电子商务:政府的机遇与挑战》等报告,通过了《全球信息基础结构/全球信息社会(GII/GIS)》和《电信和信息基础结构在推进电子商务方面的作用》的报告,提出许多有关电子商务的建议,制定了《加密政策指导方针》并发表了题为《加密技术管制大全》的背景报告;1998年发表了《电子商务:因特网上提供的数字化产品的贸易政策问题》与《测度电子商务:软件的国际贸易》等报告。

1998年10月7日至9日,OECD在加拿大渥太华召开题为"一个无国界的世界:发挥全球电子商务的潜力"的电子商务部长级会议,公布了《OECD电子商务行动计划》、《有关国际组织和地区组织的报告:电子商务的活动和计划》、《工商界全球商务行动计划》,并通过了《在全球网络上保护个人隐私宣言》、《关于在电子商务条件下保护消费者的宣言》、《关于电子商务身份认证的宣言》以及《电子商务:税务政策框架条件》报告。

1999年12月9日,OECD制定了《电子商务消费者保护准则》(*OECD Guidelines for Consumer Protection in the Context of Electronic Commerce*),提出保护消费者三大原则:

1.确保消费者网上购物所受到的保护不低于日常其他购物方式;
2.排除消费者网上交易的不确定性;
3.在不妨碍电子商务发展的前提下,建立和发展网上消费者保护机制。

这一准则还提出了保护消费者的七个目标:

1.广告宣传、市场经营和交易信守公平、诚实信用原则;
2.保障消费者网上交易的知情权;
3.网上交易应有必要的认证;
4.网上经营者应使消费者知晓付款的安全保障;
5.应有对纠纷行之有效的解决和救济途径和方法;
6.保护消费者的隐私;以及
7.向消费者普及和宣传电子商务和保护消费者的法律常识。

2000年12月22日,OECD公布了一项关于电子商务经营场所所在地的适用解释,规定将来通过网上进行的电子商务,由该公司经营场所实际所在地的政府征税。①

(二)联合国国际贸易法委员会(UNCITRAL)有关电子商务的立法

在推动电子商务方面作出突出贡献的另一个国际组织是联合国国际贸易法委员会(UNCITRAL,以下简称联合国贸法会),1982 年开始编写《电子资金划拨法律指南》,提出以电子手段划拨资金而引发的法律问题,讨论了解决这些问题的方法,1986 年获得大会批准,1997 年正式公布。1985 年,联合国贸法会在其第 18 次会议上通过了《计算机记录的法律价值报告》,建议各国政府能够确定以计算机记录作为诉讼证据的法律规则,并为法院提供评价这些记录可靠性的适当办法。1990 年 3 月,联合国推出 UN/EDIFACTb 标准,被国际标准化组织(ISO)作为国际标准 ISO9735,标志着国际电子商务的开始。1993 年 10 月,联合国贸法会电子交换工作组第 26 次会议审议了《电子数据交换及贸易数据通讯有关手段法律方面的统一规则草案》。

1996 年 12 月 16 日,联合国贸法会提出的《电子商务示范法》在联合国第 51 次大会获得通过。为各国电子商务立法打下了基础。1999 年 6 月 29 日联合国贸法会电子商务工作组第 35 次会议提出草案版本,并于 2000 年 9 月的第 37 次会议通过的《电子签章统一规则》(*Uniform Rule on Electronic Signature*)已经提出,除了建立在公钥加密技术(Public Key Cryptosystems,PKI)之上的强化电子签章外,还有其他更多各种各样的设备,使得"电子签章"方式的概念更加广泛,这些正在或将要使用到的签名技术,都考虑到执行上述手写签名的某一个或未提及的功能。2001 年 3 月 23 日,联合国贸法会电子商务工作组第 38 次会议通过的《电子签章示范法》,也重新对电子签章下定义:"电子签章系指在数据电文中,以电子形式所含、所附或在逻辑上与数据电文有联系的数据,它可用于鉴别与数据电文有关的签名人和表明此人认可数据电文所含信息。"②

此外,《联合国国际合同使用电子通信公约》是联合国贸法会根据早先通过的《电子商务示范法》和《电子签名示范法》的基本原则制定的。该《公约》草案于 2005 年 11 月 23 日在第 60 届联大第六委员会上正式通过,并于 2006 年

---

① 郭佳政:《OECD 对于电子商务网站的新课税规定》,《科技法务透析》,2001.3 http://stlc.iii.org.tw/publish/90c.htm;《OECD 对于电子商务网站的新课税规定》,http://www.chinaiprlaw.com/wgfz/wgfz32.htm。

② 杨坚争、高富平、方有明:《电子商务法教程》,高等教育出版社 2001 年版,第 75～76 页。

1月16日起开放签署。该《公约》旨在消除国际合同使用电子通信的障碍,消除现有国际贸易法律文件在执行中可能产生的障碍,加强国际贸易合同的法律确定性和商业上的可预见性,有助于促进国际贸易的稳定发展。

鉴于该《公约》与中国法律规定的基本原则没有冲突,2006年7月6日中国政府签署了该《公约》。这将有助于进一步与国际电子商务法律接轨,提高国际贸易的便利化程度,推动我国电子商务的发展。

(三)世界贸易组织(WTO)有关电子商务的立法

世界贸易组织(WTO)虽然是于1995年月1日才开始运转,也对电子商务给予极大的关注。1995年1月1日开始生效的WTO《服务贸易总协定》(GATS),为所有的金融服务贸易(包括电子贸易在内)提供了一个基本法律框架。在GATS的第14条中明确规定,在确保不构成歧视性或隐蔽性贸易壁垒的前提下,允许各成员采取必要措施,在处理和传递个人数据时保护个人隐私、个人记录和账户的秘密。

1996年12月13日,WTO在新加坡举行的第一次部长会议签署了《关于信息技术产品贸易的部长宣言》,即《信息技术协议》(Information Technology Agreement,简称ITA),1997年3月26日开始生效。电子商务首度被纳入了多边贸易体制。ITA规定缔约方在2000年1月1日前取消包括计算机、电讯设备、半导体、半导体设备、软件和科学仪器等六大类约200种信息技术产品的关税,允许个别国家和地区就少数特定产品弹性延后五年取消关税。1997年10月的《第二阶段信息技术协议》(ITA Ⅱ)中将消费类电子产品也纳入ITA的零关税产品清单中,要到2002年1月1日把关税降为零,允许发展中国家把这一时间推迟到2007年元旦。2003年1月1日起,中国取消了15项信息技术产品最终用途的证明,解决了成员所关注的问题。同年4月24日,中国正式加入了ITA,成为ITA的第五十八个会员。中国台湾地区在进入WTO以前就与香港特区同属ITA的创始会员。①

---

① 参见《中国加入〈信息技术协议〉(ITA)》,http://wto.mofcom.gov.cn/article/200304/20030400086184-1.xml;

《中国正式加入世贸组织信息科技协议》,http://tw.news.yahoo.com/2003/04/25/finance/cna/3952355.html。

效。1997年12月12日,WTO达成了《开放全球金融服务市场协议》,即《金融服务协议》,作为GATS的"第五议定书",它是在1995年7月28日达成的GATS"第二议定书"的基础上,于1997年4月重新开始谈判达成的,1999年3月1日生效。WTO在一年时间内先后通过的以上三个协议,为电子商务和信息技术的有序发展建立了新的法律基础。

  1998年5月20日,132个世界贸易组织(WTO)成员的部长们达成一致,签署了《关于全球电子商务的宣言》,针对电子图书、数字音乐、软件等商品和服务,通过Internet贸易零关税至少保持一年的协议,并提议制定一项WTO的工作计划来研究电子商务的所有有关问题。同年9月25日,WTO理事会通过了《电子商务工作计划》,涵盖了服务贸易、货物贸易、知识产权保护、强化发展中国家(包括其中小企业)的参与等问题,并已开始实施。1999年11月底,WTO在美国西雅图召开的部长会议上,开始进行新一轮涵盖所有服务行业的贸易自由化谈判。目前,除延续电子商务暂时免税以外,近来WTO在电子商务方面没有什么起色,2001年11月在卡塔尔首都多哈召开的第四次部长级会议上发起的新一轮贸易谈判,一方面继续乌拉圭回合的主要议题,另一方面增加了贸易与环境、电子商务等谈判内容。具体工作要在2003年9月在墨西哥坎昆举行的第五次部长会议去解决。① 2003年9月14日,坎昆会议结束,未能达成任何协议。

  2001年11月10日,WTO第四届部长级会议主席正式宣告WTO接纳作为世界第七大贸易国的中国加入这个全球贸易组织。中国这个世界人口第一大国在它的全国人大批准入世协议并通知WTO的30天后,亦即2001年12月11日,正式成为WTO第143个成员。② 中国台湾地区则晚一天获准以"台、澎、金、马"单独关税区,简称"中国台北"的名义入世,成为WTO第144个成员。③ 加入世贸组织后,中国电信服务市场将逐步对外开放,包括在入世

---

  ① 参见《石广生谈世贸组织新一轮谈判中发展中成员的利益》,http://www.lawhighway.com.cn/wto/list.asp?articleid=399。

  ② 参见《世贸组织正式接纳中国》,《联合早报》,2001.11.11,http://www.zaobao.com/special/wto/pages/wto111101.html。

  ③ 参见《中国加入世贸组织大局已定》,http://www.china.org.cn/baodao/china/htm/2001/2001-9/9-2.htm;《世贸组织正式接纳中国》,http://resource.hhu.edu.cn/jiaoshi/dangxiao/wto.htm。

1年内,初步开放网络服务(主要是ISP)。① 例如2001年12月,国务院通过的《外商投资电信企业管理规定》,标志着我国电信服务市场对外开放已经得到法律认可,它是我国电信服务业融入全球经济的里程碑式的法律文件。

(四)世界知识产权组织(WIPO)有关电子商务的立法

由于电子商务与知识产权保护存在着极为密切的关系,世界知识产权组织(WIPO)也一直关注着电子商务的发展,并为此做了许多准备工作。1996年12月20日,WIPO通过的《世界知识产权组织著作权条约》(WCT)、《世界知识产权组织表演和录音制品条约》(WPPT),被称之为"网络环境下的"著作权条约,为解决电子商务所涉及的知识产权保护问题奠定了基础。

1998年,根据美国"域名白皮书"提出的建议,开始组织有关域名问题的磋商,WIPO经过近一年的努力,于1998年12月23日公布了WIPO有关域名问题的阶段性报告,经过广泛征求意见和修改,于1999年4月30日公布了有关域名问题的最终报告《互联网名称和地址管理及其知识产权问题》,针对互联网上由域名而引发的问题,包括域名与现有知识产权的冲突,提出建议,主要有:对域名登记注册程序的规范(如注册申请采用签订协议的形式,要求注册申请人提供可靠、准确的联系方法信息并在限定范围内公布,域名生效须缴纳注册费、定期办理续展手续等),规定了争议的解决程序(该程序主要针对滥用域名注册程序和恶意的注册和使用行为,不包括善意发生的权利冲突,而且仅适用于与商标权冲突的情况),并对驰名商标的认定条件、特殊保护的排他机制作了规定。

1998年10月26日成立的"国际互联网名址分配公司"(ICANN),已于1999年3月4日公布了"关于委任域名注册机构规则的声明",1999年8月26日公布了《统一域名争议解决政策》(*Uniform Domain Name Dispute Resolution Policy*,UDRP),并于10月24日公布了《统一域名争议解决政策实施细则》(*Rules for Uniform Domain Name Dispute Resolution Policy*)。1999年11月29日ICANN指定WIPO作为第一个"纠纷处理服务提供者",于当年底开始受理有关ICANN委任的域名注册组织注册的域名纠纷的处理。WIPO其后也公布了《统一域名争议解决政策补充规则》(*Supplementary Procedural Rules for Uniform Domain Name Dispute Resolution Policy*)并

---

① 参见《中国定下开放电信服务业行业时间表》,《中国经营报》,2001.12.1,http://www.zaobao.com/special/wto/pages/wto011201a.html。

于 1999 年 12 月 1 日起生效。①

1999 年 11 月 29 日这一天,美国克林顿总统也签署了一项与域名有关的法案——《反域名抢注消费者保护法》(Anticybersquatting Consumer Protection Act,ACPA)。根据该法案,对 1946 年的商标法第 43 条作了修改,增加了第 43 条(d)款,对恶意抢注域名所造成的损害,可按对传统商标的损害提供救济,并增加了法定赔偿,每个域名的赔偿额在 1000 美元到 10 万美元之间,法院可以责令取消域名或将其转让给商标权人。

1999 年 9 月 14 日至 16 日,世界知识产权组织(WIPO)在日内瓦召开了国际电子商务和知识产权问题首次会议,重点讨论了电子商务技术发展趋势、电子商务的潜力、发展中国家与电子商务、电子商务的法律问题以及有关电子商务的政策问题,并涉及网上销售出版物、音乐、电影和软件,域名和商标问题,电子著作权管理,网络空间监控,网上纠纷解决,在线服务商的可靠性,安全与加密,电子图书馆及博物馆,以及专利和商标数据库等议题。来自 WIPO 成员国和电子商务界的 700 余名代表出席了会议。

(五)国际商会(ICC)有关电子商务的立法

1990 年 4 月,国际商会(ICC)公布的《1990 年国际贸易术语解释通则》(INCOTERMS 1990)中,已经反映了电子数据交换(EDI)技术发展的要求,确认了电子单据的法律效力。

1994 年,国际商会组建了世界商务网(WCN),在互联网上交流商业信息,用以促进中小企业间的电子商务的发展。

1997 年 11 月 6 日,国际商会(ICC)在法国巴黎举行了世界电子商务会议,全球商业、信息技术、法律等领域的专家和政府部门的代表共同探讨了有关电子商务的问题,并通过了《国际数字保证商务通则》(GUIDEC)。

1998 年 4 月 2 日,国际商会颁布《因特网广告准则》,制定了在因特网上从事广告和市场活动的公司应遵循的道德行为标准,保护消费者的个人隐私。

1998 年 8 月,国际商会在 1992 年版的基础上,制定了 1998 年版的《跨国数据流标准合同条款》,强调了对合同中涉及的个人数据和个人隐私的保护。

1999 年,国际商会为推动电子商务的发展,制定了"标准电子销售合同"、"电子商务用语库"、"非物质化贸易最佳规章框架",提出了《电子商务及 2000

---

① 关于上述 ICANN 与 WIPO 公布的域名争议解决规范的中文全文,可参见中国互联网络信息中心,"域名争议解决专题"栏目 http://www.cnnic.net.cn/policy/indexi.shtml 或北京大学知识产权学院,"中外法典"栏目,http://162.105.148.89/law/index.htm。

年问题争端解决方案》,建立了对"公钥加密技术"(PKI)增加信任的服务,配合开展数字签章的注册和认证服务。

2000年1月1日,国际商会修订生效的《2000年国际贸易术语解释通则》(INCOTERMS 2000)中,对有关电子商务的术语作了补充。

(六)其他国际组织对电子商务的关注

关心电子商务的,除了WIPO以外,还有国际电信联盟(ITU)和位于日内瓦的世界贸易中心(WTC),这两个组织领导的一个合作机构,准备从1999年后的3年内,每年注入270万美元,用于支付发展中国家和最不发达国家设立网络中心和实施电子商务解决方案的专家费用,加强在发展中国家实施电子商务工作。

1997年7月,全球信息网络部长级会议在伯恩发表关于电子商务的宣言。

1997年11月,跨大西洋商务对话(TABD)在罗马会议上发表关于电子商务的公报。

1997年11月,发表亚太经济合作论坛(APEC)领导人的宣言以及第九届亚太经济合作论坛部长级会议联合声明,决定共同制定一个发展电子商务的工作计划,并于1998年2月,成立了一个电子商务特别工作小组,负责制定此项工作计划。1999年9月,在新西兰召开的APEC领导人会议上,电子商务正式列为会议讨论的议题。

1998年3月,美洲自由贸易区域(FTAA)发表关于电子商务的部长级宣言。

1998年,国际电信联盟(ITU)发起了一个名为"电子商务为发展中国家服务"的特别行动计划,帮助发展中国家参与电子商务。1999年5月17日的"世界电信日"的主题,也被国际电信联盟确定为电子商务。

1999年1月14日,在HP、AOL、时代—华纳、MCI—WORLDCOM、迪斯尼、戴姆勒—克来斯勒、IBM、三井、NTT、EDS、东京—三菱银行、NEC、富士通、东芝、德意志银行、法国电信、西班牙电信、马克—斯宾塞等29家全球最大的电信、媒体和计算机公司的倡议下,开始了"关于电子商务的全球企业对话"(GBDe),主要目的是避免各国政府制定的政策和法规发生冲突,给在线经济的发展造成障碍。为此,提出了9个需要解决的问题,包括课税和关税、知识产权、消费者信任度、身份验证、安全性等,希望在全球建立一个统一的商务规范。1999年9月12日至13日,这些大公司的首席执行官聚会巴黎召开了GBDe首届大会,讨论这些问题,并建议建立一个"争端的替代解决方案"制度,当公司违反业界制定的自我管制原则时,客户可以按照替代解决方案处理问题。GBDe 的各个工作组就上述 9 个问题分别准备了解决方案,分发给各公司讨论通过,然后提请各国政府研究考虑。这一举措充分体现了企业界对电子商务立法的急切要求和关心。

1999 年 10 月,全球商业联盟(The Alliance for Globol Business,简称 AGB)提出"全球电子商务行动方案"(A Global Action Plan for Electronic Commerce),包括十大原则和四大行动方案。十大原则是:民间部门主导,市场公平竞争,减少政府干预,私营企业参与政策制定,符合国际标准,电子交易原则免税,电信基础建设自由竞争,尊重个人选择,保护隐私,以及建立信用机制。四大行动方案是:

1. 应用电子商务追求最大的经济和社会利益;

2. 电子商务发展与信息基础建设并举;

3. 建立经营者与消费者的信任;以及

4. 建立电子商务市场的基本法则。

2000 年 2 月 28 日至 3 月 1 日,海牙国际私法会议就其正在起草的《民商事管辖权和外国判决公约》中涉及的电子商务问题,在加拿大的渥太华召开工作组会议进行专题讨论,主要涉及电子商务中的商务合同(B to B 合同)、消费者合同(B to C 合同)、侵权管辖原则、分支机构管辖权、经常性商业活动管辖权等问题。

2000 年 5 月成立的全球性的无线广告组织 WAA(Wireless Advertising Association),在同年 9 月 20 日发布了一个网络广告新准则。

从上述情况我们可以看到,有关电子商务的立法问题已经引起了世界范围的关注。[1]

(七)欧美国家和地区有关电子商务的立法简介

1994 年 1 月,美国宣布"国家信息基础建设"(NII)。

1997 年 7 月 1 日,美国为了谋求 21 世纪国际规则的主导权,出台了《全球电子商务纲要》(A Framework For Global Electronic Commerce),该纲要提出发展全球电子商务的五项基本指导原则与九个国际协作领域,受到发达国家的普遍支持,已成为各国商讨全球电子商务政策法规问题的准则。1997 年 12 月,欧盟与美国发表了有关电子商务的联合宣言,与美国就全球电子商

---

[1] 李顺德:《中国知识产权保护制度的发展和完善》,中国法学网,2003.6.23,http://www.jcrb.com/zyw/n144/ca79528.htm。

务指导原则达成协议,承诺建立"无关税网络空间"(Duty-Free Cyberspace)。

欧盟则于1997年4月,提出《关于电子商务的欧洲建议》,1998年又发表了《欧盟电子签章法律框架指南》和《欧盟关于处理个人数据及其自由流动中保护个人的指令》(或称《欧盟隐私保护指令》),1999年发布了《数字签章统一规则草案》。

1988年,澳大利亚在其私权保护法中已对个人信息的保护作出具体的规定,1998年3月31日,司法部长提出《电子商务:建立法律框架》的报告。1999年澳大利亚通过了电子签章法。1999年12月,澳大利亚颁布了《电子交易法》(ETA),提出了在电子商务中的媒体中立性原则和技术中立性原则。

1996年,意大利通过了第675/96号立法文件,对个人数据保护作了规定;1997年3月通过了《电子签章法》;1997年通过了255/97号令进行了修改,11月10日以第513号总统令发布《数字文件规则》。

1997年,马来西亚通过了《电子签章法》。

1997年,阿根廷建立了数字加密与数字签章委员会,发布了第45/97号决议,1998年发布了第427/98号法令。

1997年4月,希腊议会通过了数据保护法案,成立了数据保护机构,保护包括电子数据在内的个人数据。

1997年5月,比利时通过了有关信息社会的立法,其中包括确立数字签章的法律地位。

1997年8月1日,德国《数字签章法》和《信息、通讯服务标准条款管制法》两法同时生效,确认了数字签章的法律效力。2000年3月9日,德国通过了"电子签章法",取代了1997年的《数字签章法》,2001年4月生效。该法是根据2000年欧盟发布的《电子签章法指令》修改、制定的。

1998年,加拿大财政部电子商务咨询委员会公布了"电子商务与加拿大税务"的研究报告,针对电子商务的发展、建立有益于电子商务发展的环境、电子商务与税收等问题提出了具体建议。2000年4月,加拿大国会通过了《保护电子商务中个人隐私法》,该法于2001年1月1日起生效。

1998年4月,新加坡政府发表了《电子商务政策框架》;1998年6月通过了《电子签章法》。

1998年7月16日,英国女王批准了《1998年数据保护法》,并于2000年3月1日起生效,取代了《1984年数据保护法》,主要强调了个人数据传送的隐私权保护。1998年10月,英国政府发表《电子商务——英国的税收政策指南》,英国贸易工业部发表了《网络的利益——英国电子商务发展规划》。2000

年8月1日,英国《电子通讯法案2000》第7章生效,确认了电子签章具有与手写签章一样的法律效力。

1998年12月,韩国通过了《电子签章法》,1999年7月生效;1999年3月29日,韩国通过《电子商务基本法》,1999年7月1日起生效。该法分为6章、34条,是在联合国的《电子商务示范法》的基础上扩充而成的,主要内容包括:适用范围、电子信息的有效性、数字签名的效力、电子信息的证据性、电子信息的保存、认证机构的许可、信息系统的安全、消费者保护等。

1999年加拿大统一法委员会通过了《统一电子商务法》。

1999年哥伦比亚通过了《电子商务法》。

1999年百慕大群岛通过了《电子商务法》。

1999年,香港信息科技与传播署公布题为"21数字世纪的信息科技策略"的报告,提出针对电子商务的电子记录、电子合同的有效性、数字签名的法律效力、认证机构的许可基准及管理等问题和建议。香港于1999年7月提出草案、2000年1月5日通过了《电子交易条例》(共计51条)。

2000年5月,印度国会通过了《信息技术法案2000》,随着这部于8月15日正式生效,印度跨入了当今世界12个在计算机和因特网领域专门立法的国家行列。《信息技术法案2000》明确规定,"电子商务"得到法律的承认和保护。包括"电子合同"在内的一切"电子文书"和"数字化签章"只要经过适当的认证手续,即有法律效力。①

2000年泰国通过了《电子商务法》。

2000年爱尔兰通过了《电子商务法》。

2000年4月26日,墨西哥通过电子商务法案。

2000年6月14日,菲律宾总统签署了国会已通过的《电子商务法》,使菲律宾成为继马来西亚、新加坡、韩国后的亚洲第4个用法律规范电子商务的国家。

2000年7月10日,爱尔兰总统签署批准了《电子签章法》。

2000年7月27日,突尼斯议会审议并通过了《电子交易和电子商务法》。

2001年1月6日日本施行了作为日本发展电子商务乃至IT事业,最终形成高度信息通讯网络社会的纲领性立法的《高度信息通讯网络社会形成基本法》(亦即通称的《IT基本法》)。同年1月22日日本制定的政策性文

---

① 参见《〈信息技术法案2000〉简介》,http://www.jcinfo.gov.cn/infomation/gjzl-16.htm。

件——《E-JAPAN战略》，也明确规定了国家发展电子商务的立法与制定政策义务。

此外，日本通过2000年和2001年的大规模修改法律(如《商业登记法》、《公证人法》、《民法施行法》、《证券交易法以及金融期货交易法》、《关于访问销售等法律(关于特定商业交易的法律)以及分期付款销售法的法律》、《IT 书面资料总括法》、《商法》、《关于基于修改商法等部分内容的法律的施行而调整、完备相关法律的法律》、《特定商业交易法》等法律的修改)，以及新颁布部分法律(如《关于电子署名及认证业务的法律》《自2001年4月1日起施行》、《关于短期公司债等转让的法律》、《关于电子消费者合同以及电子承诺通知的民法特例的法律》等)等立法活动，已涉及了网络交易的民法、商法、经济法、行政法、程序法等部门法，切切实实地贯彻了依法立法与制定政策的法定义务。①

2001年10月波兰通过了《电子签名法》并于2002年8月16日起开始实施。②

2001年10月31日中国台湾地区"立法院"三读通过了《电子签章法》(共17条)并于2002年4月1日起施行。台湾第一家符合该法规范的凭证机构——台湾网路认证公司(TaiCA)的网路认证基础建设(PKI)系统，已于同年9月5日起正式运作。③

2002年罗马尼亚通过了《电子交易法》。

2003年5月6日荷兰上议院国会通过了《电子签章法》，将提供电子签章推行的法源依据，同时统一全国电子签章信赖认证机制，进一步消除电子商务交易安全的障碍。④ 2004年8月28日中国十届全国人大常委会第十一次会议通过《中华人民共和国电子签名法》并于2005年4月1日开始实施。该法首次赋予电子签名与文本签名具有同等法律效力，并明确电子认证服务市场准入制度，保障电子交易安全。

---

① 陈飙：《中日电子商务立法的比较研究(上)》，《2002全国信息网络与高新技术法律问题研讨会论文》，http://www.chinaeclaw.com/readArticle.asp? id＝650。

② 《波兰8月16日起开始实施电子签名法》，http://www.homeway.com.cn/lbi-html/news/cjxw/itco/20020819/368005，shtml。

③ 李明濂：《台湾PKI下月启动！为电子商务交易安全把关》，2002.8.28，http://www.ectimes.org.tw/readpaper.asp? id＝3278

④ 陈怡伶：《荷兰即将通过电子签章法案》，2003.4.29，http://www.find.org.tw/0105/news/0105-news-disp.asp? news-id＝2650。

目前,大约有 50 多个国家和地区制定了电子商务法或相关法律。①

二、国际电子商务立法主要内容

当前的国际电子商务立法主要涉及以下几方面的内容。

(一)市场准入

市场准入(Market Access)是电子商务跨国界发展的必要条件。WTO 通过的有关电信及信息技术的各项协议均贯穿着贸易自由化的要求。例如,《全球基础电信协议》(ABTS)要求成员国开放电信市场,《信息技术协议》(ITA)则要求参加方在 2000 年以前涉及的绝大部分产品实现贸易自由化。尤其值得重视的是,电子商务涉及的市场准入问题即已列入 1999 年于西雅图开始的新一轮贸易谈判议程。至于具体工作尚待 2003 年 9 月在墨西哥坎昆举行的第五次部长会议去解决,如前述。

(二)税收

由于电子商务交易方式的特点,对税收管辖权的确定带来困难,因而引起了改革传统税收法律制度,维护国家财政税收利益的课题。1998 年 5 月 20 日,WTO 第二届部长会议通过的《关于全球电子商务的宣言》,规定至少一年内免征因特网上所有贸易活动关税,并就全球电子商务问题建立一个专门工作组。网络贸易税收问题将成为新一轮贸易谈判的重点之一。

就该政策,美国表示对于电子商务这一尚在发展的领域,欧盟不宜骤然决定税务征收方案。另外,由于该机制必须仰赖网络业者自愿登录、诚实申报,加以收税、查税的技术困扰与行政支出,欧盟境外国家遵循规范的意愿恐怕很低。

如前所述,对于各国束手无策的电子交易课税问题,OECD 在 2000 年 12 月 22 日所公布的一项电子商务永久设立地定义的适用解释。这项解释的内容所造成的影响是,未来透过网页进行的电子商务,而由该公司实际网站永久设立地所在国课税。

这项适用解释主要是根据 OECD 在 1998 年 10 月提出的《租税标准条约》(Model Tax Convention)中的第 5 条有关永久设立地(Permanent Establishment)的规定。原本该条文的内容为:

1.为符合本条约的目的,所谓永久设立地是指一个企业为全部或一部业务的固定所在地。

---

① 高富平主编:《电子商务法律指南》,法律出版社 2003 年版,第 245 页。

2. 永久设立地包括经营的地点、分支、办公室、工厂、工作场、油场、矿场、瓦斯场或其他天然资源的采集场。

3. 在建筑物一隅、结构物或设施有长期的设立达12个月以上者。

4. 但此概念并不包括：用来作为企业货物储藏、展示或运送的地点、或对企业为买卖行为而为上述活动的地点、为搜集买卖商业信息的固定地点、为实行企业商业活动所为预备或辅助行为的固定地点、或任何因商业准备或辅助行为而与前述有关活动有关的固定地点。

5. 尽管有第一项与第二项的概念，个人在缔约国内以企业之名，为商业常态的行为而缔结契约，仍可视企业于该国有永久设立地，除该个人的行为系限于第四项所规定的内容。

6. 如该企业的商业行为系通过在当地有固定业务的经纪人或有收受费用的中介商进行者，不得视为有永久设立地。

这个条文的制定原本即是为使跨区域的课税有一定的课税的根据，但是对于电子商务，这类利用网络的商业行为，经常涉及跨国交易的课税问题。因此，OECD为使电子商务课税适用第5条规定，历经2年时间，对电子商务永久设立地的定义再作解释。电子商务的永久设立地不仅只是必要经营设备（包括计算机、数据库等等）长期且固定的所在地而已，还必须具有显著商业活动的作用，但与其因经营所透过的ISP业者无涉。

未来的课税标准将以网站的真正设立地为准，即使该网站依附在第三人，例如国外ISP业者的网站，除非该ISP业者介入其商业行为，否则与ISP设立所在地无涉。对于经营软件下载的电子商务业者，这项规定也同样适用。举例而言，德国的网络使用人通过本地入口网站，通过联结，与位于美国的网站为交易行为，德国并不能向该美国网站课税。但是，OECD为免造成业者对于课税的规避行为，亦订有限制规定，即业者需就其所为的商业行为定期缴税给主机架设所在国的政府。这项解释提供了各国就跨国电子商务的课税一项新的准则。①

1997年的美国《全球电子商务纲要》已主张对网上交易免征一切关税和新税种，即建立一个网上自由贸易区。惟欧盟执委会于2001年2月7日宣布将对网络数字商品课征加值税（value added tax，VAT，商业税的一种）的方针，并于3月重申其对欧盟境外商品借由数字传输贩售予以课税的政策，并着

---

① 郭佳政：《OECD对于电子商务网站的新课税规定》，《科技法务透析》，2001.3。http://stlc.iii.org.tw/publish/90c.htm。

手研拟征税方法与技术细节。欧盟执委会宣布拟就网络数字商品的交易（例如下载软件、档案、音乐、影片等）课征商业税。①

2002年5月7日欧盟理事会通过《加值税第六号指令的修正案》。根据该修正案，欧盟以外的外国公司可以通过以下两种途径之一对其销售的下载软件、拍卖清单和互联网服务纳税。其中一种途径是，根据消费的实际发生地点，按照消费者所在国家的税率水平，将征收的税款汇到消费者所在国家有关部门。另外一个途径是，在作为欧盟成员国之一的国家建立注册实体，并按照该实体所在国家的税率水平对向欧盟所有成员国消费者征税。② 修正案并要求欧盟15个会员国于2003年7月1日前遵守上述指令，完成各国加值税法规的修正。美国则强烈反对，其认为欧盟的新规定构成歧视待遇，且会加重美商经营上的压力。③

现在，美国互联网公司除了改变经营方式之外别无选择。2003年7月2日，美国在线时代华纳（AOL Time Warner）、电子港湾（eBay）和亚马逊（Amazon）等公司开始对欧洲客户在互联网上购买产品的顾客征收15％的增值税。涉及产品包括软件、音乐和录像等。④

（三）电子合同

电子商务方式是由买卖双方通过电子资料传递实现的，其合同的订立与传统商务合同的订立有许多不同之处，因而需要对电子合同的成立作出相应的法律调整。联合国贸法会1996年通过的《电子商务示范法》对涉及电子合同的成立作了规定。《电子商务示范法》承认自动订立的合同中要约和承诺的效力，肯定资料电文的可接受性和证据力，对资料电文的发生和收到的时间及资料电文的收发地点等一系列问题均作了示范规定，为电子商务的正常进行提供了法律依据。

欧盟为推动欧洲国家电子商务法律的一体化，颁布了大量的相关法律。其中包括与电子合同有关的重要法律。例如2000年1月19日，欧盟正式公布《电子签章指令》（*Directive 1999/93/EC of the European Parliament and*

---

① 张雅雯：《欧盟执委会宣示数字商品课税方针》，《科技法务透析》，2000.5。http://stlc.iii.org.tw/publish/89c.htm。

② 参见《欧盟下周起对进口互联网数字产品和服务征税》，《中国经济时报》，2003.6.24，http://news.xinhuanet.com/it/2003-06/24/content-934450.htm。

③ 邱祥荣：《电子商务课征加值型商业税的探讨》，2002，http://www.is-law.com/。

④ 参见《AOL、亚马逊和EBay开始向欧洲顾客征收增值税》，计算机世界网，2003.7.3，http://news.xinhuanet.com/it/2003-07/03/content-952758.htm。

of the Council of 13 Dec. 1999 on the Community Framework for Electronic Signatures)。该指令明确了电子签章的法律效力、认证机构的法律责任以及市场准入的规定。2000年5月4日,欧盟宣布正式通过《内部市场电子商务信息社会服务法律观点指令》(*European Parliament and Council Directive on Certain Legal Aspects of Information Society Services, in Particular Electronic Commerce, in the Internal Market*),简称《电子商务指令》(*Directive on Electronic Commerce*)。该指令对电子合同的效力、信息披露以及要约等问题作了原则性的规定。

1999年7月30日,美国统一州法委员会(NCCUL)通过了《统一计算机信息交易法》(*Uniform Computer Information Transaction Act*, UCITA)。该法是调整合同实体内容的最重要的法律。虽然 UCITA 仅适用于所有以信息为交易标的的合同,不论是电子合同还是传统的书面合同,但是该法对电子合同所涉及的特殊问题都规定得相当详尽。美国各州正在积极采纳该法,《统一计算机信息交易法》最终成为调整美国电子商务的基本法。[①] 此外,美国在1998年10月28日由克林顿总统签署生效的《千禧年数字著作权法》(*the Digital Millennium Copyright Act of 1998*,DMCA)等法律法规中对电子合同也有零星规定。

(四)安全与保密

在电子数据传输的过程中,安全和保密是电子商务发展的一项基本要求。目前,一些国际组织已先后制定了若干规定,以保障网络传输的安全可靠性。1997年国际商会制定了《电传交换贸易资料统一行为的守则》。联合国贸法会1996年《电子商务示范法》也对资料电子的可靠性、完整性以及电子签章、电子认证等作了规定。OECD、欧盟、美国以及其他发达国家都先后制定了网络交易安全与保密方面的规则。

(五)知识产权

全球电子商务的迅速普及,使现行知识产权保护制度面临新的更加复杂的挑战,对著作权、专利、商标、域名等知识产权的保护成为国际贸易与知识产权法的突出问题。1996年世界知识产权组织(WIPO)通过《WIPO 著作权条约》(WCT)和《WIPO 表演与录音制品条约》(WPPT),这两项条约被称为"因特网"条约。WIPO 于1998年10月又宣布,将成立专门的指导委员会,加强

---

① 关于 UTICA 的中文译文,可参见北京大学知识产权学院,"中外法典"栏目,http://162.105.148.89/law/index.htm。

与各地区成员国的协商。此外,2000年5月,WIPO公布了《电子商务与知识产权争点的报告》(WIPO Primer on Electronic Commerce and Intellectual Property Issues),试图带领各会员国研究电子商务对知识产权带来的冲击的共通解决之道。联合国贸法会1996年《电子商务示范法》则在"资料电文的归属"一条中对资料电文的所有权作了规定。在新一轮WTO谈判中,网络贸易中的知识产权保护也将成为电子商务谈判的一个重要内容,从而构成新的全球电子商务协议的组成部分。

(六)隐私权保护

满足消费者在保护个人资料和隐私方面的愿望是构建全球电子商务框架必须考虑的问题。OECD 1980年9月颁布了《关于保护隐私与个人数据的跨国流动指南》。欧盟于1998年10月生效的《关于个人数据处理与自由流通隐私权保护准则的指令》(Council Recommendation Concerning Guidelines Governing the Protection of Privacy and Transborder Flows of Personal Data)对网上贸易涉及的敏感性资料及个人资料给予法律保护,对违规行为追究责任。最近,世界互联网大会通过了保护隐私技术。这些均体现了隐私权保护的法律要求。

其中值得各国注意的为,在第九章"将个人资料传送至第三国"的部分,指令第25条要求会员国"采取必要措施防止个人资料传送到对个人资料没有提供适当保障的第三国";而所谓的"适当保障"将综合考量该国对个人数据保护的法律、专业规范、一般处理模式等等。相对于第25条禁止传送的原则性规定,第26条为例外规定,说明若经个人资料所有人同意、法律规定、为个人资料所有人重大利益、双方合同内已采安全措施等等情况下,仍可将资料传送至没有提供适当保障的第三国。

白宫资深顾问Ira Magaziner官员认为欧盟该项指令规定过于严格,表示"限制欧盟会员国与美国间个人资料的流动对双方都没有好处",并强调个人资料隐私权保护问题可以先透过业者自律加以解决,反对立刻直接由法律强制介入;认为应给业界一个自律的机会,业界无法做到时再考虑法律规范。虽然目前美国对个人数据保护的政策与欧盟尚存分歧,美方正与欧盟代表谈判以寻求解决。[①] 但是,美国现在也逐渐趋向于立法保护,并已制定了《电子通信隐私法》(Electronic Communications Privacy Act,ECPA)、《儿童在线隐私

---

① 张雅雯:《美国可望于今夏与欧盟就网络隐私权保护的歧异达成共识》,《资讯法务透析》,1998年4月,http://stlc.iii.org.tw/publish/87c.htm。

保护法》(Child Online Protection Act，COPA)等。不过，美国法律对隐私的保护更注重防止政府对个人隐私权的侵犯，而欧盟则更注重防止领域对个人隐私的侵犯。这也是两者的间最大的歧异。①

2001年6月18日，欧盟委员会宣布批准一份欧盟居民个人数据传输至非欧盟会员国的电子商务业者契约范例(Standard Contractual Clauses)。这份契约的主要目的在保障欧盟居民的个人资料在传输到非欧盟国家时，仍能享有欧盟个人数据保护指令(The EU's data protection Directive，95/46/EC)所规定的高标准保障，并且能促进欧盟会员国与其他国家的电子商务交易发展的活络。目前，个人数据保护规范与隐私权保护政策符合欧盟个人数据保护指令中所规定的适当标准的国家及电子商务业者，只有瑞士、匈牙利以及加入美欧安全港架构协议(The Safe Harbor Framework)的美国业者。因此，本次欧盟委员会所批准的契约范例，可成为未符合"适当"标准的第三国的电子商务业者的一个参考，也对欧盟与其他国家或地区发展电子商务交易，提供相当的帮助。②

（七）电子支付

利用电子商务进行交易必然会涉及支付。电子支付是目前电子商务发展的一个重点。电子支付的产生使货币有形流动转变为无形的信用信息在网上流动，因而将对国际商务活动与银行业产生深远的影响。目前的政策法规尚难以满足电子支付的需要。国际商会(ICC)目前正在制定的《电子贸易和结算规则》则以《电子商务示范法》为基础作了进一步的规定，对电子支付的安全性、数字签章、加密及数字时间签章作了规定，该规则一旦正式通过，将成为电子商务及电子支付的指导性交易规则。

目前因特网上所发展的电子支付系统主要可分成四类，分别以信用卡、智能卡、电子现金与电子支票为基础(请参考表1-2)。

---

① 高富平主编：《电子商务法律指南》，法律出版社2003年版，第384页。
② 谢巧君：《欧盟委员会批准将个人数据传输给非欧盟会员国的契约范例》，《科技法务透析》，2001年8月，http://stlc.iii.org.tw/publish/90c.htm。

表 1-2　电子支付系统的分类

类别	使用单位
电子支票	American Banking Systems, Automated Transaction Services, CAFE, CheckFree, Intell-a-Check, Internet Checks, LETSystems, Mondex Net-Bill, NetCash, NetCheque (SM), Netchex, NetLink/CyberCash, NetMarket Homepage, Redi-Check Secure Pay, TelPay, First Virtul
电子现金	CyberCash, DigiCash, E-Cash Publications, NetCash, Outreach Communications, Electronic Cash System
信用卡	CyberCash, Astoria Software, Outreach Communications, IMA Credit Card Processing, Merchant Credit Card Services, VersaNet SecureOrder Services, V-ONE IC Verity
智能卡	Mondex, Netfare, GEMPLUS, Smart Tokens

资料来源：以上资料系参考 Verifon 公司提供的 E-Payment System，http://www.Verifon.com，转引自何全德：《人类交易形态的大变革——Internet 电子商务发展现况》，http://www.find.org.tw/oriinews/focus/ec-trend/main.htm。

第三节　我国电子商务法律环境

电子商务中的法律问题得到有关国际、地区性组织和许多国家政府的高度重视，创造一个适应电子商务发展的法律法规环境，正是政府部门在电子商务发展中所应发挥的主导作用。我国政府对电子商务的立法问题十分重视，江泽民主席在 1998 年 11 月 18 日的 APEC 领导人第六次非正式会议上指出，应加强政府部门对发展电子商务的宏观规划和指导，并为电子商务的发展提供良好的法律法规环境。[①] 政府有关部门正在着手研究、修改和制定相关的法律，在计算机信息网络安全方面制定了法规，在新《合同法》中，对电子合同的法律效力问题也有所涉及。亦即第 11 条中已有明确的规定承认其合法效力。但整体观之，法律法规还不健全，在电子商务立法方面仍有许多工作要做。政府部门需要不断探索和积累经验，来建立具有中国特色的电子商务法律体系。

---

① 参见《江主席在亚佩克会议就电子商务问题发言》，《人民日报》，1998.11.19 第 6 版，http://www.people.com.cn/item/ldhd/Jiangzm/1998/chufang/1998APEC/cf0320.html。

以下介绍我国中央与地方主要电子商务相关法规(含司法解释)名称和规范要点:

一、网络安全与犯罪防治

(1)2003年4月8日广东省人民政府颁布《广东省计算机信息系统安全保护管理规定》(令第81号),并自2003年6月1日起施行。2007年12月23日广东省十届人大常委会第三十六次会议通过《广东省计算机信息系统安全保护条例》,并自2008年4月1日起施行。《条例》对于计算机的安全秩序做了明确规定,窃取他人账号和密码、以营利为目的擅自向第三方公开他人电子邮箱地址和其他个人信息资料等行为被列入明确禁止范围。另外,《条例》此次增加了"对计算机信息系统将实行安全等级保护"的相关内容,将计算机信息系统按照其在国家安全、经济建设、社会生活中的重要程度等因素分为五个等级。

(2)2002年11月6日中华人民共和国信息产业部、中华人民共和国公安部、中华人民共和国国家工商行政管理总局颁布《关于严厉打击非法经营国际电信业务违法犯罪活动的通告》。

(3)2000年12月28日第九届人民代表大会常务委员会第十九次会议通过《关于维护互联网安全的决定》。(其中第七点规定:各级人民政府及有关部门要采取积极措施,在促进互联网的应用和网络技术的普及过程中,重视和支持对网络安全技术的研究和开发,增强网络的安全防护能力……)

(4)2000年5月12日最高人民法院公布《关于审理扰乱电信市场管理秩序案件具体应用法律若干问题的解释》(依该解释,今后擅自经营国际电信业务或者港澳台电信业务的,以非法经营罪论处;盗用别人的账号、密码上网,则将以盗窃罪定罪处罚;如果用假身份证办上网或移动电话的手续,则犯了诈骗罪)。

(5)2000年4月26日公安部发布《计算机病毒防治管理办法》。

(6)2000年2月13日公安部发布《关于执行〈计算机信息网络国际联网安全保护管理办法〉中有关问题的通知》。

(7)2000年1月25日国家保密局发布《计算机信息系统国际联网保密管理规定》。

(8)1999年1月6日中国人民银行发布《关于采取有效措施防范金融计算机犯罪的通知》。

(9)1997年12月16日公安部发布《计算机网络国际联网安全保护管理

办法》。

(10)1997年3月14日第八届全国人民代表大会第五次会议修订《刑法》第六章妨害社会管理秩序罪,其中第285、286条规范计算机犯罪(亦即第285条——非法入侵计算机系统罪、第286条第1、2款——破坏计算机信息系统功能罪、第286条第3款——制作、传播计算机病毒等破坏性计算机程序罪)。

(11)1994年2月18日国务院发布《中华人民共和国计算机信息系统安全保护条例》。

二、网络一般行业规范

(1)2007年9月14日北京市第十二届人民代表大会常务委员会第三十八次会议通过《北京市信息化促进条例》,并从当年12月1日起实施。条例规定,利用互联网从事经营活动的单位和个人应当依法取得营业执照,并在网站主页公开经营主体信息、已取得相应许可或者备案的证明、服务规则和服务流程等相应信息。这是我国地方立法中首次直接涉及互联网电子交易。①

(2)2002年12月6日广东省第九届人民代表大会常务委员会第三十八次会议通过《广东省电子交易条例》,并自2003年2月1日起施行。广东省人民政府希望通过《条例》来解决企业信用度、身份认证、认证机构的市场准入和管理、电子数据的法律地位等电子商务目前面临的问题。②

有专家指出《条例》具有若干问题:①从立法指导思想来看,《条例》更多的是站在认证机构、经营者的角度去考虑问题,制定了许多条款为其免除几乎所有的义务和风险。②从立法技术、体系和概念来看,《条例》不像是一部法律,倒像是一部电子商务的专业论文,虽然其中吸取的许多国外的立法思想,闪光之处不断。据闻本次《条例》的制定,并未有法律专家的参与,专家推测这应该是造成《条例》颠倒立法本意、立法技术上运用错误以及与现有法律多处冲突这三大硬伤的重要原因之一。③

(3)2001年12月11日国务院公布《外商投资电信企业管理规定》,并自

---

① 王晓雁:《北京颁布信息化条例 个人网上开店须办营业执照》,《法制日报》,2007.10.19, http://www.chinaeclaw.com/News/2007-10-19/11154.html。

② 参见《广东拟定电子交易条例将解决电子商务四大问题》,转自《新快报》,2002.10.11, http://www.chinaeclaw.com/topic.asp?。

③ 高云:《不要成为全国错漏第一的地方法规——对〈广东省电子交易管理条例〉的批评和建议》,2001.10.16, http://www.netlawcn.com/f19/0024.htm。

2002年1月1日起施行[其中第2条规定,外商投资电信企业,是指外国投资者同中国投资者在中华人民共和国境内依法以中外合资经营形式,共同投资设立的经营电信业务的企业。第4条第1款规定,外商投资电信企业可以经营基础电信业务、增值电信业务,具体业务分类依照电信条例的规定执行。第6条第1款规定,经营基础电信业务(无线寻呼业务除外)的外商投资电信企业的外方投资者在企业中的出资比例,最终不得超过49%。第6条第2款规定,经营增值电信业务(包括基础电信业务中的无线寻呼业务)的外商投资电信企业的外方投资者在企业中的出资比例,最终不得超过50%。第23条规定,境内电信企业在境外上市,必须经国务院信息产业主管部门审查同意,并按照国家有关规定经批准。第24条规定,香港特别行政区、澳门特别行政区和台湾地区的公司、企业在内地投资经营电信业务,比照适用本规定]。

专家指出,无论是外商投资企业整体购并中国内资电信公司,还是收购中国内资电信公司的股权,都须满足较多的先决条件①或法定条件②。对拟投资于中国电信业并急于扩张规模的外商而言,后者的条件可能会显得更加苛刻,因为除了其他较为类似的条件之外,前者仅仅要求外商投资企业开始经营,而后者则要求外商投资企业已经开始盈利,并且,还额外要求外商投资企业境内投资的累计投资额不能超过自身净资产的50%(投资后,接受被投资公司以利润转增资本的增加额不包括在内)。

值得注意的是,以上两种方法都必须经历较长的政府审批期限,尤其是外商投资企业收购中国内资电信公司或其股权的情形,由于目标公司系运营公司,从签署股权收购的有关法律文件,至目标公司工商变更登记手续完成,目标公司不可能停止一切经营活动,或者"冻结"实质性经营活动,这样,目标公司的价值与经营风险极有可能超出签署股权收购合同时外商所能够预见的范畴,为此,外商须考虑在有关法律文件中作出适当约定,以便尽可能降低所承担的风险。

与前面两种方式相比较,目前不存在专门规范外商以具有中国法人资格的外商投资企业身份,收购中国内资电信公司的电信资产方式的行政规章,也不存在直接要求此种方式必须经政府主管部门批准的法律、行政法规与行政规章,但是,就某些电信业务而言,外商投资企业拟收购的部分电信资产所有

---

① 参见《关于外商投资企业合并与分立的规定》第9条、第17条以及第19条,《关于外商投资企业境内投资的规定》第2条第3款、第4条、第5条、第6条以及第13条。

② 参见《公司法》第12条。

权或使用权的转让,可能须获得第三方的同意,有时获得此种同意的费用较高,或者很难获得此种同意;同时,开展某些电信业务所依赖的电信资源的可转让性,亦须获得有关政府电信监管机构的批准,有时,获得该等批准是极其困难的,甚至是不可能的①。此外,此种方式对外商最为不利的问题,就是可能需要承担较沉重的税赋,如增值税、商业税、土地增值税及所得税等,这些额外的税赋可能会使得此种方式变得不经济,所以,此种方式通常仅仅在目标公司的债务不清晰时采用。②

(4) 2002年8月1日北京市工商行政管理局发布与施行《电子商务监督管理暂行办法》。其中,第3条规定,北京市行政区域内的经营者与消费者(BtoC)、经营者与经营者(BtoB)之间进行的网上交易活动的,适用本办法。消费者之间的网上交易活动除外。第6条规定,经营者利用互联网发布的商品和服务交易信息应当全面、真实、准确,不得进行虚假宣传。第38条规定,违反本办法第6条规定的,依照《中华人民共和国消费者权益保护法》第50条第1款第6项予以处罚。第48条规定,经营者违反本办法的规定,消费者提出赔偿的,工商行政管理部门依法进行调解。消费者也可以通过向消费者协会投诉或申请仲裁或提起诉讼的方式要求赔偿。

(5) 2001年2月1日北京市工商行政管理局发布《关于网站名称异议中适用在先原则的规定》(2000年9月1日前已经向社会发布并在实际使用的网站名称,在网站名称异议中,依照"使用在先"原则予以保护,2000.9.1起(含9月1日)开始使用的网站名称,在网站名称异议中,依照"注册在先"原则予以保护)。

(6) 2000年9月25日国务院颁布《中华人民共和国电信条例》,并自10月1日起施行(本条例首次明文允许私营企业经营互联网和商业增值电信业务,包括通过互联网和多媒体网络提供信息,以及其他相关服务、寻呼服务、电信增值服务以及转售传统的电信服务等)。

(7) 2000年9月25日国务院颁布《互联网信息服务管理办法》(自10月1日起施行)(规定经营性互联网信息服务须取得许可,非经营者须履行备案手续)。

---

① 如电信资产出售方为国有企业,其以指配方式获得的无线电频率资源,就很难随同电信资产一同转让。

② 白永忠:《外商以收购方式进入中国电信市场的法律分析》,2003.6.20,http://www.chinaeclaw.com/readArticle.asp?id=616。

(8)2000年11月6日信息产业部颁布与实施《互联网电子公告服务管理规定》(规定BBS服务提供者须申请许可或备案并承担"网络警察"责任)。

(9)2000年8月29日北京市工商行政管理局颁布,9月1日施行《网站名称注册管理暂行办法》、《网站名称注册管理暂行办法实施细则》、《经营性网站备案登记管理暂行办法》(北京市工商行政管理局2000年3月28日发布的《北京市工商行政管理局网上经营行为登记备案的通告》和2000年5月18日发布的《北京市工商行政管理局网上经营行为登记备案的补充通告》同时废止)、《经营性网站备案登记管理暂行办法实施细则》。

(10)2000年6月28日北京市工商行政管理局发布与施行《关于在网络经济活动中保护消费者合法权益的通知》。

(11)2000年6月1日北京市工商行政管理局发布《关于规范网站销售信息发布行为的通告》。

(12)2000年5月16日北京市工商行政管理局公布《关于对网络广告经营资格进行规范的通告》。

(13)2000年5月15日北京市工商行政管理局公布《关于利用电子邮件发送商业信息的行为进行规范的通告》。

三、网络特殊行业规范

2010年6月21日,中国人民银行对外发布了令国内第三方支付产业期待5年之久的《非金融机构支付服务管理办法》,该办法于同年9月1日起开始施行。该办法针对网络支付、预付卡发行等支付服务行为明确了行业管理规范。该办法规定,非金融机构提供支付服务,应当按规定条件申请获得《支付业务许可证》,并按照《支付业务许可证》核准的业务范围从事经营活动,不得从事核准范围之外的业务、不得将业务外包。对于第三方支付行业颇为敏感的"客户备付金"使用问题,《办法》在其第24条中规定,"支付机构接受的客户备付金不属于支付机构的自有财产",并明确指出"禁止支付机构以任何形式挪用客户备付金"。[①]

2010年12月4日,中国人民银行(央行)正式发布《非金融机构支付服务管理办法实施细则》(下称《细则》),[②]对支付机构从事支付业务的最基本规则、申请人资质条件等进行细化。该《细则》自发布之日起实施。

---

① 中国人民银行令〔2010〕第2号公告。
② 中国人民银行令〔2010〕第17号公告。

2011年12月31日,备受关注的第三批第三方支付牌照名单终于公布,这一次共有61家第三方支付企业获牌,加之前两批颁发的40张牌照,至此,中国人民银行共颁发了101张第三方支付牌照。①

(1)2007年12月29日国家广电总局和信息产业部联合发布《互联网视听节目服务管理规定》,并从2008年1月31日起实施,其中规定从事互联网视听节目服务的,必须为国有独资或国有控股单位。2008年2月3日广电总局和信产部公布解释细则。对于上述"国资成分"问题,两部委表示:"《规定》发布之前依法开办、无违法违规行为的,可重新登记并继续从业。"而《规定》发布之后,申请从事互联网视听节目服务的,必须符合《规定》第8条所列的条件。

(2)2005年10月26日中国人民银行公告的《电子支付指引(第一号)》②,对银行从事电子支付业务提出指导性要求,对规范和引导电子支付的发展提供了基础。其中,《指引》第5条规定:"电子支付指令与纸质支付凭证可以相互转换,二者具有同等效力。"2006年3月由银监会实施的《电子银行业务管理办法》和《电子银行安全评估指引》则进一步完善电子商务网上支付的相关法规。

(3)2003年5月10日文化部公布《互联网文化管理暂行规定》,自2003年7月1日起正式施行(其中第六条规定:文化部负责制定互联网文化发展与管理的方针、政策和规划,监督管理全国互联网文化活动;依据有关法律、法规和规章,对经营性互联网文化单位实行许可制度,对非经营性互联网文化单位实行备案制度;对互联网文化内容实施监管,对违反国家有关法规的行为实施处罚)。

(3)2002年9月29日国务院总理朱镕基签发中华人民共和国国务院第363号令,公布《互联网上网服务商业场所管理条例》,自2002年11月15日起施行(其中第7条规定,国家对互联网上网服务商业场所经营单位的经营活动实行许可制度。未经许可,任何组织和个人不得设立互联网上网服务商业场所,不得从事互联网上网服务经营活动。第21条规定,互联网上网服务商业场所经营单位不得接纳未成年人进入商业场所)。

(4)2002年6月27日新闻出版总署、信息产业部颁布《互联网出版管理

---

① 参见《第三方支付产业爆发 运营商机遇挑战并存》,2012.1.13,http://knet.vsharing.com/k/2012-1/2312779.html。

② 中国人民银行〔2005〕第23号公告。

暂行规定》,并于 2002 年 8 月 1 日实施(其中第 6 条规定,从事互联网出版活动,必须经过批准。未经批准,任何单位或个人不得开展互联网出版活动。第 23 条规定,从事互联网出版活动,应当遵守国家有关著作权的法律、法规,应当标明与所登载或者发送作品相关的著作权记录)。

(4)2000 年 11 月 7 日国务院新闻办公室、信息产业部发布《互联网站从事登载新闻业务管理暂行规定》(其中第 7 条规定,非新闻单位依法建立的综合性互联网站,具备本规定第九条所列条件的,经批准可以从事登载中央新闻单位、中央国家机关各部门新闻单位以及省、自治区、直辖市直属新闻单位发布的新闻的业务,但不得登载自行采写的新闻和其他来源的新闻。非新闻单位依法建立的其他互联网站,不得从事登载新闻业务)。

(5)2001 年 7 月 9 日中国人民银行颁布与实施《网上银行业务管理暂行办法》(其中第 4 条规定,银行机构在中华人民共和国境内开办网上银行业务,应在开办前向中国人民银行提出申请,经中国人民银行审查同意后方可开办。在中华人民共和国国外注册的以及港澳台地区注册的机构通过因特网向中华人民共和国大陆居民提供网上银行业务,以及除港澳台地区以外的中华人民共和国境内机构通过因特网向境外居民提供网上银行业务,均须事前向中国人民银行申请)。

(6)2000 年 4 月 29 日中国证券监督管理委员会颁布与实施《网上证券委托暂行管理办法》(其中第 24 条规定,获得中国证监会颁发的《经营证券业务许可证》的证券公司,可向中国证监会申请开展网上委托业务。未经中国证监会批准,任何机构不得开展网上委托业务)。

(7)2000 年 7 月 5 日教育部发布《教育网站和网校暂行管理办法》(其中第 8 条规定,凡在中华人民共和国境内申报开办教育网站和网校,必须向主管教育行政部门申请,经审查批准后方可开办。已开办的教育网站和网校,如未经主管教育行政部门批准的,应及时补办申请、批准手续。未经主管教育行政部门批准,不得擅自开办教育网站和网校)。

(8)2001 年 1 月 18 日国家药监局发布《互联网药品信息服务管理暂行规定》(其中第 10 条规定,从事互联网药品信息服务,拟提供网上药品交易服务的,应按照有关规定另行向国家药品监督管理局提出专项申请)。

(9)2000 年 1 月 11 日卫生部发布《互联网医疗卫生信息服务管理办法》(其中第 6 条规定,任何经营性或非经营性医疗卫生网站以及登载医疗卫生信息的网站在向国务院信息产业主管部门或省、自治区、直辖市电信管理机构申请办理经营许可证或办理备案手续之前,应当经同级卫生行政部门审核同意)。

(10)1999年11月22日国家新闻出版署颁布《出版物市场管理暂行规定》(第18条规定非出版发行单位,不得开办"网上书店"或进行互联网上出版物的购销活动)。

四、知识产权

(一)著作权

(1)2000年11月11日由最高人民法院审判委员会第1144次会议通过,于同年12月19日公布,12月21日起施行《最高人民法院关于审理涉及计算机网络著作纠纷案件适用法律若干问题解释》(其中第2条第1款规定,在网络环境下无法归于著作权法第3条列举的作品范围,但在文学、艺术和科学领域内具有独创性并能以某种有形形式复制的其他智力创造成果,人民法院应当予以保护。同条第2款规定,著作权法第10条对著作权各项权利的规定均适用于数字化作品的著作权。将作品通过网络向公众传播,属于著作权法规定的使用作品的方式,著作权人享有以该种方式使用或者许可他人使用作品,并由此获得报酬的权利。第8条第1款规定,网络服务提供者经著作权人提出确有证据的警告而采取移除被控侵权内容等措施,被控侵权人要求网络服务提供者承担违约责任的,人民法院不予支持。第10条第2款规定,被侵权人损失额不能确定的,人民法院依被侵害人的请求,可以根据侵害情节在人民币500元以上30万元以下确定赔偿数额,最多不得超过人民币50万元)。2004年1月2日最高人民法院就该《解释》作了修改并重新公布,自2004年1月7日起施行。其中删去第2条第2款。因为著作权法第10条第11款对信息网络传播属于著作财产权已经有明确规定,故不再保留本款。

(2)2006年5月18日,国务院发布了《信息网络传播权保护条例》并已于7月1日起施行。《条例》对有关文本、图像、表演、录音、录像制品以及其他有著作权的作品(统称作品)之信息网络传播权的保护,设立了规范性指南。

(二)域名与商标

(1)2002年12月12日,CNNIC发布了《关于CN二级域名注册实施方案的通告》(根据信产部的《关于中国互联网络域名体系的公告》规定,在我国国家顶级域名CN下可以直接申请注册二级域名。有关二级域名的申请工作将于2003年3月17日正式开始)。

(2)2002年8月1日信息产业部公布《中国互联网络域名管理办法》,自2002年9月30日起施行(其中第10条规定,在中华人民共和国境内设置域名根服务器、设立域名注册管理机构和域名根服务器运行机构须经信息产业部授权。第 11 条规定，在中华人民共和国境内设立域名注册服务机构须向信息产业部备案，未经备案，任何组织或者个人不得从事域名注册服务活动。第 16 条规定，域名注册服务遵循"先申请先注册"原则。依第 17 条第 2 款规定，原则上，域名注册管理机构和注册服务机构不得预留或变相预留域名）。

(3) 2002 年 9 月 25 日，CNNIC 发布了《中国互联网络信息中心域名注册实施细则》，自 12 月 1 日起施行。

(4) 2006 年 2 月 14 日，CNNIC 修订《中国互联网络信息中心域名争议解决办法》，自当年 3 月 17 日起施行。2002 年 9 月 30 日施行的原《中国互联网络信息中心域名争议解决办法》同时废止。新版的《办法》规范与".cn"域名和所有中文域名（亦即 CNNIC 域名）有关的争议，并规定了一套解决涉及 CNNIC 域名争议的有效率与合乎成本效益的程序。

(5) 2000 年 11 月 1 日 CNNIC 发布《中文域名注册管理办法（试行）》。

(6) 2001 年 7 月 17 日最高人民法院公告（法释〔2001〕24 号）《关于审理涉及计算机网络域名民事纠纷案件适用法律若干问题的解释》，自 2001 年 7 月 24 日起施行（其中第 4 条第 4 项规定，人民法院审理域名纠纷案件，对被告对该域名的注册、使用具有恶意，应当认定被告注册、使用域名等行为构成侵权或者不正当竞争。第 8 条规定，人民法院认定域名注册、使用等行为构成侵权或者不正当竞争的，可以判令被告停止侵权、注销域名，或者依原告的请求判令由原告注册使用该域名；给权利人造成实际损害的，可以判令被告赔偿损失）。

(7) 2000 年 8 月 15 日北京市高级人民法院办公室发布《北京市高级人民法院关于审理因域名注册、使用而引起的知识产权民事纠纷案件的若干指导意见》。

（三）打假

2011 年 4 月 21 日，商务部、工业和信息化部、公安部、人民银行、海关总署、工商总局、质检总局、新闻出版总署（版权局）、知识产权局九部门联合下发通知，要求进一步严厉打击网络购物领域侵权假冒行为，加大网上巡查力度，查办一批重点案件，建立办案责任制。①

---

① 卢铮：《九部委：网络购物平台侵权严重可断网》，中国证券报，http://www.chinaeclaw.com/News/2011-04-22/18046.html。

五、其他

1999年10月7日国务院发布《商用密码管理条例》(其中第13条规定进口密码产品以及含有密码技术的设备或者出口商用密码产品,必须报经国家密码管理机构批准,任何单位或者个人不得销售境外的密码产品)。

第四节 我国电子商务法立法建议与进展

一、近期我国电子商务法相关议案摘要

2008年3月,全国人大代表、韶关市宜达燃料开发有限公司董事长朱思宜建议,从网络立法上和金融机构的网上操作两方面进行规范,为电子商务立法,规范电子商务安全,明确电子商务的财税课征和市场准入,解决电子商务运营中的数据保护、安全认证、知识产权、域名以及消费者保护等亟待解决的问题。①

全国人大代表、中国移动广东公司总经理徐龙在关于制定《电子商务法》的提案中建议,中国应尽快制定统一《电子商务法》,以引导和规范电子商务活动,防范和减少网上交易风险。

徐龙表示:"为了保障和促进电子商务的科学发展,引导和规范电子商务活动,防范和减少交易风险,中国迫切需要制定统一系统的电子商务法,如果不及时出台《电子商务法》,容易导致电子商务市场处于无序混乱状态,严重制约中国电子商务快速健康发展。《电子商务法》的内容应包括立法宗旨、电子商务概念、基本原则、交易主体、电子合同、电子签名及认证、电子支付、信用保障、交易安全、个人信息保护、消费者权益保护、知识产权保护、电子商务税收、行业自律、争端解决机制、法律责任等。"②

在2011年3月5日温家宝总理所作的政府工作报告中,首次明确提出我国将"积极发展电子商务、网络购物、地理信息等新型服务业态"。与此同时,

---

① 参见《人大代表建议为电子商务立法》,2008.3.15,http://news.sohu.com/20080315/n255719331.shtml。

② 白兰坤:《〈电子商务法〉利于电子商务行业的健康发展》,2010-3-11,http://www.donews.com/Content/201003/d6b6613dddeb4a1885cddff1c245fe92.shtm。

"健全网络与信息安全法律法规"也被写入"十二五"规划纲要草案。两会期间,代表委员纷纷为网络购物的发展与维权支招,并提出相关的立法建议。

中国移动广东公司总经理徐龙代表建议制订"信息化促进法",涉及鼓励网络购物等新业态的发展。据他分析,我国在信息化立法方面已有一些成功实践,已颁布实施的法律包括《电子签名法》等,地方立法也有诸多先行先试,因此具备出台"信息化促进法"的基础。

华南理工大学工商管理学院副院长沙振权代表等则建议出台"互联网产业发展促进法"。沙振权代表认为,以往我国所涉互联网的法条,主要局限于计算机网络范围,过于狭窄。如今"网络"概念的外延非常宽泛,涵盖社会生活方方面面,因此应当以产业名义立法。

不过,对于电子商务及网络购物是否需要"一事一立法",代表委员中也有不同声音,徐晓兰委员认为,涉及电子商务的立法,还不成熟。她说,根据业务内容不同,网络购物就涉及工信、商务、文化、质量监督等多部门,"千头万绪归根到底还是全民诚信体系建设的问题"。

两会期间,也有部分法律专家提出,"一事一立法"可能造成法律法规的叠床架屋、重复立法,互联网经营类事宜无需再立法。而在目前的法律体系中,更应重视有法必依。①

二、中国《电子商务法(示范法)》尚待时日

2001年1月13与14日,一个高级研讨会在广州暨南大学隆重举行。是次会议由中国人民大学民商事法律科学研究中心、武汉大学网络经济与法律研究中心、北京邮电大学信息法律研究中心及暨南大学法学系联合举办,由著名法学家、武汉大学博士生导师黄进教授主持。

(一)电子商务立法研究的重要性

黄进教授指出我国加紧制定单独的《电子商务法》至关重要,在目前学术界研拟《电子商务法(示范法)》则是当务之急。具体来说本项目的研究意义和目的主要体现在三个方面:第一,本项目的发起是应对国际范围内高新技术迅猛发展的需要。21世纪是高科技的世纪,电子商务将是非常重要的商务形式。虽然2000年我国的网络、网络经济受到一定的冲击,但总的来说电子商务的前景十分看好。为此,法律界必须考虑到如何应对由此引发的相关法律

---

① 参见《网购立法何时出炉》,新华每日电讯:两会特刊,2011-03-11,http://202.84.17.54/content/20110311/Articel07006BB.htm。

问题。第二,在目前我国立法对电子商务关注不够的情况下,本项目的发起将对国家立法起到重要的推动作用。

据报道,迄 2011 年为止我国的网民已经达到 5.13 亿,电子商务活动空前活跃。但立法对如何调整这些活动显得滞后,虽然有关部委颁布了一些相关行政法规(已如前述),但无论是立法数量与质量都不够。为此,学者们拜访过国务院法制办等部门,从了解的情况来看,任何单一的机构或部门来进行此项立法都显得力不从心。因此,学术界应当有所作为,可以先研拟示范法来推动或促进政府立法。第三,国际范围内电子商务虽是研究热点,但仍属于起步阶段,中国有必要迎头赶上。目前联合国、德国、新加坡等国或国际组织制定了一些关于电子商务的法律规则,而中国立法部门并未意识到这一立法的急迫性。对此,中国学者必须有清醒的认识。我们必须明白,IT 行业发展不过是近几年的事,中外在电子商务方面的研究差别并不大,可以说中国同外国还处于研究的同一起跑线上。现在是开展研究的一个大好机会,不容错失,中国的学术界必须紧紧跟上国外研究的步伐。

(二)我国《电子商务法》立法亟待解决的问题

关于我国电子商务立法需要解决的问题,学者们从不同层面进行了阐述。黄进教授认为,我们要制定出适用中国的《电子商务法(示范法)》,必须首先解决两个问题:(1)中国应采用广义的"电子商务法"概念,还是狭义的"电子商务法"概念。(2)中国制定出的《电子商务法》要有中国特色,应当如何安排内容、体系、结构等。

具体而言,学者们认为,中国电子商务立法至少应当囊括电子商务的原则、电子信息、电子证据、电子签章、电子认证、电子信息交易、电子支付、电子商务案件的管辖权与法律适用等问题。学者们意识到,电子商务的法律问题是一个开放的领域,不论采取哪种界定方式,都不可能穷尽电子商务可能会遇到的法律问题。就此,有学者提出可以采取层层推进的方式,注意确定、厘清电子商务中的具体问题。

(三)我国《电子商务法》的立法模式

学者们认为,从理想的角度上讲,《电子商务法》由全国人大或其常委会制定比较合适,只有全国人大或其常委会是全国的法定立法机关,它们立法能够确保《电子商务法》的法律地位。但是,根据我国《立法法》的有关规定,全国人大及其常委会立法必须首先纳入 5 年立法规划,现在我国全国人大及其常委会的现行 5 年立法规划已经确定,要想将《电子商务法》增加进 5 年立法规划中将面临立法程序上的障碍,因此期待全国人大或其常委会制定《电子商务法》并不现实。

　　至于通过国家的某一部委牵头制定《电子商务法》的做法，也存在一定的困难。其中最大的困难是任何一个适宜制定电子商务法规的国家部委，如信息产业部、科技部、工商总局、教育部以及人民银行总行等，都缺乏制定这方面法律法规的实力，突出表现是缺少精通电子商务的专家学者。据有的学者同人民银行总行等部委接触，它们确实有心关注电子商务方面的法律问题，但它们对立法显得力不从心。

　　要想制定出通行全国的电子商务法律法规，另一种选择是由国务院法制办牵头立法。这种方案的困难是国务院法制办只有权制定行政法规性质的"条例"，其效力要比"法律"差一些。尽管如此，这仍然是最现实的立法模式。据有的学者同国务院法制办的领导联系，他们十分支持学术界研拟民间的《电子商务示范法》，以此推动政府立法的步伐。

　　除此以外，其他的立法模式就是由地方政府或人大颁行地方性的电子商务法规。2000年1月香港特别行政区立法会颁布了《电子交易条例》。2001年，上海制定了《电子认证条例》，广东制定了《数字签章条例》，海南也在制定电子商务的地方法规。又广东省人大常委会2002年2月1日称，《广东省电子交易条例》正式在该省行政区域内实施。这些就属于地方立法的一种模式。但从长远来看，电子商务最大的特点是不受地域限制，电子商务立法必须统一。因此由地方来制定电子商务法规虽在一定程度上能够推动电子商务活动，但不过是权宜之计。

　　（四）我国《电子商务法》的立法架构

　　我国制定《电子商务法》应采取什么样的架构，与会专家学者主要有两种看法：一种观点认为，应以《联合国电子商务示范法》为模本，进行本土化移植；另一种观点认为，依照我国的立法习惯和中国人的思维方式，宜采取"总则＋分则"的模式。

　　在深入探讨后，与会专家学者一致认为，我国《电子商务法》的架构主要取决于两个因素，一是要整合、借鉴其他国家或国际组织的立法经验，二是要具有中国特色。之所以要借鉴现成的立法经验，不仅是从汲取先进国家的立法资源考虑，更是因为电子商务本身是一个世界性的事物，任何国家不能创造出一个与他国做法格格不入的事物，否则便不可能融入国际社会。本法之所以要具有中国特色，是因为电子商务立法本身在国际上并不成熟，中国人完全应当做出自己的贡献。

　　基于这两点考虑，我国的电子商务立法不可能完全抛开联合国《电子商务示范法》另起炉灶,也不能够背离中国的立法习惯与中国人的思维方式。因此,学者们认为,我国制定《电子商务法》的上述两种思路并不矛盾,应当予以折衷。具体来说,中国学者在拟定《电子商务法(示范法)》的时候,应定采取"总则+分则"的模式,其中"总则"部分主要以《联合国电子商务示范法》为模本,确定一些原则,"分则"部分则可以分门别类作些具体规定,对《联合国电子商务示范法》等予以突破。①

在本书各章节中出现的"电子签字"、"电子签名"以及"电子签章"等词,学界各有不同的翻译,其英文为"electronic signature"。又如"电子资金转账"、"电子资金划拨"也是基于相同原因而有不同的翻译,其英文为"electronic funds transfer",请各位读者见谅!

---

① 刘品新:《〈中国电子商务法(示范法)〉高级研讨会综述》,"法言法语"论坛,http://bj2.netsh.com/bbs/97682/messages/754.html。

第二章 电子合同法律问题

第一节 电子合同概述

一、电子合同的概念和特征

(一) 电子合同的概念

我国《合同法》第 2 条规定,"合同是平等主体的公民、法人、其他组织之间设立、变更、终止民事权利义务关系的协议。"电子合同,又称电子商务合同,是合同的一种表现形式。① 电子合同与传统合同相比,其表现形式的特殊性在于记载当事人意思表示内容的方式或手段被电子化了。

那么,什么是电子合同呢? 虽然,电子合同已经成为一个普遍的概念,但是,直到目前为止并没有一个为人们普遍接受的定义。这或许是因为根本就无须给电子合同下定义,因为电子合同本质上还是合同,所改变只是合同形式。因此,几乎所有有关电子商务或电子交易的立法更注重对人类进入数字时代后的信息的最重要的表达方式——"数据电文"(亦称为数据电讯)——的界定,而不是电子合同。例如,1996 年 6 月 14 日,联合国国际贸易法委员会第 29 届年会通过了《电子商务示范法》。《电子商务示范法》第 2 条 a 项规定:"数据电文系指经由电子手段、光学手段或类似手段生成、储存或传递的信息,数据电文包括但不限于电子数据交换(EDI)、电子邮件、电报或传真所传递的信息。"《电子商务示范法》第 6 条第(1)款规定:"如果法律要求信息须采用书面形式,则假若一项数据电文所含信息能够调取以备日后查用,即满足了该项要求。"可见,该法并没有对电子合同有明确的定义。但是,从这两条规定的内

---

① 齐爱民、万暄、张素华:《电子合同的民法原理》,武汉大学出版社 2002 年版,第 9 页。

容看,《电子商务示范法》允许贸易双方通过电子手段传递信息、签订买卖合同和进行货物所有权的转让。这样,以往不具法律效力的数据电文将和书面文件一样得到法律的承认。又如,美国统一州法委员会于1999年7月制定的《统一电子交易法》(UETC)将合同和电子方式定义为:"合同"系指当事人根据本法案和其他适用法订立的协议所产生的全部法律义务。电子方式系指采用电学、数字、磁、无线、光学、电磁或相关手段的技术。2000年8月修正的《统一计算机信息交易法》(UCITA)第2条(a)款(17)项和(26)项采用了与《统一电子交易法》相同的定义。这两部法案与联合国《电子商务示范法》的定义方式是类似的,即不明文规定电子合同的定义,而是强调了"电子"的内涵,凡符合以"电子"形式订立的合同即属电子合同。我国《合同法》也引入了数据电文形式,从而在法律上确认了合同可以采用电子手段缔结。①

综上所述,我们可以对电子合同作如下定义:电子合同,是当事人之间通过信息网络以数据电文形式达成的设立、变更、终止民事权利义务关系的协议。目前,互联网已深入到社会生活的方方面面。政府、企业、个人都可以在网上从事各种活动,包括缔结合同。这些合同既有民商事法律合同,又有行政法上的合同。需要指出的是,本章所研究的电子合同在性质上应是民商事合同,是一种特殊形式的民商事合同。② 电子合同的内容仍然是平等主体的公民、法人、其他组织之间设立、变更、终止财产性民事权利义务关系,只不过是通过网络技术签订而已。

(二)电子合同的特征

1. 首先,电子合同是合同的一种,所以,电子合同具有合同的共同特征。主要表现在:(1)电子合同是平等主体的当事人双方或多方实施的民事法律行为。民事法律行为,是指以意思表示为要素并依其意思表示的内容而引起民事法律关系设立、变更、终止的行为。合同建立在当事人平等自愿基础上,当事人各方在订立合同时的法律地位是平等的,所作的意思表示是自愿的,任何一方不得将自己的意志强加给另一方,这是合同的基本特征。同时,合同是当事人实施旨在创设民事权利义务关系的法律行为,具有合法性,任何违反法律规定的意思表示不发生合同的法律效力。另外,电子合同至少有两方当事人。

---

① 我国《合同法》第11条将数据电文也确定为一种书面形式。不过,该条对数据电文的列举式定义,除了电子数据交换和电子邮件外,还包括电报、电传、传真三种传统电子形式。而这里所讲的数据电文仅包括电子数据交换、电子邮件或其他数字化形式。

② 在这一点上,电子合同应与我国《合同法》上的合同的性质相同。

电子合同的参加人，根据《电子商务示范法》的规定包括发端人（Originator）、收件人（Addressee）、中间人（Intermediary）和信息系统（Information System）；①(2)电子合同是当事人设立、变更或终止财产性民事权利义务关系的协议。所谓财产性在《电子商务示范法》中称为"商业"，并且对"商业"一词作出了广义的解释。《电子商务示范法》规定，"商业"（Commercial）是指供应商、客户、政府及其参与方之间不论是契约性或非契约性的一切商业性质的关系所引起的种种事项。电子合同调整的财产性民事权利义务关系的范围相当广泛。根据《电子商务示范法》，商业性质的关系包括但不限于下列交易：供应或交换货物和服务的任何贸易交易、分销协议、商业代表或代理、客账代理、租赁、工厂建造、咨询、工程设计、许可贸易、投资、融资、银行业务、保险、开发协议和特许、合营或其他形式的工业和商业合作以及空中、海上、铁路或公路的客、货运输；(3)电子合同是体现当事人双方或多方意思表示一致的协议。合同的成立要求必须有两个或两个以上当事人的意思表示。若只有单方当事人的意思表示，则不能构成合同。

2. 其次，电子合同又是一种特殊的合同，所以，电子合同又具有自己的一些特征。主要表现在：(1)电子合同的要约和承诺过程均是通过计算机互联网进行的。在传统的合同订立过程中，要约和承诺一般采取面对面的方式，当事人有时也通过信件、电报、电话、电传和传真等方式发出要约、作出承诺，但是，这些要约和承诺没有通过计算机互联网进行。而电子合同的要约、承诺均是合同双方当事人通过电子数据的传递来完成的：一方的电子数据的发出（输入）即为要约，另一方的电子数据的回送（回执）即为承诺；(2)有些电子合同的签订常自动完成，没有传统意义上合同签订时的当事人协商过程②；(3)电子合同的成立不需经过传统的签名。不论是国内贸易还是国际贸易，传统的合同要成立，都必须具有签字（签名或盖章）。但在电子合同中，人们不可能也不需要通过电子方式亲笔签名或签字，它只需要每一方采用电子密码签名即可，

---

① 根据《电子商务示范法》的规定，一项电子意思表示的"发端人"系指可认定为：(1)发送或生成该电子意思表示的人；(2)被代表发送或生成该电子意思表示的人；(3)对电子意思表示予以储存的人。但作为中间人来处理该电子意思表示的人不是发端人。"收件人"系指发端人意欲其接收该电子意思表示的人。中间人，就某一特定的电子意思表示而言，系指代表另一个发送、接收或储存该电子意思表示或就电子意思表示提供其他服务的人。"信息系统"系指生成、发送、接收、储存或用其他方法处理电子意思表示的人。

② 例如，电子数据交换（EDI）在功能上具有自动审单判断的功能，因此合同的签订过程几乎在计算机的操作下完成

这种电子签名的方法成为电子合同成立的基本特征。

二、电子合同的分类

合同分类是指按照特定的标准对合同进行抽象性的区分。按照合同所反映的交易关系的性质,可以将合同分为买卖合同、赠与合同、租赁合同、借款合同、融资租赁合同等;根据法律是否规定赋予特定的名称为标准,可以将合同分为有名合同和无名合同;根据当事人双方对合同权利和义务的分担方式,可以将合同分为双务合同和单务合同;根据合同是否应采用法律规定的形式和手续为要件,可以将合同分为要式合同和不要式合同;根据合同的成立是否须以交付标的物或完成其他给付为标准,可以将合同分为诺成合同和实践合同;根据当事人之间的权利关系是否互为对价,可以将合同分为有偿合同和无偿合同;根据合同相互间的主从关系,可以将合同分为主合同和从合同;根据合同是否为缔约人自己利益为标准,可以将合同分为为自己利益的合同和为第三人利益的合同。

电子合同作为合同的一种,从理论上讲也可以按照上述传统合同的分类标准进行分类。但是,电子合同又是一种特殊形式的合同,具有自己的特殊性,可以按照自身的特点加以分类。①

(一)按照电子合同订立的形式为标准,可以将电子合同分为以 EDI 方式订立的合同、以 E-mail 方式订立的合同和电子格式合同

1. 以 EDI 方式订立的合同

电子数据交换(Electronic Data Interchange 简称 EDI),是以计算机和数据通讯网络技术为基础发展起来的,应用于经贸活动中的现代信息技术。

关于 EDI 的概念,迄今没有一个统一的、标准的定义。不同的组织、不同的学者因其看问题的角度不一样,故而它(他)们给 EDI 所下的定义也不尽相同。② 但总的来讲,EDI 应当是指当事人根据协议,经由计算机通讯网络,对有关信息按照一定标准进行格式化处理,并将这些格式化、标准化的数据,在它们的电子计算机系统之间进行传输和自动处理。

以 EDI 方式订立的合同,合同的内容先通过某一方输入计算机内,然后

---

① 杨坚争、高富平、方有明:《电子商务法教程》,高等教育出版社 2001 年版,第 103 页。

② 吕国民:《国际贸易中 EDI 法律问题研究》,法律出版社 2001 年版,第 2~4 页。

通过计算机自动转发,经过通信网络,到达对方计算机中。① 采用 EDI 方式订立合同的一般过程是:企业收到一份 EDI 订单,则系统自动处理该订单,检查订单是否符合要求,然后通知企业内部管理系统安排生产,向零配件供销商订购零配件等,有关部门申请进出口许可证,通知银行并给订货方开出 EDI 发票,向保险公司申请保险单等。②

2. 以 E-mail 方式订立的合同

E-mail(电子邮件)是因特网上应用最广泛的通信工具,与传统邮政的邮件投递业务相比,E-mail 具有快速、便利、成本低和可传递文件的优势。

那么,什么是 E-mail 呢? 从技术角度讲,E-mail 就是通过网络将一方输入的文字、图片或声音等信息通过服务器传送到另一方的终端机上的若干信息的集合。③

以 E-mail 方式订立的合同,就是当事人通过 E-mail 的往来完成合同要约与承诺过程,以 E-mail 方式订立的合同更能直观地反映订约双方的意思表示。因为,合同协商谈到过程均需要当事人阅读 E-mail 后才给予回复,即使整个订约过程需要人工的介入而不能由计算机自动完成,这一点与以 EDI 方式订立的合同是有较大的区别的。

必须指出的是,以 E-mail 方式订立的合同,E-mail 在传输过程中其信息包很容易被截获、修改,安全性较低。因此,在实践中当事人以这种方式订立合同的,应当鼓励使用电子签名,以提高其真实性和安全性。

3. 电子格式合同

电子格式合同主要是用于电子商务企业与消费者之间的消费合同。在电子商务中,由于人们无法谋面协商,许多电子商务公司均采用电子格式合同,在网络交易中,电子格式合同通常表现为网站包装合同。例如许多网站都在用户接受邮件服务之前弹出格式合同界面,用户只有点击后才能使用服务,网站声明,点击表明用户接受合同。

格式合同是通常由一方当事人先拟定固定格式和内容的合同,它的应用

---

① 以 EDI 方式订立的合同并不改变合同的内容,与传统的书面合同相比,二者主要载体和订立过程不同。

② 王纪平主编:《电子商务法律法规》,清华大学出版社 2002 年版,第 50 页。

③ 传递 E-mail 的一般过程是:计算机先将邮件分割成若干个独立的数据包,传送到因特网,再由服务器根据网络传输状况,分别循不同的路径发送给接收方的计算机。最后,这些数据包从全世界各地四面八方地循网络,陆续到达接收方的服务器,重新组合成一封完整的、能够供用户阅读的邮件。

适应了社会化大生产的需要,简化了当事人订立合同的过程,提高了交易的效率。格式合同不需要另一方意思表示的参与,而是由一方为了反复使用而事先拟制的,另一方对格式合同要么接受,要么拒绝。所以,在实践中格式合同也产生一些问题,主要表现为一方当事人往往利用其优势地位,在格式合同中列入一些不公平的条款,而合同另一方当事人,由于其自身地位的原因,对格式合同只是被动接受而不管是否愿意,这实际上违背了公平原则。为此,各国的合同法中均对格式合同的效力加以干预。①

(二)根据合同标的不同,可以将电子合同分为信息产品合同和非信息产品合同

所谓信息产品合同指的是合同的标的为信息产品的电子合同,那么,什么是信息产品呢?信息产品指的是可以被数字化并通过网络来传输的商品。例如,以往朋友过生日,我们会去商店挑选贺卡并通过邮局寄送给他们。现在,我们也可以通过网上购买电子贺卡并寄给朋友,这种电子贺卡就是信息产品,它实际上是一串特定的电子数据。② 当然,我们同样也可以在网上花店为朋友订购一束鲜花,并要求网上花店在指定时间将鲜花送给过生日的朋友。这时,电子合同的标的就是实物商品而非信息产品,因而这一类电子合同就是非信息产品合同。

根据数字化的信息是否存实体形式,信息产品可以分为有形信息产品与无形信息产品。有形信息产品是指数字化信息附着在有形载体上(如附着在音乐碟片、光盘上)的产品,此类产品可以在网上订购和付款,但不能通过从网上直接下载方式获得,必须按传统交付有形产品的方式交付;无形信息产品是指数字化信息保持数字形式通过网络进行传播,购买方可以通过直接从网上下载方式获得的产品。所以,信息产品合同实际上可分为有形信息产品合同和无形信息产品合同。有形信息产品的交付可以根据我国《合同法》的有关规定执行,而无形信息产品在履行的时间、履行的过程、风险承担、检验、退货等方面有其特殊性。

另外,根据合同标的性质不同,可以将电子合同分为信息许可使用合同与信息服务合同。信息许可使用合同是指以转移信息产品的使用权为标的合同

---

① 例如英国制定了《1977年不公平条款法》,原联邦德国在1976年制定了《德国一般交易条款规定法》,我国《合同法》也对格式合同的定义和基本原则作了全面规定。

② 与电子贺卡相类似,软件、数据库、书刊、音像等可被数字化并在网络上传播的都是信息产品。

（如音乐、软件的所有权人许可他人下载，在离线后仍可使用）；信息服务合同是指以提供信息服务为标的合同（如信息访问、认定服务、交易平台服务等）。

此外，根据合同的缔结和履行是否均通过电子方式完成，可以将电子合同分为完全电子合同和不完全电子合同。完全电子合同是指缔结和履行均通过电子方式完成的合同中。不完全电子合同又可以分为两类。一类是通过电子方式缔结但依靠传统方式履行的电子合同（例如，上述在网上花店订购鲜花并要求网上花店按照指定时间送给过生日的朋友的例子）；另一类是指利用传统的方式缔结但是通过电子方式履行的合同（例如，通过传统方式谈判订立软件购买合同，然后到指定的网站上下载）。

第二节 电子合同的成立与生效

以电子意思表示方式订立和履行的合同，不仅降低了交易成本，而且大大提高了交易效率。由于电子意思表示方式不同于传统的合同订立方式，在合同成立要件、要约与承诺的生效、撤回和撤销以及合同的变更、解除和终止等方面对原有的合同制度理论提出了新的挑战。本节将重点讨论电子合同的成立要件、要约、承诺的生效、电子合同成立的时间与地点等具体的法律问题。

一、电子合同的成立与生效概述

（一）电子合同的成立

合同的成立是指当事人的意思表示一致而达成协议的状态。与合同的成立的相关的一个概念是合同的订立，二者既有区别又有联系。二者的区别在于，合同的订立是缔约各方各自接触，洽谈直到达成协议的动态过程，而合同的成立是指合同作为一种客观存在的静态结果，标志着合同的产生和存在；二者的联系在于合同的订立是合同成立的前提，合同的成立是合同订立的结果。学者们一般认为，合同的成立要件有以下几个：（1）缔约人或订约主体存在双方或多方当事人，订约主体是指实际订立合同的人，是未来的合同当事人，也可以是其代理人；[①]（2）意思表示一致。合同成立的根本标志在于当事人意思表示一致，即达成合意。

[①] 需要注意的是订约主体与合同主体不同，合同主体是合同关系当事人，享有合同权利承担合同义务，他们可能并不参与合同的订立。

电子合同作为合同的一种特殊类型,其成立与传统合同一样,也是指当事人的意思表示一致而达成协议的状态。电子合同是当事人以电子意思表示方式订立的合同,不存在传统合同订立过程中缔约各方的面对面接触与谈判,合同双方当事人是通过网络、借助键盘来完成谈判并订立合同的。尤其是在以EDI方式订立的电子合同中,当事人采用的计算机通常设有自动审定判断的功能,当事人收到答复以及合同的订立过程几乎是在计算机操作下完成的,无需人工介入,合同的订立与成立几乎合二为一。所以,对电子合同而言,其成立与订立的联系尽管依然存在,但二者的区别却日趋模糊,甚至合二为一。

那么,是不是说在电子合同中就没有区分合同成立与订立的必要了呢?当然不是,其理由有二:其一,合同的订立与成立是判断双方当事人到底是应当承担缔约过失责任还是违约责任的一个根本标准,电子合同作为合同的一种特殊形式仍有必要凭此区别分清双方的责任;其二,以电子意思表示订立的合同并不意味着一切均能在网上完成,对于一些重要的条款,当事人仍需要进行面对面的谈判。

(二)电子合同的生效

合同的生效是指已经成立的合同在当事人之间产生了一定的法律拘束力。合同效力是指法律赋予依法成立的合同具有拘束当事人各方乃至第三人的效力。

多数学者认为合同的成立与生效是有区别的,其主要区别有:第一,合同的成立主要体现当事人的意志,是当事人意志的结果。合同的生效体现了国家通过法律对合同内容的评价与干预。第二,从法律后果来看,合同不成立和合同无效所产生的法律后果是不同的。合同不成立时,有过错的一方只承担民事责任。然而合同无效时,不仅要产生民事责任,而且可能产生行政责任,甚至是刑事责任。第三,从国家主动干预方面来看。许多无效合同因其内容具有违法性,因此即使当事人不主张合同无效,国家也会主动干预。但是对合同不成立的问题,国家不应也无必要干预。第四,合同关系的阶段不同。合同成立处于合同订立阶段,不存在合同义务与合同责任问题。合同生效处于合同履行阶段,存在合同义务与合同责任问题。第五,两者的构成要件不同。学者们一般认为,合同生效的要件有以下几个:(1)行为人具有相应的民事行为能力;(2)意思表示真实;(3)合同的内容和形式合法,不违反法律与社会公共利益。① 合同成立的要件如前所述。

　　合同的成立与合同的生效是两个既有联系又有区别的概念。一方面,合同生效在起始时间不能脱离合同成立的时间而独立确定,而在绝大多数情况下,合同成立的时间也就是合同生效的时间。合同成立是合同生效的前提,它们是两个性质完全不同的概念。

　　对于电子合同而言,只要符合现行法中关于合同生效的要件,则其也是具有法律效力的。但是由于电子合同具有不同于传统合同的特殊性,所以,在电子合同成立与电子合同生效方面有许多问题需要进一步分析探讨,例如电子合同是否具备合法的缔约人,意思表示是否一致、真实,合同形式是否合法,要约能否撤销等,以下将分别分析探讨。

二、电子合同当事人缔约能力的确定

　　缔约能力,是指当事人能够通过自己的行为缔结合同并享有合同权利,承担合同义务的资格。当事人具有缔约能力是合同生效的要件之一,例如,我国《合同法》第9条规定,当事人订立合同,应当是有相应的民事权利能力和民事行为能力。

　　缔约人的意思表示必须一致并且真实,否则法律不予保护。而意思表示的真实一致,要求行为人具有必需的心智和生理条件。为保护那些心智和生理不成熟的人在进行交易行为时,因不能真实表示自身的意思表示而受到损失,法律规定了民事行为能力制度。

　　我国《民法通则》规定了自然人的民事行为能力。所谓民事行为能力是指民事主体以自身的行为,享有权利和承担义务的资格。在我国,自然人的民事行为能力分为三类:第一,完全民事行为能力人。根据《民法通则》的规定,18周岁以上的成年人具有完全民事行为能力,可以独立进行民事活动,是完全民事行为能力人。16周岁以上不满18周岁的自然人,以自己的劳动收入为主要生活来源的,视为完全民事行为能力人。第二,限制民事行为能力人。包括两种情况:其一是生理未成熟者,即10周岁以上的未成年人是限制民事行为能力人,可以进行与其年龄、智力相适应的民事活动,其他民事活动由其法定

---

① 对于有些合同,合同的生效还须具备一些特殊要件。例如,我国《合同法》第44条第2款规定,依照法律、行政法规定应当办理批准、登记等手续生效的,在办理批准、登记等手续时,合同才能生效。又如当事人根据我国《合同法》第45条、第46条的规定所订立的合同,在所附条件成就时或所附时间到来时,合同才能生效。

代理人代理,或者征得其法定代理人的同意;其二是心智未成熟者,即不能完全辨认自己行为的精神病人是限制民事行为能力人,可以进行与其精神健康状况相适应的民事活动,其他民事活动由其法定代理人代理,或者征得其法定代理人的同意。第三,无民事行为能力人。也包括两种情况:生理未成熟者和心智未成熟者。其一是不满10周岁的未成年人是无民事行为能力人,由其法定代理人代理民事活动;其二是不能辨认自己行为的精神病人是无民事行为能力人,由其法定代理人代理民事活动。无民事行为能力人只能进行纯获利益的民事法律行为。

当事人在缔结合同时须具备相应的缔约能力,对自然人而言一般是与其民事行为能力相适应的:完全民事行为能力人除法律有特别限制外,具有完全的缔约能力;限制民事行为能力人只能进行与其年龄、智力或精神健康状况相适应的民事活动,其他民事活动由其法定代理人或征得其法定代理人的同意;无民事行为能力只有在纯获利益的场合下才具有缔约能力,其他民事活动由其法定代理人代理。对法人而言,缔约能力与其民事行为能力是一致的。

在纸面交易中,我们可以通过查验身份证、鉴别营业执照、核对授权委托书以及谈话来判断对方当事人是否具有相应的缔约能力,或者通过长期的交易伙伴关系,或是通过对他方的资信状况等可见指标来建立起一种最起码的信任关系。然而,在电子交易中,当事人一方如何能得知对方具有相当的缔约能力,的确有实际困难。在网络时代,网络使用者的年龄急速下降,软件、光盘、网络许多儿童或少年那里是很平常的,他们中的许多人甚至在网络上应用自如。在无法面对面进行交易的电子商务中,即使网络商家要求真实的身份证件等登录网站,也会存在不等实的情况。特别是 BtoC 情况下,很难辨明交易对方当事人真正的性别、年龄、身份。例如当事人可能以化名或代码进入某商业网站,所登录的身份与真实情况不符,其原因可能是客户基于对自身隐私考虑,或者防止他人冒用自己的身份等。[①] 因此,须对电子商务交易主体资格进行认证。这就需要使用电子签字(也称为电子签名或电子签章)、数字证书等技术服务了,电子认证是电子交易安全的组织保障,而且是开放型网络交易中不可或缺的保证人,这就需要建立起一个交易服务的机构(最好是设立一个由官方管理的因特网认证机构),在用户进入电子商务市场时,由认证机构按网上交易的要求核实该用户的真实身份,签发一份"电子证书",其中包括身份证明、网上交易种类、支付能力证明等,以后该用户进行任何交易都要附带这

---

① 张楚:《电子商务法》,中国人民大学出版社2001年版,第202页。

份电子证书,用以说明他作为电子商务主体的合法性。

三、电子代理人

(一)概述

电子商务合同的订立,主要是通过电子数据传递实现的,除了将数据通信作为通信手段之外,众多商家还在电子商务中采用智能化交易系统(后文称为电子代理人),自动发送、接收或处理交易订单。

这些电子交易系统,具有按照预定程序审单判断的功能,不仅可执行数据通信发送、接收、确认等任务,完成合同订立的全过程,而且在许多情况下可自动履行合同,较少、甚至不需要人工的介入。许多合同已经履行通常到当事人盘点时才知道这些合同的详细发生情况。由于不存在传统人工直接介入的协商过程,电子代理人在合同订立中的法律地位、性质、意义等问题显得尤为重要,它直接关系到合同效力、责任风险分担等法律后果,因此就需要在相应的法律制度中得到反映。

(二)电子代理人的含义

所谓电子代理人(electronic agent),是指不需要人的审查或操作,而能用于独立地发出、回应电子记录,以及部分或全部地履行合同的计算机程序、电子的或其他自动化手段。

电子代理人并不是具有法律人格的主体,而是一种能够执行人的意思的、智能化的交易工具。一般的应用工具只是人体部分功能的复制或延伸,而电子代理人则不同,它是商事交易人的脑与手功能的结合与延伸。从构成上看,它具有自动化功能的软件、硬件、或其结合;从其商业用途看可用于搜索某一商品或服务的价格,完成在线买卖,或对交易发出授权。它在功能上要比一般的自动柜员机复杂得多,电子代理人在某些领域甚至可以执行人所不能或不宜完成的工作。

(三)电子代理人缔约能力

虽然电子代理人不具有法律人格,但它执行的却是商人的意思表示,或根据其意思而履行合同,所以它与当事人的权利义务有着十分密切的联系,这就是法律对其进行规范的原因所在。

在英美法系和大陆法系中,合同的成立都要求当事人意思表示一致。订约的意思可以明示也可以默示表示。但计算机不需人工介入自动为当事人做出决定,并答复来件,是否与合同法上的当事人合意原则相违背。自动化的订约过程使得合同当事人无法发现合同中所发生的错误,错误往往要到合同执行完毕才能被发现,错误的合同不能反映当事人订约的真实意思。意思表示真实是合同生效的首要条件。这种基于错误意思表示而订立的合同所造成的损失如何承担?要约与承诺可能违背当事人的真实意思问题,实质上是计算机能否取得适当的"人格"的问题。

国外有些法学家提出可将计算机自动回应的功能等同于自动售卖机。而关于自动售卖机能否代表设置人订约意愿的判例已有好几起。在自动售卖机交易中,当顾客投入货币或插入磁卡时,售卖机会自动做出回应。在这些交易中,机器不能像人一样表达意愿,谈不上有关于要约与承诺的交流过程。法院在这些案例中通常认为自动售卖机的售卖行为是设置人先行设置的意愿的结果,机器的加入并没有改变这一先设的意思。所以,通过自动售卖机的要约与承诺是有效的。同理,计算机的程序是由人所编制的,当事人要通过数据电文方式订立合同时,都会预先设置好计算机自动回应程序,如商家可以设定当库存货物低于某数量时,计算机自动向供货商发出订单的程序。可见,计算机的信息自动交流和处理都是遵从用户预先设定好的程序而做出的反应。当事人也可以在程序运行过程中随时予以介入。实质上,当事人的意思表示正是通过其所编制或认可的程序而得到了反映。所以,计算机订立的合同与人与人之间直接信息交流订立的合同一样也具有合同当事人的合意。通过计算机自动处理订立的合同应该是成立的。在某具体合同自动订立时,当事人未对意思表示做新的修订,意味着当事人仍同意按既定的条件缔约,因此,可以认为自动订立的合同反映了当事人即时的真实意思。

1992年,欧共体委员会提出的《通过 EDI 订立合同的研究报告》指出,可以把对计算机的运作拥有最后支配权的人视为该计算机所发出的要约或承诺的责任人。《电子商务示范法》也肯定了自动订立的合同的法律效力。《电子商务示范法》在第 11 条规定:"就合同的订立而言,除非当事人各方另有协议,一项要约以及对要约的承诺均可以通过数据电文的手段表示。如使用了一项数据电文来订立合同,则不得仅仅以使用了数据电文为理由,而否定该合同的有效性或可执行性。"可见,《电子商务示范法》对自动订立的合同中的要约和承诺是承认其效力的。

(四)电子代理人的有效要件

1.电子代理人的主体要件

电子代理人并不是真正的人,而是由人事先预定的自动化交易手段,因此,电子代理人所为的行为能否生效,取决于其所代理的主体,即电子代理人归属者的主体。这一主体应当是能够进行各种民事行为的、并能够对自身的行为独立承担责任的民事主体。

由于电子代理人的交易相对人不特定,人数众多发生量大,交易额高,法律责任和风险很高。因此,法律必须规定只有符合一定条件的民事主体才能实施自动交易的代理行为。① 符合条件的主体经国家有关部门核准,获得相应的电子代理人核准资格文件后,应将其核准编号明确标识在其电子代理人的电子版面上。如未获得国家核准便以电子代理人向交易对象显示其交易信息,则交易对象有权以其电子代理人不具备合法性而主张其最终支配人的意思表示不真实,对交易对象不产生要约或承诺的法律约束力。

2.电子代理人的程序要件

电子代理人的程序要件是指电子代理人的使用不能妨碍交易双方真实身份和意思的表达,并应能够提供检验的手段。

电子代理人的出现固然提高交易效率、降低交易成本,其所具有的文本格式化、标准化、贸易条款术语化、详细内容提供链接渠道等特点很可能让交易对象在短时间内无法有效地审查电子代理人的真实身份,并影响交易对象审查要约或承诺内容权利的充分行使。为防止交易双方缔约权利的不对等行使可能导致的合同被撤销,英美法中有不正当影响的规定,即受不正当影响成立的契约受害方可要求法庭将契约撤销使契约归于无效。不正当影响因素就包括由于交易过程中因谈判时间不合适等限制了一方当事人审查要约或承诺的充分行使。② 在大陆法系国家包括我国的《合同法》则没有不正当影响的规定,对交易过程中因谈判时间不合适等限制了一方当事人审查要约或承诺的充分行使能否导致合同被撤销问题,也没有明确具体地规定。这方面立法的空白在电子商务迅速发展的时代,可能造成许多受害方因交易对象使用电子代理人而合同权利受到限制,却又难以依法撤销合同或者要求损害赔偿的不

---

① 我国学者陈浩翔认为,电子代理人归属者的主体要件有以下方面:有自己的名称,有必要的财产,有固定的经营场所,能够独立地承担民事责任,依法成立,具备保证电子代理人正常运作的技术条件和人员条件,具备完善的网上企业信息披露制度和客户的资料保密制,在近三年内无违法经营记录等。

② 例如契约双方当事人交易的谈判不正常或时间均不合适、当事人一方一再强调及要求契约须立刻签订、一方特别强调延时签约的后果等等使另一方当事人无时间咨询其财务专家或律师的意见。

公平现象,学者们认为,应当在立法上增加不正当影响方面的规定。[1]

四、电子合同的意思表示

(一)概述

当合同是通过电子媒介来订立时,其意思表示的内容,与传统的法律行为相比并无多大差异,仅在意思的传达、存储方式上发生变化。

相比较之下,在口头或电话的场合,讯息的传达通过当事人间的声音直接传达,而讯息在相对人发送时,即已被同时了解;在传真、邮件中讯息记载于纸介质上,来传达与阅读。而使用电子媒介时,即使讯息已到达相对人处,如不予以收阅,亦无法了解,这是与传真及邮件相同的方面。然而,电子媒介交换的讯息,多以电子的记录储存于档案中,而未被作成传统的文书,并且许多讯息需要经过机器智能解码,才能被人理解,这是与传真、邮寄不同之处。传统合同法理论中的非对话意思表示传达部分,是以纸面媒介传达方法为前提的。而通过电子媒介来传达讯息的情形,是以计算机硬盘等记忆媒体来记录电子资料,以传达意思表示的。正因为其传达方式有差异,传统的意思表示及合同法理论适用于电子媒介传达时,即有修正的必要。

(二)意思表示生效的时间

就通过电子媒介传送的意思表示而言,有相对人时,应以相对人客观上可了解之时,为其生效时间。非对话性的意思表示,于其通知达到相对人时发生效力。所谓到达是指意思表示到达相对人的支配范围内,相对人随时可以了解其内容。因此,当电子交易订约过程中的电子讯息储存于当事人间所约定的电子邮箱中,而相对人处于随时得读取该讯息的状态时,应可认为该电子讯息已送达于相对人。

五、电子合同的订立

(一)电子合同订立概述

合同的订立,是指缔约人为意思表示并达成合意的状态。它描述的缔约

---

[1] 对此,我国学者陈浩翔认为,电子代理人的程序要件至少能实现以下功能要求:电子代理人应当显示的其最终支配人的基本信息,包括其归属者的名称住所、资本情况、经营情况等;能提供审查要约或承诺内容的机会;能提供检查电子代理人归属的机会;能提供审查参见条款的链接机会;能提供交易对象中断自动交易,实行人工介入协商的机会;能防止交易信息被非法截取、修改、破坏;能对交易信息进行自动储存备份;其他按照法律法规规定或者交易双方事先约定的功能。

各方自接触、洽商直到达成合意的过程,是动态行为与静态协议的统一体。

多数学者认为合同的订立应经过要约和承诺两个阶段。也有学者认为,合同订立须经过三个阶段:即除要约和承诺外,应先经过准备阶段。因为在许多场合,当事人并非直接提出要约而要经过一定的先期性活动,如合同订立前的接触、预约、要约邀请。

合同的订立有其重要意义:首先,合同订立是交易行为法律运作,没有合同的订立,就没有交易,没有合同;其次,只有合同订立了才能启动履行、担保、变更、转让、解除、消灭等环节;第三,合同订立是合同法上责任,包括缔约过失责任与违约责任得以成立的前提。

所谓电子合同的订立就是合同当事人之间通过数据电文或电子邮件等电子化方式设立、变更、终止财产性民事权利义务关系的协议过程,包括要约邀请、要约、反要约、承诺等过程。电子商务合同并非仅以电子方式来完成合同的签订过程,更不限于电子数据交换这一种方式,除 EDI 外它还包括以电子邮件、电报或传真等电子信息手段来签订合同,同时还包括以光学或类似手段发送、生成、接收或储存信息而形成的合同。虽然电子商务合同订立的方式不尽相同,但就其基本法律特征而言,仍然是合同双方当事人通过数据电文或电子邮件等手段设立、变更、终止民事权利义务关系的协议,主要应由合同法加以调整。①

(二)电子合同的要约与要约邀请

1. 电子合同的要约

要约又称为发盘、出盘、发价、出价、报价等,是指一方当事人希望与他人订立合同的意思表示,发出要约的一方为要约人,接受要约的一方为受要约人、相对人或承诺人。要约要发生法律效力,必须具备特定的形式和内容。

一般地说,要约的构成要件包括以下几点:(1)要约是由具备缔约能力的合同当事人作出的意思表示。要约以缔结合同为目的,因此要约人应当具备缔约能力。当事人订立合同,应当具有相应的民事权利能力和民事行为能力。无民事行为能力人发出的订约提议或限制民事行为能力人发出的订约内容与其年龄、智力和精神健康不相适的,不能产生要约的法律效力;(2)要约必须具有与他人订立合同的意图。要约作为订立合同的意思表示,根本目的在于缔结合同,所以,要约必须表达订立合同的意图。若提议一方明确表示不受其缔约建议的约束不能构成有效的要约,属要约邀请;(3)要约的内容须具备足以

---

① 魏士廪:《电子合同法理论与实务》,北京邮电大学出版社 2001 年版,第 27 页。

使合同成立的主要条款。要约的内容必须具体、确定,具备合同成立的最基本条款,使受要约人了解要约的真实意愿和缔约的主要条件,并一经承诺合同即告成立。至于合同的主要条款,应视合同的具体情况和内容加以判断,至少包括合同标的、数量、价格三项基本内容;(4)要约应是已送达受要约人的意思表示。要约只有在送达受要约人后,受要约人才能知悉要约的内容。缔约一方虽有缔结合同的提议,但未送达受要约人,受要约人不能就该提议进行承诺,该提议因此也不可能产生要约所应有的拘束力。

电子合同的要约也必须符合以上的条件,只是实现要约的手段不同而已。由此可以认为电子要约是通过电子的方式希望和他人订立合同的意思表示,该意思表示同样应当内容具体确定,并且表明一旦经受要约人的承诺,要约人即受该意思表示的约束。其实,电子合同与普通合同的区别正是由于订约方式的不同使然,也正是由于订约方式的不同才引发出一系列的问题(如电子要约的到达与接受、电子要约的撤回与撤销的问题等)。

2. 要约的生效时间

要约的生效是指要约发生法律效力,即对要约人和受要约人产生的法律效力。我国《合同法》第16条规定:"要约到达受要约人时生效。"这里的"到达"是指要约送达到受要约人能够控制的地方。要约的送达方式不同,其"到达"的时间界定也不同。采用直接送达的方式发出要约的,记载要约的文件交给受要约人即为到达;采用普通邮寄方式送达要约的,以受要约人收到要约文件或要约送达到受要约人信箱的时间为到达时间;采用数据电文形式(包括电报、电传、传真、电子数据交换和电子邮件)发出要约的,电文进入收件人指定的系统的时间或者在未指定接受信息的系统情况下电文进入收件人的任何系统的首次时间作为要约的到达时间。要约一经生效,要约人即受到要约的拘束。要约人在要约有效期间内不得随意撤销要约或对要约内容加以限制、变更和扩张,以免影响正常的交易安全。

在要约的生效时间问题上,世界上主要有"发信主义"("投邮主义")和"到达主义"("受信主义")两大派的观点。"发信主义"认为,要约人发出要约后,只要要约已处于要约人控制范围之外,要约即生效;"到达主义"认为,要约到达受要约人时生效。但大陆法系国家或地区立法绝大多数采取"到达主义"。原因是因为它们认为,"发信主义"虽有利于交易的便捷,但在意思表示尚未进入受要约人实际支配以前,就要求要约人受此意思表示的拘束,剥夺了要约人快速改正错误的机会,即剥夺了其撤回要约的可能。而根据"到达主义",意思表示进入受要约人实际支配后,要约人才开始受此意思表示的拘束,且意思表示进入受要约人可了解状态以后才开始对受要约人发生效力,不但足以保护双方当事人的利益,且最适合交易上的需要。在英美法系国家,依其普通法,要约原则上对要约人无拘束力,只有受要约人作出承诺时要约才对要约人产生拘束力。由于这种原则对受要约人缺乏应有的保障,于是在英美法系合同法理论与实践中逐渐采取了与大陆法系相同的立场,主张非对话式要约自到达受要约人时生效。兼容两大法系传统的《联合国国际货物销售合同公约》和《国际商事合同通则》都采取了"到达主义"的立场,我国《合同法》也同样采取了"到达主义"原则。[①]

在电子商务环境下,当事人一般以数据电文作出要约。关于发出与收到数据电文的时间,《电子商务示范法》第 15 条(1)款规定,除非另有协议,"一项数据电文的发出时间以它进入发送人或代表发送人发送数据电文的人控制范围之外的某一信息系统的时间为准。"而数据电文的收到时间则按下述办法确定:"(1)如接收人为接收数据电文而指定了某一信息系统:①以数据电文进入该指定信息系统的时间为收到时间;或②如数据电文发给了接收人的一个信息系统但不是指定的信息系统,则以接收人检索到该数据电文的时间为收到时间;(2)如接收人并未指定某一信息系统,则以数据电文进入接收人的任一信息系统的时间为收到时间。"

我国《合同法》第 16 条采纳了这一"到达主义"观点,而未采纳"发信主义"。该条规定采纳数据电文形式订立合同,收件人指定特定系统接收数据电文的,该数据电文进入该特定系统的时间,视为到达时间;未指定特定系统的,该数据电文进入收件人的任何系统的首次时间视为到达时间。但我国《合同法》与《电子商务示范法》的不同之处在于:其一,《电子商务示范法》第 15 条规定了所有要约和承诺的文件的发出和收到的确认,而我国《合同法》第 16 条规定的只是要约的生效问题;其二,《电子商务示范法》第 15 条规定,要约和承诺的文件的送达首先要到达一指定的信息系统,如果没有指定的信息系统,则以收件人检索到该数据电文的时间为收到时间。但我国《合同法》第 16 条则规定,未指定特定系统的,以该数据电文进入收件人的任何系统的首次时间,视为到达时间。我国《合同法》认为只要进入系统以后,尽管没有为收件人阅读、使用,也认为是收到了电文。[②]

[①] 我国《合同法》第 16 条第 1 款规定,要约到达受要约人时生效。

[②] 张楚:《电子商务法》,中国人民大学出版社 2001 年版,第 214 页。

3. 要约的撤回与撤销

(1) 要约的撤回

要约的撤回是指要约人在要约生效前使要约不发生法律效力的行为。

英美法国家采用"投邮主义",要约通知一经投邮,即不能撤回。大陆法一般采用"到达主义",要约可以撤回。要约的撤回应在要约发出后,到达受要约人之前产生,因此,撤回要约的通知只能先于或同时与要约到达受要约人,若要约已送达受要约人,就不能撤回。

在电子合同中,网络文本的传输速度极快,在要约人发出要约指令几秒钟之内,该项要约已到达受要约人。因此,在电子商务环境下要约能否撤回的问题上,有两种截然不同的观点:一种观点认为,撤回要约在电子商务环境中是不可能的。在电子合同中谈论要约的撤回是没有意义的,我国《合同法》对要约撤回的规定不适用于电子合同。① 另一种观点认为,电子要约的撤回虽然非常困难,但并非绝对不可能。在服务器发生故障或线路过分拥挤的情况下都可能耽搁要约的收到时间,使一份要约撤回通知先于或同时到达相对人。比如某人利用某一网络向对方当事人发出一份电子邮件形式的要约,但由于此网络服务器发生故障,或者说受要约人所在网络的服务器发生故障没有如通常情形快速送达。要约人突然发现要约的错误,便立即通过另一正常运行的网络或向受要约人的另一约定电子邮件信箱发出撤回要约的通知。在此情形下,完全可能实现撤回要约的通知先于或同时到达受要约人。此时,从尊重契约自由原则和维护法律的一致性出发,自然应认可要约撤回,以使电子合同的成立要件既不优于,也不劣于以其他方式订立合同。因此,立法上宜承认电子要约的撤回。

(2) 要约的撤销

要约的撤销则是指要约发生法律效力后,要约人欲使其丧失法律效力而取消该项要约的意思表示。

要约的撤销对于受要约人不利,同时影响到交易的安全,因此要约的撤销应有一定的限制。例如,我国《合同法》第18条规定,撤销要约的通知应当在受要约人发出承诺通知之前到达受要约人。同时规定,要约在下列情况下不得撤销:第一,要约人确定了承诺期限或者以其他形式明示不可撤销;第二,受要约人有理由认为要约是不可撤销的,并已经为履行合同作了准备工作。要

---

① 我国《合同法》第17条规定,要约可以撤回,撤回要约的通知应当在要约到达受要约人之前或者与要约同时到达受要约人。

约人违反规定撤销要约而给相对人造成损失的,应承担缔约过失责任。

要约可否撤销一直是有关合同订立的一个争论最多的问题,对于要约能否撤销的问题,各国法律存在分歧。英美法认为要约原则上对要约人无约束力,要约人在受要约人对要约做出承诺之前的任何时候都可以在期限届满以前随时撤销要约,而大陆法的多数国家则持相反的观点。《联合国国际货物销售合同公约》第 16 条规定:"在未订立合同前,如果撤销通知于受要约人发出通知之前送达受要约人,要约得以撤销。如果要约写明接受要约的期限或以其他方式表示要约是不可撤销的,或受要约人有理由信赖该项要约是不可撤销而且受要约人已根据对要约的信赖行事,则要约不得撤销。"公约的规定实际上是把世界各国,特别是英美法国家和大陆法国家之间在要约的法律规则方面的分歧加以调和折衷。

在电子商务环境下要约能否撤销的问题上,同样有两种截然不同的观点:一种观点认为可以采纳《联合国国际货物销售合同公约》规定的基本原则,即如果撤销要约的通知能在受要约人发出承诺通知之前送达受要约人,则要约得以撤销。另一种观点认为,将该规则应用于电子商务交易的特殊环境可能是不现实的。因为数据电文的速度极快,受要约人的计算机一旦收到电文,即可以自动发出承诺,从而使撤销要约的机会几乎不存在。

我们赞同前一种观点,正如有学者指出的那样,从法律规定的一致性及严谨性出发,应承认电子要约可以撤销。理由是,通过其他电子通讯技术传递信息时,由于这类方式可能仍需要人工的介入,是否接受要约是由受要约人或其代理人决定后再通过电子通讯方式传递承诺通知的。电子要约送达受要约人后,到受要约人发出承诺之前还存有一段受要约人处理信息的时间,在这个阶段要约人有时间和机会撤销要约,在此情况下要约可以撤销,因此法律上仍应允许要约人有撤销要约的权利。[①] 法律注重严密,即使要约能撤销的可能性微乎其微,也不必因此完全否认这种已得到较广泛承认的合理权利本身。只要要约人的要约尚未获得承诺,应允许其对要约做出重新安排。诚然,通过 EDI 等计算机自动处理信息,在收到要约的同时能自动发出承诺者,要约的撤销是不可能的。然而,通过其他电子通信方式传递信息时,如通过电传、电报、传真甚至非直线通信的电子邮件等方式,由于这类方式需要人工的介入,是否接受要约是由受要约人或其代理人决定后再通过电子通信方式传递承诺通知的。电子要约送达受要约人后,到受要约人发出承诺通知前,存在一段受要约

[①] 朱遂斌、陈源源:《电子合同成立的法律问题》,《政法论坛》1999 年第 4 期。

人处理信息的时间。在这阶段,要约人仍有时间和机会撤销要约。在此情况下,要约得以撤销。因此,法律上仍应允许要约人有撤销要约的权力。

3. 要约与要约邀请

要约邀请又称要约引诱,是指希望他人向自己发出要约的意思表示。

要约邀请与要约虽然最终目的都在于订立合同,但两者存在较大区别:第一,当事人的意愿不同。要约邀请的目的在于引诱或邀请对方向自己发出订约的意思表示,如向对方寄送价目表报价单、商品目录等,不会因对方的接受而成立合同,不是合同成立的必经程序和必要条件。而要约的宗旨在于订立合同,一经受要约人承诺,就成立合同,是合同成立的必要条件和必经程序;第二,受约的对象不同。要约邀请的受约对象一般是不特定的多数人,而要约通常是向特定的相对人发出;①第三,内容不同。要约邀请只是希望对方提出要约,在其内容上不要求具体、确定,无须包含合同成立的基本条款。而要约内容要求具体、确定,具备合同成立的基本条款,因受要约人的承诺而成立合同;第四,法律拘束力不同。要约邀请对行为人无法律拘束力,在发出要约邀请后可随时撤回其邀请,只要没有造成相对人信赖利益损失外,要约邀请人一般不承担法律责任。而要约一经受要约人承诺,合同便告成立,要约人和受要约人都会受到合同的约束。即使受要约人不承诺,要约人在一定时间内也应受到要约的约束,不得违反法律规定擅自撤回或撤销要约,不得随意变更要约的内容。

要约和要约邀请虽然在理论上较容易区分,但在法律未明确其他情形时,一项意思表示是要约还是要约邀请需要根据具体情形认定,甚至对某些情况还会有争议,尤其是对通过网络订立合同,至今并没有统一的认识。在电子商务中,所有的商务信息均以电子化形式发布在网络上,因此分析网络上各种广告或类似于广告的商品信息属于要约还是要约邀请就是非常有意义的。从合同原理上看,一般认为,商业广告一般视为要约邀请,但其内容符合要的规定时,视为要约。分析网络广告性质仍然应遵循合同法规定的基本原则,不应一律将网络上登载的广告作为要约或要约邀请对待。

现在电子商务迅速发展,网上购物也如火如荼,如美国的亚马逊等知名网上商场都是通过在网页上登载商品图片和介绍来吸引客户的。在使用数据电

---

① 但是,法律规定在某些特定情况下,向不特定人发出订约提议也具有要约的效力,如商店标价出售商品、悬赏广告等。例如,我国《合同法》第15条第2款规定:"商业广告的内容符合要的规定的,视为要约。"

文单独与特定人联系的情况下,一方发出的信息是要约或是要约邀请很容易判断。但是在网页或网上公告登载的商务信息是要约或是要约引诱,是很难区分的。有人建议将这些网上商务广告都视为要约邀请,因为这些信息都是对不特定的多数人发出的。但多数人倾向于根据不同情形分别解决。要根据交易的性质和网上登载信息的意图来认定该信息是要约或要约引诱。如果信息登载者登载信息的意图是希望与他人订立一合同,那么即使登载的是普通广告,也可以构成一项要约。

网上商品信息按照交易的性质来划分可分为:销售软件等可通过计算机与计算机之间传输的商品信息,销售实物等需要运用传统运输手段交货的商品信息,网上服务如电子银行信息等。一般认为实物商品的信息不属于要约,只是商家做的广告。因为考虑到以下原因:这类网上商务信息等同于商店里的商品橱窗展示,只是为了吸引顾客,甚至有些商家在商品还未上市前就已经在网上登载该商品的讯息以期扩大销售;登载商品信息的商家不能因为登了广告就必须接受无数的或无法预见的承诺,这对商家是不公平的;另外,有些商品是限制在一些地区销售的或限制某些人购买的,如对未成年人销售酒产品是触犯国家法律的,如果将商家登载的商家信息都当成要约,那么销售酒产品的商家就要因此承担法律责任,这是不公平的。但是对于网上软件销售和网上信息咨询等服务信息,如果商家列出了商品或服务的价格和信息有效的期限,在英美法中一般认为是要约。顾客只需在网上登载的电子商务合同中填写信用卡号和密码以及索购的软件和所需的服务类型,就可以通过网上下载得到所购的商品。其实网上软件下载就像自动售货机,只要顾客填写一些个人资料就可以马上得到求购的商品。网络广告发布者可以在网络广告中特别声明为要约或要约邀请,如果声明:"不得就其提议作出承诺"或"此广告和信息的发布不承担合同责任"或"广告和信息仅供参考"等,则只能视为要约邀请;如果公开表明,发布人愿意受广告约束,与承诺者缔结合同那么可视为要约。在没有上述声明的情形下,广告是否为要约主要看其是否具备要约的基本条件,即内容具体确定和具有缔约意图。对此,应当区分具体的情况分别讨论。①

(三)电子合同的承诺

1.电子合同的承诺

承诺是受要约人作出的同意要约以成立合同的意思表示。我国《合同法》

---

① 高富平、张楚:《电子商务法》,北京大学出版社2002年版,第153～155页。

第 21 条规定"承诺是受要约人同意要约的意思表示",第 30 条规定"承诺的内容应当与要约的内容一致。受要约人对要约的内容作出实质性变更的,为新要约。有关合同标的、数量、价款或者报酬、履行期限、履行地点和方式、违约责任和解决争议的方法等的变更是对要约内容的实质性变更",第 23 条则规定"承诺应当在要约确定的期限内到达要约人"。从上述规定可以看出承诺必须具备以下几个条件:(1)承诺必须由受要约人作出;(2)承诺必须向要约人作出;(3)承诺的内容应当和要约的内容一致,至少不能做实质性变更;(4)承诺必须在要约的存续期间作出。

各国合同法对承诺的称谓有所不同,如大陆法称之为接受要约的意思表示,英美法称之为合同最终成立的行为,但是其基本规则是一致的,即当要约经有效的承诺后合同即告成立。承诺生效的时间,是指承诺什么时候产生法律效力。由于要约因承诺而使合同成立,因此承诺生效的时间在合同法中具有重要的意义。

关于承诺从何时开始生效,两大法系存在着截然不同的规定。大陆法系采纳"到达主义"或称"送达主义",即承诺的意思表示于到达要约人支配的范围内时生效,合同也告成立。英美法采用"发信主义",或称为"发送主义",在美国也常常称为"信筒规则",是指如果承诺的意思以邮件、电报表示,则承诺人将信件投入邮筒或电报交付电信局即生效力,除非要约人和承诺人另有约定。①《联合国国际货物销售合同公约》采纳了大陆法的"到达主义"观点,根据《联合国国际货物销售合同公约》第 18 条第 2 款的规定,接受发价于表示同意的通知到达发价人时生效。

电子承诺也至少应该具备上述承诺的一般构成条件。此外,在电子商务环境下,承诺由受要约人的电子代理人作出的应视为受要约人的行为。电子承诺可以通过电子代理人作出,正像普通的承诺可以通过其代理人作出的一样。同样的道理,承诺也可向要约人的电子代理人作出。

---

① 发信主义较之到达主义在时间上合同早成立,有利于交易迅速。但是,发信主义不利于在要约人和承诺人间明确划分彼此对于信件传递过程中可能发生的风险责任的归属。采用到达主义原则则克服了此种缺陷,也就是说承诺人承担从发出信件时起至送达要约人这段时间的风险责任。所以如果信件传递中遗失,承诺不生效。反之,从信件到达要约人支配的范围该承诺即可生效。显然大陆法系国家的到达主义,有利于交易的安全,英美法系国家的发信主义则有利于交易效率。效率和安全二者对现代交易同等重要,故两种主义何优何劣,很难作出定论。

2. 承诺的方式

承诺的方式是指承诺人采用何种方式将承诺通知送达要约人。

为减少误解和差错,承诺一般应用明示的方式,沉默和不作为本身一般不构成承诺。但《联合国国际货物销售合同公约》承认了可以根据具体的商业环境作出某种行为(如发货等)表示同意,而不必向要约人发出明示通知,只要该行为是在规定的期间内或合理的期间内作出,则该行为应视为承诺。我国《合同法》在制定时考虑了此种合理因素,因此规定"承诺应当以通知的方式作出。但根据交易习惯或者要约表明可以通过行为作出承诺的除外。"[①]

那么,电子承诺的方式原则上和上述方式也应当是一样的。由于电子方式的快捷,本应完全采用明示的方式。但是现实生活千差万别,电子方式再快捷也是由人来控制,对有些不明朗的承诺方式如果法律不予以承认,并不有利于电子交易的发展。因此,法律应给予当事人协商的权利和根据具体的商业环境选择最适合的承诺方式的空间。

在网络交易中,合同的订立和传统的模式不完全一致,其困难在于确定要约和承诺的方式。例如,假如一方当事人向对方寄出一份书面订单,要求对方采用邮寄包裹的方式作出承诺,如果对方采用 E-mail 方式接受该方要约的话,合同是否成立? 在过去,即承诺方采取了跟要约方要求不一致的方式作出承诺,法院也可能认定为承诺有效。因为 E-mail 的内容具备了承诺的全部构成要件,只是方式不同而已。在现在电子交易频繁的情况下,各国及国际组织也纷纷制定规范电子交易的法律,从而使通过诸如电子邮件\数据交换之类的电子手段订立的合同在法律上取得了合法地位。当然,如果承诺是通过履行的方式作出的,那么就应当另当别论了。在网络交易中尤其如此,因为履行通常包括数字传输。实际上,承诺的方式只是意思表示的载体,只要某一载体能迅速高效地传达某一意思表示给要约人均可成为承诺的方式之一,方式的不同只是影响承诺生效的时间有差异罢了。[②]

3. 承诺的内容

承诺是对要约予以同意的意思表示,因而承诺的内容必须与要约的内容

[①] 见我国《合同法》第 22 条。

[②] 例如,以电子意思表示方式作出承诺,依我国《合同法》第 16 条的规定,收件人指定特定系统接收电子意思表示的,该电子意思表示进入该特定系统的时间,视为到达时间;未指定特定系统的,该电子意思表示进入收件人的任务系统的首次时间,视为到达时间。以履行方式作出承诺的,履行开始时,承诺即发生法律效力。

相一致。

承诺的内容应当与要约的内容一致,受要约人对要约的内容作出实质性变更的,为新要约。在大陆法系民法中,要求承诺是对要约的无条件同意,将要约扩张、限制或作其他变更的承诺视为拒绝原要约而为新要约。在英美法系合同法中,也贯彻所谓"镜子成像规则",即承诺应与要约一致。然而,这种严格一致将不利于合同的成立。

为了适应现代经济发展的需要,鼓励交易,提高交易的效率,各国立法对这种传统的规则作了某些修订,规定尽管成立原则上要求"全部同意",但并不一概地否定部分同意亦可成立合同,只要争执点为附属性质。例如,美国《统一商法典》修正案在买卖合同中,除了对镜像原则作了灵活变动外,为适应电子商务的发展,尤其对于 EDI 部分,将容许当事人通过格式化合同内容之外的生效文书的部分,自由地填写标准条款再发送给对方。美国《统一计算机信息交易法》第 204 条对含有不同条款的承诺则作了详尽的规定:(1)根据本条如一个承诺中的某条款与要约中的条款重大抵触,或改变了要约中的条款或增加了要约中所没有的重要条款,则该承诺对要约作了重大变更;(2)除第 205 条(附条件的要约或承诺)另有规定外,一个确定、合理的承诺即使有与要约不同的条款,仍构成一项承诺除非该承诺对要约作了重大变更;(3)如果一项承诺对要约作了重大变更,下列规则应予适用:①除非符合下列条件,合同不成立:A. 一方以意为同意的方式对另一方的要约或承诺表示同意;或 B. 所有其他情况,包括双方的行为,证明合同已成立;②如双方以其行为成立一项合同,则该合同的条款根据第 210 条(以行为订立合同的条款)予以确定;(4)如一项承诺与要约不同但没有对要约作重大变更,则合同应根据要约的条款订立。此外下列规则应予适用:①承诺中与要约抵触的条款非该合同的组成部分;②承诺中额外的非重大条款为就额外条款作出约定的建议。在商人之间,增加的额外条款为该合同的一部分,除非要约方在收到额外条款之前或之后的合理时间内以通知表示反对。

4. 承诺的撤回

承诺的撤回,是指承诺人阻止承诺发生法律效力的一种意思表示。

在大陆法系国家或地区,由于对非对话式要约采取到达主义,因而允许承诺人撤回承诺,其条件是撤回承诺的通知必须于承诺生效之前到达要约人。因为,如果撤回承诺的通知迟于承诺到达要约人,鉴于承诺已发生法律效力,承诺人便不得撤回其承诺;而英美法系国家由于其普通法对承诺生效采取"发信主义"原则,承诺一经发出即告生效,所以承诺不得撤回。承诺人如欲反悔,只能按照解除合同的规则加以处理。《联合国国际货物销售合同公约》和《国际商事合同通则》由于对非对话式承诺采取了"到达主义"原则,因而它们均规定承诺可以撤回,只要撤回的通知在承诺生效之前或同时送过要约人。我国《合同法》对非对话式承诺也采取了"到达主义"原则,其第 27 条规定:"承诺可以撤回。撤回承诺的通知应当在承诺通知到达要约人之前或与承诺通知同时到达要约人。"

电子承诺能否撤回这是一个很有争议的问题。在电子合同中,对承诺的能否撤回的问题,与要约的撤回与撤销一样,也存在截然不同的两种观点。

第一种观点认为,电子讯息一瞬间即可完成,用户基本上不存在撤回电子承诺的时间和可能。由于电子商务具有传送速度快、自动化程度高的特点,承诺生效后,可能自动引发计算机作出种种相关指令,这样会导致一系列的后果。① 所以,承诺被撤回的后果是相当严重的,立法上对电子合同中承诺的撤回的规定应采取谨慎态度。关于电子承诺的撤回问题,宜采取英美法上的投邮主义更为合适,使得电子承诺指令一经发出,即可生效,用户无权撤回。

第二种观点与之针锋相对,认为不管电子传输速度有多快,总是有时间间隔,而且也存在网络故障、信箱拥挤、停电断电、计算机感染病毒等突发事件的存在,使得承诺不可能及时到达。尽管电子讯息的发送大多在一瞬间即可完成,可是由于网络的故障,电子讯息的发送也会出现问题,比如发出去的讯息几天后才会到达对方系统中,甚至有的信息根本就没有收到。在这种情况下如果采用"发信主义"可能会严重影响合同的成立,若采用"到达主义"就可避免这一问题的发生。② 电子讯息在现实生活中存在的迟延到达和中途丢失的可能性,既然如此,就有电子承诺撤回存在的可能性和必要性。至于如何判断哪一则信息在先哪一则信息在后则是技术的问题,比如服务器上有所记录,如果作为第三方的认证系统比较成熟时,认证系统中也有电子记录可供查阅。

我们赞同第二种观点。撤回承诺作为承诺人的一项权利是保障与要约人同等受法律保护的一项权利,也是权利天平上的一个砝码,因此不应随意加以

---

① 例如,在 EDI 交易中一项承诺确认后,计算机会自动通知生产车间进行生产、通知银行自动拨款、通知海关办理相应出入手续、向税务部门办理交税手续等。

② 也许是由于电子讯息的快捷性,在实践中合同双方常采用收到回执确认的方式。例如,欧盟起草的《关于内部市场中与电子商务有关的若干法律问题的指令(草案)》就采用了这一方法,该草案规定:"自服务获取方通过电子手段收到服务供应商关于收悉服务获取方承诺的回执时合同成立。"

剥夺,破坏合同法精心构筑的权利体系。权利的暂时不能行使或行使的困难并不影响权利的存在。况且科技的发达,也可能出现比电子传输更为神速的送达方式这并不是没有可能,同时使得撤回承诺的通知同时或先于承诺到达要约人,实现撤回的目的。

六、合同成立的时间和地点

合同成立的时间与地点对合同当事人具有重大意义。合同成立的时间决定合同效力的起始与法律关系的确立;合同成立的地点则对确定适用的惯例、在诉讼时确定管辖法院以及对确定适用的法律均具有重大意义。以数据电文的形式做出的承诺是在当事人发出数据电文时还是在收到时生效,是电子商务合同成立的基本问题。因为它关系到一项交易是否达成,在国际商品市场中对商品的价格可能会产生很大的影响,而且也关系到合同成立和生效地点和合同准据法的问题。

(一)电子合同成立的时间

我国《合同法》第25条规定,承诺生效时合同成立。所以,一般而言,承诺生效之时也即合同成立之时。

电子合同在绝大多数情况下,也是以承诺生效的时间作为合同成立的时间。电子合同成立的时间,是指电子合同开始对当事人产生法律约束力的时间,也是法律上认为电子合同客观存在的时间。

确认合同成立的时间,一般来说,主要具有以下意义:(1)合同成立的时间,在绝大多数情况下也就是合同生效的时间,因而合同成立的时间可以成为判断合同生效的时间标准;(2)合同成立的时间通常也是对当事人产生法律效力的时间,即当事人应受合同的约束并按合同规定履行义务,不得擅自变更或解除合同;(3)合同成立的时间也是区分合同责任与缔约过失责任的根本标志。在电子合同中,准确确立合同成立的时间也同样具有上述三个方面的重要意义。

两大法系关于合同成立时间的确定标准并不相同,两大法系在此问题上存在两种截然相反的主张。

关于合同成立的时间,以德国为代表的大陆法系国家多采用"到达主义",即以表示承诺的函电送达要约人之时为合同成立的时间。《联合国国际货物销售合同公约》和我国的《合同法》也采纳了到达生效的原则。一般来说,以"到达主义"来决定合同成立的时间对电子商务交易并不构成明显的障碍;关于合同成立的时间英美法采取"发信主义"(又叫"投邮主义"),①一旦承诺人将承诺信件投入邮箱或把承诺的电报稿交给了电报局,则承诺生效。不论要约人是否收到,都应受到承诺的拘束。可见,根据"发信主义"所成立的合同,应比根据"到达主义"成立的合同在时间上要早。

然而,在通过数据电文成立的合同中,这两种模式都遇到一定的困难。因为一方面,根据"到达主义",在以数据电文订立合同情况下,承诺文件的到达是指该文件进入收件人的系统,收件人能够实际阅读,才视为到达,也需要准确地确定。而且,"到达主义"对数据电文的适用也有些具体问题有待明确。譬如,在以 EDI 增值网作为中间媒介时,承诺的到达究竟是以它被投入要约人在网络的信箱为准,还是要等到要约人实际阅读方为"到达"?这里也许德国法可资借鉴。按德国法,承诺只要传递到要约人的支配范围之内(如营业地或指定的代收人处)即视为送达,不论要约人是否及时了解其内容。在 EDI 网络系统中,每个用户往往都拥有一把独特的电子密钥(密码),以排他性地控制其开户的收发信箱。这样,该信箱就可以视为该用户的有法律效力的通信地址;另一方面,"发信主义"主要适用于通过邮寄的方式订立的合同,对话的方式和即时通讯并不适用。然而,随着电话、电传、传真等现代通信手段的出现,英美法国家也多不拘泥于传统的"投邮主义",而将这些即时通信手段做特殊处理。② 例如,《美国合同法重述(第 2 版)》在关于第 63 条的注释中指出:"发信主义""对通过邮寄和电报的信息同样适用",但对像电话和传统电传那样的即时通信不适用。显然通过数据电文订立合同,也可以说是一种即时方式订立的合同。"发信主义"的规则是很难适用的。可见,现代英美法已经将承诺的传递(当事人之间的通信)方式分为两种,一种为"对话方式"(conversation type),或称"即时通信"(instantaneous communication),如当事人面对面谈判或通过电话联络;另一种为"邮寄方式"(postal type)。"投邮主义"只对后者适用。看来,对于通过数据电文这样更迅速、更"即时"的通信方式成立的合同,英美法也是倾向于采用"到达主义"的。又如,1996 年拟订的美国《统

---

① 对于合同成立的时间,传统上,英美法国家采用"投邮主义"。"投邮主义"是英国早在 1880 年即已确立的一项基本原则。

② 例如,在 1955 年一个有关电传的案例中英国著名的丹宁(Denning)大法官就拒绝将"投邮主义"适用于电传,理由是电传是一种即时通信方式,而"当事人间采用即时通信手段的规则应与邮寄规则有所不同。在这种情况下,合同应于要约人收到承诺之时方告成立。相应地,合同成立的地点也应为收到该承诺的地点。"

一商法典授权(草案)》(UCC2B)第 2B—102(a)条款中,特别对电子合同成立的时间进行了规定。根据该条款,在一项电子交易中,如果当事人一方或其电子代理人启动一条电子信息并获得一份表示承诺的回复,则契约即为成立,纵使无人知悉接获回复的信息,电子信息仍于接悉时生效。1997 年拟订的美国《统一计算机信息交易法》(UCITA)更是将这一条修改为:一项电子讯息于收到时生效,即使无人知悉该讯息收讫。收到一项电子讯息的电子确认,证明该讯息已收讫,惟其本身不能证明寄送的内容与收讫的内容一致,及其他人或电子代理人通讯的目的。该规定突破了传统英美契约法的理论将对英美法系国家电子交易产生重要影响。

联合国国际贸易法委员会制定的《电子商务示范法》对电子合同成立的时间与地点作了示范规定,联合国国际贸易法委员会回避了两大法系在承诺生效问题上到底采用"发信主义",还是"到达主义"的矛盾,认识到无论是发出生效原则还是到达生效原则都必须首先确定发出或收到时间。所以《电子商务示范法》第 15 条并没有明确指出在承诺生效上是采"发信主义"还是"到达主义",只是客观地分别规定了电子意思表示发出和收到的时间,至于具体标准则留待各国国内立法或当事人通过协议加以解决,体现了《电子商务示范法》兼容并蓄、促进两大法系融合的特点。

联合国《电子商务示范法》第 15 条虽然专门规定了"发出和收到数据电文的时间与地点"问题,但并未确立电子商务合同成立的时间与地点的法律判别标准,即并未在"发信主义"或"到达主义"之间做明确的选择。关于发出与收到数据电文的时间,该《电子商务示范法》第 15 条(1)款规定,除非另有协议,"一项数据电文的发出时间以它进入发送人或代表发送人发送数据电文的人控制范围之外的某一信息系统的时间为准。"而数据电文的收到时间则按下述办法确定:"(a)如接收人为接收数据电文而指定了某一信息系统:(一)以数据电文进入该指定信息系统的时间为收到时间;或(二)如数据电文发给了接收人的一个信息系统但不是指定的信息系统,则以接收人检索到该数据电文的时间为收到时间;(b)如接收人并未指定某一信息系统,则以数据电文进入接收人的任一信息系统的时间为收到时间。"根据此条规定,一项电子意思表示的发出时间应是电子意思表示进入了发端人控制范围之外的某一信息系统的时间,它可以是某一中间人的信息系统,也可以是收件人的一个信息。进入一个信息系统这一概念既用以界定电子意思表示的发出,也用以界定其收到。所谓一项电子意思表示进入了一个信息系统,其时间应是在该信息系统内可投入处理的时间。

实际上，许多国际组织的研究报告与通信协议范本都不仅采纳了"到达主义"，而且基本上接纳了上述德国法认定"到达"的具体标准。例如，欧共体委员会1992年所作的《关于通过EDI订立合同的研究报告》就提出，采用到达生效原则特别适宜于通过EDI订立的合同。相应地，在其制定的贸易电子数据欧洲EDI通信协议范本中进一步明确规定，"除非另有协议，经由EDI订立的合同是构成承诺的电文传递到接收方的信息系统的时间与地点为其合同成立的时间与地点。"

此外，有学者认为有些问题不能不特别思考。[①] 对于包括多种通讯方式的电子商务而言，统一规定承诺生效以及合同成立时间采用"到达主义"或"发信主义"都无法将所有的用于通讯方式下的要约与承诺问题适当地解释。对于EDI合同来说，则可以通过当事人双方事先订立的通讯协议加以完善补充。对于大多数同上交易由于很多都是涉及金额较小的交易，特别是消费合同。这种交易存在着交易当事人不确定的情况，双方不可能预先订立通讯协议来专门解决承诺生效的时间问题。所以，还是需要国家立法予以明确规定。

我国《合同法》第16条规定："要约到达受要约人时生效。采用数据电文形式订立合同，接收人指定特定系统接收数据电文的，该数据电文进入该特定系统的时间，视为到达时间；未指定特定系统的，该数据电文进入接收人的任何系统的首次时间，视为到达时间。"第26条规定：采用数据电文形式订立合同的，承诺到达的时间适用本法第16条第2款的规定。《电子商务示范法》第15条规定的是数据电文的收到时间，并没有区分要约和承诺文件的收到时间，而我国《合同法》的规定虽区别了要约和承诺的收到时间，但规定两者都适用同样规则。所以在这一点上，两部法律文件似乎并没有差异。但必须指出的是，《电子商务示范法》的规定仅是数据电文的收到时间，而不是规定承诺到达的时间。而我国《合同法》第26条规定的是承诺到达的时间。

（二）电子合同成立的地点

电子合同成立的地点，是指电子合同成立的地方。

确定合同成立的地点主要具有以下意义：(1)合同成立的地点关系到合同发生纠纷后诉讼案件的管辖问题；(例如，我国《民事诉讼法》第25条规定，合同的双方当事人可以在书面合同中协议选择被告住所地、合同履行地、合同签订地、原告住所地、标的物所在地人民法院管辖。)(2)合同成立的地点是处理

---

① 齐爱民、万暄、张素华：《电子合同的民法原理》，武汉大学出版社2002年版，第120页。

涉外合同纠纷时适用法律的一个重要连结点,对选择准据法具有重要意义。然而,关于合同的成立地点,两大法系的规定不同。根据大陆法的"到达主义",意思表示到达的地点为合同成立地;而根据英美法的"发信主义",发件人所在地为承诺生效的地点。

然而,在以数据电文订立的合同中确定合同成立的地点问题,可能更加复杂化。一般情况下,电子合同都是通过计算机进行的,任何一方当事人在任何地点只要拥有能上网的电脑,便可以发出要约或作出承诺。

由于电子意思表示传递迅捷即时几乎可在任何地点发生,如在收件人的营业地、收件人拥有计算机系统的任何地点甚至在翱翔的班机中用微型电脑发送承诺电文。所以,采用"发信主义"势必使合同成立的时间与地点变得毫无意义。

为使合同行为与行为地有实质的联系,从而避免以"信息系统"作为标准所造成的不确定性,关于发出与收到数据电文的地点,《电子商务示范法》第15条规定,除非发送人与接收人另有协议,数据电文应以发送人设有营业地的地点为其发出地点,而以接收人设有营业地的地点视为其收到地点。就本款的目的而言:(1)如发送人或接收人有一个以上的营业地,应以对基础交易(underlying transaction)具有最密切关系(closest relationship)的营业地为准,又如果并无任何基础交易,则以其主要的营业地为准;(2)如发送人或接收人没有营业地,则以其惯常居住地(habitual residence)为准。《电子商务示范法》此项规定意在规范电子商务中经常发生的当事人收件系统所在地与当事人所在地不一致的情况下,确保当事人不能通过此地点的不一致来规避法律。这里的基础交易以及主要营业地、惯常居住地等都与《联合国国际货物销售合同公约》中的规定一致。

从《电子商务示范法》的规定来看,其只就数据电文的收到地点问题作出了规定,而并未直接对生效的地点作出规定。值得注意的是,对发出与收到的地点,《电子商务示范法》采取的判别标准是营业地。这种将行为的时间与地点分别界定的方法,适应了现代电子商务的情况。此种规定照顾到电子商务中当事人收付系统所在地与其营业地不一致的情况,这一规定不仅解决了文件收到地与营业地不一致的问题,而且也对合同的成立地及法院的管辖地的确定等,都具有重要意义。该条规定也为我国《合同法》所采纳,《合同法》第34条规定:"采用数据电文形式订立合同的,收件人的主营业地为合同成立的地点;没有主营业地的,其经常居住地为合同成立的地点。当事人另有约定的按照其约定。"这种规定是适合数字技术的发展要求的,与世界先进国家在此方面的规定趋于一致。

七、电子合同的形式

（一）概述

根据我国学者的解释,合同的形式合法,是合同生效的条件之一。合同的形式是当事人合意的表现形式,是合同内容的外在表现。合同的形式主要分为口头和书面两种。口头形式是指当事人用语言为意思表示订立合同而不是用文字表达协议内容的合同形式;书面形式是指以文字表现当事人所订立合同的形式。

1. 英美法对合同书面形式的要求

英美法将合同分为两类,即签字蜡封合同(Contract Under Seal)和简式合同(Simple Contract)。对于签字蜡封合同,法律要求其订立须遵守特定的形式,即必须书面作成,有当事人签章。但这种合同在实践中应用并不多,较多应用的是简式合同。对简式合同原则上不作书面要求,但对特定的简式合同,仍有书面形式要求。这种特定的简式合同又分两类:一类以书面形式为合同成立要件,非如此合同不成立,如票据、海上保险合同等;另一类则以书面形式作为合同证据,非如此不能申请法院强制执行,如担保合同、不动产买卖合同等。对于一般的货物买卖合同,英美法通常没有书面形式要求,当然也有例外。[①]

2. 大陆法对合同书面形式的要求

大陆法以法国法和德国法为代表。法国法强调书面形式作为合同存在及其内容的证据价值。《法国民法典》规定,标的物50法郎以上的合同应书面作成,但这一规定不妨碍有关商业法律所作的规定。而《法国商法典》规定,商事法律行为得采取一切证明方式来证明。另外,当事人之间也可通过通讯协议等形式,事先约定放弃法律对书面形式的要求;德国法在合同形式上以不要式为原则。《德国民法典》对以书面形式作为合同有效要件的规定仅是一种例外,限于赠与、保证、土地买卖等几种合同。而大多数合同都可以根据当事人的意见而决定合同订立形式,如货物买卖合同不论标的大小均无须书面形式。此外,《德国商法典》采取"商人本位原则",对商人的一些法律行为又给予了特别的形式方面的自由。

综上所述,世界上许多国家的法律都要求某些交易必须以书面形式签订

---

① 例如,美国《统一商法典》第2—201条规定500美元以上的合同应书面作成。

合同,有的是作为合同有效的要件,有的是作为证据,其立法目的主要可归纳为以下几点:(1)使合同的存在和内容有切实的证据,以减少争端;(2)使当事人理解订立合同的法律后果及双方权利义务;(3)使第三方对书面合同或单证产生信赖;(4)基于行政管理,如税收、审计等需要。

(二)电子合同的书面形式问题

传统合同具有载体的纸面特征和感官上的可读可视性,而电子合同则不然,采用数据电文形式订立的合同的显著特点便是取代了一系列繁琐的纸面文件,实现了无纸贸易。如何容纳电子合同的无纸特征,成为合同法在信息时代不可回避的法律问题。数据电文实质上是一种传达民商事主体的内在意思的无纸化信息,它可分别处于信息的传递和储存过程中。就其动态而言,可能是电磁波或比特,就其静态,可能是电磁记录。随着科技的发展,书面形式内涵在逐步扩大,电报、电传、传真等被普遍使用,虽然这些方式与传统的书面方式不同,但由于它们的最终传输的唯一结果也是纸面记录,与传统纸面无异,因此人们仍将它们看作是书面形式。网络的出现使人类订立合同的手段增加,由于电子数据的易消失性和易改动性,人们对于数据电文能否成为书面形式的问题,值得进一步探讨和解决。

电子合同所面临的书面形式问题引起了联合国国际贸易法委员会的高度关注,并对这一问题进行了广泛深入的研究,由于许多国家的法律都要求某些交易必须以书面形式签订合同,有的是作为合同有效的要件,有的是作为证据。其工作组1992年研究报告中指出,要在法律上完全取消书面形式要求不可能,较可行的办法是设法使数据电文被视同"书面形式"。

为此,报告提出了两条具体的解决途径:一种途径是对书面作扩大解释,将数据电文纳入书面范畴,这可称为法律途径。报告指出,"书面形式"含义本身便有争议,从有关国内法和国际法律文件对"书面"一词的定义可以看出,所谓"书面"主要是依据记录于载体的方式而不是依据载体本身的特征来界定的。[①] 所以,实际上,有关国内法和国际法律文件对书面的定义都包括了数据电文形式。工作组据此指出,扩大对书面的定义的办法是一个可取的办法。报告将这种广义的"书面"文件称为"功能等同物"(functional equivalent),即

---

① 例如,罗马国际统一私法协会(UNIDROIT)草拟的《国际商事合同通则》将书面定义为"保持其中所载信息的记录并能以有形形式复制的任何通讯方式"。又如,《国际贸易运输港站经营人赔偿责任公约》中规定:"单据可以用任何方式开具,但应保留其中所载资料的记录。"

只要能实现书面形式所需实现的功能,便可视之为书面形式。《电子商务示范法》即采取了这种方法,其第6条规定:"如法律要求信息须采用书面,则假若一项数据电文所含信息可以调取以备日后查用,即满足了该项要求。"在这里,《电子商务示范法》是用"功能等同"的方法来认定数据电文的书面形式。也就是说,在立法上避免新创一种合同形式,同时并不要求数据电文具备书面形式的所有功能,而是注重于信息可以复制和阅读这一基本功能,只要数据信息可以被调取其存在具有长期性,并能被阅读,就符合书面的要求。① 在此基础上,《电子商务示范法》对电子合同进行了法律承认,即任何人不得以某项合同是以数据电文方式订立而否定其法律效力;另一种解决途径是指在协议中由当事人约定,将数据电文视为书面,可称之为合同途径。实践中有关组织制定的通讯协议范本一般采取两种不同的协议方法使数据电文等同于书面文件:一种方法是由当事人在通讯协议中一致商定数据电文为书面文件,另一种方法则是由当事人在协议中声明放弃他们依据应适用的法律对数据电文的有效性和强制执行力提出异议的权利。

(三)我国法律关于书面形式的规定

我国《民法通则》第56条规定,民事法律行为可以采取书面形式、口头形式或者其他形式。法律规定用特定形式的,应当依照法律规定。我国原有的三部合同法对合同原则上要求采取书面形式。现在新颁布的统一《合同法》则明确认可以数据电文形式缔结的合同,在此方面已无法律限制。《合同法》第11条规定,书面形式是指合同书、信件以及数据电文(包括电报、电传、传真、电子数据交换和电子邮件)等可以有形地表现所载内容的形式。也就是说,不管合同采用什么载体,只要可以有形地表现所载内容即视为符合法律对"书面"的要求,这些规定符合联合国国际贸易法委员会《电子商务示范法》建议采

---

① 虽然数据电文可被视为书面形式的一种,但二者毕竟有极大差异,法律对其只能采取"功能等同"法。《电子商务示范法》规定了"功能等同"法的具体标准:1.数据电文的书面功能标准。《电子商务示范法》界定了电子商务环境下"书面"的基本标准,即可以调取以备日后查用。这实际是"电子记录"的代用语,只不过它是从使用功能角度予以描述的,只要它对纸面文件提供了明显的可靠性、可追踪性和不可改变性;2.数据电文的原件功能等同标准。数据电文形式如何确定原件呢?《电子商务示范法》规定,在下列情况下,数据电文视为满足法律对原始形式的要求:(1)有办法可靠地保证自信息初次以其完成形式生成,作为一项数据电文或充当其他用途之时起,该信息保持了完整性,并且(2)如要求将信息展现,可将该信息展示给察看信息的人。这些标准使得数据电文合同也可以和普通书面合同一样拥有"原件"。

用的"功能等同法"的要求。

八、影响电子合同生效的情况

(一)概述

合同的生效是国家意志和当事人合意的共同体现,在大多数情况下依法成立的合同即生效。如前所述,学者们一般认为,合同生效的要件有以下几个:(1)行为人具有相应的民事行为能力;(2)意思表示真实;(3)合同的内容和形式合法,不违反法律与社会公共利益。但是,如果合同在缔约主体、意思表示、合同内容以及订立形式等方面不符合法律规定,则其即使成立也不生效,这对电子合同也是一样。关于电子合同成立与生效的基本条件、缔约主体和订立形式等影响合同生效的情况,前面我们已经进行了分析和讨论,下面将主要讨论影响合同生效的另一个因素——意思表示。

意思表示真实是合同的生效要件之一,若当事人意思表示不真实将会影响合同的效力。意思表示是指通过外在表示,表明愿意与对方发生民事法律关系的内心意思的行为。它有两个基本要素即主观要素——内心意思和客观要素——外在表示行为。

意思表示真实是指当事人在意志自由,能认识自身表示的法律效果的前提下,内心意思与表示行为一致,反之,则是不真实的意思表示。意思表示的不真实又分为主观原因的不真实和客观原因的不真实:主观原因的不真实是由表意人自己的原因造成的不真实;客观原因的不真实是由他人的原因造成的不真实。(1)主观原因的不真实可分为故意的不真实和基于错误的不真实。故意的不真实是当事人明知自己的内心意思与外在表示不一致而为之,主要表现是欺瞒或戏谑;基于错误的不真实是当事人由于某种认识上的缺陷而导致的内心意思与外在表示不一致,主要是指错误与误解。故意的不真实属于做出意思表示一方的问题,基于错误的不真实则是对别人意思表示理解的问题。(2)客观原因的不真实是指表意人因其认识或意志受他人的不正当干涉,在非自愿的基础上做出的不合真意的意思表示。不正当干涉行为主要有欺诈、胁迫、乘人之危等。根据我国《合同法》的规定,只有一方以欺诈、胁迫的手段订立合同损害国家利益的,合同当然无效。而因,在其他情况下的意思表示不真实所订立的合同,属于可撤销合同,合同的最终效力取决于有撤销权方的行为:如有撤销权方撤销合同,则合同自始无效;反之,合同生效。

在实践中,当事人因欺诈或错误而订立电子合同是较为普遍的现象,因此,下面将主要讨论这两类电子合同的效力。

（二）因错误订立的电子合同

按照我国《民法通则》和《合同法》的规定，因重大误解订立的合同当事人一方有权请求法院或者仲裁机构变更或者撤销。我国法律中的"重大误解"，不仅包括"误解"，而且包括"错误"，即不仅因错误而且因重大误解订立的合同，当事人一方都有权请求变更或者撤销。重大误解的构成，从主观方面讲，行为人的认识与客观事实存在根本的背离；从客观方面看，这种背离给行为人造成了重大损失。根据我国最高人民法院的解释，由于行为人对行为的性质、标的物的品种、数量、质量、规格以及行为的相对人发生错误认识使行为的后果与行为人的意思相背离，并造成较大损失的是重大误解，行为人可以主张撤销合同。

在电子商务中，不论是自然人还是电子代理人，出现错误都是在所难免的。在交易过程中，数据电文内容的错误势必对交易各方的利益产生影响，为了减少和解决由此产生的纠纷，电子商务立法需要根据不同情况对各方利益进行重新分配。在传统民法里，错误是表意人无意识的不真实的意思表示。例如，A 要将自己的"桑塔纳"轿车卖给 B，B 以为 A 要出卖其拥有的"奥迪"轿车，遂承诺。这种错误在电子合同中依然会存在，但是，我们这里要探讨的是电子商务环境下存在的一种特殊的"错误"——"电子错误"。所谓"电子错误"是指在线交易过程中，交易双方因使用信息处理系统而产生的错误。例如，甲向乙订购 100 台电脑，但甲的信息处理系统在传输订单时出错将"100"台变为"1000"台。合同的订立以双方意思一致为基础，如果信息处理系统在对合同的标的、当事人的身份、标的的数量或性质等信息的处理上发生变动或错误，显然违背了当事人的真实意思。因此，合同中的错误会对合同的效力有一定的影响。如果错误导致当事人双方的合意发生根本性改变，合同即无效。

对于错误，由于其非当事人真实的意思表示，所以原则上应允许当事人撤销，在合同成立之前当事人可以撤销错误的表示行为，在合同成立或生效后，可以撤销法律行为。

具体来讲，对于因电子错误而订立的合同，学者认为可以按如下规则处理[①]：

1. 在 BtoB 交易中

（1）在当事人双方有约定的情形下，若当事人各方约定使用某种安全程序

[①] 杨坚争、高富平、方有明：《电子商务法教程》，高等教育出版社 2001 年版，第 129～130 页。

检测变动或错误,一方当事人遵此执行,而另一方当事人未遵守约定,在未遵守方如遵守约定就可以检测到该变动或错误的情形下,遵守方可以撤销变动或错误的电子信息所产生的效力,不论合同是否已订立或履行;

(2)在当事人双方没有约定的情形下,又分为两种具体情况:①若一方采用某种程序检测到自己所发出信息有变动或错误应及时通知另一方,相对方应在合理的时间内予以确认,经相对方确认后发出方可以撤销变动或错误产生的效力;相对方未在合理时间内确认的,也可以撤销变动或错误所产生的效力;相对方在合理时间内予以否定的,应由发出信息方证明变动或错误的存在,能证明的可以撤销变动或错误的效力,不能证明的不能撤销所发出信息的效力。②若一方采用某种程序检测到对方所发出信息有变动或错误,应即时通知相对方,相对方在合理时间内予以确认的任一方均可撤销该变动或错误的效力;相对方未在合理时间内予以确认的,接受方可以撤销该变动或错误的效力。

2. 在 BtoC 交易中

在 BtoC 交易中,消费者可以撤销在与卖方的电子代理人交易过程中源自于其本人的错误的电子信息的效力,其前提条件是:电子代理人未能提供机会避免或纠正错误,或若该个人在知道电子信息出现错误时采取如下行为:

(1)及时通知另一方当事人电子信息出现错误,并且告知本人无意受错误电子信息的约束;

(2)采取合理措施,如遵照另一方的合理指示将所有的信息拷贝返还给另一方,或根据另一方指示取消收到的信息拷贝以及根据错误情形采取其他措施;

(3)未使用或从该信息中获利或使该信息由他人获得;

(4)电子错误或变动未被当事人双方发现或检测到,直至合同履行或履行完毕。原则上合同应有效,除非该错误构成有影响力的错误,动摇了合同成立的基础;

(5)基于电子错误或变动致合同或某一条款无效或撤销的,当事人应当返还因错误或变动所带来的利益,不能返还的应给予补偿因电子错误或变动致当事人一方受到损失的,若错误或变动可归责于一方的由该方赔偿损失;不可归责于任一方的,该损失自己承担。

(三)因欺诈订立的电子合同

由于网络交流双方并不是面对面的接触,彼此的认知是很单纯、片面的,这就为网络欺诈提供了很大的施展空间。例如,有不少无信用的电子商务企业利用网络交易的特点,以订约后不供货等方式对客户进行欺诈。根据我国《合同法》的规定,因欺诈订立的电子合同只要不是损害国家利益的,亦应属于可撤销合同。但问题是,对这类合同在取证和申诉方面存在重重困难,因此,应当在完善电子签名和身份认证的基础上健全在线支付的法律规范。另一方面,为对付网络欺诈,许多国家已经建立了预防欺诈的机构,如 2000 年,许多美国的电子商务大企业和支付大企业宣布成立预防互联网欺诈的全球网络,该网络是一个行业联盟,旨在减少互联网欺诈行为。美国司法部与联邦调查局(FBI)也成立了"网络欺诈申诉中心"网站,让消费者及公司企业对于网络欺诈行为多了一个强有力的申诉渠道。

第三节　电子合同的履行与违约救济

电子合同的特殊性在于其订立过程和形式不同,在其履行、终止、违约救济等方面基本上可以直接适用于普通合同法的规则。但为了对电子合同法律规则有一个全面的了解,本节将从电子合同的角度,简单地介绍合同履行和违约救济方面的规则。

一、电子合同的履行

(一)概述

合同的履行,是指合同当事人按照合同的约定或者法律的规定,全面适当地完成各自承担的合同义务,使债权人的权利得以实现的过程。

一般认为,从法律角度讲,合同的履行具有下列意义:(1)合同履行是合同法律效力的最集中体现。合同履行是依法成立的合同所必然发生的法律效果,是构成合同法律效力的主要内容。因此,许多立法例把合同的消灭放在债的效力或合同效力的标题下;(2)合同履行是全部合同法律制度的核心。纵观合同制度,无论是订立、生效的规定,还是担保、违约责任的规定,都是围绕合同履行展开的,合同履行是其他合同法律制度的归宿或延伸;(3)合同履行是消灭合同之债的最主要原因。合同的完全与适当履行将消灭合同双方的权利义务,终止双方的合同关系。其他消灭原因,如提存、抵消、免除、混同在实践中并不多见。

我国《合同法》第 60 条第 1 款规定,当事人应当按照约定全面履行自己的义务,这是法律对于合同履行的基本要求。

(二)电子合同履行的原则

我国《合同法》虽然没有明确规定合同履行的原则,但是,通常认为合同的履行原则主要有:适当履行原则和协作履行原则等,这些基本原则仍然适用于电子合同的履行。

1.适当履行原则

适当履行原则,又称全面履行原则、正确履行原则,是指当事人按照合同约定或者法律规定的标的及其数量、质量,由适当的主体在适当的履行期限、履行地点,以适当的方式,完成合同的义务,它是对当事人履行合同的最基本的要求。对于电子合同而言,如果是离线交付,债务人必须依约发货或者由债权人自提;在线交付的一方应给予对方合理检验的机会,应保证交付标的的质量。

2.协作履行原则

协作履行原则是指当事人不仅适当履行自己的合同债务,而且应基于诚实信用原则要求对方协助其完成履行。协作履行原则是诚实信用原则在合同履行方面的具体体现。我国《合同法》规定了协作履行有通知、协助和保密的义务。具体包括:债务人履行合同债务,债权人应适当受领给付;债务人履行合同债务,债权人应给予适当的便利条件;因故不能履行或不能完全履行时,应积极采取措施避免或减少损失等。电子合同履行中为便于债务人发货要求债权人告知其地址和身份信息,债权人不得拒绝;在线收集的当事人的有关资料不得非法利用等。

(三)电子合同履行的基本方式与地点

从我国当前电子商务开展的情况看,基本上有三种履行方式:第一种是在线付款,在线交货。此类合同的标的是信息产品,例如音乐、计算机软件、音像产品的下载;第二种是在线付款,离线交货;第三种是离线付款,离线交货。后两种合同的标的可以是信息产品也可以是非信息产品。对于信息产品而言,既可以选择在线下载的方式也可以选择离线交货的方式。后两种合同其标的物不是通过网络交付给合同对方当事人,仍然要经实物运送方式送至对方手中,其体现合同本质的特征性履行方式与一般合同并无根本区别。①

---

① 以下参见张正新主编:《中国企业电子商务转型及其法律问题研究》,武汉大学出版社 2002 年版,第 320~322 页。

1. 合同标的物的交付

(1) 有形物的交付方式与地点

如果双方交易的对象是有形物，如服装、电器产品等，交付这类产品与一般传统买卖并无任何区别，必须通过实物配送系统送至买方手中。软件、音像产品等既可以直接在网上交付，又可以以有形载体方式交付，可作为动产来对待。当软件以有形物体为其载体时，它与传统上的动产买卖在交付的方式和地点方面，没有多大区别。

(2) 电子化交付的方式与地点

以电子传输方式交付软件等标的物，是电子交易独具特点的方式，如果仍然适用义务履行方所在地的规定显然是违反通讯规律的，也会给当事人带来很大的不便。因此，美国法律规定，电子交付地是许可人指定或使用的信息处理系统。在这方面，它与数据电文的发送、接收的确定方式是一致的，即以信息系统作为其参照标准。至于交付完成的标准，则是合同对方当事人能有效地支配合同项下的电子标的物方算交付履行完毕。

(3) 标的物交付的附随义务

为使交付的电子标的物达到商业适用性，即实现其有效的交付，在交付之中往往还附随着一定的其他义务。如同有体货物买卖中卖方应向买方提交使用说明书一样，电子标的物的交付应将如何控制、访问电子标的物的资料交给买方，使之能有效支配所接收到的电子标的物，这些义务对于电子标的物的使用而言，是必不可少的。例如，在网上出售某一格式的文件，一般应同时提供打开该文件的工具，或指示如何取得打开文件的工具。否则，买方就无法对文件内容进行利用，就好像出售锁具的同时不提供钥匙一样。

2. 对合同标的物的接收及价金的支付

(1) 对合同标的物的接收

标的物的接收，是合同履行的重要阶段，它表示合同买方认可了合同标的物，同时也解除了对方当事人交付标的物的义务。接收实际上是当事人对电子合同标的质量、数量的一种同意的表示，它既可由当事人以明示方式作出也可以由其行为给予推定。

①关于接收标的物的地点。如果电子合同标的物是有形化的交付，则买方应在合同约定或法律规定的履行交付的地点接收该标的物。如果合同标的物是电子化的交付，由于交付地点是买方指定的信息处理系统，因此，买方有义务使其信息处理系统处于可接受卖方履行交付义务的状态并给卖方适当的通知。如果由于买方信息系统的原因使卖方无法履行其义务或造成履行迟

延,则卖方不承担责任。

②关于接收标的物的方式。从接收的方式看,有整体接收和部分接收。整体接收是指买方表示认可标的物符合合同,完全接受合同标的物。应当注意的是,如果买方从合同标的物中获得了实质利益,并且他无法返还该利益,比如,买方从咨询意见中获得了启发,虽然该咨询意见可能并不符合合同要求,那么买方不能拒绝接受合同标的物,但他可以要求重新调整合同价金。部分接收是与整体接收相对而言的,一般发生在由多个文件构成的一套电子标的物接收的情况中。由于整套电子文件必须协同使用,虽然从形式上分为多个,但实质上应将多个文件视为一个整体。这些电子文件在法律性质上,应属于不可分物。美国有关立法规定,只有接收人对整体的接收,才能使各部分的接收有效,而部分的接收,并不构成有效的接收。

(2)价金的支付

价金的支付可以采用电子支付的形式。所谓电子支付,又称"网上支付",是指以计算机和网络为媒介,以载有特定信息的电子数据取代传统的支付工具,用于资金流程,并具有即时支付效力的支付方式。目前各大银行都开辟了网上业务,通过电子资金划拨方式可以很便利地完成网上支付。买方根据卖方提供的账号,可通过计算机向银行文件转账系统发出指令,银行在核实买方的客户身份后,即可从买方账户上划拨相应资金至卖方账户。当然,当事人也可以采用传统的方式支付价金。

二、电子合同的违约救济

(一)违约的归责原则

所谓归责原则是指关于违约方的民事责任的法律原则。合同违约的归责原则有两类:一种是过错责任原则,另一种是严格责任原则。

过错责任原则是指一方违反合同的义务,不履行和不适当履行合同时,应以过错作为确定责任的要件和确定责任范围的依据。过错责任原则包括两层含义:(1)过错是违约责任的构成要件,只有合同当事人不履行合同是基于自己的过错才承担责任;(2)当事人过错程度决定其应承担的责任范围。故意违反合同承担的责任较过失违反为重,此外,当事人在订立合同时不可以预先免除故意违约责任。[①]

严格责任原则是指不论违约方主观上有无过错,只要其不履行合同债务

---

① 崔建远主编:《合同法(教学参考书)》,法律出版社1999年版,第297~298页。

给对方当事人造成了损害,就应当承担合同责任。根据严格责任原则,在违约发生以后,确定违约当事人的责任,应主要考虑违约的结果是否因被告的行为造成,而不是被告的故意和过失。①

在我国合同法的理论上,对于违约责任是采过错责任还是严格责任一直存在争议。从我国《合同法》的制定来看,逐步确立了违约责任以严格责任为原则,即违约责任不以过错为归责原则或构成要件,除非有法定的或约定的免责事由,只要当事人一方有违约行为,不管是否具有过错,都应当承担责任。之所以采严格责任为合同责任的原则,主要是因为违约责任源于当事人自愿成立的合同,除了约定或法定的情况,必须受其约定的束缚,如果动辄以无过错免责,对于相对人就不公平,有损于合同的本性。从国际立法文件和合同法归责发展的过程看,以严格责任为合同的归责原则符合发展趋势。基于以上的考虑,学者们认为电子合同的违约责任仍然是严格责任。② 严格责任意味着只要有违约行为发生就得承担违约责任,而不再以违约人是否存在过错、守约人是否因此受到损害为要件。当然如果电子合同中没有事先约定违约金,在当事人没有实际损失,违约人也无须承担损失赔偿责任。在严格责任原则下,唯有存在免责事由时,违约人才可以免于承担违约责任。有学者认为,网络传输的特殊性也会产生传统法律中不曾有过的问题,例如网络传输发生故障,文件下载染毒等情况,是否需要承担违约责任需要法律明确。在明确严格责任的同时,还需规定免责的事由。③

(二)免责事由

1. 概述

免责事由分约定的免责事由和法定免责事由。

约定的免责事由即免责条款(exclusion clause 或 exemption clause),指当事人双方在合同中约定的,旨在限制或免除其将来可能发生的违约责任的条款。只是免责条款约定不得违反法律的强制性规定和社会公共利益。另外,根据民商法基本原理排除合同当事人的基本义务或排除故意或重大过失责任的免责条款为无效。

法定免责事由主要是不可抗力。根据我国《合同法》第 117 条的规定,不

---

① 崔建远主编:《合同法(教学参考书)》,法律出版社 1999 年版,第 300~301 页。
② 高富平、张楚:《电子商务法》,北京大学出版社 2002 年版,第 163~164 页。
③ 杨坚争、高富平、方有明:《电子商务法教程》,高等教育出版社 2001 年版,第 129~130 页。

可抗力是指当事人在订立合同时不能预见、对其发生和后果不能避免并不能克服的事件。① 一般认为,不可抗力的构成要件包括以下几点:(1)该事件发生在合同订立之后;(2)该事件是在订立合同时双方所不能预见的。不能预见要求当事人在尽善良的注意义务的基础上,按通常的标准去衡量;(3)该事件的发生是不可避免、不能克服的;(4)该事件不是由任何一方的过失引起的;(5)不可抗力是一种阻碍合同履行的客观情况。根据我国《合同法》第117条的规定,因不可抗力不能履行合同的,根据不可抗力的影响,部分或者全部免除责任,但法律另有规定的除外。当事人迟延履行后发生不可抗力的,不能免除责任。"根据不可抗力的影响部分或者全部免除责任",是指如果不可抗力导致合同部分不能履行,就免除履行义务人的部分责任,如果不可抗力引起合同全部不能履行,就免除义务人的全部责任。"法律另有规定的",是指法律、行政法规规定不可抗力不能免除当事人的违反合同责任的情况。

当事人可以在合同中约定不可抗力的范围。为了公平起见,避免当事人滥用不可抗力的免责权,在合同中约定不可抗力的范围是有必要的。合同中有关不可抗力内容和范围的条款为不可抗力条款。不可抗力条款的作用有二:一是补充法律对不可抗力的免责事由所规定的不足。由于不可抗力情况复杂,往往在不同环境下不可抗力事件对合同的作用也不同,因此,法律不可能对不可抗力作出十分具体的规定;二是在发生纠纷时有利于认定责任。不可抗力条款是对法定的不可抗力事件的补充,但不能违反法律关于不可抗力的规定。在当事人约定的不可抗力条款与法律对不可抗力的规定不一致时,当事人的约定往往无效。当事人关于不可抗力范围的约定常常采用列举的方式,在法律规定的基础上对不可抗力事件作出明确的规定。

2.不可抗力与意外事故

与不可抗力相类似的另一个概念是意外事故,所谓意外事故是指一方当事人虽无过失但无法防止的外因。在意外事故导致不能履行合同时,不能作为免于承担违约责任的事由。也就是说,因意外事故不能履行或迟延履行构成违约行为,必须承担违约责任。

在理论上,不可抗力与意外事故比较容易区分,但是在现实中有时可能也不那么容易。尤其在电子商务中下述情形是不可抗力还是意外事件可能还需

---

① 一般而言,以下情况属于不可抗力:(1)自然灾害,即天灾人祸类的事实,例如地震、台风、洪水等;(2)某些政府行为。指当事人在订立合同以后,政府颁布新政策、法律和采取行政措施而导致合同不能履行;(3)社会异常事件,例如罢工、战争等。

要根据具体情况分析①:(1)文件感染病毒。文件染毒的原因可能是遭到恶意攻击所致,也可能是被意外感染。但不论是何种原因,如果许可方采取了合理与必要的措施防止文件遭受攻击。例如给自己的网站安装了符合标准或业界认可的保护设备,有专人定期检查防火墙等安全设备,但是仍不能避免被攻击,由此导致该文件不能使用或无法下载,应当分析是属于不可抗力还是意外事件;(2)非因自己原因的网络中断。网络传输中断,则无法访问或下载许可方的信息。网络传输中断可因传输线路的物理损害引起,也可由病毒或攻击造成;(3)非因自己原因引起的电子错误。例如,消费者购物通过支付网关付款,由于支付网关的错误未能将价款打到商家的账户上。

学者们认为,为了解决上述不确定因素,在法律没有明确规定情形下,当事人不妨以免责条款合理分配风险,以弥补法律规定不足。当然,其约定是否合法,要由法院根据具体情况进行评判。

(三)违约救济的主要方式

违约责任是指合同当事人因违反合同所应承担的继续履行、赔偿损失等民事责任。在英美法中违约责任通常被称为违约的补救,而在大陆法中则被包括在债务不履行的责任之中,或者被视为债的效力的范畴。违约责任制度是保障债权实现及债务履行的重要措施,它与合同债务有密切关系,合同债务是违约责任的前提,违约责任制度的设立又能督促债务人履行债务。

我国《合同法》第107条规定,当事人一方不履行合同义务或者履行合同义务不符合约定的,应当承担继续履行、采取补救措施或者赔偿损失等违约责任。电子合同仍然遵循这些基本责任形式,只是在信息产品交易中,在违约导致合同终止时,还应采取停止使用、中止访问等措施。

1.继续履行

我国传统合同理论非常强调实际履行原则,这是因为在计划经济年代,合同是完成国家计划的重要工具,合同的实际履行不仅事关当事人的权利义务,还涉及国家的利益,这是由当时的经济体制和环境决定的。但是,在契约自由和交易自由的市场经济体制下,当事人意志得到尊重,实际履行不再被强调,而由守约方在权衡利弊的基础上,选择继续履行或者采取其他违约救济方式。在守约方明确反对或已经丧失履行必要的情形下,法院和仲裁机构不得判决

---

① 杨坚争、高富平、方有明:《电子商务法教程》,高等教育出版社2001年版,第141~142页。

继续履行。但是,对于信息产品而言,实际履行有其现实意义。① 守约方的选择权不宜滥用,因为除非因为信息内容上的原因而违约或者产品质量瑕疵,继续履行合同不仅对许可方或提供方可能,而且对被许可方或接受方仍不丧失其履行利益。

2. 采取补救措施

在货物买卖合同中,采取补救措施指义务人交付标的物不合格,提供的工作成果不合格,在权利人仍需要的场合,可以要求违反合同义务一方采取修理、重作、更换等补救措施。根据我国《合同法》的规定,卖方交付货物的质量不符合约定的,受损害方根据标的的性质及损失大小,可以合理选择要求对方承担修理、更换、重作、退货、减少价款或者报酬等违约责任。② 同样,在信息产品情形下,原则上也存在这样的补救措施,即要求许可方或信息提供方更换信息产品或消除缺陷。

3. 停止使用或中止访问

返还财产是传统的违约救济方式之一,但在信息产品交易情形下,返还几乎丧失意义,因为退还的只是信息产品的载体,其信息内容仍然可能留存在持有人计算机中。这时,停止使用、中止访问就具有特殊意义,只有停止使用才能保护许可方的利益。

停止使用是指因被许可方的违约行为,许可方在撤销许可或解除合同时请求对方停止使用并交回有关信息。停止使用的内容包括被许可方所占有和使用的被许可的信息及所有的复制件、相关资料退还给许可方,同时被许可方不得继续使用。许可方也可以采用电子自助措施停止信息的继续被利用。

中止访问是对信息许可访问合同的救济,当被许可方有严重违约行为时,许可方可以中止其获取信息。

4. 赔偿损失

损害赔偿是各种违约责任制度中最基本和最重要的违约救济方式,它是对违约行为的一种最主要的补救措施,也是各国法律普遍确定的一种违约责任形式。但各国法律对这种责任形式的具体内涵、成立要件、赔偿的法律规定却不尽相同。损害赔偿在大陆法和英美法中的地位也有所不同:在大陆法国家损害赔偿是第二位的补救措施,大陆法国家对不履行合同所采取的最基本

---

① 杨坚争、高富平、方有明:《电子商务法教程》,高等教育出版社 2001 年版,第 142 页。

② 我国《合同法》第 111 条。

的补救措施是强制不履行的一方实际履行,只有在实际履行不可能的情况下,才可要求损害赔偿;而在英美法系国家,损害赔偿则是居第一位的最普遍、最有效的一种补救措施,只有在极个别的情况下,法院才采用强制实际履行这一补救措施。

损害赔偿即是指违约一方用金钱补偿因违约而给对方造成的损失,它是以金钱为特征的赔偿,即是以支付损害赔偿金为主的救济方法。损害赔偿具有以下法律特征:(1)损害赔偿是因债务人违反合同所产生的一种责任,合同关系是其存在的前提;(2)损害赔偿是对债务的一种金钱补偿,主要弥补债权人因违约行为遭受直接的损害后果,不具有惩罚性;(3)损害赔偿以赔偿当事人实际遭受的全部损害为原则,全部损失包括直接损失和间接损失。

我国《合同法》第113条规定:"当事人一方不履行合同义务或者履行合同义务不符合约定,给对方造成损失的,损失赔偿额应当相当于因违约所造成的损失,包括合同履行后可以获得的利益,但不得超过违反合同一方订立合同时预见到或者应当预见到的因违反合同可能造成的损失。"这里损失赔偿额"不得超过违反合同一方订立合同时预见或者应当预见到的因违反合同可能造成的损失",也就是说应当赔偿的损失是合理预见到的损失,合理预见要具备以下条件:(1)预见的主体是违约方。只有在已发生的损失是违约方能够合理预见时,才表明该损失与违约行为之间存在因果关系。而且,违约方比一般人更了解非违约方的情况,从而在违约行为发生时减小可能遭受的损失。(2)预见的时间应当在订立合同时。当事人在订立合同时要考虑风险,如果风险过大,当事人可达成有关限制条款来限制责任。如果要由当事人承担在订立合同时不应当预见的损失,则当事人会鉴于风险太大而放弃交易。(3)预见的内容是有可能发生的损失的种类及其各种损失的大小。

如何界定"合理预见"在网络中的程度也是值得考虑的。一般认为在线交易中合理预见的界定应考虑以下几个要素:(1)合同主体的不同。BtoB交易的主体的预见程度较消费者交易高。(2)合同方式的不同。电子自动交易订立合同相对于在线洽谈方式订立合同预见程度要低。(3)合同内容的不同。信息许可使用合同比信息访问合同应有较高的预见要求。

第三章 电子签名与电子认证法律问题

第一节 电子签名法律问题

  签名的问题与书面形式问题密切相关。签名的应用可谓是非常广,人们几乎每天都会用到签名,如签到、打借条、考试、订合同等等。为什么要签名?签名的主要意义在于签名人认可涉及的内容,因此法律上将其法律责任归属于签名人,而不是其他人。也就是说,法律通过将某件文书归属于某人的办法确定谁承担其法律后果。

  许多国家的法律往往在对合同等文件做出书面形式要求之后,还要求必须有当事人的签名(盖章),并以之作为这些文件的有效要件之一。①

  从商业角度看,对一项商业交易单证做出认证实际上就是向对方或他人表明单证的来源,对内容的认可以及对它的有效性作出承诺的行为。最常见的具有法律意义的认证形式就是签名。

  无疑,传统意义上的签名是以纸面文件为背景的是一种在纸面上的签署。对数据电文来说一般是不可能进行传统意义上的"签名"的。当人们在网络中表达意思的方式,由口头、书面转化为以数据电讯方式进行时,再也不可能以纸面上的签名来证明文件的内容。传统的手书签名,必然要由一种与数据电

---

  ① 例如,我国《合同法》第32条规定,自双方当事人签名或者盖章时合同成立。又如,各国票据法几乎无一例外地规定,票据必须有出票人的签名方能生效,票据的承兑、担保、背书转让以及其他可转让单证(如提单、信用证)的签发与转让等等也必须有相关当事人的签名才能生效。

讯相适应的"电子签名"来代替。① 所以,与书面形式问题一样,签名问题也被认为是电子商务中的重大法律问题之一。

一、传统签名的含义和功能

(一)传统签名的含义

一般而言,签名是指将自己的名字签署在文件上,也就是在有关文件上写上姓名或特定的符号以表明或承认某种事件或行为的发生。签名是指执笔者为了表示对文件、单据负责而亲自写上自己的姓名或画上记号。英文中与之相对应的动、名词有 sign 和 signature。②

从法律上来说,签名是一种具有法律意义的证明行为(而不是自然事件),是构成要式法律行为的必要条件。如果法律规定或当事人约定签名作为法律行为的生效要件,那么,签名就成为该法律行为生效的决定性因素。例如,传统法律对合同订立的要求除了要求采取书面形式之外,还有在合同上进行签名(盖章)的要求,并将之作为合同有效的必要条件之一。③

美国《统一商法典》对签名的定义是,"签名包括任何由当事人以鉴别书面文件为现实意图而采用的或手签的符号"。《牛津英语大辞典》对签名的定义是,"一个人用其手亲笔在一份文件或书面上写下他/她的名字(或一个特殊的符号)……这是一种留下印记或印章的行为。"因此,签名本质上具有排他性,从最严格的意义说,本人的名字只能由本人签。美国《统一商法典》中《欺诈行为法》对签名的定义是,"任何符号,可以是亲笔签名、打印的字符、或者其他符

---

① 一般认为,"签字"或者"签名"在法律上具有完全相同的含义。但是,有学者认为签字和签名亦存在一些区别。从严格的角度来讲,签字并不一定签署自己的名字,可以签署能够将文件与其联系起来的其他符号。一般来讲,真实的签名不用其他证据(如证人或专门认证机构认证)证明即可以将文件归属于其本人,而非签署本人姓名时,则需要证据证明。电子商务环境下,在使用电子手段辨识签字人的情形时,大多数与其姓名无关。因此,他们更倾向于使用"电子签字"而不是"电子签名"。由于我国正式出台的立法文件已正式使用"电子签名"一词,所以本书亦使用这一称谓。

② 高富平、张楚:《电子商务法》,北京大学出版社 2002 年版,第 96 页。美国《统一电子交易法(草案)》曾对这两个概念作过解释:"签署(sign),是指制作或采用签名;签名(signature),是指一种附加于记录或与之有联系的辨别符号、声音,或程序并且是由与该记录有联系的人制作或采用的。"由于该解释与美国统一商法典的规定相近似,为避免重复,后来在正式文本中去掉了。

③ 蒋志培主编:《网络与电子商务法》,法律出版社 2001 年版,第 315 页。

号,只要是当事人有意用此来认证一份文件"。对此条法律正式的立法解释是,"认证一份文件可以用打印盖章或者手写;也可以用缩写或指纹。它可以出现在文件的任何一部分,甚至可以出现在文件抬头部分。"①

各国的法律文件以及学术著作中对签名的定义尽管有所不同,但概括起来没有实质性的差别。就传统签名的内涵来看,签名是指特定的人将能够表明或证明是自己或其代表的组织或他人的特定的符号,以手写或以其他方式签在特定的文件或单据上,以表明愿意受到该文件或单据所载书面内容约束的行为。学者认为,从传统上使用和接受的签名定义来看,对签名的要求包括以下3个重要方面:(1)正确的名字;(2)书面形式;(3)本人亲手书写的。

(二)传统签名的功能与缺陷

1. 传统签名的功能

签名与书面,虽然在形式上密不可分,并且都具有证据法上的价值,但二者毕竟有所区别:书面的基本功能,主要在于信息(意思表示)的表现与保存方面;而签名则具有标示当事人身份,及其对内容承认、认可的作用。

根据联合国欧洲经济委员会第四工作组提出的一份《关于简化贸易措施的法律问题概览》的报告,各国立法对签名的要求主要是基于下述三种需要:一为表明文件的来源,即签名者;二为表明签名者已确认文件所载之内容;三为构成证明签名者对文件内容之正确性和/或完整性而负责任的证据。由于书面文件的耐久性及手书签名的独特性(uniqueness)等特征,传统上各国一般都认同签名为一种有效的证明手段。②

不同书面文件的签名可能有不同的作用。一般认为,以纸介为基础的传统签名主要有下列功能:

(1)确定一个人的身份;③

(2)肯定是该人自己的签名;

(3)使该人与文件内容发生关系。

(4)认证功能。签名具有认证功能,即签名表明文件的真实性、权威性、信誉及可接受性。

---

① 蒋志培主编:《网络与电子商务法》,法律出版社2001年版,第316页。

② 例如,《法国民法典》就明确规定当事人签名是私印文件(与公证文书相对)证据力的唯一条件。

③ 虽然有人可能仿造他人之签名或盖章,然而,每一个人的签名均具有其独特之个性,通过现代化科技之比对鉴定技术依然可以确认是否为其本人所为。

(5)合法性。法律上有时只承认经过签名的文件才具有法律效力。

除此之外,视所签文件的性质而定,签名还有多种其他功能:签名可以证明一个当事人愿意受所签文件内容的约束,签名可以证明签名人愿意受所签署合同的约束,签名可以证明签名人认可其为某一文本的作者,签名可以证明签名人同意一份经由他人撰写的文本的内容,签名可以证明签名人曾在某个地点的事实和时间等。①

签名之所以有上述这些功能,是因为签名系由当事人亲自为之,具有可靠性。所以,签名是联系当事人与特定事实的媒介。把握这一点,有助于我们理解签名不限于用笔在纸面上写上姓名,实际上,只要能反映当事人特定身份的,都是签名。所以,画押、按手印以及当事人约定的任何特定标记方式(如打孔、特定符号)等都是签名。既然如此,当我们采用技术手段对自己写的文件打上标记,并且保证该标记与任何其他人无关时,这个标记也应当是签名,在电子合同里这种技术手段就是电子签名。

2.传统签名的缺陷

最为普遍的传统签名方式是手书签名。应当注意的是,除了传统的手书签名之外,还有各种各样的程序(例如盖章、打孔),有时都称之为签名,可提供不同程度的确定性。但是,任何签名手段都不是完美无缺的,传统签名也有其局限性:

(1)手书签名虽然具有独特性,但也并非全无伪造模仿的可能。传统签名存在着相当大的被仿冒的可能性,一方面仿冒签名并不需要很高的技术或成本,另一方面对伪造签名的鉴定,却需要一定的前提条件及较专业的技术,并且其鉴定的准确性绝非万无一失。

(2)盖章更是任何一个执有印章的人都可以做到的,碰到争议时这种签名方法的真伪也有待于法院或仲裁机构的依法鉴定。

(3)它必须以纸面等有形固体物为介质,无论是书写,还是传送,都较之电子通讯媒介的成本要高得多。

(4)它必须由个人亲笔书写,这虽然对于法律行为的发生具有证据法上的意义,但是从交易数量与频率上看,由于受书写人的精力、时间及其行动空间的约束,不适合于大规模的交易行为的进行。

可见,从理论上说,使用数据电文等现代科技手段进行签名较之传统的签名方式,并无更多的不可靠性。事实上,传统上的签名要求关键在于它所用的

---

① 高富平主编:《电子商务法律指南》,法律出版社2003年版,第200~201页。

符号"是否为当事人带着认证该书面文件的明确目的而签署或采用的",而不在于是否为当事人手书的完整的签名。也就是说,签名不一定要由签署者亲笔白纸黑字地写上,而是可以使用某种同样具有独特性的符号来代替。

二、电子签名的含义

(一)电子签名的产生

一方面,从一定意义上讲,签名本身就是证明签署者的身份与文件内容被认可的一种信息,它可以用不同的形式来表示。在以书面文件为基础的事务处理中,采用书面签名形式,如手签、印章、指印等。由于书面签名得到司法部门的支持,具有相当重要的法律意义。

另一方面,交易安全,是电子商务中所要解决的核心问题之一,它对计算机网络及应用系统提出了一些基本要求。具体而言,安全的电子商务系统应当达到以下几点以满足其交易安全的需求:(1)信息的保密性;(2)交易各方身份的认证;(3)信息的防抵赖性;(4)信息的完整性、防篡改性。在电子商务中交易双方(或多方)可能远隔万里而互不相识,甚至在整个交易过程中自始至终不见面,传统的签名方式很难应用于这种交易。因此,人们试探求用一种电子签名机制来相互证明各自的身份,以保障交易安全。在以计算机网络为工具的商事交易中,信息的载体已经无纸化,采用传统书面签名已不再可能,于是就研究开发了能执行传统签名功能的电子形式的签名(electronic signature),这是一种安全技术措施。

从广义上讲,凡是能在电子计算通信中,起到证明当事人的身份、证明当事人对文件内容的认可的电子技术手段,都可被称为电子签名。就目前来看,有口令密钥、数字加密、生物特征认证等等。随着计算机技术的不断发展,电子签名的具体形式将会层出不穷。如果抛开签名的具体形式,从功能上考察,它是与认证功能相联系的,而且不凝固于具体的载体或技术手段之上。

计算机网络、电子支付系统和自动化交易系统的广泛应用,使得电子签名问题显得越来越突出。因为在许多应用系统中,电子签名问题不解决,交易安全无法保障,实际上就不具有应用价值。这也是电子签名问题成为电子商务中的重要的技术与法律问题的原因所在。

为了确保经过核证的电文不会仅仅由于未按照纸张文件特有的方式加以核证而否认其法律价值,《电子商务示范法》确定了在何种情况下数据电文可视为经过了具有足够可信度的核证,而且可以生效执行,视之达到了签名要求。《电子商务示范法》第7条规定:"(1)如法律要求要有一个人签名,则对于一项数据电文而言,倘若情况如下即满足了该项要求:a.使用了一种方法,鉴定了该人的身份,并且表明该人认可了数据电文内含的信息;b.从所有各种情况看来,包括根据任何相关协议,所用方法是可靠的,对生成或传递数据电文的目的来说也是适当的。(2)无论本条第(1)款所述要求是否采取一项义务的形式,也无论法律是不是仅仅规定了无签名时的后果,该款均将适用。"[1]可见,《电子商务示范法》第 7 条侧重于签名的两种基本功能:一是确定一份文件的作者,二是证实该作者同意了该文件的内容。第(1)款 a 项确立的原则是,在电子环境中,只要使用一种方法来鉴别数据电文的发端人并证实该发端人认可了该数据电文的内容,即可达到签名的基本法律功能。在保证安全可靠的基础上,第(1)款 b 项提出了灵活性原则,数据电文的发端人与收件人之间的任何协议只要可靠,就适宜于生成或传递该数据电文所要达到的目的。

(二)电子签名的含义

在传统交易中,一般认为,一个较完善的签名一般应满足以下 3 个条件:(1)签名者事后不能否认自己签署的事实;(2)任何其他人均不能伪造该签名;(3)如果当事双方关于签名的真伪发生争执,能够由公正的第三方仲裁者,通过验证签名来确认其真伪。[2]为了将传统交易中的法律观念移植于电子商务交易的环境中,这些传统签名所具有的基本功能,也就成了衡量电子签名的条件。能够达到这些功能的电子技术手段,一般都可称之为电子签名。事实上,并不是所有的电子签名,都具有与传统签名一样的功能,目前,诸如口令、密钥、数字加密等电子签名形式,并不一定都达到了上述条件。有些只是在某些方面实现了其功能,它们可以被包含在最广义的电子签名概念之中。除了广义的电子签名概念之外,还有狭义的电子签名和折衷的电子签名概念之分。其中每一种电子签名所使用的技术手段、所能实现的法律功能都有差异。到底哪一种电子签名能实现手书签名的基本功能,达到由法律确认其效力的地步,是一项复杂的系统工程,它不仅涉及技术标准的制定,同时要有立法的认可以及相应机构的保障等。

电子签名是电子合同中极其重要的一个环节,是连接交易者身份和电子记录的一个重要因素,它不仅是一个技术性问题,更是一个全新的法律问题。

---

[1] 参见阚凯力、张楚主编:《外国电子商务法》,北京邮电大学出版社 2000 年版,第 267 页。

[2] 手签、印章、指印等书面签名,基本上满足了以上条件,因而得到立法与司法部门的支持,并具有证据法上的意义。

关于电子签名的概念,目前国外很多法律都作出了具体的规定,但规定不尽相同。概括来讲,可以从广义和狭义的角度去理解电子签名的含义。

1. 广义的电子签名

从广义的角度来讲,电子签名是指附加于数据电讯中的或与之有逻辑上联系的、电子形式的数据,它可用来证明数据电讯签署者的身份,并表明签署者同意数据电讯中所包含的信息内容。所以,简单地说,所谓广义的电子签名,是指包括各种电子手段在内的电子签名。①

联合国国际贸易法委员会通过的《电子商务示范法》基本上采用了这一概念。② 1992年2月联合国国际贸易法委员会电子商务工作组通过的《电子签名统一规则(草案)》也采用了这一观点,并作了更详细的规定。《电子签名统一规则(草案)》第2章第1条规定:"(A)'电子签名',是指以电子形式存在于数据信息之中的或作为其附件的或逻辑上与之有联系的数据,并且它(可以)用于(辨别数据签署人的身份,并表明签署人对数据信息中包含的信息的认可),(以满足《电子商务示范法》第7条的规定。)"③

另外,采用广义的电子签名概念的还有美国《国际与国内商务电子签名法》、美国《统一电子交易法》、美国《统一计算机信息交易法》、新加坡《电子交易法》、我国香港地区《电子交易条例》等。

美国《国际与国内商务电子签名法》第106条规定:"……(5)电子签名。'电子签名'指由某人以签署合同或其他记录的意图采用的,附着于该合同或其他记录或与该合同或其他记录逻辑相结合的声音、符号或程序……"④

美国《统一电子交易法》第2条规定:"……(八)'电子签名'是指由意图签署一项记录的人实施的或采用的,附属于或逻辑上与该电子记录相联系的电子声音、符号或过程……"⑤

美国《统一计算机信息交易法》102条规定:"……(6)'签名'指:

(A)签名;或

---

① 张楚:《电子商务法初论》,中国政法大学出版社2000年版,第165页。
② 见《电子商务示范法》第7条的规定。
③ 参见阚凯力、张楚主编:《外国电子商务法》,北京邮电大学出版社2000年版,第327页。
④ 参见阚凯力、张楚主编:《外国电子商务法》,北京邮电大学出版社2000年版,第11页。
⑤ 参见阚凯力、张楚主编:《外国电子商务法》,北京邮电大学出版社2000年版,第17~18页。

(B)为签署某一记录之目的而使用或采用某一指向该记录或附着于该记录或包含于该记录之中,或与该记录逻辑结合或连接的电子符号、声音、讯息或程序……"①

新加坡《电子交易法》第一部分(基本概念)术语解释中规定:"……'电子签名'指任何以数字形式表现的任何字母、字符、数字或其他代码,其特征是附随于电子记录之后,或与之具有逻辑关系或为了认证或批准某一电子记录而执行或采用的代码……"②

我国香港地区《电子交易条例》第Ⅰ部分(导言)释义中规定:"……'电子签名'指与电子记录相连的或在逻辑上相连的数码形式的任何字母、字样、数目字或其他符号,而该等字母、字样、数目字或其他符号是为认证或承认该记录的目的而签立或采用的……"③

2. 狭义的电子签名

广义上的电子签名概念正满足了电子商务立法中对技术中立原则的要求,在法律上给其他签名技术留下了发展的空间。但就目前技术水平来看,电子签名技术应用最广的就是非对称加密技术,以此为核心形成了狭义上的电子签名概念——"数字签名"(digital signature)。

狭义上的电子签名就是以一定的电子签名技术为特定手段的签名,而数字签名,就是以非对称加密这一技术作为特定的手段产生的,因而狭义上的电子签名通常指数字签名。其特点就是只有信息发送者才能生成,别人无法伪造,生成的该数字串同时也是对发送者发送的信息的真实性的证明。

联合国国际贸易法委员会《电子签名统一规则(草案)》对狭义的电子签名作出规定,其第2章第1条规定:

"(C)备选条款 A:

'数字签名',是指一种使用数据摘要函数信息的转换,并用签署人的私钥以非对称密钥体系对转换结果加密的电子签名,以使任何人都可以得到初始的未经更改的数据信息即加密的转换,用签署人的公钥可以确定:

---

① 参见阚凯力、张楚主编:《外国电子商务法》,北京邮电大学出版社2000年版,第28页。

② 参见阚凯力、张楚主编:《外国电子商务法》,北京邮电大学出版社2000年版,第218页。

③ 参见阚凯力、张楚主编:《外国电子商务法》,北京邮电大学出版社2000年版,第505页。

（ⅰ）该转换是否是用与签署人的公钥相对应的私钥生成的；

（ⅱ）初始数据电文在转换之后是否被改变了。

另议条款 B'数字签名'是使用非对称密钥加密技术对数字信息的数字转换，因此，任何拥有数字信息和相应公钥的人均可确定：

（ⅰ）转换是用与相应的公钥相对称的私钥生成的；

（ⅱ）数字信息在加密转换后没有改变。"①

除此之外，对狭义的电子签名作出规定的还有美国《犹他州数字签名法》、马来西亚《1997 数字签名法案》、新加坡《电子交易法》、韩国《电子商业基本法》、我国香港地区《电子交易条例》等。

美国《犹他州数字签名法》第 103 条规定："……数字签名是欲签名的人就一受明确限制的信息所创制的一系列比特，其创制过程如下：使有关信息经一单间处理，得到一信息提要，再运用非对称加密系统和该人的私人密钥对其进行加密……"②

马来西亚《1997 数字签名法案》"解释"部分中规定："……'数字签名'指使用不对称加密系统将讯文转换，以致得到讯文首部及签名者公开密码的人即可准确地确定：

（a）是否该讯文转换是使用与签名者公开密码相应的私人密码创制的；

（b）该讯文自转换后是否被他人篡改……"③

新加坡《电子交易法》第一部分（基本概念）术语解释中规定："……'数字签名'指某种电子签名方式，包括：使用非对称加密系统或散列函数的电子记录的转化形式使得一方拥有未经转化的原始电子记录，而签名者的公共密钥可以正确表明：

（a）是否正确创建了该种转化，而且私人密钥与签名者的公共密钥相符；并且

（b）在转化之后原始电子记录是否也随之修改……"④

---

① 参见阚凯力、张楚主编：《外国电子商务法》，北京邮电大学出版社 2000 年版，第 327 页。

② 参见阚凯力、张楚主编：《外国电子商务法》，北京邮电大学出版社 2000 年版，第 98 页。

③ 参见阚凯力、张楚主编：《外国电子商务法》，北京邮电大学出版社 2000 年版，第 185 页。

④ 参见阚凯力、张楚主编：《外国电子商务法》，北京邮电大学出版社 2000 年版，第 217~218 页。

韩国《电子商业基本法》第2条规定："……（5）'数字签名'指以数字形式加盖的印鉴，其目的是确定一项电子讯息的发端人，并表明该电子讯息是由该发端人生成……"①

我国香港地区《电子交易条例》第Ⅰ部分（导言）释义中规定："……'数字签名'就电子记录而言，指签署人的电子签名，而该签署是用非对称密码系统及杂凑函数将该电子记录作数据变换而产生的，使持有原本未经数据变换的电子记录及签署人的公开密码钥的人能据之确定——

(a)该数据变换是否用与签署人的公开密码对应的私人密码钥产生的；及

(b)在产生数据交换之后，该原本的电子记录是否未经变更……"②

狭义的电子签名主要是基于对特定签名技术的信任，究其原因也就是更多地考虑了电子签名的安全性。安全是电子签名的基本着眼点，也是电子签名建立信任度的根本所在。因而衡量电子签名的重要标准是其安全性而不是哪一种技术，不论使用哪一种技术或程序，只要能使电子签名更安全就被称为安全电子签名。但是安全总是相对的，使用"安全"二字有点过于主观地对某一技术作了定性，因而联合国国际贸易法委员会工作组还是采用了"强化电子签名"(enhanced electronic signature)更中性和较贴切的表达。所以，有学者把"强化电子签名"称为"折衷式概念"，并认为该概念弥补了广义和狭义上概念的缺陷。③ 因为"强化电子签名"强调了电子签名的效果而在具体实现方式上给其他技术手段留下了平等的发展机会，符合电子商务开放性的特点，达到了既便于实践中的应用又坚持技术中立原则的目的。④

3. 强化电子签名

强化电子签名，也称为安全电子签名，是指经过一定的安全应用程序能够达到传统签名的等价功能的电子签名方式。这种签名方式认同了任何一种能够达到同等安全功能的签名技术方式。

---

① 参见阚凯力、张楚主编：《外国电子商务法》，北京邮电大学出版社2000年版，第242页。

② 参见阚凯力、张楚主编：《外国电子商务法》，北京邮电大学出版社2000年版，第506页。

③ 张楚：《电子商务法初论》，中国政法大学出版社2000年版，第177页。

④ 有学者认为，广义上的概念虽然坚持了技术中立原则，然而过于泛化不利于实践中的运用。而狭义上的概念又堵塞了其他签名技术的发展，这种法定的垄断对参与市场的主体是极其不公平的，从长远的发展观点来看，会阻碍科技和电子商务的发展。参见魏士廪编著：《电子合同法理论与实务》，北京邮电大学出版社2001年版，第118页。

联合国国际贸易法委员会《电子签名统一规则(草案)》第2章第1条规定:

"(B)'强化电子签名',是指那种可以通过应用安全程序或与安全程序的结合,证明其如生成之时一样的电子签名,该程序保证这类签名:

(1)就其应用目的,在其语境中对签署者是独一无二的;

(2)可以用于客观地辨别数据信息的签署人;

(3)由签署人制造并附加与信息之上,或使用了只有签署人可以控制的方式;

(4)生成并与数据存在这样的联系,数据的任何改动都会被揭示……"[①]

从外延上看,广义电子签名概念,实际上已将折衷电子签名包括在内。在电子签名所执行的基本功能和技术手段方面,二者是一致的。但是,在安全程度方面,其要求却不相同,折衷式电子签名概念在广义电子签名概念的基础上,增加了对电子签名安全性的要求;从效果上看,折衷式的电子签名与狭义的电子签名的要求是基本一致的,即必须达到一定的安全水准,能够证明数据电讯签署者的身份,并表明签署者同意数据电讯中所包含的信息内容。二者的差别在于,所肯定的技术范围不同,狭义电子签名,以列举式的方法指定某种技术为有效电子签名手段,而折衷式的电子签名概念,则概括地提出安全签名的基本标准,凡是达到核标准的,就可称之为强化(安全)电子签名。从外延上看,折衷式电子签名概念,是可以将狭义电子签名概念容纳于其内的。

(三)电子签名与传统签名之比较

电子签名的目的是利用技术手段对签署文件的发件人身份做出确认以及有效保障传送文件内容不被当事人篡改,不能冒名顶替传送虚假资料;以及事后不能否认已发送或已收到资料等等网上交易的安全性问题。

一般说来,电子签名具有以下几个基本功能:(1)能鉴定该人身份,任何其他人不能伪造该签名,在没有授权的情况下,表明签名行为主体的唯一性;(2)签署者认可所签署内容,不能否认自己签署的事实;(3)该签名可以通过第三方验证来确定真伪。

可见,电子签名与传统签名在功能上有等价之处,但二者也存在着一些不同:(1)电子签名一般是通过在线签署的,是一种远距离的认证方式,而传统签名的签名人一般都会亲临交易现场;(2)电子签名本身是一种数据,它很难像

[①] 参见阚凯力、张楚主编:《外国电子商务法》,北京邮电大学出版社2000年版,第327页。

纸面签名一样,将原件向法庭提交;(3)大多数人只有一种手书签名样式(虽然事实上它可能发生演变),但一个人却可能同时拥有许多个电子签名;(4)传统签名几乎不存在被签署者完全忘记的情况,而电子签名则有可能被遗忘;(5)传统手书签名可以用视觉进行比较,而电子签名一般需要通过计算机系统进行鉴别。尽管存在上述差异,但只要电子签名能够实现与传统签名相同的一些基本功能,就可能替代后者而广泛应用。

实际上,电子签名也不可能完全具有传统签名的功能。有学者认为,传统签名所具有的功能,电子签名并非全部都能涵括。另一方面,电子签名所特有的功能,传统签名不见得均能具备。二者大致上仍存在以下差别[①]:(1)慎重、警告之机能。企业间签订重要契约时均会由双方法定代表人或授权代表在合同书上签名这样一个"仪式",而该"仪式"的目的之一在于让当事人慎重考虑,并进行警告。而电子签名显然无法具备这一机能。(2)独立性。签名是独立于文书而存在,在物理上是各自独立的。而电子签名(尤其是数字签名)是在线作成,即是与数位讯息合而为一,而不具备独立性。例如,手写的签名一定会向相对人表示自己的签名。但是在数字签名中,并不向他人出示"私钥",私钥本身并不是作为签名之功能,只是以一定方法与文书结合,而与签名之机能相似,肉眼上是完全见不到任何签名之形体。在此意义下,数字签名没有与文书分离的观念。

(四)电子签名的归属与完整性推定

电子签名的归属与完整性推定规则是对电子签名基本功能的补充措施。在当事人就签名者是谁或其内容如何等问题发生争议,而又没有充足的证据予以确定时,就需要以该推定规则做出决断。

推定原则在民法中也是经常使用的,例如,我国《民法通则》第126条规定:"建筑物或者其他设施以及建筑物上的搁置物、悬挂物发生倒塌、脱落、坠落造成他人损害的,它的所有人或者管理人应当承担民事责任,但能够证明自己没有过错的除外。"当然,这里是对过错的推定免除了受害人举证证明行为人存在过错的责任,符合公平的原则。

在开放的电子商务环境中潜伏着无数难以确定的风险,这一切的风险都有可能导致签署者难以确定和签署内容的完整性受到质疑。在电子商务环境下,交易人的意思表示和认证手段都是以数据电讯形式呈现的,因而,有时存在着举证成本大、困难多,技术要求复杂等特点。这种情况下,如果继续要求

---

① 万以娴:《电子签章法律问题研究》,人民法院出版社2001年版,第30～31页。

提供该证据则会严重损害一方当事人的利益,有违公平、公正的原则。因而,就必须从证据法的角度给以救济途径,这就需要适用推定原则。该规则对于依照交易惯例推测当事人的真实意思,迅速解决纠纷具有重要的作用。在电子环境中,采取推定原则仍然是维护公平的需要。电子签名的归属和完整性的推定规则的建立既有助于电子商务的发展,也有利于法院对法律的实际应用。

1. 电子签名归属的推定规则

电子签名归属的推定是当事人在对电子签名由谁作出或代表谁无法确定时所使用的规则。如前所述,由于开放的网络条件下,电子签名的应用存在着许多风险因素。当事人之间就强化电子签名是否由称谓者所签署而发生疑义的情况是不可避免的。

联合国国际贸易法委员会《电子签名统一规则(草案)》第 4 条"[强化]电子签名归属的推定"规定:"(1)除非已证明[强化]电子签名既不是据称的签署人,也不是某个享有代理权的人所为。否则该[强化]电子签名,即推定为属于某个据称由他以他的名义出具的人……"[①]可见,《电子签名统一规则(草案)》规定的电子签名归属的推定是可辩驳形式的推定,即在以下情况下不适用推定:强化电子签名既不是称谓者签署的,也不是对其享有代理权的人所为。也就是说,当法律要求某一文件需要签名时,除非有足够和充分的证据证明该电子签名不是其本人签署或经他授权的代理人签署的,在文件上签名的人就是其本人或其代理人。

2. 电子签名完整性的推定规则

电子签名完整性的推定是指所签署内容在没有证据证明其在传输或存储中发生了被非法修改的情况时,推定为完整。

联合国国际贸易法委员会《电子签名统一规则(草案)》第 5 条"完整性的推定"规定:"(1)备选条款 A 方案:

当[一个可靠的安全程序][强化电子签名]被适当地使用于某数据信息的指定部分,并表明数据电讯的指定部分自某一时间点来没有变化,就推定该数据电讯的指定部分自该时间点以来没有变化。

备选条款 B 方案

当安全程序能够以实质的确定性[可靠]地证明[数据电讯指定的部分]自

---

① 参见阚凯力、张楚主编:《外国电子商务法》,北京邮电大学出版社 2000 年版,第 331 页。

某一特定时间点来没有变化,并且适当地使用了表明该数据电讯没有变化的程序,就推定自该时点以来[该数据电讯保存着完整性][该数据电讯没有更改]。

(2)本条的规定不适用于下述情况:[……]"①

可见,根据《电子签名统一规则(草案)》的规定,经电子签名签署的文件即表明该文件从发出到收到未发生变化,这是因为被签署文件的完整性是电子签名所采用的技术的必然要求。需要指出的是,《电子签名统一规则(草案)》第5条确定了完整性的内容范围即应用于数据电讯的指定部分。

三、数字签名的基本步骤

(一)与数字签名有关的几个技术概念

数字签名技术的使用日益广泛,了解和掌握其中的常用术语及运作原理,有助于理解电子签名的原理。数字签名通过密码技术,它既保证了信息安全性,又保证了签名人的特定性,使之具有传统书面签名类似的功能。以下简单介绍与数字签名有关的几个技术概念:

1. 密钥术

密钥术是应用数学的一个分支,研究如何将原信息转换为表面无法理解的并可予以复原的科学。数字签名是通过加密术生成和确认的。它基于一种被称为"公钥"的密钥术,建立在可以产生两组不同,但有数学关系的"密钥"的算法上(使用一组数学公式,用质数得到大量数值)。用一个这样的密钥来生成数字签名或将数据转化为无法理解的形式,另一个则用来确认数字签名或将信息还原为原形式。计算机设备和使用这两组密钥的软件被统称为"密钥系统",更具体地说,是利用"对称型加密技术"建立的"非对称密钥系统",因为它们依赖于使用不对称的算法。加密技术一般可以分为"对称型加密技术"和"非对称型加密技术"两类("对称型加密技术"和"非对称型加密技术"的技术运作原理如图3-1,图3-2所示),前者技术上的安全性和可靠性较差等原因已经逐渐退出电子商务的主力战场②,本书将重点介绍"非对称加密技术"。

---

① 参见阚凯力、张楚主编:《外国电子商务法》,北京邮电大学出版社2000年版,第332页。

② 万以娴:《电子签章法律问题研究》,人民法院出版社2001年版,第41页。

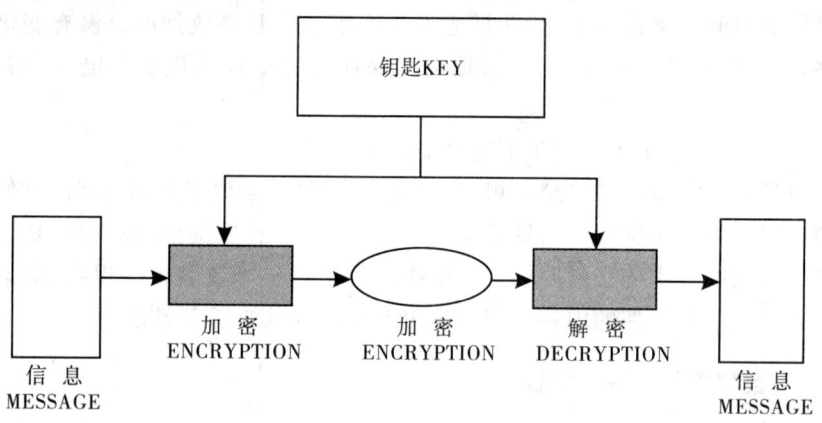

图 3-1 对称型加密技术运作原理①

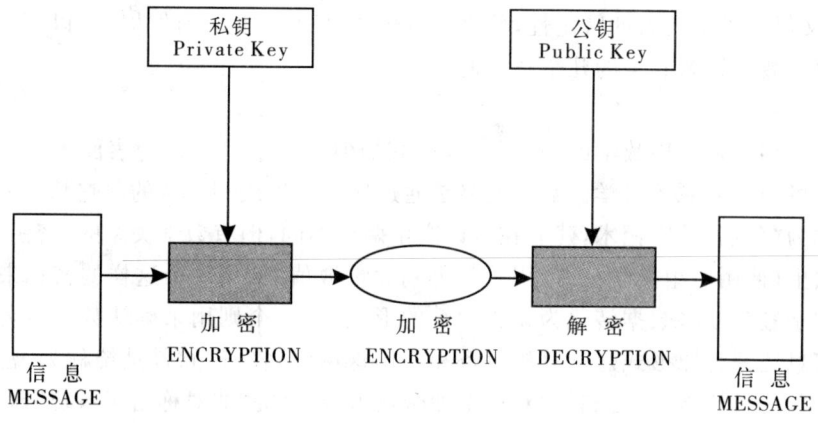

图 3-2 非对称型加密技术运作原理②

---

① 图表来源于万以娴:《电子签章法律问题研究》,人民法院出版社2001年版,第40页。

② 图表来源于万以娴:《电子签章法律问题研究》,人民法院出版社2001年版,第42页。

2. 公钥与私钥

被用于数字签名的补充密钥被称作"私钥(私密钥)",它只能由签署者用来生成电子签名。而为公众所知悉的"公钥(公共密钥)",则主要是被相对方用于确认数字签名。私钥由签名人用来创建数字签名,公钥用来核查数字签名。私钥应当由用户妥善保管,密钥用户必须对其私密钥保密,私钥可以储存在智能卡上或嵌入某一软件。公钥一般放在某一公开的数据库中,以便别人查询。尽管这些密钥对在数学上是相关的,但所设计出来的不对称密钥系统是能够安全运作的,要根据已知的公共密钥来推导出私密钥,几乎是不可能的。尽管许多人可能知道签署者的公共密钥,并用来确认所签之名,但根本不可能发现签署者的私密钥,更谈不上用来伪造数字签名。

3. 散列函数

散列函数也叫杂凑函数。它是一种单向不同逆的函数,它可以对输入的电文进行运算并产生一个固定长度的散列值。散列函数具有这样的特点:任何不同数据的输入都会产生不同的散列值;输出的散列值无法还原成原输入的数据。据此,即使他人改动一个标点符号,也可以很容易地察觉到。

4. 哈氏函数

哈氏函数的输入是需要签名的文件,输出是一组定长的代码叫做数字签名。数字签名的特点是它代表了文件的特征,文件如果发生改变,数字签名的值也将发生变化,不同的文件将得到不同的数字签名。哈氏函数功能其实是一种数学计算过程。该过程建立在以"哈氏函数值"或"哈氏函数结果"形式,生成信息的数字表达式或压缩形式(通常被称作"信息摘要"或"信息标识")的计算方法之上。信息的哈氏函数值或哈氏函数结果的标准长度,通常比信息本身小得多,但可以从实质上将两者等同起来。当使用统一哈氏函数功能时,对信息的任何改变,都不可避免地产生不同的哈氏函数结果。在安全的哈氏函数功能(有时被称作单向哈氏函数功能)情形下,要想从已知的哈氏函数结果中推导出原信息来,实际上是不可能的。因而,哈氏函数功能可以使软件以较少数据量运作生成数字签名,保持与原信息内容之间密切相关,且有效保证信息在经数字签署后不被修改。一个最简单的哈氏函数是把文件的二进制码相累加,取最后的若干位,哈氏函数对发送数据的双方都是公开的。

(二)数字签名的基本步骤

数字签名的使用一般涉及以下几个步骤,这几个步骤既可由签名者也可由被签署信息的接收者来完成:

(1)用户生成或取得独一无二的加密密码组。

(2)发件人在计算机上准备拟发送的信息(如以电子邮件的形式)。

(3)发件人用安全的哈氏函数功能准备好"信息摘要"。数字签名由一个哈氏函数结果值生成。该函数值由被签署的信息和一个给定的私人密码生成,并对其而言是独一无二的。该哈氏函数值的安全性,表现为通过任意信息和私密钥的组合,生成同样数字签名的可能性为零。

(4)发件人通过使用私人密码将信息摘要加密。私人密码通过使用一种数学算法被应用在信息摘要文本中。数字签名包含被加密的信息摘要。

(5)发件人将数字签名附在信息之后。

(6)发件人将数字签名和信息(加密或未加密)发送给电子收件人。

(7)收件人使用发件人的公共密钥确认发件人的电子签名。使用发件人的公共密钥进行的认证,可证明信息排他性地来自于发件人。

(8)收件人使用同样安全的哈氏函数功能创建信息的"信息摘要"。

(9)收件人比较两个信息摘要。假如两者相同,则收件人可以确信信息在签发后并未作任何改变。信息被签发后即便有一个字节的改变,收件人生成的数据摘要与发件人的数据摘要都会有所不同。

(10)收件人从证明机构处获得认证证书(或者是通过信息发件人获得),这一证书用以确认发件人发出信息上的数字签名的真实性。证明机构在数字签名系统中是一个典型的受委托管理证明业务的第三方。该证书包含发件人的公共密码和姓名(以及其他可能的附加信息),由证明机构在其上进行数字签名。

事实上,上述使用数字签名的 10 个基本步骤可以分为两大阶段,即数字签名阶段和数字签名核查阶段。其中,(1)至(6)为数字签名阶段(其流程图如图 3-3 所示),(7)至(10)为数字签名核查阶段(其流程图如图 3-4 所示)。

四、我国的《电子签名法》

十届全国人大常委会分别于 2004 年 4 月 2 日、6 月 21 日,对电子签名法草案进行了两次审议。在认真征求常务委员会委员意见的同时,还听取了法学专家的建议。最终《签名示范法》改名为《中华人民共和国电子签名法》,并于同年 8 月 28 日正式通过予以公布。《电子签名法》共分五章:第一章为总则,第二章为数据电文,第三章为电子签名与认证,第四章为法律责任,第五章为附则。

第一章"总则"中规定了立法依据、适用范围、数据电文的效力等基本问题,肯定了数据电文和电子签名的一般效力,明确规定其适用范围。

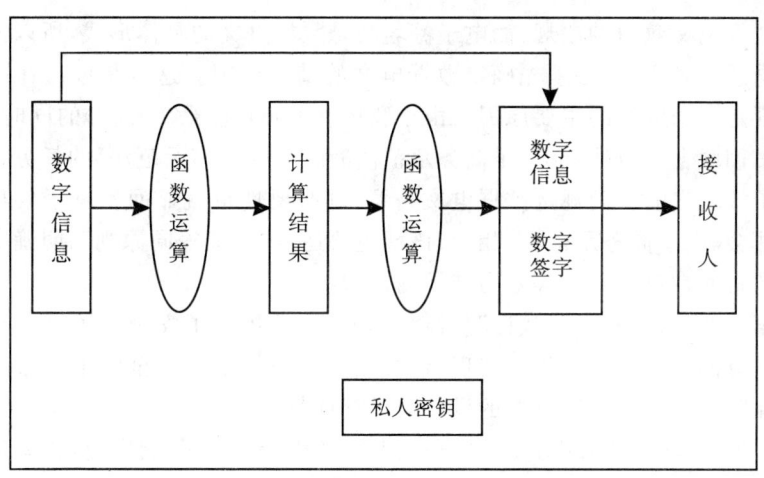

图 3-3　数字签名阶段流程图①

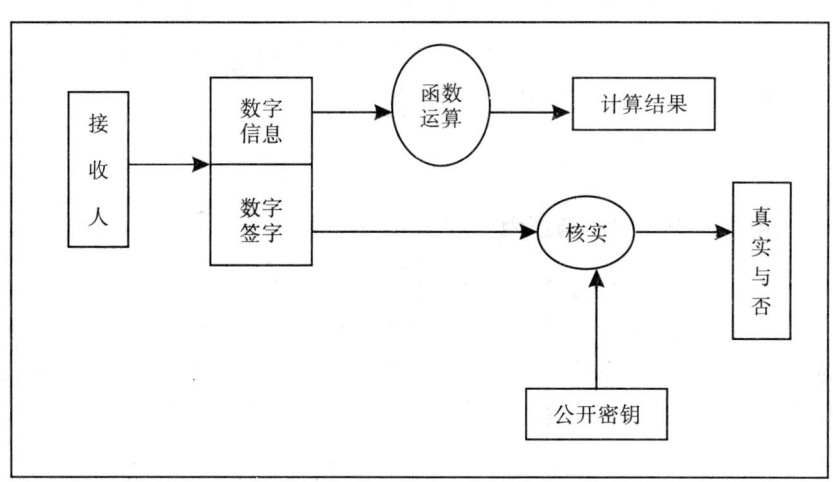

图 3-4　数字签名核查阶段流程图②

第二章"数据电文"直接对电子通讯这种现代行为手段作出了基本规定，为电子签名做了前提性铺垫。在制定《电子签名法》之前，我国尚不存在系统

---

① 图表来源于高富平主编：《电子商务法律指南》，法律出版社 2003 年版，第 204 页。
② 图表来源于高富平主编：《电子商务法律指南》，法律出版社 2003 年版，第 205 页。

规定数据电文效力的法规,而电子签名又是数据电文的具体形式,所以该法在规范电子签名之时,必须先确定数据电文的基本规则。这也是该法在第二章专门规定数据电文的主要原因。由于我国在实施《电子签名法》的同时,还承担着贯彻联合国贸法会《电子商务示范法》和《电子签名示范法》的任务,因此,在电子签名之前专门规定数据电文一章,其必要性也就显而易见了。与联合国贸法会《电子商务示范法》相似,该章主要运用"功能等同原则",明确了数据电文的书面、存留、收发等效力与规则。

第三章"电子签名与认证"是该法的核心,它规定了安全电子签名与手书签名具有同等的效力。为了实现该立法目标,还规定了安全电子签名的条件及其保障组织——认证机构的设立与运营规范。

第四章"法律责任"分别给电子签名的使用者和电子认证服务机构规定了相应的民事与行政责任,其目的是为电子商务和电子政务提供良好的制度化条件,实际上也有利于营造社会信用环境。

此外,由于该法涉及许多新的技术术语,第五章为附则,对之做了专门解释。

第二节 电子认证法律问题

一、电子认证的概念与作用

(一)电子认证问题的产生

电子签名只是从技术手段上对签名人身份作出辨认及对签署文件的发件人与发出电子文件所属关系作出确认的方式。但如何解决公共密钥的确定性以及私人密钥持有者否认签发文件的可能性等问题则是电子签名技术本身无法解决的问题。

换言之,这里面有一个解决私人密钥持有人信用度的问题。这里面包括两种可能性:一是密钥持有人主观恶意,即有意识否认自己做出的行为;二是客观原因,即发生密钥丢失、被窃或被解密情况使发件人或收件人很难解释归责问题。

事实上,相类似的问题在我们传统商业交易活动中也存在,只不过我们有一套相对完整的解决方案罢了。① 在传统的签名(盖章)使用中,为了防止签

---

① 当然这里包括相配套的法律规范及保护措施。

名(盖章)方提供伪造虚假或被篡改的签名(盖章)或者防止发送人以各种理由否认该签名(盖章)为其本人所为,一些国家或地区采取通过具有权威性公信力的授权机关对某印章提前备案并提供验证批明的方式,防止抵赖或伪造等情形发生。例如,在我国台湾省对一些重要法律文件(如房地产买卖交易文件),对印章真实性认证就采取下述方式处理:为保证盖过章的文件的真实性,印章持有人在盖章之前需把印章送到具有权威性的户政事务所登记备案,并申请印鉴证明,之后再把印鉴证明同盖过章的文件一并送给收件方,收件方将印鉴证明同原件相比较,如完全一致,就可确认文件及其印章的真实性了。

在电子交易过程中同样需要一个具有权威性公信力的第三方作为安全认证机构(Certificate Authority,简称 CA)对公开密钥行使辨别及认证等管理职能以防止发件人抵赖或减少因密钥丢失、被偷窃或被解密等风险。由此可见,电子签名的安全使用必须配合安全认证机构体系的建立。

事实上,西方很多国家(美国、加拿大、德国、日本)等都已经或正在建立相配套的公共密钥基础设施(public key infrastructure)。这样,网络上电子签名与 CA 认证的相互结合就解决了前面阐述的由于电子签名方面无法解决的信用度的问题。

(二)电子认证的概念

认证有广义与狭义之分。广义的认证(authentication)即鉴别,主要包含对事物真伪辨识的意思,它既可能是第三人的鉴别,也可能是当事人之间的相互鉴别。它与电子商务认证在外延上相互有交叉之处。狭义的认证,特指由从事认证服务的第三方机构所进行的鉴别。我们这里所讨论的认证,主要指后一种由特定认证机构在电子商务中所做的认证,即狭义的认证。

概括地说,认证是指权威的、中立的、没有直接利害关系的第三人或机构,对当事人提出的包括文件、身份、物品及其产地、品质等,具有法律意义的事实与资格,经审查属实后作出的证明。而电子认证,是指以特定的机构对电子签名及其签署者的真实性进行验证的具有法律意义的服务。它虽然与电子签名一样,都是电子商务中的安全保障机制,但二者有一些明显的差异:

1.目的和手段不同。电子签名主要用于数据电信本身的安全,使之不被否认或篡改,是一种技术手段上的工具性的保障。有关法律规范对电子签名所作的调整,主要表现为对符合签名基本功能的电子签名技术予以认定,从而确立其法律效力;而电子认证则主要应用于交易关系的信用安全方面,保证交易人的真实与可靠,主要是一种组织制度上的保证。它不仅需要一定标准,还需要有一定的社会组织结构与之配套。也就是说,它更侧重于对交易人的身份、品行方面的考察,主要在于确认交易人的身份,使之与实际上的数据电讯的发送人、接收人相一致。

2. 应用范围不同。电子签名同时适用于封闭型和开放型的交易网络,而电子认证则主要运用于开放型的交易网络。

(三)电子认证的作用

安全电子认证是发展电子商务的基础,单位或个人如果想在网上进行安全电子交易和安全事务处理,就必须向对方提供身份和信用确认,这一功能须由中立的认证机构签发的数字证书来完成。① 电子认证是一种服务,其作用表现在以下两个方面:

1. 防止欺诈

在开放型电子商务环境下,交易双方可能是跨越国境、从未见过面的当事人,其间不仅缺少封闭型社区交易群体的道德约束力,而且发生欺诈事件后的救济方法也非常有限,即便有救济的可能,其成本也往往要超过损失本身。所以只有率先对各种欺诈可能全面予以防范,才是最明智、最经济的选择。

认证机构通过向其用户提供可靠的在线证书状态查询,满足用户实时证书验证的要求,从而解决了可能被欺骗的问题。如果甲与乙都是用户认证机构的在线证书状态查询,就可以同时查询到二者的证书公开信息服务。该证书是包括用户姓名、公开密钥、电子邮件地址、证书有效期以及其他信息的数字化的文件。认证机构还对每个证书都附加有电子签名以证明证书的内容是可靠的。②

2. 防止否认

在电子商务交易中不得否认(Non repudiation)一项交易事实,这既是一项技术要求,也是交易当事人的行为规范,它是民商法诚实信用原则在电子交易领域的具体反映。

在技术上的不得否认,可定义为一种通讯的属性,以防止通讯的一方,对

---

① 数字证书也可以看作电子身份证,它具有保密性、身份确认性、完整性和不可抵赖性等四大特点,是保障网络活动安全的一个重要组成部分,在电子商务活动中有着广泛的应用。

② 然而,无论用户多么小心谨慎,其私有密钥都有丢失或被盗的可能。一旦该类事件发生,遭受危险的私有密钥和与其相应的公开密钥,就不能再用来加密信息。为了应付用户私有密钥丢失或被盗的风险,大多数认证机构将提供证书撤销名单(CRL),以列举那些失效的密钥对。证书撤销名单的内容是经常更新的,并且对于广大用户来说,也是容易利用的。

已发生的通讯予以否认的情况。其具体形式包括：数据电讯的发送、接收及其内容的不得否认。通过采用安全电子认证，则可达到这种效果。而行为规范上的不得否认，是以一定的组织保障和法律责任为基础的，其作用的全面实现，既依赖于合同条款、技术手段或协议的支持，也依赖于认证机构所提供的服务。

安全电子认证的最终目的就是为了在电子商务交易的当事人之间发生纠纷的情况下，提供有效的认证解决方法。发端与传送的不得否认程序与规则，为交易当事人提供了大量的预防性的保护，避免或减少了一方当事人试图抵赖曾发送或收到某一数据信息而欺骗另一方当事人的行为发生。

正是因为电子认证具有上述两个主要作用，所以，电子认证主要包括身份认证和信息认证。身份认证用于鉴别用户身份，信息认证用于保证通信双方的不可抵赖性和信息的完整性。在某些情况下，信息认证显得比信息保密更为重要。例如在买卖双方发生的日用品业务或交易，可能交易的具体内容并不需要保密，但是，交易双方应当能够确认是对方发送或接收了这些信息，同时接收方还能确认接收的信息是完整的，即在通信过程中没有被修改或替换。

(四)电子认证的程序与效力

1. 电子认证的程序

电子认证的具体操作程序如下：发件人在做电子签名前，签署者必须将他的公共密钥送到一个经合法注册的具有从事电子认证服务许可证的第三方（即 CA 认证中心）登记，并由该认证中心签发数字证书。然后，发件人将电子签名文件同数字证书一并发送给对方，收件方经由数字证书佐证及电子签名的验证，即可确信电子签名文件的真实性和可信性。

由此可见，在电子文件环境中，CA 认证中心扮演的角色与上述传统书面文件签名（盖章）环境中的第三者（户政事务所）的角色有异曲同工之妙。CA 认证中心正起到一个行使具有权威性公证的第三人的作用。而经 CA 认证机关颁发的数字证书就是证明两者之间的对应关系的一个电子资料，该资料指明及确认使用者名称及其公共密钥。使用者从公开地方取得证明后只要查验数字证书内容确实是由 CA 机关所发，即可推断数字证书内的公开密钥确实为该数字证书内相对应的使用者本人所拥有。如此，该公共密钥的持有人无法否认与之相对应的该密钥为他所有，进而亦无法否认经该密钥所验证通过的电子签名不为他所签署。

2. 电子认证的效力

电子认证的效力一般通过两种途径得到保障。

(1)第一种途径(也是最直接的途径)是通过立法的形式加以确认。这主要是通过法律授权政府机关主管部门制定相应规则,从而最终达到保障电子认证的效力具有法律上的依据与保障。美国很多州都是采取此种途径。

(2)第二种途径是采取当事人之间通过协议方式来确认电子认证的效力。在这种情形下,法律只规定原则性条文,如确认电子签名与书面签名的同等效力性,至于当事人之间如何选择技术方案以及由谁来做"第三者"——电子认证人,则由当事人之间协议确定。相对第一种途径,第二种途径电子认证的效力就相对薄弱。特别是在发生纠纷的情况下,如何对抗第三人、法院如何判定合约效力及责任归属等问题,就无专门法律可依。

(五)电子认证体系技术标准的分类

电子认证体系根据所采用的技术标准的不同可分为两大类,即符合SET标准的SET CA认证体系(又叫"金融CA"体系)和基于X.509的PKI CA体系(又叫"非金融CA"体系)。

1. SET CA

1997年2月19日,由MasterCard和Visa发起成立SETCO公司,被授权作为SET(Secure Electronic Transaction)根CA。从SET协议中可以看出,由于采用公开密钥加密算法,认证机构(CA)就成为整个系统的安全核心。SET中CA的层次结构依次为:根认证中心(RCA)、区域性认证中心(GCA)、GCA再下设持卡人认证中心(CCA)、商户认证中心(MCA)、支付网关认证中心(PCA),在SET中,CA所颁发的数字证书主要有持卡人证书、商户证书和支付网关证书。在证书中利用X.500识别名来确定SET交易中所涉及的各参与方。

2. PKI CA

PKI是提供公钥加密和数字签名服务的平台,采用PKI框架管理密钥和证书,基于PKI的框架结构及在其上开发的PKI应用,为建立CA提供了强大的证书和密钥管理能力,可以建立一个安全的网络环境。根据X.509建议,CA为用户的公开密钥提供证书。用户与CA交换公开密钥后,CA用其密钥对数据集(包括CA名、用户名、用户的公开密钥及其有效期等)进行数字签名,并将该签名附在上述数据集的后面,构成用户的证书,存放在用户的目录款项中。X.509提供了分层鉴别服务,在这种层次下,可以有多个层次的CA(可信任的第三方认证系统),构成树状的认证层次。在一个证书树上的节点之间进行鉴别时,在证书树上找到共同的祖先节点就可以完成鉴别。当两个用户分别由不同的CA服务时,不同的CA要为每个用户建立一个证书(这种认证方式叫作"交叉认证")。只要保证每一个 CA 都是可信赖的,这种证书管理方法就能满足多用户的电子商务网络的需要。

二、电子认证机构

(一)认证机构的含义

1. 认证机构的产生

在电子商务网上进行事务处理与交易活动中,双方互不见面,没有打过交道,网上又看不见,如何信任对方? 只好邀请权威可信的第三方,由第三方来完成网上交易各方的身份认证与确认。电子商务认证机构因此而诞生。

认证机构在电子商务中具有特殊的地位。它是为了从根本上保障电子商务交易活动顺利进行而设立的,主要是解决电子商务活动中交易参与各方身份的认定,维护交易活动的安全。在电子商务活动中,为了要保证网上商务、电子交易及支付活动的真实可靠就必须有一种安全认证机制来验证活动中各方的真实身份。[1]

目前,已经有一套完整的技术解决方案可以应用,如采用国际通用的 PKI 技术、X.509 证书标准等技术标准。由一个权威的认证机构为参与电子商务的各方安全发放数字证书,进行安全电子认证,这是维持电子商务活动正常进行的保证。

2. 认证机构的含义

认证机构(CA)是为了解决电子商务活动中交易参与各方身份、资信的认定,维护交易活动的安全,从根本上保障电子商务交易活动顺利进行而设立的。它对于增强网上交易各方的信任、提高网上购物和网上交易的安全、控制交易风险、推动电子商务的发展都是必不可少的。

关于认证机构的法律定义,联合国国际贸易法委员会《电子签名统一规则(草案)》第 1 条规定:"……(D)'认证机构',是指从事颁发为数字签名的目的而使用的加密密钥相关的(身份)证书的任何人或实体。(该定义受任何要求认证机构须取得许可,或认可,或以一定的方式进行营业的有效法的限制。)……"[2]

---

[1] 例如,持卡人要与商家通信,持卡人从公开媒体上获得了商家的公开密钥,但持卡人无法确定商家不是冒充的,于是持卡人请求认证机构对商家认证。在对商家进行调查、验证和鉴别后将包含商家公钥的证书传给持卡人。同样,商家也同时对持卡人进行验证。

[2] 参见阚凯力、张楚主编:《外国电子商务法》,北京邮电大学出版社 2000 年版,第 328 页。

新加坡《电子交易法》第一部分(基本概念)术语解释中规定:"……'认证机构'指签发一项证书的人或组织……"①

(二)认证机构的特点

作为对电子商务交易当事人提供信用服务的受信赖的第三人,认证机构应具备以下一些特点:

1.是独立的法律实体。认证机构以自己的名义从事数字证书服务,以其自有财产提供担保,并承担一定的责任。当然它也要向用户收取一定的费用作为其服务报酬。因此,认证机构是一个独立的法律实体。

2.认证机构一般并不直接与用户进行商事交易,而是在其交易中以受信赖的中立机构的身份提供信用服务。它不代表交易任何一方的利益,仅发布公正的交易信息以促成交易。因此,中立性与可靠性是其参与并促成与电子商务交易的重要保证。

3.非营利性。从营业目标看,认证机构系非营利性公用企业。尽管认证机构也收取一定的服务费用,但该费用只能是微利性的。如果它以追求营利为目标就很可能损害其中立性与公正性。所以其营业宗旨,应是提供公正的交易环境,类似于承担社会服务功能的公用企业。

4.可信赖性。如果商事交易各方不信赖认证机构,就不会接受其服务,而认证机构也不可能为其提供服务,当然也就无法参与其中。当事人的接受可能是明示的(如在当事人之间的正式合同中表达),也可能在交易中默示承认,或由成文法律、法规或条约所要求。对于某些商业化认证应用,需由政府机关审核。

(三)认证机构的分类

1.按照认证机构是否经过政府许可,可分为许可之认证机构与未经许可之认证机构。前者一般向公众提供认证服务,其条件与业务规程通常由法律规定,而后者多在封闭性交易团体中承担认证工作,其效力取决于协议内容。

2.按照认证机构是由个人,还是由法人实体担任,可分为法人机构与个人机构。大多数国家规定认证机构由法人承担,也有些国家允许个人从事认证业务。

3.按照认证机构事先与当事人之间的联系,可分为与一方有联系的和与双方有联系的认证机构。

4.根据认证机构在电子商务中独立性的不同,可分为非独立方认证机构和第三方认证机构。非独立方认证机构,是指该认证机构本身是交易当事人

---

① 参见阚凯力、张楚主编:《外国电子商务法》,北京邮电大学出版社2000年版,第217页。

或与交易密切相关的一方,典型的非独立方认证机构是金融认证机构。① 第三方认证机构,是指完全独立于交易各方与交易内容没有利益关系的认证机构。这种认证机构一般由信誉良好、资力雄厚的法人来担当。

(四)认证机构的权利和义务

仅以合同的方式来确定认证机构的权利义务尚不足以明确认证机构在电子商务中的地位与责任,也不利于交易的安全与秩序。因此,必须从法律上加以界定。

1. 认证机构的主要权利

认证机构的主要权利表现在它对用户证书的管理上。但是,这里的权利在本质上更接近于职权。

认证机构的主要权利包括:(1)发放证书;(2)中止证书;(3)撤销证书;(4)保存证书等。(详细说明见下述数字证书部分)

2. 认证机构的主要义务

(1)信息披露义务

鉴于认证机构的公信力和其信用服务,认证机构应当向全社会公开其从业资格、其重要的业务记录以便受到公众的监督并获得公众的协作。一般而言认证机构信息披露的内容应包括:

①认证机构根证书的说明;

②用户的公钥;

③作废证书名单;

④认证业务说明;

⑤认证机构作为公司登记时应公开的有关记录;

⑥其他任何影响证书安全性能或认证机构服务能力的事实。

(2)业务说明义务

业务说明义务,即要求认证机构公开其工作流程和为用户提供的服务及服务内容。一般而言认证机构业务说明义务的内容应包括:

①用户身份鉴定要求;

②证书类别及申请、签发、撤销、续展等操作规程;

③保密制度;

---

① 例如,在客户、商家、银行三者关系中,客户使用的是由某个银行发的卡,而商家又与此银行有业务关系(有账号)。在此情况下,客户和商家都信任该银行,可由该银行担当 CA 角色接收、处理与该银行卡对应的客户证书和商家证书的验证请求。

④安全控制规程；

⑤用户责任和义务；

⑥认证机构的赔偿范围及限额；

⑦与认证机构业务相关的其他重要内容。

认证机构在其业务说明中应注意行业政策和习惯，并严格遵守其说明，保证包括证书在内的重要陈述具有准确性和完整性。

(3) 保险义务

认证机构是一个高风险的行业，既面临着内部人员操作错误甚至恶意操作等机构运营带来的风险，又必须提防外部攻击，技术的飞速进步也会致使认证机构业务发生重大变化。而且，一旦发生风险往往超出认证机构本身的控制。因此，为了减少认证机构的风险和稳定交易秩序，有必要施以认证机构参加责任保险之义务。

一般而言，认证机构可就下列业务投保：

①外部进攻者对被保险人用户的数字证书业务系统进行攻击，破译该电子商务安全技术、伪造证书、篡改数据而造成被保险人用户交易账户资金的损失；

②病毒入侵被保险人用户的数字证书业务系统而造成被保险人用户交易账户资金的损失；

③火灾、水管爆裂致使被保险人数字证书业务系统遭到破坏造成被保险人用户交易账户资金的损失；

④被保险人用户的数字证书丢失，报失后，他人利用其数字证书进行交易造成被保险人用户交易账户资金的损失。

(4) 保密义务

认证机构在承担信息披露义务的同时，为保护用户合法利益的目的，认证机构还应承担保密义务。对于下列事项除非有有关国家机关的正式要求，认证机构不得对外披露：

①证书用户在申请数字证书时向认证机构披露的身份信息及有关信息；

②证书用户的私人密钥。

(5) 担保义务

认证机构一旦将数字证书发放给用户，就承担着担保数字证书所述信息真实的义务，这里的真实，是指认证机构在数字证书发放时依法对用户提供的身份状况等情况予以了审查，不存在认证机构明知或应知是虚假信息的情况。同时，该义务要求认证机构没有超过其许可的限额。担保义务不仅仅针对证书持有人,也适用于证书信赖人。

(五)证书持有人的权利和义务

1. 证书持有人的权利

(1)有权接受或抛弃认证证书

一般情况下,在申请人的证书申请通过认证机构的审核之后,认证机构应当发放证书给申请人,申请人也应接受证书。证书的接受是认证服务法律关系生效的标志。当然,申请人也可以不予接受而抛弃该证书。申请人在拒绝接受证书时,应当及时告知认证机构。

(2)有权中止、撤销认证证书

各国的数字签名法均赋予证书特有人有申请中止、撤销证书的权利,认证机构在收到申请后应当在规定的时间内办理。例如,证书持有人相信他的私钥已经泄露或者存在这种可能。

(3)有权利用认证证书

这是证书持有人最基本的一项权利。证书持有人可以利用证书开展网络商事活动或者传递信息。

2. 证书持有人的义务

(1)真实告知义务

证书申请人在申请时应依法如实提供有关身份信息的证明。申请人为法人或其他组织时,应提供公司或组织的名称、住址、法定代表人或主要负责人的姓名和住址、联系方式、有关执照或登记证等。在持有证书期间,证书持有人在密钥可能为非授权人知道或存在危害证书安全的情况时,应立即通知认证机构,因用户违反真实陈述义务给认证机构造成损害的应予弥补。因为,证书申请人就其身份、地址、营业范围、证书信赖等级的真实陈述,是证书可信赖性产生的前提,否则,将构成对证书体系可信赖性的损害,并因此而承担一定的法律责任。

(2)妥善保管私人密钥义务

证书持有人在证书有效期间应尽合理的注意义务,保管其私人密钥,防止将其披露给任何未经授权的第三人。它是证书用户所应负的、针对不特定的任何人的义务。没有用户对其私密钥的妥善保管与独占性控制,认证机构就是再认真审核、公正发布信息,都无法保证电子签名证书的安全性。所以,妥善保管私人密钥,使其处于独占之安全状态,不仅是用户保护自身利益所必需的,同时,也是维护证书体系信誉的不可或缺的措施,用户若违反了该义务,将承担相应的法律责任。

(3) 对颁发证书的检验义务。CA 颁发证书时证书持有人有义务检验证书中描述信息的准确性。

(4) 正确使用义务。证书持有人应当依照法律法规和 CA 发布的证书使用相关规定,正确地使用证书,不得利用证书从事任何非法的行为。证书持有人在使用证书时,应当根据相关法律、内部规则和安全操作流程。如果由于用户的设备、线路故障以及使用不当或者其他不可归因于 CA 的事故而导致损失时,CA 不承担任何责任。证书持有人违反法律法规或证书使用相关规定使用证书导致 CA 或者他人损失的,证书持有人承担法律责任。

(5) 及时撤销的义务。如果出现私密钥失密或泄漏和认证信息重大变化的情况,证书持有人有义务及时采取行动撤销证书。证书持有人变更证书及其密码的,应按照规定流程办理。但在变更之前出现泄漏或遭他人盗用、冒用、伪造或者篡改时仍应自行承担法律责任。证书持有人的密码、密钥(私钥)遭遗失、盗用、冒用、伪造、篡改或者证书持有人不希望继续使用证书时应当立即向 CA 申请废止证书。证书持有人应当承担在证书废止之前使用该证书所导致的一切后果。

(6) 交纳费用的义务。证书持有人应根据认证服务合同或者认证机构业务说明的规定,按期交纳年费和相关费用。

(六) 证书信赖人的权利和义务

1. 证书信赖人的权利

任何从网络交易的人都是证书信赖人,他们都需要识别对方证书的真实性。考察的方法很简单,认证机构都对其发放的仍然有效的证书放入数据库中,无效或过期的证书列入黑名单中,证书信赖人据此可以查询,很容易得到结果。据此,证书信赖人有权查询对方证书的真实性,认证机构有义务提供查询这样的服务。同时,证书信赖人在信赖对方的证书前,也应当查询对方证书是否有效。

2. 信赖人应当承担以下义务:

(1) 检验证书的适合性

证书信赖人有义务判定所收到的证书是否与其目的相适应,例如,证书信赖人有义务判定对交易量的任何限制,此限制通常是依据认证的真实水平和赔偿水平而定。

(2) 检验证书的有效性

证书信赖人有义务检验所收到的证书的有效性及使用目的和签名的适合性。证书信赖人也有义务检验已收到的证书是否被撤销。

(3)使用其他确认信息

证书信赖人有义务知道,他不应该单独信赖证书,在可能的情况下还应该使用其他方式确认交易的有效性。

三、认证证书

(一)认证证书的概念

认证证书,又称数字证书(Digital Certificate,Digital ID)是用电子手段证实用户的身份及其对网络资源的访问权限的特定化信息。在网上电子交易中,如果交易双方出示了各自的数字证书,并用它们进行交易操作,那么一般情况下双方就可以不必再为对方身份的真实性而担心。与此相近的术语还有身份证书(Identity Certificate)、强化证书(Enhanced Certificate)等。

数字证书可以用于电子邮件、电子资金转移、电子商务等许多领域。数字证书的内容,根据CCITTX.509国际标准的规定应包括:

1. 证书的版本号;
2. 数字证书的序列号;
3. 证书拥有人的姓名;
4. 证书拥有人的公开密钥;
5. 公开密钥的有效期;
6. 签名算法;
7. 颁发数字证书的单位;
8. 颁发数字证书单位的数字签名。

(二)认证证书的类型

参与电子商务的各方持有不同类型的数字证书。一般来讲,数字证书有以下几种类型:

1. 客户证书:它仅仅为某一个用户提供数字证书,以便于个人在网上进行安全交易操作。它一般是由金融机构进行数字签名发放的,不能被其他第三方所更改。
2. 商家证书:它是由收单银行批准,由金融机构颁发的,是对商家是否具有信用卡支付交易资格的一个证明。在SET中,商家可以持有一个或多个数字证书。
3. 网关证书:它通常由收单银行或其他负责进行认证和收款的机构持有。客户对账号等信息加密的密码由网关证书提供。
4. 认证机构系统证书:即各级、各类认证机构(如RCA、BCA、GCA、

CCA、MCA、PCA 等)所持有的数字证书。

(三)证书的等级

在证书业务中存在着根据客户的不同需求而提供不同服务等级的实践。认证机构一般根据证书的等级、证书政策,标明其可提供的不同的选择性的服务。在认证机构框架范围内可能存在多重或多个认证机构,每个机构都支持一种或多种程度的服务。认证机构为特定服务程度颁发的证书,可能通过增值网对不同的网络社区有所不同。证书的等级与认证机构所承担的责任范围有紧密的联系,所以应当成为认证服务合同的必要条款,或者作为认证业务声明的一项重要内容载入,以使用户对之有清楚的了解。

(四)证书的颁发

证书的颁发,是指认证机构将认证证书通过一定的程序颁发给用户。证书颁发是认证机构的主要业务之一,是认证机构与证书用户,以及信赖方建立信用服务与信赖关系的开始。一般而言,认证机构颁发证书应符合以下条件:

1. 认证机构收到颁发证书的申请;

2. 认证机构核实证书请求人与证书上所列的人为同一人;

3. 认证机构核实了申请人持有的密钥对,确认其能够以与证书上所列公开密钥相对应的私密钥来附加数字签名,并证实数字签名是以证书上所列的公开密钥相对应的私密钥附加上的。

证书的颁发,意义十分重大,所以,许多有关认证的法律文件都对之作出了规定。例如,联合国国际贸易法委员会《电子签名统一规则(草案)》、新加坡《电子交易法》以及美国犹他州《数字签名法》都对此规定了详细的条款。

认证机构通过颁发证书,不仅与用户之间产生了私法上的义务,同时,也对不特定的信赖人,就其所颁发的证书,作出了信用担保宣示。认证机构与证书信赖人之间的具体的权利义务关系,实际上是以证书的具体内容而决定的。

(五)证书的发布

让公众知道用户证书是作为电子商务商务交易工具的必要条件。

证书的颁发,是直接向用户所作出的一种当事人之间的通知行为;而证书的发布,则是向全社会作出的一种公告行为。二者共同构成完整的证书颁发业务。只有用户自己知道其证书,交易公众不曾知晓,就不可能使数字签名证书起到市场交易中介工具的作用。同证书的颁发一样,证书的发布也是一种服务,其发布的方式与内容,应当由法律规定和协议的条款来决定,其中应包括必发、选发、密存三种不同的内容,而各种内容的依据又有所不同。一般而言认证机构应当发布以下内容:用户常用名称,用户的标识,用户的公开密钥,证书的序列号,证书颁发与接收的时间,证书失效的时间,认证机构的标识名称,证书使用的可靠性和限制。

（六）证书的接收

证书的接收,是指申请证书的人接受认证机构证书的行为。证书的接收是与证书颁发相对应的行为,它对于接收证书的用户来说,具有重要的法律意义。一方面通过证书接收,用户对其证书享有了支配、使用权;另一方面自接收时起,就要承担作为证书持有人的法定义务。美国犹他州《数字签名法》为证书的接收,规定了严格的法律后果,即证书的持有人将要对其数字签名负完全的责任。这种方法曾受到许多批评,其理由是给证书拥有人规定了过于严格的责任不利于电子商务的全面推广,不利于消费者权益的保护。[1]

（七）证书的效力

证书的效力是指证书在什么时间、地点具有法律上的效力。通常情况下,认证机构所颁发的证书上都写明了证书的生效时间,也就是说在规定的时间内证书具有法律上的效力,使用证书所从事的行为是该用户的行为。对于证书的生效地点问题一般都不做规定,因为 Internet 具有全球性通常没有确定的地域。证书的效力是与证书服务关系中当事人所应遵守的义务,以及违反该义务的责任相联系的。

（八）证书的中止

证书中止,是指在用户使用证书的有效期限内,由于某种特定事件（主要是影响认证安全的紧急事件）,认证机构所采取的暂时中断证书效力的行为。在该种事件消除后认证机构可以决定恢复证书的使用效力,用户可以继续使用该证书。证书中止,主要针对影响认证安全的紧急事件而采取的暂时性措施。

证书中止一般由用户或用户的代理人或与用户有利害关系的人向认证机构或其他有权中止证书的单位提出申请。证书中止后,认证机构或其他有权中止证书的单位应立即将向所有发布证书的信息公告栏发出证书中止的通知。新加坡《电子交易法》、美国犹他州《数字签名法》及联合国国际贸易法委员会《电子签名统一规则（草案）》都就证书中止作了规定。

（九）证书的撤销

证书的撤销是指在证书的有效期内,由于某些特殊情况的出现,认证机构将证书撤销的行为。所谓特殊情况主要是指证书被盗、私钥泄露、用户名称变更、用户死亡等等。在接到证书撤销的申请后或认为应当撤销时,认证机构应

---

[1] 胡静:《电子商务认证法律问题》,北京邮电大学出版社2001年版,第125页。

迅速完成证书的撤销。证书撤销后,撤销证书的机构应立即在认证机构存放证书的信息公告栏上,发布证书撤销通知。

证书的有效期是有限制的,通常标示在证书的签署部分,指示了起始与期满的时日。在某些情况下,用户必须在有效期满之前停止对证书的使用。这些情况包括发生与其私钥相应的危险、主体名称或与认证机构关系的改变等。

证书的撤销与证书的中止都涉及阻却认证的效力的措施,但证书的中止只是暂时性的,而证书的撤销则是永久性的。在所有证书业务的规范中关于证书的颁发与证书的撤销,规定得较为详细,因为它们直接涉及认证机构义务与责任的产生,可能会产生重要的法律后果。①

(十)证书的终止

证书的终止,是指证书在期限届满或证书政策规定的其他情形出现时失去法律效力的情形。证书的终止意味着认证法律关系的终结。就证书终止的法律后果来看,一方面解除了认证机构因颁发证书而产生的一系列义务(如向证书用户和信赖人所承担的明示的或默示的担保等);另一方面解除了证书持有人即用户的义务(如对其私用密钥持续独占控制义务等)。

(十一)证书的保存

证书的保存与利用,是证书发挥作用的基本途径。其保存方式除了存放于数据库之外,对于证书资料的公开部分,其方式主要是发布于信息公告栏。如此,既可实时保存,又可让证书信赖人随时查阅,以达到充分利用的效果。关于保管的期限,我们认为不宜以电子商务法对其统一规定,可参考档案保管分类定期,以便充分利用数据库资源。譬如,可根据证书的等级制定保管的期限,一般而言,等级高的证书将用于数额大的交易,因而,其证书的保管期限也应适当延长。相反,低等级证书的保管期可相应缩短。

四、认证机构与在线当事人之间的法律关系

(一)概述

很显然,认证机构并不向在线当事人出售任何有形的商品,也不提供资金或劳动力资源。它所提供的服务成果,只是一种无形的证书信息,它包含一个公开密钥、交易相对人的姓名以及认证机构的电子签名、密钥的有效时间,发证机关的名称,证书的序列号等等。这些信息无法以具体的价格来衡量,但它

---

① 例如,撤销不当,会使认证机构对其用户承担责任,而未及时撤销,则要对证书信赖人承担责任。

是在开放型电子商务环境下,进行交易所必需的前提条件,并且是交易当事人很难亲自得知的。

与一般的信息服务不同的是,认证机构所提供的是经过核实的,有关电子商务交易人所关心的基本信息。实际上它是关于交易当事人的事实状况的信息,通常包括交易人是谁、在何处、以何种电子签名方式与之交易、其信用状况如何等。因此,认证是一种信用服务,它与目前存在的信用评级公司所从事的业务有些类似。这些认证信息,一般是经过认证机构核实的真实的信息,并且认证关系的直接当事人,即认证机构和证书用户,应共同对证书信息的真实性负法律责任。

在传统交易环境下,交易当事人最关心的问题是谁先履行合同,一般来说,先履行义务者风险较大。而在电子商务环境下交易人则首先要考虑的是:正在与何人进行交易,其信用如何。没有电子商务认证体系为依托,开放型电子商务就失去了生存环境。这是开放型电子商务的自身特征所要求的,也是必须以技术和法律方式给予全面解决的问题。

认证机构和其业务受理点通过身份审核认证来保证证书持有人身份的合法性,认证机构和其业务受理点不是证书持有人或证书信赖人的代理人、受托人、管理人或其他代表。认证机构和证书持有人间的关系以及认证机构和证书信赖人间的关系并不是代理人和委托者的关系,证书持有人和证书信赖人都没有权利以合同形式或其他方法让认证机构承担信托责任。以下将分别对认证机构与证书持有人之间的法律关系以及认证机构与证书信赖人之间的法律关系进行分析探讨。

(二)认证机构与证书持有人之间的法律关系

电子商务认证提供的是一种在线信用服务。认证机构提供证书服务,目的是表明证书持有人身份信息的真实性,让其他网络主体相信自己,同时,他也可以了解其他证书持有人的真实身份,这是建立网络商事关系的前提。这种证书提供服务是一种信息服务,双方的权利义务记载在证书的申请、接受等认证业务说明中,用户申请获得这样的服务,接受认证证书意味着他同意了双方的权利义务。因此,他们之间是合同关系。

电子商务认证提供的是一种服务,而这种服务的产生一般是以合同为基础的。或许将来的法律或法规可能要求特定的交易必须以认证方式进行。但是,截至目前尚未出现强制认证的情况。并且按照"技术中立"与"媒介中立"的原则来看,这种强制是有失公平的。所以,一般而言,电子商务认证是以认证机构与证书持有人之间的合同为基础而产生的服务关系,同时,双方都共同要求严格遵守认证机构的认证及其证书操作规范。因此,从合同法原理上讲,认证机构与证书持有人之间的法律关系是以合同为基础而产生的服务关系。

认证机构与证书用户之间存在着服务合同关系。该类合同属双务有偿、诺成、要式合同(在实务操作中由于用户更多的是同意或不同意使用认证服务,一般很难改变认证机构业务规范,因而它又具有格式合同的特点)。同时,认证服务合同又是无名合同,因此,双方的权利义务不仅仅受到《合同法》和相关法律的调整,更多的由双方的约定来规范。近年来,许多国家以专门立法对之调整,使之成为新型的有名合同。从认证合同的订立过程来看,要约方一般是证书的申请者,而承诺方一般是认证机构。新增用户合同的要约和承诺过程,多在离线状态进行,部分资料亦可在网上传递。

(三)认证机构与证书信赖人之间的法律关系

证书信赖人是指信赖认证证书所载的信息真实从而与证书持有人进行交易的人。认证机构与证书信赖人之间是何种关系,有多种说法。①

证书信赖人本身可能是也可能不是认证机构的用户,他与认证机构之间的关系,要比用户与认证机构之间的关系更为复杂。当证书信赖人不是认证机构的用户时,他与认证机构之间并无服务合同存在。但是,当他利用证书而与证书用户交易时,却又成为了证书服务关系中的对象。并且,认证机构在特定情况下还要对之承担责任。因此,有必要专门论述二者之间的关系。

在开放网络环境中,认证机构与证书信赖人之间的关系,呈现为多种形态,其具体情况要以电子商务交易当事人与认证机构的关系而定,大致有以下几种:

1. 社区认证服务型

即交易双方当事人均为某认证机构的证书用户。此时,交易双方也同时都是证书信赖人,具有双重身份,并且认证机构并不是交易关系中的直接当事

---

① 张楚:《电子商务法初论》,中国政法大学出版社 2000 年版,第 253~255 页。有学者认为,认证机构与证书信赖人之间应是利益信赖关系,这种关系的基础源于法律的规定,而非当事人的约定。由于网络交易当事人的虚拟性,使得双方无法有足够的了解,任何一方的信息均由自己提供其真实性如何,不得而知。在安全电子商务中,为达成交易所需,有独立的认证机构为当事人提供交易之必要的了解是极其重要的,否则交易的信心与安全均无法建立。因此认证机构在虚拟社会扮演着公用事业单位的角色,它在电子商务信用体系中起到了核心作用。基于这样的情况,法律规定认证机构的某些法定义务须及于所有从事电子商务交易的人。参见杨坚争、高富平、方有明:《电子商务法教程》,高等教育出版社 2001 年版,第 93 页。

人,而只为其交易提供信用服务。这是一种典型的社区性在线认证服务,也是较为普遍的认证服务形式。

此种认证机构与其信赖人(同时都是用户)之间的关系,比较单纯,也好理解,因为他们与认证机构之间的关系是以认证服务合同为前提而形成的。需要注意的是,不能因为这类用户本身与认证机构事先存在着信用服务合同关系就忽视了其作为证书信赖人的地位。他们不仅能以证书用户的身份享有权利,同时,也可以证书信赖人的身份,要求认证机构履行谨慎从事的义务。另外,其合同的订立,可能是以格式化的表格或认证业务声明中的条款所构成的,与一般的服务合同的订立程序有所区别,应根据其业务运作惯例予以研究确定。

2. 单方证书用户型

当交易一方是认证机构的证书用户,而另一方不是认证机构的证书用户时,就是这里所要讨论的"单方用户型认证关系"。此时,非证书用户是证书的信赖人。此种关系,多发生了消费交易,而其中的消费者又没有登记为证书用户的情况。

在上述关系中,证书用户(一般为商家)是以服务合同与认证机构建立了信用服务关系。而非证书交易人(一般为未申请证书的消费者)则是典型的证书信赖人,是依照认证机构的特殊职业义务,因交易关系的进行而与认证机构之间形成了信赖其信用服务的关系。认证机构的特殊职业义务就是其向社会提供公正的交易信用服务的义务(或称社会责任),是特许之共用企业所应负的职业责任。

3. 交叉认证关系

在实践中可能存在这样一种情形,即虽然交易双方都是认证机构的证书用户,但其证书是由不同的认证机构分别颁发的。此种证书交易关系,可能在本地区发生,而在国际贸易中出现的可能性更大。本国证书用户者,如持上海CA 机构颁发的证书用户与持广东CA 机构颁发的证书用户进行交易;跨国用户者,如持美国证书的用户与持中国证书的用户进行交易,即属此类。这就是所谓的交叉认证关系。该关系需要由各国或各认证机构之间的交叉认证协议来解决,以便相互确认对方证书的有效性。同时,本地认证机构经过交叉认证之后,要替对方的认证机构对自己的证书用户负信赖证书的责任。这种关系更为复杂,它涉及认证机构的外部结构,需要由国际或认证机构之间的协议予以协调。例如,德国、马来西亚的《数字签名法》、新加坡的《电子交易法》都专门规定了对外国电子证书的认可条件。

4. 混合认证关系

所谓混合认证关系,是指认证机构是主营其他服务的,而认证服务只是其衍生业务。例如,金融机构颁发给其客户的数字证书,同样可用于其他的在线交易认证。在此种认证关系中,认证机构不是单纯提供电子签名认证服务的,而是在提供认证服务的同时也以提供交易辅助条件的形式参与证书用户的交易。如银行在向用户提供认证服务的同时,还可提供支付、结算等服务。这种混合型认证关系,比单纯的认证服务关系要复杂得多,它涉及多种法律关系的相互交叉与相互制约,在分析此类案例时,应注意辨别不同性质的关系及其规范的适用。

五、认证机构的法律责任

(一)认证机构责任的性质

如前文分析的那样,认证机构与证书持有人之间是一种服务合同关系。所以,认证机构对证书用户承担的是合同责任。因而,在此种情况下,认证机构所承担的是违约责任。

然而,就认证机构对证书信赖人(特别是非证书用户信赖人)的责任来说,其基础就不同了。因为,他们之间事先并不一定存在合同关系。认证机构对证书信赖人的责任,是因其职业义务而产生的。换言之,从事认证服务的证书机构,必须对全社会保证其证书中所载信息的真实与可靠性,这是一种法定义务,并非纯粹的合同义务。否则,电子商务环境下的信用制度将无从建立。那么,认证机构对信赖人责任的归责原则应该采取"过错责任原则"还是"无过错责任原则"呢?各国现行立法通常采取了"过错责任原则",这是因为,认证机构的加害行为,与现代工业化灾难致人损害相比,其危害性要小,且只是财产损失,一般不会直接造成信赖人人身伤害,往往是假冒方利用错误证书施行欺诈,而使受害方财产受损。若采用无过错责任,则对认证机构显得过于严厉,以至于将会挫伤其拓展业务的积极性。

(二)认证机构责任的限制

认证机构的责任限度,实际上是交易风险的具体分配问题。目前,在认证机构责任问题上,一般采取的是限制责任,如美国犹他州、新加坡的立法就是如此。但是,也有一些反对意见,认为这样会损害消费者的利益,挫伤其参与电子商务的热情,最终将阻碍在线业务的发展。

由于电子认证是一个高风险的行业,既有内部风险又有外部风险,并且一旦发生风险往往会造成非常严重的后果。例如,如果申请证书的一方提供了虚假的身份信息而认证机构没有发现,没有及时告知接收电子签名文件的一方(即证书信赖人)就需要承担责任。又如,当某个证书已经失效认证机构又没有及时告知证书信赖人也需要承担责任。由于用户使用数字证书参与电子商务活动所涉及的商品交易的数额是巨大的,一旦认证机构的认证活动出现了差错,所造成的损失也将是极为严重的。相应的,认证机构要承担相当大的损害赔偿责任,这就意味着认证活动是一个高要求高风险的活动,人们很可能就因为这种高风险而不愿意从事这种活动。另一方面,如果让认证机构以合同形式处理与证书用户之间的风险责任问题,就可能出现极其不利于用户的合同格式,从而损害弱小用户的利益。在线认证机构毕竟是新生的实体,其风险程度还未能完全预知,并且相应的保险种类也尚未建立。如果令该机构承担过重的责任,将会使认证机构裹足不前,同样也会影响电子商务的发展。因此,除了发生不可抗力或不可避免的情况可以免责外,认证机构还应该享有一定的责任限制保护。因此,各国电子商务立法基本都考虑到对认证机构的责任需要加以适当限制。

• 所以,我们认为,认证机构在审查当事人的真实身份时应尽合理的注意,无过错的不应承担责任,而不适宜采用"无过错责任原则"。

(三)认证机构违约赔偿范围限制

因认证机构的过错导致当事人损失的,认证机构应承担赔偿责任,认证机构与证书持有人也可以通过合同来确立彼此责任的范围和大小。关于违约赔偿的范围与限制,我国《合同法》第 113 条规定:"损失赔偿额应当相当于违约所造成的损失,包括合同履行后可以获得的利益",以及"不得超过违反合同订立一方订立合同时预见到或者应当预见到的因违反合同可能造成的损失"。有学者认为,该赔偿范围不完全适用于认证机构。这是因为,认证机构是开展电子商务活动的基础设施和公用事业机构,证书用户众多,如果一旦发生赔偿,认证机构很可能无法正常运营,而影响到整个交易的正常进行。因此,认证机构只能就其违约或失职行为所造成的正常的直接损失承担赔偿责任。对于当事人丧失利润或机会的损失、精神上的损失不予赔偿。[①]

---

① 杨坚争、高富平、方有明:《电子商务法教程》,高等教育出版社 2001 年版,第 95~96 页。

第四章 电子支付法律问题

第一节 电子支付概述

电子支付是电子商务中的一个极为重要的、关键性的组成部分。电子商务较之传统商务的优越性,已成为吸引越来越多的商家和个人上网购物和消费的原动力。然而,如何通过电子支付安全地完成整个交易过程又是人们在选择网上交易时所必须面对的,而且是首先要考虑的问题。

一、电子支付的概念与作用

(一)电子支付的概念

电子支付(Electronic Payment),又称"网上支付",其含义较广泛。美国《统一商法典》对其所下定义是:电子支付是支付命令发送方将存放于商业银行的资金,通过传输线路划入收益方开户银行,以支付收益方的一系列过程。这一狭义的电子支付概念,主要指电子资金划拨业务。广义的电子支付,除了资金划拨之外,还应包括网上银行所开展的许多新型金融服务,如电子现金、电子钱包、信用卡等。它实质上是以数字化信息替代货币的存储与流通,从而完成交易交付的。[①] 本章所称的电子支付,是指广义的电子支付,指的是电子交易的当事人,包括消费者、厂商和金融机构,使用安全电子支付手段通过网络进行的货币支付或资金流转。电子支付和电子商务密不可分,是电子商务得以进行的基础条件。随着科技的发展和银行业务的开拓,新的电子支付形式还将不断出现。

(二)电子支付的特征

与传统的支付方式相比,电子支付具有以下特征:

---

① 张楚:《电子商务法》,中国人民大学出版社2001年版,第254页。

1.电子支付采用先进的技术通过电子数据流转来完成信息传输,其各种支付方式都采用数字化的方式进行款项支付;而传统的支付方式则是通过现金的流转、票据的转让及银行的汇兑等物理实体的流转来完成款项支付的。

2.电子支付的工作环境是基于一个开放的系统平台(即互联网)之中,而传统支付则是在较为封闭的系统中运作。

3.电子支付使用的是最先进的通信手段,如 Internet、Extranet;而传统支付使用的则是传统的通信媒介。电子支付对软、硬件设施的要求很高,一般要求有联网的微机、相关的软件及其他一些配套设施;而传统支付则没有这么高的要求。

4.电子支付具有低成本性和高效性,传统纸币和硬币的发行成本和流通成本都要高得多。电子支付具有方便、快捷、高效、经济的优势。用户只要拥有一台上网的 PC 机便可足不出户,在很短的时间内完成整个支付过程。支付费用仅相当于传统支付的几十分之一,甚至几百分之一。

5.电子支付涉及许多参与人,包括消费者、商家、金融机构、认证机构等,这使得在线电子支付法律关系变得异常复杂。

(三)电子支付的发展现状

在电子商务市场拓展的过程中,人们正在尝试各种新的支付和结算方法,如:电子货币和电子支付。因此,电子商务的快速增长极大地推动了电子支付的迅速增长。

1994 年全球电子商务销售额为 12 亿美元,1997 年增长了 1 倍多达到 26 亿美元,1998 年销售额达 500 亿美元,比 1997 年增长近 20 倍。目前,电子商务交易额正以成 10 倍的速度增长,北美地区在线零售额则以每年翻三番的速度增长。

与此同时,电子支付也在以惊人的速度增长。仅以全美自动化清算所协会(NACHA)为例,该协会在 2000 年支付大会上公布的统计数据,1999 年该会所属的 ACH(自动化清算所)网络支付的年交易额是 10 年前开始时的 4 倍。作为促进电子商务的新支付方法 ACH 支付总计达到 62.47 亿美元,比 1998 年的 53.44 亿美元增长 16.9%。交易额从 1998 年 18.1 万亿美元增长到 1999 年的 19.4 万亿元,增长 7.4%。目前,ACH 支付已发展到包括 BtoB 支付薪金的直接存款、社会保险费及退税、抵押的直接支付、汽车贷款、保险、公用事业资、联邦税收支付及其他费用支付在内的数十种支付种类。

二、电子支付的主要形式

在传统商务活动中,支付的方式或工具有两种,一是现金,二是票据。在电子商务环境下,传统的支付方式已不适应商务活动电子化的要求,而必须由全新的电子支付方式来代替。由于使用的传输网络、传输协议和支付程序的不同和相互组合,在实践中衍生出了各种各样的电子支付工具。随着金融电子化的推进,信用卡等电子支付手段也被应用于传统的经济往来中。在电子商务环境下,人们进一步推进支付电子化、自动化,出现了一系列电子支付工具。

随着计算机技术的发展电子支付的方式越来越多,这些支付方式仍然可以分为三大类:一类是电子货币,如电子现金、电子钱包等;另一类是电子信用卡,包括智能卡、借记卡、电话卡等;还有一类是电子支票类,如电子支票、电子汇款(EFT)、电子划款等。这些方式各有自己的特点和运作模式,适用于不同的交易过程。本节中主要介绍智能卡、电子现金、电子钱包和电子支票。

(一)电子支票(E-Check)

电子支票是一种借鉴纸张支票转移支付的优点,利用数字传递将钱款从一个账户转移到另一个账户的电子付款形式。这种电子支票的支付是在与商家及银行相联的网络上以密码方式传递的,多数使用公共关键字加密签名或个人身份证号码(PIN)代替手写签名。用电子支票支付,事务处理费用较低,而且银行也能为参与电子商务的商家提供标准化的资金信息,故而可能是最有效率的支付手段。

使用电子支票进行支付,消费者可以通过电脑网络将电子支票发向商家的电子信箱,同时把电子付款通知单发到银行,银行随即把款项转入商家的银行账户,这一支付过程在数秒内即可实现。然而这里面也存在一个问题,那就是:如何鉴定电子支票及电子支票使用者的真伪?因此,就需要有一个专门的验证机构来对此作出认证。同时,该验证机构还应像 CA 那样能够对商家的身份和资信提供认证。

电子支票支付现在发展的主要方向是今后将逐步过渡到国际互联网络上进行传输,即采用电子资金转账(electronic fund transfer,简称 EFT)或网上银行服务(Internet banking)方式。所谓 EFT,是指客户在网上交易后,透过其银行内账户之存款,将贷款以资金划拨方式付给商店之银行。这种方式是将传统的银行转账应用到公共网络上进行的资金转账,可直接在网上进行。为了确保划拨和个人信息的安全,整个过程也需要加密、认证等安全措施。

电子资金转账的种类主要有以下几种：

1. 直接存款(direct deposit)，即通过电子方式把资金，如工资、退休金等划归个人存款账户的支付方式。

2. 直接支付(direct payment)，即被授权指定的公司在特定的日期从消费者的存款账户上划拨资金。如水电费、电话费等。直接支付要求消费者对那些以电子支付方式划拨资金的公司进行签名授权。

3. 电话支付(telephone bill)，是指消费者通过给按键电话输入关键的信息而对银行发出支付指令，从其存款账户上向特定的公司进行支付，金融机构提供给消费者每月进行电子交易的银行清单。

4. 个人电脑银行(PC banking)，即指个人通过他们的个人计算机及其连接的网络，发出资金划拨的指令。许多商业银行的电子支付程序允许消费者通过个人电脑查询账户信息，诸如个人账户余额，或在账户间进行转账。

电子支票交易的过程可分以下四个步骤：

1. 消费者和商家达成购销协议并选择用电子支票支付；

2. 消费者通过网络向商家发出电子支票，同时向银行发出付款通知单；

3. 商家通过验证中心对消费者提供的电子支票进行验证，验证无误后将电子支票送交银行索付；

4. 银行在商家索付时，通过验证中心对消费者提供的电子支票进行验证，验证无误后即向商家兑付或转账。

(二)以信用卡系统为基础的支付(Credit Card Based System)

信用卡是银行或金融公司发行的，授权持卡人在指定的商店或场所进行记账消费的信用凭证。信用卡具有转账结算功能、消费借贷功能、储蓄功能和汇兑功能。通过全国联网的信用卡支付系统或互联网银行为信用卡用户提供不限地域存取现金、支付、结算服务，是现代社会应用最为广泛的支付工具。信用卡支付关系一般涉及持卡人(买方)、商家(卖方)、发卡人(信用卡公司或银行)和银行。

这种电子支付方式的基本做法是通过专用网络或国际互联网以信用卡号码传送做交易，基本上持卡人就其所传送的讯息，先进行数字签名加密，然后将讯息本身、数字签名经认证机构的认证后连同电子证书等一并传送至商家，具体又分为以下几种形式：

1. 账号直接传输方式。即客户在网上购物后把信用卡号码信息加密后直接传输给商家。这种方式的不足是：这种方式只适用于信用卡，不适用于借记卡，因为用借记卡付款必须向发卡银行提供密码，而借记卡的密码必须严格保密;另外,商家必须有良好的信誉从而使得客户能够放心地把信用卡号码予以告知;信用卡号码可能被银行或商家获取,不利于隐私保护。

2. 专用账号方式。这种支付方式要求商家在银行的协助下核实每一个客户是否为银行卡的持有人,并且由商家为每一个客户建立一个与银行卡对应的虚拟账户,每个虚拟账户都有独立的账号和密码。当客户使用虚拟账户在互联网上付款时,账号和密码加密后传输到商家系统,避免在网上直接使用银行卡的卡号和密码,保证了银行卡账户的安全。这种方式的缺陷是,由于虚拟账户须由商家建立,且建立过程比较复杂,并且同一张银行卡在不同的商家有不同的账号和密码,使得客户使用起来很不方便。

3. SET 方式。SET(Secure Electronic Transaction)是维萨、万事达两个信用卡组织联合微软、IBM、网景等著名的电脑公司在 1996 年共同推出的,为了在互联网上进行安全的信用卡支付而定义的电子支付协议。SET 协议的技术标准非常复杂,对信用卡持卡人、商家和银行三方的要求都很高。SET 协议的技术标准非常复杂,对信用卡持卡人商家和银行三方的要求都很高。由于 SET 提供商家和收单银行的认证,确保了交易数据的安全、完整可靠和交易的不可抵赖性。特别是具有保护消费者信用卡号不暴露给商家等优点,因此它成为目前公认的信用卡/借记卡的网上交易的国际标准。

4. 专用协议方式。这种方式的关键点是在客户、商家和电子支付服务供应商之间采用一种专用加密协议,把信用卡账号转化为密码。其运作过程是,由电子支付服务供应商向其客户和商家免费提供客户端软件,这种软件自动地通知商家把电子订购表格发送给客户,让客户填写姓名和信用卡号码再通过这种软件译成密码发送给商家。① SSL 和 SET 协议都是这样的专用协议。

(三)电子现金或数字货币(Electronic Cash/Digital Money)

电子现金是一种以数据形式流通的货币。它把现金数值转换成为一系列的加密序列数,通过这些序列数来表示现实中各种金额的币值,用户在开展电子现金业务的银行开设账户并在账户内存钱后就可以在接受电子现金的商店使用了。电子现金具有多用途、灵活使用、匿名性、快速简便的特点,无需直接与银行连接便可使用,适用于小额交易。其主要好处是:可以提高效率,方便用户使用;完全脱离实物载体,使得用户在支付过程中更加方便。

从目前支持电子现金的要件不同来区分,电子现金可分为两类:智能卡和

---

① 由于采用这种具有加密功能的软件及特殊的服务器,商家无法从客户的支付数据中得到信用卡账号的任何信息,保证了支付信息的安全性。

电子钱包。

1. 智能卡(Smart Card)

智能卡是20世纪70年代中期在法国问世的,是一种内部嵌入了集成电路、类似信用卡大小的电子卡。它是需要专门的硬件设备才能运行的电子现金支付系统。智能卡可以分为存储式和带CPU式两种。智能存储器型卡中有硬件的逻辑保护,以密码加密形式来保护其存储内容不被非法更改;较先进些的存储卡里面有读写的安全模块做算法的加密认证等。

智能卡提供了一种简便的方法,可用来存储和解释私人密钥和证书,并且非常容易携带。智能卡可以配合SSL或SET协议使用。SET非常好地解决了智能卡与电子商务的结合,智能卡上存放的证书使持卡人的身份得到认证,并直接在每一次网上购物时签上客户的电子签名。由于智能卡内安装了嵌入式微型控制器芯片因而可储存并处理数据。卡上的价值受用户的个人识别码(PIN)保护,因此,只有用户能访问它,多功能的智能卡内嵌入有高性能的CPU,并配备有独自的基本软件,能够如同个人电脑那样自由地增加和改变功能。这种智能长还设有"自爆"装置,如果犯罪分子想打开智能卡非法获取信息,卡内软件上的内容将立即自动消失。智能卡是目前最常用的电子货币,可在商场、饭店、车站、互联网等许多场所使用,可采用刷卡记账、POS结账、ATM提取现金、网上结算等方式进行支付。

智能卡系统的工作过程是:首先,在适当的机器上启动你的互联网浏览器;①然后,通过安装在PC机上的读卡机用你的智能卡登录到为你服务的银行Web站点上,智能卡会自动告知银行你的账号、密码和其他一切加密信息;完成这两步操作后,你就能够从智能卡中下载现金到厂商的账户上,或从银行账号下载现金存入智能卡。

4. 电子钱包(E-Purse)

电子钱包是一种只需要软件支持的电子现金支付方式。实质上它是发行者、商家和消费者之间按照一定协议运行的电子支付系统,它由后端服务器软件——电子现金支付系统和客户端的钱包软件执行系统组成。故所谓的电子钱包是一个可以由持卡人用来进行安全电子交易和储存交易记录的软件,就像生活中随身携带的钱包一样。它是电子商务活动中购物或小额消费常用的一种支付工具。

---

① 这里所说的机器可以是PC机,也可以是一部终端电话,甚至是付费电话。

利用电子钱包支付网上购物，通常包括以下步骤：

（1）确定购买商品后，进入电子付款系统单击电子钱包的相应项或电子钱包图标，打开电子钱包，然后输入自己的保密口令，在确认是自己的电子钱包后从中取出一张电子信用卡来付款。

（2）电子商务服务器对此信用卡号码采用某种保密算法算好并加密后，发送到相应的银行去；同时，销售商店也收到了经过加密的购货账单，销售商店将自己的顾客编码加入电子购货账单后再转送到电子商务服务器上去。这里，商店对顾客电子信用卡上的号码是看不见的，不可能也不应该知道，销售商店无权也无法处理信用卡中的钱款。因此，只能把信用卡送到电子商务服务器上去处理，经过电子商务服务器确认这是一位合法顾客后，将其同时送到信用卡公司和商业银行，在信用卡公司和商业银行之间要进行应收款项和账务往来的电子数据交换和结算处理，信用卡公司将处理请求再送到商业银行请求确认并授权，商业银行确认并授权后送回信用卡公司。

（3）如果经商业银行确认后拒绝并且不予授权，则说明顾客的这张电子信用卡上的钱数不够用了或者是没有钱了，或者已经透支。遭商业银行拒绝后，顾客可以再单击电子钱包的相应项打开电子钱包，取出另一张电子信用卡，重复上述操作。

（4）如果经商业银行证明这张信用卡有效并授权后，销售商店就可交货。与此同时销售商店留下整个交易过程中发生往来的财务数据，并且出示一份电子收据发送给顾客。

（5）上述交易成交后，销售商店就按照顾客提供的电子订货单将货物在发送地点交到顾客或其指定的人手中。

电子货币方式与信用卡等转账卡的最大区别是后者本身并不代表资金，需要在卡片使用后经过对其指定账户的信息处理才能完成交易，而智能卡、电子现金等电子货币本身就代表资金，它在支付时是被当作现金货币使用的，不需再指向其他资金源，如银行账户。

三、电子支付流程及有关当事人之间的法律关系问题

（一）电子支付流程——以 SET 协议为例

SET 协议在电子商务实践中较为普遍，现以其为例介绍电子支付的基本流程。

根据 SET 协议的工作流程图，可将整个工作程序分为下面 7 个步骤：

1. 消费者利用自己的 PC 机通过互联网选定所要购买的物品，并在计算

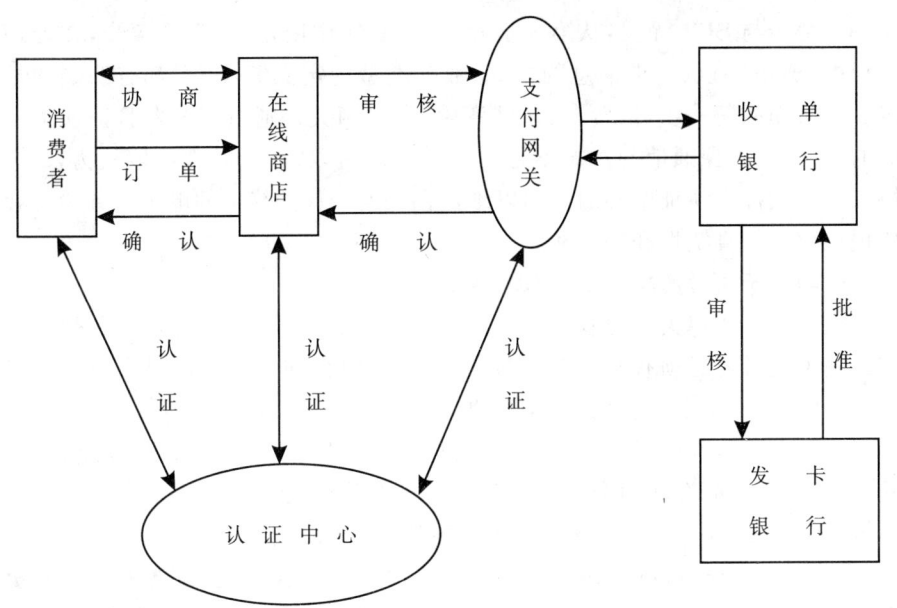

图 4-1　SET 协议工作基本流程图

机上输入订单,订单上需包括在线商店、购买物品名称及数量、交货时间及地点等相关信息。

2.通过电子商务服务器与有关在线商店联系,在线商店作出应答,告诉消费者所填订货单的货物单价、应付款数、交货方式等信息是否准确,是否有变化。

3.消费者选择付款方式,确认订单,签发付款指令。此时,SET 开始介入。

4.在 SET 中,消费者必须对订单和付款指令进行电子签名,同时,利用双重签名技术保证商家看不到消费者的账号信息。

5.在线商店接受订单后,向消费者所在银行请求支付认可,信息通过支付网关到收单银行,再到电子货币发行公司确认、批准交易后,返回确认信息给在线商店。

6.在线商店发送订单确认信息给消费者。消费者端软件可记录交易日志,以备将来查询。

7.在线商店发送货物或提供服务,并通知收单银行将钱从消费者的账号转移到商店账号,或通知发卡银行请来支付。在认证操作和支付操作中间一般会有一个时间间隔。例如,在每天的下班前请求银行结一天的账。

前两步与 SET 无关,从第 3 步开始 SET 起作用,一直到第 7 步,在处理过程中,通信协议、请求信息的格式、数据类型的定义等,SET 都有明确的规定。在操作的每一步,消费者、在城商店、支付网关都通过 CA 来验证通信主体的身份,以确保通信的对方不是冒名顶替。所以,也可以简单地从为,SET 协议充分发挥了认证中心的作用以维护在任何开放网络上的电子商务参与者所提供信息的真实性和保密性。

(二)电子支付的有关当事人及其法律关系

电子支付法律关系的基本当事人为付款人和受款人,而付款人和受款人完成电子支付还必须有两个重要的第三人,即银行和认证机构提供服务才能完成。因此,广义上,电子支付涉及的当事人有以下四个:

1. 付款人(transferor),即电子支付中的付款人,通常为消费者或买方。其与商家、银行间存在两个相互独立的合同关系;一是消费者与商家订立的买卖合同关系;二是消费者与银行间的金融服务合同关系。

2. 受款人(transferee or beneficiary),即接受付款的人,通常为商家或卖方。同样也存在两个相互独立的合同关系,一是与消费者的买卖合同关系;二是与银行的金融服务合同关系。

3. 银行,电子支付中的信用中介、支付中介和结算中介,其支付的依据是银行与电子交易客户所订立的金融服务协议。在电子支付系统中,银行同时扮演发送银行和接受银行的角色。

4. 认证机构,认证机构为参与电子商务各方的各种认证要求提供证书服务,建立彼此的信任机制,使交易及支付各方能够确认其他各方的身份。一方面,认证机构不仅要对进行电子商务的各方负责,而且还要对整个电子商务的交易秩序负责,另外,买卖双方又有义务接受认证机构的监督管理。

(三)电子支付关系中有关当事人的权利和义务

1. 商家在电子支付中的权利和义务

商家在电子支付中一般扮演收款人的角色,在电子支付法律关系中,收款人不能基于电子支付行为向指令人或接受银行主张权利,收款人只是基于和付款人之间基础法律关系与付款人存在电子支付权利义务关系。在这一点上反映出电子支付与票据支付法律关系类似。

商家在电子支付中享有两项基本的权利:

(1)得到支付的权利,即商家根据其与消费者订立的买卖合同享有通过电子方式得到支付的权利;

(2)得到通知的权利,即商家根据消费者与银行间的金融服务合同享有从金融机构处得到通知的权利。

2. 金融机构(银行)在电子支付中的权利和义务

(1)金融机构在电子支付中的权利

金融机构在电子支付中的基本权利包括以下几项：

①接受或拒绝交付指令。在电子支付中,金融机构可以接受指令人的支付指令,也可以拒绝支付指令,或者要求指令人修正其发出的无法执行的、不符合规定程序和要求的指令。银行决定接受还是拒绝支付命令在一定程度上是一种判断信用的过程。

②要求付款人或指令人按时支付所指令的资金并承担因支付而发生的费用。

③只要能证明由于指令人的过错而致使其他人假冒指令人通过了安全程序和认证程序,就有权要求指令人承担指令引起的后果。

(2)金融机构在电子支付中的义务

金融机构在电子支付中的基本义务包括以下几项：

①审查客户的指示是否为一项合法、有效的支付指令,支付方式是否正确。银行行使审查义务是基于下列目的而进行的:对该指令予以认证,鉴别发出支付指令客户的身份的真实性,即证实支付命令或修改或取消支付命令的信息是客户发出的;检测支付命令或信息在传送过程中或在内容上是否存在错误。

②按照指令人的指令完成资金支付。除系统故障和其他不可抗力之外,金融机构应当就未按照消费者的指令完成资金支付给消费者造成的全部直接损失向消费者承担责任。如果金融机构能够证明未按照消费者的指令完成资金支付是由于系统故障或者金融机构所不能控制的其他情况所引起,则金融机构可以免除其责任。

③信息公开和详尽告知的义务。在电子支付中向消费者告知关于电子资金划拨的必要信息以及他们的权利义务是非常重要的。金融机构在电子支付中有义务以易于理解的词句和形式向消费者公开信息,揭示电子支付的程序、后果,操作要领以及系统风险。这些被披露的信息必须是能够确保消费者在判定是否通过电子方式传输其金钱时所采要的基本信息,而且可以使消费者更好地理解其权利义务,选择适当的支付方式,以及在发生问题时如何更好地保护自己的利益。在电子支付中实行信息公开的法律意义在于,所公开的电子支付信息构成消费者向银行投诉,以及银行对投诉进行调查的凭据;而且金融机构发送给消费者的,表明已向他人进行电子资金划拨的交易收据和定期

通知,可以作为此划拨的证明已经被接受,或构成此划拨完成的初步证据。

④建立并遵守电子支付的安全程序。为了防止未经授权的人向银行传送电子信息,通常的做法是银行和客户约定建立安全程序。所谓安全程序是指在客户与银行约定使用的密码或其他有效的身份认证手段,如现阶段普遍使用的 SSL 安全协议程序和 SET 安全协议程序。安全程序原则的例外是:若客户能够举证,电子支付指令不是由能够接近安全程序的客户雇员或其代理人发出的,也不是从客户可以控制的来源发出的,即使支付指令经过了安全认证程序,客户也不对该支付指令造成的损失负责。

⑤保留电子支付过程中相关的交易记录。国内外有关电子支付和电子货币的立法均将保留电子支付中相关的交易记录规定为金融机构的一项基本义务。保留电子支付过程中相关的交易记录的作用有以下几个:第一,电子支付中相关的交易记录予以保存可以方便金融机构修正交易错误;第二,如果电子支付的当事人发生争议,这些记录在法律程序中能够作为证据使用;第三,能够有效防止洗钱犯罪活动。许多国家都有防止洗钱的法律,要求银行对交易进行记录。虽然资金在银行和其他金融机构之间转移通过电子化的方式进行,没有任何的痕迹。但是,通过对这些记录进行记录,使交易在银行的账簿上留下踪迹,从而有利于有关机构对犯罪活动进行追踪。

⑥回赎其发行的电子货币。作为电子货币的发行人,金融机构有义务按照与持有者之间合约所载明的回赎条件,在有效期内以法定的或者某种可以自由兑换的铸币和纸币赎回电子货币,并且除操作中必须之外,免费将资金划入电子货币持有人账户中。

3.消费者在电子支付中的权利和义务

(1)消费者在电子支付中的权利

消费者在电子支付中的基本权利是,其有权要求接受银行按照指令的时间及时将指定的金额支付给指定的收款人,如果接受银行没有按指令完成义务,消费者有权要求其承担违约责任,赔偿因此造成的损失。

(2)消费者在电子支付中的义务

消费者在电子支付中的基本权利包括以下几项:

①签发正确的支付指令,并按照接受金融机构的程序,检查指令有无错误和歧义,并有义务发出修正指令,修改错误或有歧义的指令。

②支付的义务,即一旦向接受银行发出指令后,自身也受其指令的约束,承担从其指定账户付款的义务。

③在符合商业惯例的情况下接受认证机构的认证义务。

④不得以易于识别的方式记录其个人识别码或其他密码的义务。

⑤挂失和通知的义务，消费者在知晓下列情况时应当立即通知发行者或发行者授权的人：第一，电子支付工具或电子支付工具使用方式丢失或被窃；第二，其账户上出现未经授权的交易记录或者其他异常情况。

四、电子支付的安全交易标准和认证

除了通过法律规范确定电子支付中当事人的相互权利义务关系，以保障安全顺利地完成电子支付乃至整个交易过程外，人们不断通过各种途径进行大量的探索，包括在技术和操作程序方面予以改进。电子支付安全标准就是为满足电子支付的安全性要求而开发出的集加密技术、电子签名和信息摘要技术、安全认证技术于一体的各种安全技术措施或者安全技术协议。目前，虽然还没有形成一个公认的成熟的解决办法，但 SSL 安全协议和 SET 安全协议就是这种探索的两项重要结果，并对电子支付中当事人的相互关系产生了新的影响。

（一）SSL 安全协议

SSL 安全协议最初是由 Netscape Communication 公司设计开发的，又叫安全套接层（Secure Sockets Layer）协议，主要用于提高应用程序之间的数据的安全系数。SSL 协议的整个概念可以被总结为：一个保证任何安装了安全套接层的客户和服务器间交易安全的协议。SSL 安全协议的使用，可以确定三个方面的法律事实，进而影响当事人之间的权利义务关系和责任划分：1. 在认证机构和用户之间，它能够确信数据将被加密并被隐藏发送到正确的客户机和服务器上；2. 在指令人和接收银行之间，它可以维护数据的完整性，确保数据在传输过程中不被改变；3. 付款人和收款人之间提供后者对前者的信息保密承诺。SSL 安全协议运作的基本特点是商家对客户信息保密的承诺，客户的信息首先传到商家，商家阅读后再传到银行。这样，客户资料的安全性就受到威胁。另外，整个过程只有商家对客户的认证，缺少了客户对商家的认证。随着越来越多的公司参与电子商务，对商家认证的问题也就越来越突出，SSL 的缺点也完全暴露出来，SSL 协议也逐渐被新的 SET 协议所取代。

（二）SET 安全协议

为了克服 SSL 安全协议的缺点，两大信用卡组织，Visa 和 MasterCard，联合开发了 SET 电子商务交易安全协议。这是一个为了在因特网上进行在线交易而设立的一个开放的以电子货币为基础的电子付款系统规范。SET 安全协议在保留对客户信用卡认证的前提下，又增加了对商家身份的认证，这

对于需要支付货币的交易来讲是至关重要的。SET 安全协议对电子支付在处理过程中通信协议、请求信息的格式、数据类型的定义等,都有明确的规定。

SET 安全协议在付款人和收款人之间确定了以下的权利义务关系:

1. 付款人必须向收款人公开相关信息,即消费者通过因特网选定所要购买的物品,并输入订货单,订货单上需包括在线商店、购买物品名称及数量、交货时间及地点等相关信息。

2. 收款人必须对付款人的与基础交易有关的信息予以确认,即商家通过电子商务服务器作出应答,告诉消费者所填订货单的货物单价、应付款数、交货方式等信息是否准确,是否有变化。

3. 付款人发出指令时必须进行数字签名。在 SET 安全协议中消费者必须对订单和付款指令进行数字签名,同时利用双重签名技术保证商家看不到消费者的账号信息。

4. 收款人必须请求付款人银行的支付认可。即在线商店接受订单后,向消费者的银行请求支付认可,银行确认后,信息通过支付网关到收单银行,返回给在线商店。

5. 付款人和收款人之间的基础交易必须确认。在线商店发送订单确认信息给消费者。消费者端软件可记录交易日志,以备将来查询。

SET 安全协议同时也确定了认证机构的法律地位。在电子支付的每一个环节,消费者、在线商店、支付网关都通过认证机构来验证通信主体的身份以确保通信的对方不是冒名顶替,所以,也可以简单地认为,SET 安全协议中充分发挥了认证机构的作用,以维护在任何开放网络上的电子商务参与者所提供信息的真实性和保密性。因此,安全的电子支付与认证机构密切相连。

五、电子支付立法问题

(一)国外电子支付立法状况

1. 国内立法

美国的电子计算机、网络、通信产业在世界上处于领先地位,电子支付得到了广泛的运用。因此,美国关于电子交付的立法也先行一步,对全球电子支付法律制度具有根本性的影响。美国 1978 年颁布的《电子资金划拨法》(Electronic Funds Transfer Act,简称 EFTA),适用于美联储电子资金划拨系统与消费者电子资金划拨,成为世界上最早出台的有关电子支付的专项立法。由于该法仅适用于美国国内,且只是适用客户是自然人的小额电子资企划拨,如 ATM 交易,不适用于商人客户通过银行办理的大额电子资金划拨与跨国电子资金划拨,美国法律界为填补这一空白,已在《统一商法典》第 4A 篇银行存款和收款中另行增设部分专门适用于这类电子资金划拨的新条款,供各州立法采用。美国《统一商法典》已成为美国规范大额电子资金划拨的最重要的法律,并对联合国国际贸易法委员会起草《国际贷记划拨示范法》产生了重大影响。

1997 年 7 月 30 日,欧盟委员会发布了关于电子支付方式的建议,特别集中于出票人和持票人之间的关系。建议确定了这种关系中合同形式、责任、法律援助、顾客信息等方面的最低要求。1998 年 7 月 29 日,欧盟委员会又发布了两个关于发行电子货币的机构活动的指令,这两个指令的目的是为电子货币发行机构建立规范性的法律框架。这些指令对电子货币做出了定义。

2. 国际立法

国际贸易法委员会国际支付小组起草的《电子资金划拨法律指南》于 1986 年得到了联合国国际贸易法委员会大会的批准,1987 年正式发布。该指南分 5 个部分,分别就电子资金划拨系统,资金划拨协议和划拨指示,欺诈、错误、划拨指示处理不当和有关责任,划拨的完成和法律责任做出了规定。随着跨国电子资金划拨日益普遍,1992 年联合国国际贸易法委员会根据美国《统一商法典》第 4A 篇,制定了有助于减少各国相关电子支付法令的差异,并为提供各国立法依据的《国际贷记划拨示范法》,对命令发送人的义务接受行的义务,银行为履行某项事务的责任以及贷记划拨的完成和后果等做出了规定,以供各国在国内立法时参照采纳。

国际商会很早就开始致力于电子商务惯例的收集和整理,但主要工作大多集中在电子签名的登记和认证等方面。目前,国际商会负责由于商务工程的工作小组,正在起草制定《电子贸易和结算规则》,该规则对电子支付的安全性、数字签名、加密及数字时间签名作了规定,一旦正式通过,将成为全球电子商务及电子支付的指导性交易规则。

(二)我国电子支付立法状况

我国金融电子化程度落后于其他国家,与此相关的立法也较落后。就我国支付法现状而言,虽然《合同法》中肯定了电子数据交换的法律效力,但在分则中并没有规定电子支付的基本权利义务,且《票据法》至 1995 年 5 月才出台。刚刚跟上传统支付法的步伐,虽然各大商业银行及中央银行正在努力发展完善电子支付系统,但银行同业规范的制定和法律转化必然要经过较长一段时间。因此,我国电子支付方面的法律规范必然是局部的修正型的法律规范,而不可能像美国那样的系统的专门法律,与电子支付相关的立法,也只能实行逐步完善的原则。

应该看到,我国各级政府已做了多方面的工作:中国人民银行于1997年四月公布了《中国金融IC卡卡片规范》和《中国金融IC卡应用规范》,1998年9月又公布了与IC卡规范相配合的《POS设备规范》。这三个标准的制定为国内金融卡跨行、跨地区通用、设备共享及与国际接轨提供了强有力的支持;为智能卡在金融业的大规模使用提供了安全性、兼容性的保障。1998年初,国家金卡工程协调领导小组根据国务院指示发出了《关系加强IC卡生产和应用管理有关问题的通知》,要求制定IC卡生产、应用的技术标准和规范。随后,《全国IC卡应用发展规划》、《IC卡管理条例》、《集成电路卡注册管理办法》、《IC卡通用技术规范》等相继出台,为各种电子支付系统的规范化和兼容性提供了契机,使得中国标准金融IC卡作为电子商务中的支付前端成为最安全和最直接的解决方案。1999年1月26日,中国人民银行颁布了《银行卡业务管理办法》,对银行信用卡、借记卡等作出规范。

但总体上,我国有关电子支付的法律法规还很不健全,在电子商务立法方面还有许多工作要做:一方面,银行同业要尽快统一电子支付体系与规范;另一方面,以立法的方式填补电子支付法律体系中的空白是解决我国传统支付法制度不适应的根本途径,这不仅需要制定与电子支付相关的规范,而且为保障电子支付合法有序进行,对交易主体资格、信用、合同规范在内的多方面法律问题都需要明确的规范来调整和制约。

第二节 网上银行的法律问题

一、网上银行概述

(一)网上银行的产生

电子商务的真正实现很大程度上有赖于银行系统的积极参与,而电子商务是借助网络系统进行的,这必然需要新的银行服务方式的产生。传统银行起着商务领域中的结算和交付作用,网上银行肩负着网上交易行为的结算和支付功能,它的产生主要来源于电子商务的需求,它承担着网络上的支付、交易结算和安全保障等重大责任。换句话说,网上银行可以为客户提供各种金融产品。它与以往的银行的不同之处在于没有经营网点,整个银行的员工也大大少于通常概念的银行,客户完全通过因特网与银行建立服务联系,实现

24 小时全天候迅速、方便、可靠的服务。

网上银行是网络经济最重要环节之一,是电子商务发展的中坚力量。网上银行所提供的网上支付功能对电子商务的发展具有关键的支持作用,网上银行创造出的电子货币将改变传统的货币流通形式,畅行于网络经济的支付、结算、交易之中。完整的电子商务一般包括以下三大环节:商情沟通、资金支付及商品配送,如果资金支付没有得到确切的证实,那么商品配送将难以为继。所以网上银行提供的电子支付手段直接关系到电子商务的发展前景。因此,网上银行在实质上是银行透过互联网向网上进行各种电子商务活动的客户提供电子结算的手段。网上银行随网络的出现而出现,随网上商务活动的发展而发展。网上银行把银行的业务移植到网络环境下,几乎所有的银行金融业务都可由网上银行取代。因此,网上银行代表了整个银行金融业未来的发展方向,网上银行创造出的电子货币将改变传统的货币流通形式,成为未来支付和资金流转的主要渠道。

(二)网上银行的概念与分类

网上银行(electronic banking),又称为在线银行、虚拟银行或网络银行,是指银行使用电子工具透过互联网向银行客户提供银行的产品和服务。银行的产品和服务包括提存款服务、信贷服务、账户管理、提供财务意见、电子单据支付以及提供其他电子支付的工具和服务如电子货币。[①]

在电子支付法律关系中,我们可以按银行所承担角色的不同,将网上银行划分为:

1. 付款人银行(transferor bank),是指直接接受付款人支付指令的银行。

2. 收款人银行(transferee bank),是指直接向收款人支付资金的银行。

3. 中介银行(intermediary bank),是指位于付款人银行和收款人银行之间的银行,他们既不是付款人银行,也不是收款人银行,他可能不存在,也可能不止一个。

4. 始发银行(originating bank),是指在一系列付款指令中第一个向其他银行发出指令的银行。

5. 终点银行(destination bank),是指在一系列付款指令中最后收到其他银行指令的银行。

(三)网上银行的特点

网上银行是电子银行发展到目前的极端形式,网上银行作为高新技术的

---

① 周忠海主编:《电子商务法导论》,北京邮电大学出版社 2000 年版,第 101 页。

银行服务的手段其与传统的银行服务体系相比具有以下的特点：

1. 网上银行的服务不受时间和地点的限制

在互联网上，银行客户与银行进行交易，每一笔业务的操作均是通过两者的电脑进行。客户需要等待的时间大大减少，操作简便易行。另一方面，网上银行的建立分流了一批拥有电脑的客户，而且也缓和了现有营业点的压力，减少银行服务的中间和环节，从而网上银行可以向客户提供 24 小时、大范围、跨地区、跨国界的金融交易服务，大大提高银行的服务效率。

2. 经营成本的大大降低

与传统银行相比，网上银行在交易成本上具有无可比拟的优势。将来，银行的许多业务还可以通过广泛的其他企业和社会公共网来完成，从而借助别人的成本来完成自己的业务。广泛地利用互联网开展金融业务，将极大地改善银行的盈利能力。

3. 网上银行是虚拟银行

传统银行的分行是现实的分支机构，而网络银行的物理地址正在逐渐瓦解消失，其分行是因特网带来的电子化空间。

4. 网上银行是智能化银行

传统银行主要借助于资金以及众多银行员工为客户提供服务，而网上银行主要是借助知识和智能，主要靠少数脑力劳动者提供服务。

5. 网上银行是全球化银行

传统银行是通过设立分支机构开拓国际市场的，而网上银行只需要借助因特网便可以将其金融业务和市场延伸到全球每个角落。与全球化相联系的是网络的中心化。网上银行所运行的环境目前基本上是无管制的。

正是因为以上特点，网上银行改变了原来传统金融机构的结构和运行模式，带来了手段更新、内容更丰富、方便快捷、更富于效率的服务。

二、网上银行的设立

银行将业务已经转移到互联网上办理，但目前各国现行的银行法却很少专门涉及该问题。我国的情况亦不例外。网上银行可以是全新设立的网上银行，也可以是原有的商业银行利用互联网开展网上金融业务。在前一种情形下，应当具备《商业银行法》规定设立商业银行的条件，并经人民银行审查批准，颁发经营许可证，向工商行政管理部门办理登记，领取营业执照。目前，我国尚未有新设从事网络银行业务的银行。在后一种情形下，如何操作我国法律尚未给予明确规定。对此，金融机构主管部门应该尽快制定有关法规，并提供有关网上银行的开设标准。

有学者建议,为了监控网上银行风险,为了统一网上支付系统的技术标准和安全标准,建议对于现有银行开展网上业务实行许可制,并由人民银行颁发许可证并实施必要的协调和监管,促进网上支付网关技术兼容,确保银行业务安全,减少网上银行风险。[①]

三、网上银行交易中的问题

网上银行是一种新型服务,其法律问题至少有下述几个方面。

(一)网上银行参与者之间的关系问题

由于网上银行与传统的银行业务在办理上是有区别的,网上银行与客户办理业务是在互联网上进行,现在,有些网上银行已经在因特网上办理客户开户业务,不需要到银行的营业厅,只需要于网上银行的网页上签署文件即可。此种银行与客户之间的合同关系是否得到法律承认仍有疑义。现行法律要求以书面形式签署开户文件,在法律未作修改、承认网上签署形式之前,这种网上签署行为尚不具备法律效力。因此,一方面,网上银行应从业务程序上弥补其漏洞。如在网上签署后可先开展小额业务,并尽快补签书面文件。另一方面,立法部门对网上签署文件的效力应尽快作出明确规定。否则,网上银行的便捷性就很难体现。

(二)网上银行计算机系统故障的风险和责任承担问题

由于计算机系统出现问题,在没有得到客户的同意下将指令发出或是由于计算机系统程序错误和功能失效时,产生的风险和责任应由谁承担?根据香港特别行政区金融管理局《虚拟银行认可》第 2 条第 6 款中规定,虚拟银行必须在其章则及条款内,列明银行及其客户各自的权利及义务。其章则、条款对各方应公平与适当。虚拟银行必须提醒客户在使用虚拟银行服务时有责任确保系统安全,以及若没有履行此责任而可能要承担的后果。章则及条款更应特别列明银行与其客户之间如何分担因保安系统遭破坏、系统故障或人为失误引致的任何损失。如因上述原因导致损失,除非客户以欺诈手段行事或严重疏忽(如未能妥善保管其密码),否则,客户不应就利用其账户进行的未授权交易而引致的直接损失负责。

(三)网上银行的营业时间问题

网上银行可 24 小时服务,但是提供网上银行服务的金融机构一般日常营

[①] 高富平、张楚:《电子商务法》,北京大学出版社 2002 年版,第 230~231 页。

业时间是从上午9点到下午5点,且在节、假日休息,不办理业务,而现行法律只认可金融机构的日常营业时间。对网上银行24小时都进行交易的,其营业时间应如何确定?有观点认为,由于网上银行服务刚刚开展不久,对其交易时间仍以一般的营业时间为准,对于超过通常营业时间所进行的交易应视为是在下一个工作日完成的,当然这种规定只针对银行而言。对客户来说,依然可以在网上24小时接受网上银行的服务。

四、网上银行的风险防范问题

在网络环境下,客户不需要到银行的营业地点而只需要到网上银行的网页上签署文件就可以建立。另外,在电子商务中,商家或网络商业中心与银行支付网关存在支付协议或类似的协作关系,使支付与交易融为一体。将银行业务移至网上的开展,将使银行面临更大的风险,对于银行自身而言,必须有一套风险防范措施,以减少网上银行业务的风险。由于我国目前在网上银行的立法和司法实践方面还基本处于空白状态,这就使银行建立整套网上业务风险防范机制十分必要。这些防范机制可以概括如下:

(一)开户审查和签约

对网上银行客户开设条件和程序应有一定限制和规范。首先,对客户的经济收入、信用度应有一个最低准入标准;其次,开户时要核验开户人的身份证件和必要的法律文件;最后,要向客户提供客户须知之类的资料,使客户了解网上支付流程、规则和安全措施。

(二)树立风险防范意识

银行应加大对网上银行的宣传,使客户具备基本的网络知识,并了解网上业务风险防范规程。尤其是交易密码和认证机构认证,应告知客户严格保密,并尽量不委托他人办理。在密码遗失、泄露时,应立即与银行联系并申请挂失。

(三)建立身份认证制度

网上支付最大的风险是非真实所有人伪造相关证件,盗用真实所有人的密码或身份资料划拨资金。为防止此类事件发生,网上银行必须建立身份认证制度,设计安全周密的身份核验、资金划拨流程,并经常对网上支付状况进行监督。为从源头防范欺诈风险,应防止非财产真实所有人伪造相关证件,抢先申请网上银行服务,并以账户真实所有人的名义划拨资金,对于个人客户银行应严格审查申请人的身份证件和开户材料,并保证签约柜台的双人临柜操作;对于法人客户应严格审查其营业执照和年审情况,并对其网上银行服务申请中的法人公章和印鉴,以及在本行预留的公章和印鉴于以核对。

(四)置备严密完善的合同

鉴于我国在立法和司法实践方面对电子商务及网上银行均处于起步阶段,银行应在提供服务前与客户签订(网上银行服务协议)对网上银行业务中可能产生的一系列权利与义务事先予以明确约定。在不违反现行法律强制性规范的前提下,这些约定将成为划分客户和银行的责任及解决纠纷的重要依据。一般而言,该服务协议至少应包括以下内容:

1. 支付指令的接受。客户支付指令必须符合以下条件:(1)金额固定;(2)受益人确定;(3)受益人的名称和账号等要素正确、一致;(4)客户在该银行的账户上有足够支付划拨款项和费用的存款;(5)该支付为无条件付款。对于不符合上述条件的支付指令,银行可以拒绝接受,并立即通知客户其指令未被接受,并告知原因。

2. 安全程序的选定。银行和客户应约定一个对支付指令的真实性进行认证的安全程序。该程序一般由银行提供。若银行对收到的支付指令经过认证证书和身份密码等安全程序的证实,由这一指令所产生的后果应由客户承担。客户应妥善保管认证证书及密码,若因丢失、被盗等原因泄露,致使他人通过安全程序进入客户账户所造成的损失,应由客户自己负责。

3. 网上资金划拨的终结点。对划拨发端人代理行较为有利的约定为:一旦银行将划拨金额贷记了发端人在该行的账户,划拨即告完成。此后,发端人不得撤销其指令,更不得撤回划拨款项。除非划拨人代理行或受益人代理行发现支付指令有误而停止划拨。

4. 在服务合同中约定风险和责任

网上银行在提供服务前应当与客户签订《网上银行服务协议》,对网上银行业务中可能产生的一系列权利、义务和责任事先予以明确约定,在不违反现行法律法规强制规定的前提下,合理分配风险和责任。这主要包括以下几个方面:

(1)银行和客户的责任。银行应正确、按时完成客户的划拨指令,对于银行迟延或不当履行支付指令所造成的损失,应适用退款保证原则,即应退还客户划拨资金本金及利息。由于银行本身无法预见每一笔资金划拨的间接损失,对于特别重大的划拨事项,客户应在发出支付指令之前,明确通知银行该笔划拨事关重大,否则,应推定银行无法预见间接损失,而不需承担间接损失赔偿。在客户明确告知银行该项划拨事关重大的情况下,对客户的预期利润问题,双方可以约定一个最高赔偿比例,并只按照事先设定的最高额赔偿。而在客户方面,则应保证其支付指令的正确性,若因支付指令有误造成的损失,应由客户自己承担。

(2)证据的存留与效力。银行和客户应以对账单或网上查询的方式定期核对账目。若银行在按客户提供的住址及电子邮件信箱送达对账单后的若干个工作日内,或在网上资金划拨完成后的若干个工作日内,客户未向银行提出异议的,银行保留的电子凭证和交易记录即作为确定客户网上交易内容的唯一有效的证据。

(3)银行的免责条款。为在法律无明确规定的前提下充分保护自身利益,银行应和客户明确约定免责条致,如不可抗力(战争、自然灾害)、电力故障、大规模计算机病毒、其他网上资金划拨参与方的过错等。

(五)建立内部安全运作的管理规章

网上银行应当管理和运用好自己的资金,防止客户透支或其他违法活动,为此必须制定相应的规章,规范网上银行资企划转的条件和程序,严格要求网上支付的工作按规章和流程操作。

(六)建立公平、高效的纠纷解决机制

网上银行与客户可通过协议建立一套公平、高效的纠纷解决机制。为尽量避免诉讼,纠纷当事人首先应查明事实,在分清责任后按各方事前协议的约定公平合理地解决纠纷。为避免因协商不成而纠缠不清,最好在服务协议中明确约定合同成立地与生效时间,以及诉讼的协议管辖问题。

第三节 电子货币的法律

一、电子货币概述

货币,按照马克思的精辟定义,本质上是起一般等价物作用的特殊商品,同时体现一定的社会生产关系。货币的形态有实物货币、金属货币、纸币、存款货币、电子货币等。① 电子支付的主要形式是电子货币,而电子货币的发行和划拨等均是通过网络银行实现的。

(一)电子货币的概念

电子货币简单地说就是以数据或电子形式存在的货币。各国推行和研制

---

① 周忠海主编:《电子商务法导论》,北京邮电大学出版社2000年版,第109页。

的电子货币千差万别,其基本形态大致一致,使用者以一定的现金或存款从发行者处兑换并获得代表相同金额的数据,并以可读写的电子信息方式储存起来,当使用者需要清偿债务时,可以通过某些电子化媒介或方法将该电子数据直接转移给支付对象。这种电子数据便可称为电子货币。

(二)电子货币的种类

1. 按电子化结算方式,电子货币可分为价值转移式和支付方法式的电子货币。前者指本身即具有价值的电子数据。后者则指以电子化方法传递支付指令给结算服务提供者以完成结算。

2. 按支付时间,可分为三种:(1)先存款,后消费的预付型电子货币。(2)在消费的同时,即从银行账户转账的即付型电子货币。(3)"先消费,后付款"的后付型电子货币。

3. 按形态,电子货币可分为以下几种:储值卡型、信用卡应用型、存款电子化划拨型、电子现金型等。

(三)电子货币的特点

1. 从形态上看,电子货币具有无形性的特点。电子货币脱离了货币的传统形态,不再以金属、纸张等可感触的形式出现,而是以电子数据形式储存,故又得名数字现金、虚拟货币。

2. 从技术上看,电子货币的发行、流通、回收均采用电子化手段,有些电子货币品种还实现了网上在线支付。此外,为保证其安全性,还采用了信息加密、数字签名、数字时间戳等措施。

3. 从主体看,电子货币当事人一般包括电子货币发行者、使用者以及中介机构。电子货币的使用者可是一个,或是多个;中介机构一般为银行等金融机构。

4. 从结算方式看,无论电子货币在流通过程中经过一次或多次换手,其最后的善意持有者均可向电子货币发行者或其前手提出对等资金的兑换要求。

除此之外,电子货币还具有普遍性、多用途性、预先储值性、隐蔽性特点。

二、电子货币若干法律问题

(一)电子货币的性质问题

对于电子货币是否构成货币的问题,在学术界尚有争论。一些法律学者认为在经济学界对货币的概念尚无定论的前提下,将电子货币是否构成一种新型货币的论证任务交给法学家是不现实的。我们电子货币是否具有货币的特征,应视其具体情况而定。信用卡、储值卡类的初级电子货币,实际上是查询和转移银行存款的电子工具,或者是实现货币支付的电子化工具,并不是严格意义上的货币。而现金模拟型电子货币,则初步具备了流通货币的特征。但是,要真正成为流通货币,现金模拟型电子货币还应当满足以下条件:1. 被广泛地接受为一种价值尺度和交换中介,而不是仅作为一种商品;2. 成为不依赖于银行或发行机构信用的用于清偿债务的最终手段,接受给付的一方无须保有追索权;3. 自由流通,具有完全的可兑换性;4. 本身能够成为价值的保存手段,不需通过收集、清算、结算来实现其价值;5. 完全的不特定物,支付具有匿名性。

就目前使用的电子现金而言,其价值均以既有的现金、存款为前提,是发行者将既有货币价值电子化的产物。因而,持有电子货币,仅表示具有向发行者兑换等价值现金或存款的权利。此外,根据货币法定原则,电子货币要成为一种通货,还需经国家立法的明示认可。现有电子货币是以既有货币为基础的电子化衍生物,故不能作为一种完全独立的通货。

(二)电子货币的发行问题

电子货币的发行主体在法律上如何定位?按较流行的观点电子货币只是一种"储值"或者"预付"产品,即将客户所能支配的资金或者货币币值存储于其持有的某种电子设备上,如智能卡、电子钱包、电子现金等,因此,其他金融机构和非金融公司也拥有发行电子货币的权利。而且,从技术上讲,具备一定技术条件的商家都可以发行电子货币。

目前,各国在电子货币的发行主体问题上尚无统一解决方案,而是根据具体国情而定。例如,1994年欧共体结算系统业务部提交的《关于预付卡的报告书》中指出:电子钱包发行者收取的资金应视为银行存款,原则上只允许金融机构发行电子钱包。德国在《信用制度法》修正案中规定:所有电子货币的发行均只能由银行开办。美国由于其开发新型电子货币的主力多为民间机构,因而,在此方面未作限制。我国1996年起实行的《信用卡业务管理办法》中规定,信用卡的发行者仅限于商业银行,对于信用卡之外的其他电子货币种类,我国尚无具体的发行资格限制。银行作为吸收存款、进行资金融通的法定机构,财务体制较为健全,信誉较高,是适当的电子货币发行者。其优越性表现在:一方面,易为消费者所信赖,从而有利推广电子货币的使用;另一方面,国家对银行的监管较严格,便于对整体货币运行状况进行监控,并适时调整货币政策。对一些商誉良好,具有雄厚资金实力和健全财务制度的大型企业,也可根据其业务需要,在经监管部门审查批准后,发行一定限额的电子货币。为避免发行者在破产或其他情形下丧失兑现能力以致损害消费者利益,可以要求电子货币发行者,在向监管机构缴存了占其发行金额一定比例的保证金或办理了相应的保险后,方可发行电子货币。

第四节 电子资金划拨的法律问题

一、电子资金划拨概述

(一)电子资金划拨的概念

以数据形式存储在计算机中并能通过计算机网络而使用的资金被形象地称为电子货币,其赖以存在的银行计算机网络系统被称为电子资金划拨系统。电子划拨主要是指电子资金划拨,也叫电子处理资金划拨、电子转账及自动结算。美国1978年《电子资金划拨法》对其下了一个相当广泛的定义,电子资金划拨是指不以支票、期票或其他类似票据的凭证而是以电子终端、电话、电传设施、计算机、磁盘等命令,指示或委托金融机构向某个账户存款或从某个账户提款;零售商店的电子销售安排、银行的自动提款交易、银行客户通过银行电子设施进行的直接存款或提款等。现行的电子资金划拨多为贷方划拨,即债务人作为发端人向其代理行发出支付指令,发端人代理行通过中介银行或直接向受益人代理行发出支付指令直至款项最终到达受益人。

电子资金划拨的当事人最多可有五方:

1. 资金划拨人或称发端人(originator);
2. 发端人代理银行;
3. 收款人或称受益人(beneficiary);
4. 受益人代理银行;
5. 其他参与电子资金划拨的银行,称为中介银行(intermediary bank)。

其中发出支付指令的一方统称为发送方,接收到该指令的另一方统称为接收方。

(二)电子资金划拨的类型

根据支付系统处理划拨的类型可以将它们分为两类。一类是借记划拨(credit transfer)系统,另一类是贷记划拨(debit transfer)系统。电子资金划拨系统特别是大额电子资金划拨系统,基本上是贷记划拨系统。

借记划拨是债权人向银行发出支付指令,以向债务人收款的划拨。贷记划拨是债务人向银行发出支付指令向债权人付款的划拨。

电子资金划拨系统根据服务对象的不同与支付金额的大小分为小额电子资金划拨系统(又称零售电子资金划拨系统)与大额电子资金划拨系统(又称批发电子资金划拨系统)。前者服务对象主要是广大消费者个人,特点是交易发生频繁、交易小、多样化;后者的服务对象包括货币、黄金、外汇、商品市场的经纪商与交易商,在金融市场从事交易活动的商业银行以及从事国际贸易的工商业企业,其金额巨大,在支付时间性、准确性与安全性上有特殊要求。常见的小额资金划拨系统有:销售点终端设备(Point of Sales,简称 POS)、自动柜员机(Automatic Teller Machine,简称 ATM)、居家银行服务(Home Banking)、自动清算所(Automated Clearing House,简称 ACH)。主要的大额资金划拨系统有联邦电划系统(Federal Electronic Transfer System,简称 FETS)、清算所银行间支付系统(Clearing House Interbank Payment System,简称 CHIPS)、环球银行间金融电讯协会(Society For Worldwide Interbank Financial Telecommunication,简称 SWIFT)。

(三)电子资金划拨的特征

1. 电子资金划拨的无因性

电子资金划拨或网上支付与票据交易类似,具有无因性,即无论交易的基础原因关系成立或合法与否,一旦银行按照客户以正常程序输入的指令操作后,其支付一经作出即不可撤销,不能以原因关系为由而否定电子划拨行为本身的有效性。发端人不得以其支付指令有误,或支付原因不合法为由,要求银行撤销已完成的支付行为,而只能向收款人就错收的款项主张民事权利。

电子资金划拨的无因性是与维护网上银行的快捷、方便与稳定性密不可分的。其无因性是由网上支付的快捷性所决定的,表现了商法的效率原则。倘若因为基础原因关系不合法而否定整个电子划拨行为,将导致该行为所涉及的多方当事人的行为归于无效,进而使网上支付失去其快捷、方便、稳定性而失去存在的基础。当事人支付的基础原因问题,可通过其他法律手段解决。譬如发端人可根据民法不当得利的规定,要求收款人返还多收的款项。

2. 发端代理行的直接责任

发端人代理行应就其后的一系列划款行为向发端人承担责任。在电子资金划拨关系中,每一当事人只与其代理人有合同关系,而与其他当事人之间无直接合同约束。所以,当发端人代理行之后的划拨参与行未履行、迟延履行或不当履行支付指令造成资金未能按指令到位时,发端人有权要求发端人代理行承担违约责任。对客户而言,这一规则体现了交易安全性,对于保障发端人利益是极为有意义的。

二、电子资金划拨当事人之间的法律关系

电子资金划拨涉及的当事人主要是银行、客户、数据通信网络系统以及电子交换所。现对有关当事人之间的法律关系分析如下：

(一)银行与客户的法律关系

电子资金划拨是依照银行与客户所订立的协议来执行的,银行与客户之间的协议通常是由银行起草并作为开立账户的条件递交给客户的,这种协议属于格式合同。可见,银行与客户的关系还是以合同为基础的。虽然各银行与客户协议的内容不尽相同,但是银行承担的基本义务就是依客户的批示准确、及时地完成电子资金划拨。

在分析银行与客户的关系中时,我们还得注意区别发送银行与接收银行各自与客户的关系：

1.对于发送银行与客户的关系,在发送银行的义务范围上,发送银行承担如约执行资金划拨指示的责任。一旦资金划拨失误或失败,发送银行应向客户进行赔付,除非在免责范围内。如能查出是哪家银行的过失则该银行向发送银行赔偿,如不能查出差错出在哪里,则整个划拨系统分担损失。

2.对于接收银行与客户的关系,接收行与其客户的合同要求它妥当地接收所划拨的资金,也就是说它一接到发送银行传送来的资金划拨指示便应立即履行其义务。如有延误或失误则应依接收行自身与客户的合同处理。

(二)银行之间的法律关系

按照CHIPS(美国银行间清算系统)或CHAPS(英国银行间清算自动支付系统)等系统的规则,电子资金划拨的参与银行之间负有合同义务。它们应对系统的信息作出反应并遵守其规则。事实上各银行的权利义务可以说是受一合同链约束的。当发送银行通过电子资金划拨网发送信息,其具体内容是依客户指示按时足量地将资金划拨到接收银行,这就构成对接收行的一个要约。当接收行确认了这一信息,则形成承诺,于是发送行和接收行之间产生了合同关系。

(三)银行与电子交换所的法律关系

电子交换所也是整个银行业系统的组成部分,属于银行间清算系统。一般来说电子交换所在电子资金划拨系统中很少为错误或欺诈导致的资金划拨失败、延误或失误承担责任,而由参与银行分担损失。

(四)银行与数据网络系统的法律关系

电子资金划拨的参与银行与数据通信网络系统也是合同关系。数据通信

网络系统的义务主要是:按正确的模式依协议传递信息,采取防止信息传递失误的安全措施,确保信息被传递到接收人处,保证信息的机密性和安全性。

三、电子资金划拨若干法律问题

(一)支付指令的接收及认证问题

1. 银行对支付指令的接收或拒绝。电子划拨中的支付指令,指发端人通过互联网向其代理银行发出指令,要求该行向特定的受益人支付一笔固定或可确定数量的资金。银行应与客户在服务协议中对支付指令的形式要件明确约定。若银行收到不符合所要求的支付指令,或支付金额超出了客户在银行的存款额,应及时通知指令人不予执行并说明原因。据美国《统一商法典》第4A篇和联合国国际贸易法委员会《国际贷记划拨示范法》的规定,任何接收银行是否接受并执行一项支付命令完全是自愿的,即银行有权拒绝任何支付指令,除非双方事先另行订有协议。但是,银行若拒绝一项支付指令,需以最合理的方式通知发送指令方。

2. 支付指令的认证问题。当发端人代理行接收到一项付款指令时,除了需审查该项支付指令是否具备形式要件、客户是否存有足够的资金外,还须对该指令予以认证。认证,即指银行为确认发出支付指令的客户身份所采取的鉴别措施,以防止未经银行客户授权者伪装成客户向其代理银行发出支付指令,以骗取划拨资金。

(二)电子资金划拨的终结问题

电子资金划拨的终结问题,即一项电子资金划拨何时可以认为业已完成的问题。电子资金划拨参与银行一旦按照指令人的支付指令完成了划拨,该划拨行为就不能撤回,因此,界定电子资金划拨何时终结就显得非常重要。许多法律制度均认为电子资金划拨的完成会产生一系列法律后果,电子资金划拨的完成是一个非常重要概念。

电子资金划拨类似于票据关系,电子资金划拨一旦完成即具有不可撤销性。美国《统一商法典》第4A篇规定:受益人的账户被贷记后,即使受益人尚未提取贷记的款项,其提取贷记款项的权利也不可剥夺。一旦受益人银行将款项支付给了受益人,该支付即具有终结性和不可撤销性,这就是接受人终结原则。

但是,如何确定指令人代理行完成划拨指令的时间呢?联合国国际贸易法委员会《电子资金划拨法律指南》提出了6种方案,其中比较合理的有:

1. 指令人在其代理行的账户被借记时视为划拨的终结点;

2. 受益人银行接受划拨指令的时间;

3. 受益人在其代理行的账户被贷记时间;

4. 受益人代理行向受益发出其账户已被贷记的通知时;

5. 划拨资金到达受益人账户时。

正因为电子资金划拨完成的概念不很明确,故其完成时间目前也存在争议。在联合国国际贸易法委员会起草《国际贷记划拨示范法》时,各国代表对此就难以达成共识。主要有两种观点,一种观点认为资金处于受让人实际控制之下才算完成了资金划拨。法国、瑞士、芬兰和中国等代表持此主张。另一种观点主张,受让人银行为受让人利益接受了支付指令之时,资金划拨即算完成。后来鉴于第二种观点能使发端方银行免除对于受让人的进一步义务,这一客观的规定易为参与划拨各方所接受,故示范法采纳了第二种观点。

(三)支付指令有误时的责任承担问题

支付指令有误包括以下情况:

1. 支付指令表述有误。支付指令表述有误,是指支付指令中存在实际与表述不一致的信息,如受益人名称有误、受益人名称和账号不符等。支付指令表述有误在电子划拨中时有出现。美国《统一商法典》第4A篇规定,当存在对受益人情况误述,不能确定受益人时,任何人无权作为受益人。受益人代理行有权不接受发端人代理行的支付指令,发端人代理行应将款项退回发端人。由此造成利息及其他损失,由发端人自行承担。

2. 支付指令错误。支付指令错误,是指支付指令的内容本身存在错误,或在传输过程中产生了错误。从法律角度看,支付指令错误并非欺诈,其关键在于产生损失后的责任承担问题,即应由指令发送人承担损失还是由指令接收人承担损失的问题。美国《统一商法典》第4A篇规定,指令发端人应对其支付指令的正确性负责。若因支付指令有误导致了损失,该损失应由发端人承担。但是,若发端人做到以下三点,则损失应由指令接收人承担:(1)发端人完全按照其与接收人约定的错误检测安全程序发送了支付指令;(2)接收指令人未遵循约定的安全程序;(3)若接收指令人完全按照安全程序行事,损失不会发生。发端人不能证明以上三点之一的,均应承担因支付指令错误造成的损失。对于支付指令在传输过程中出现的错误,即所谓"转换错误",指既非发端人亦非接收人造成,而是由于电子划拨系统故障致使支付指令出现的错误,根据美国《统一商法典》第4A篇的规定,也应由发端人承担由此造成的损失。我国对此尚未有明确的法律规定,所以对于传输过程中出现的支付指令错误的损失承担问题,最好以协议的方式予以明确约定。

3.支付指令执行错误问题。是指支付指令本身并无差错,但是接收指令的一方在执行过程中出现了差错。对此支付指令发出人本身并无过错,故不应承担责任。而指令接收人错误执行指令,存在过错,应对由此造成的损失负责。因此,当出现超额或重复付款时,代理银行仅能要求发端人支付其指令范围内的金额,对超额部分,应按不当得利规则要求受益人返还;当出现支付短款的情况时,代理银行除应补足短款外,还应赔偿支付迟延的利息。

(四)退款保证与间接损失问题

在支付指令接收人因不当履行支付指令造成电子资金划拨未能完成时,应适用于退款保证原则。该原则的内容是:在电子资金划拨未能完成的情况下,该划拨行为所涉及的每一个指令发送方有权得到相当于支付指令本金及其应计利息的退款。

根据美国《统一商法典》的规定,银行迟延执行、不当执行或根本未执行支付指令,其应当承担的责任仅限于退还相当于划拨资金本金和利息以及划拨费用的款项,除非另有约定,银行不承担划拨未能完成所造成的间接损失,如划拨人预期可得到的利润。这一规定,较好地分配了电子支付关系当事人的注意义务,我国在进行相关立法时可以选择借鉴。

第五章 电子商务税收法律问题

第一节 电子商务对税法的冲击与挑战

一、概述

以因特网为基础的全球化电子商务在改变传统贸易框架的同时必然在某种程度上给现行税收制度及管理手段提出新的要求和挑战。信息革命在推进税收征管现代化、提高征税质量的同时,也使传统的税收理论、原则受到不同程度的冲击。税收作为国家实现其职能取得财政收入的一种基本形式,同样也受到了电子商务的深刻影响:一方面,电子商务的迅猛发展开拓了广阔的税源空间;另一方面,电子商务对传统的税收制度、政策和国际税收等产生了前所未有的冲击。目前,国际社会对电子商务税收,还没有一致的看法,仍然处在探索阶段。我国也在不断探索电子商务的税收政策以及征税税种、征税方式等。受全球电子商务活动冲击最大的当属各国税务当局。电子商务以其前所未有的无形方式,媒介虚拟化的国际市场交易,其交易参与者的多国性、流动性、无纸化操作的快捷性等特征,已使各国基于属地和属人两种原则建立的税收管辖权面临挑战,以往对交易性质、纳税主体、客体的认定以及纳税环节、地点等基本概念均陷入困境。

现行税制是建立在有形交易的基础上,而电子商务的数字化的信息交易的出现极大地削弱了现行税制存在的基础。现行税法的征税对象以物流为主,容易监控。而电子商务下的征税对象则以信息流为主,再加上电子加密技术,难以监控和定义,纳税环节不易认定和控制。现行税法对纳税环节的规定是基于有形商品的流通过程和经营业务活动的,主要适用于对流转额征税。而在信息产品交易中,由于交易对象不易认定和控制,因而原有的纳税规定难以执行。原来可以作为有形物买卖的计算机软件、书籍、音乐作品等均可以数字化信息的形式通过网络传送,在其被转化为文字或图像以前,税务局很难了解交易的内容和性质;即使税务当局掌握了数字化信息的内容,在线交易往往带有混合销售性质,根据现行税收政策也难以对该交易所得进行确切分类,因为这是商品销售还是特许使用权转让,对数字化产品究竟界定为货物还是服务,对网上销售是属于商品销售应征收增值税,还是属于转让无形资产应征收营业税,引起税收征管的困难。

二、电子商务面临的主要税收法律问题

(一)对纳税人身份的认定问题

纳税人身份认定的问题,就是税务机关正确判定其管辖范围内的纳税人的问题。在传统的交易模式中,纳税人及交易活动是以实际物理存在为基础的,因此对纳税人的判定不存在问题。传统贸易形式下商品的跨国流通一般通过有固定场所的贸易公司来完成,而电子商务削弱了商品或劳务提供者与消费者之间地理位置上的联系,使商品或劳务的交易活动由固定的场所转移到了没有固定场所的、开放的国际互联网络上,跨国贸易可以不通过贸易公司,而通过连接世界的国际互联网来完成,某一企业无需在国外设立常设机构便能在市场进行交易。同时,由于消费者和制造商都可以隐匿其名称和居住地,如何确认由于商务中从事经营活动的公司或个人的居民身份就成为一个的新难题。

(二)对征税客体的认定问题

征税客体又称征税对象,在税法中主要是指纳税人的应税所得。而电子商务不需要发生商品的实物转移的特点,使政府难以掌握全面的有关纳税人活动的信息。同时,电子商务进行的产销直接交易,降低了传统的中介机构,如银行和代理商的作用。在传统商业活动中,中介机构可以作为税务当局获取交易信息的途径之一,可以代为扣缴税款。而电子商务交易的使用,尤其是电子货币的广泛采用使得税务机构无法跟踪,难以查清纳税人的收支情况。

(三)电子商务交易过程的可追溯性问题

电子商务交易过程的可追溯性,简单地说就是确定了纳税主体后,是否有足够的依据收到税,证据是否足够,是否可查。以往征税有发票、账簿作依据,纳税人纳多少税通过发票、账簿来计算。而电子商务交易过程中发票、账簿等均可在计算机网络中以电子形式填制,而这些电子凭证又可以轻易地修改不会留下任何痕迹、线索。并且,随着电子银行的出现,一种非记账的电子货币可以在税务部门毫无知觉的情况下完成纳税人之间的付款业务,无纸化的交

易没有有形合同,使本应征收的增值税、消费税、营业税、关税、所得税、印花税等均无从征收。这也使税收征管稽查工作失去了基础,税务部门无账可查。再加上随着计算机加密技术的发展,纳税人可以利用超级密码隐藏有关信息使税务机关搜集信息更加困难。①

(四)电子商务过程的税务稽查问题

在具备税收管辖权、商务交易过程可追溯的前提下,电子商务稽查就成为保障电子商务税收的重要一环,即是否能足额征收的问题。电子商务的特点之一是无纸化。无纸化交易行为对于现行税制形成了强大的冲击,其中最主要的是动摇了纸面凭证作为计税和稽查的基础。传统的税收征管和稽查,税务机关要进行有效的征管稽查,必须掌握大量有关纳税人应税事实的信息和精确的证据作为税务机关判断纳税人申报数据准确性的依据。为此,各国税法普遍规定纳税人必须如实记账并保存账簿、记账凭证以及其他与纳税有关的资料若干年,以便使税务机关检查,这就从法律上奠定了以账证追踪审计作为税收征管的基础。而电子商务是通过大量无纸化操作达成交易,税收审计稽查失去了最直接的实物凭据,许多电子产品的订购和交货都在网上进行,电子记录可以不留痕迹地加以修改,这使得确认购买、销售的过程复杂化,并且,因特网贸易的发展刺激了支付系统的完善,联机银行与电子货币的出现加大了税务机关通过银行的支付交易进行监控的难度。还有,随着计算机加密技术的成熟,纳税人可以使用加密、授权等多种保护方式掩藏交易信息。如何将网上交易进行监管以确保税收收入及时足额地入库是网上征税的又一难题。

(五)电子商务面临的流转税问题

1.增值税、关税问题。我国《中华人民共和国增值税暂行条例》规定,在我国境内销售货物或者提供加工、修理修配劳务,以及进口货物的单位或个人就其取得的货物或应税劳务金额,以及进口货物金额计算税额。在电子商务中,因为在线式电子商务交易完全通过网络进行,税务机关无法进行有效的监督和征管。税务机关目前很难掌握通过网络进行销售的电子商务企业的确切的商品交易量以及相应的价款,而且,进行网络销售的电子商务企业还可以通过多设银行账户来规避税务机关的监管。这些新的变化都会对税务机关的税收监管带来新的问题。电子商务对关税的影响与对增值税的影响相类似。目前,国际上对在线式电子商务的关税政策基本是采取免税的态度,这种状况会

---

① 齐爱民、徐亮:《电子商务法原理与实务》,武汉大学出版社2001年版,第178~179页。

在各国电子商务的发展中不断变化。但是,有一点是应该指出的,关税的保护功能之一是使国家经济不受外国经济的侵略,该功能在网络中已经消失殆尽,关税作为保护一个国家的民族工业的屏障的作用在网络中已经不复存在。

2.营业税问题。《中华人民共和国营业税暂行条例》规定,营业税是对在我国境内提供应税劳务、转让无形资产或者销售不动产的单位和个人就其取得的营业额征收的一种税;境外单位或者个人在境内发生应税行为而在境内未设有经营机构的以代理者为扣缴义务人,没有代理者的,以受让者或购买者为扣缴义务人。在跨国交易中,当通过因特网以数字化方式提供劳务或无形资产给境内使用的,根据《中华人民共和国营业税暂行条例》的规定属应税行为,但是,由于存在下列原因,在认定纳税人时存在极大困难:(1)外国劳务提供者可能直接面向大量普通的消费者,给税务机关执法带来困难;(2)很难认定劳务提供者在国内是否有经营机构和代理人;(3)无形资产受让者在网上交易的情况下很难确定,尤其是在数字加密技术普遍采用的情况下。

3.消费税问题。我国对消费税的征管是采取间接税的征管方式。即通过对产品的生产和流通环节征税。由于电子商务的出现,消除了商品生产者与消费者间的中间环节,特别是 BtoC 商务模式消除了中间商,对消费税的间接税政策已经不能产生其在传统商务模式下的作用,而只能用直接税的方式才能保证税收对经济的调节。

(六)电子商务面临的所得税问题

1.电子商务对所得来源地认定的影响

目前,我国对非居民仅就来源于国内的所得征税,而对居民则对境内外所得全部征税。在电子商务环境下,所得的来源地难以判断。假定我国居民在美国设立一个网站,直接通过因特网向全世界销售商品,则我国居民由该网站取得的所得是否属于来源于美国的所得?

2.电子商务对所得分类的影响

网络交易模糊了所得的种类,因此,电子商务对所得税法的冲击也体现在对所得的界定问题上。在我国实行分类所得税制,不同种类所得税适用不同的税率。在电子商务时代,营业所得、特许权使用费所得、劳务报酬等所得之间的分类变得模糊不清。例如,某非居民公司通过互联网传送统计资料给我国用户时其取得的所得,应属来源于我国的所得,但是属于哪种呢?在这种情况下,对电子商务交易的不同认定将会导致对所得税适用的影响,由于所得类型模糊化,又将导致新的避税行为。

(七)电子商务税收管辖权的确定问题

税收管辖权确定的困难,已在电子商务中显现出来,这主要是由于世界各国所采取的确定税收管辖权的标准不同引起的。所谓税收管辖权是指一国政府对一定的人或对象征税的权力。税收管辖权主要包括居民税收管辖权和所得来源地税收管辖权两种,确定税收管辖权的前提是确定纳税人的居民身份和某一所得的来源地,而在电子商务环境下,纳税人的居民身份和某一所得的来源地的判定将面临重重困难,并且,在处理相关问题的过程中极易造成重复征税或偷漏税的现象发生。

(八)电子商务的转移定价问题

在电子商务环境下,利用转移定价进行避税的问题将更为普遍。在传统交易中,利用转移定价避税已屡见不鲜,税务机关均使用可比较利润法、成本加价法、转售价格法等对非常规交易的价格和利润进行调整。在电子商务时代,企业可通过因特网或内部网络进行转移定价,这势必对传统的转移定价调整方法带来挑战。

除此之外,电子商务还对国际税收协定有关规则的适用问题提出了挑战,例如,所得分类规则、常设机构规则等规则的适用。

第二节 国际上对电子商务税收的态度及我国的对策

一、国际上对电子商务的税收政策

(一)美国对电子商务的税收政策

一个政府对某一新兴产业的重视程度及扶持与否,往往可以从其税收政策上得到一定程度的体现。美国作为电子商务应用面最广、普及率最高的国家,已对电子交易制定了明确的税收政策,该政策的出台除对其本国产生影响外,也对全球贸易产生了冲击。

美国财政部于1996年下半年颁布《全球电子商务选择性的税收政策》白皮书(*Selected Tax Policy Implication of Global Electronic Commerce*)提出,为鼓励因特网这一新兴技术在商业领域的应用,各国税收政策的制定和执行应遵照一种中立的原则,即不提倡对电子商务征收任何新的税收。美国财政部认为没有必要对国际税收原则做根本性修改,但是要形成国际共识,以确保建立对电子商务发展至关重要的统一性。应实行非歧视性税收,明确对电子商务征税的管辖权以避免双重税赋。

1997年7月1日,美国政府在《全球电子商务政策框架》中号召各国政府尽可能地鼓励和帮助企业发展因特网商业应用,建议将因特网宣布为免税区,凡无形商品(如电子出版物、软件、网上服务等)经由网络进行交易的无论是跨国交易或是在美国境内的跨州交易均应一律免税,对有形商品的网上交易其赋税应按照现行规定办理。

1998年5月14日,几经修改的因特网免税法案在美国参议院商业委员会的通过为美国本土企业铺平自由化的发展道路。

(二)欧盟对电子商务的税收政策

在1997年4月欧洲贸易委员会发布了《欧洲电子商务动议》支持了美国财政部的电子商务税收的中性原则,认为通过修改现行税收原则较之开征新税和附加税为更佳。在1997年7月8日,有20个国家参加的欧洲电信部长级会议通过了支持电子商务的宣言——《波恩部长级会议宣言》,主张官方应尽量减少不必要的限制,帮助民间企业自主发展以促进因特网商业竞争、扩大因特网的商业应用。这些文件初步阐明了欧盟为电子商务的发展创建"清晰与中性的税收环境"的基本政策原则。

1999年欧洲委员会公布了网上交易的税收准则,包括如下几点:不开征新税和附加税,努力使现行各税特别是增值税更适应网上交易的发展,在增值税上,对电子转播视同劳务,确保税收中性原则。欧盟以外的国家以联机形式提供给欧盟个人的无形资产如音乐、音像或软件等商务须在欧盟征税。减轻从事网上交易者的税收奉行难度,对网上交易加强管理和执行力度,确保税款的有效征收。为了便利税收征管,建议在网上交易中使用无纸票据以及采取电子化的增值税纳税申报。

(三)经合组织(OECD)对电子商务的税收政策

经合组织在电子商务税收的问题上也有自己的政策趋向。1997年召开的特尔库会议明确了其成员国的电子商务税收政策,即强调了税收中性原则以及避免国际双重征税原则,敦促各国政府和企业共同寻找全球的无缝税收管理解决办法,不需要征收"比特税"。

1998年,国际经济合用与发展组织(OECD)成员国部长和来自非OECD成员国、消费者以及社会利益团体的代表聚集渥太华,共同商讨促进全球电子商务发展的计划。OFCD是税务领域里处于领先地位的国际组织,具有制定国际税务规范的长期专业经验。在渥太华会议上,经合组织对1997年召开的特尔库会议上提出的原则进行了进一步的重申,并就电子商务税收问题进行了进一步的分工,把电子商务税收问题分解成几个部分,由其成员国完成各自的任务,以加强对网络环境下的交易的税收问题的研究与合作。会议决定了国际组织今后对网上交易税收的政策分工:关税由世贸组织(WTO)负责,海关程序由世界海关组织(WCO)负责;增值税由欧盟负责;国际税收和直接税问题由(OECD)负责。自1998年召开电子商务的专题会议后,经合组织(OECD)已建立专门小组,负责解决电子商务课税领域的重大原则问题。在有关电子商务课税共识的基础上,OECD关注常设机构、转移定价、特许权使用费等争议,试图找到谨慎的解决途径以期能在更长的期间内发挥效力。

目前OECD正在与其他国际组织和地区性组织、商家和非成员国紧密合作,着力进行下面两个方面的工作:(1)跟踪技术、协议和标准方面的相关进展,并在适当时候,投入力量以确保税务系统的稳定管理;(2)根据要求进一步阐明相关国际税收协定范本。

(四)世界贸易组织(WTO)对电子商务的税收政策

世界贸易组织在对待电子商务税收的问题上,采取的是一种暂时的办法。1998年5月20日,世界贸易组织(WTO)132个成员国的部长在日内瓦达成一项协议,对在因特网上交付使用的软件和货物至少免征关税一年(但这并不涉及实物采购——从一个网址定购产品,然后采取普通方式通过有形边界交付使用),该协议提出了三项指导意见:

1. 必须在不影响电子商务发展的前提下进行征税,对从事电子商务贸易与传统贸易的税收不应该有差别待遇;

2. 对电子商务的征稽系统应该简单透明,程序应该容易执行,不增加纳税人的负担;

3. 与现有的规则相容,要充分利用电子商务付费系统。并加强合作,尽快制定新的标准。

二、我国对电子商务的税收政策

与西方发达国家相比,因特网在我国的发展时间较短,我国电子商务还处于萌芽阶段,与美国、欧盟等电子商务发展较快国家相比,差距很大。① 由于电子商务所具有的特殊性,而且电子商务的迅猛发展趋势不容忽视,虽然我国电子商务市场刚刚启动,但是发展势头迅猛,市场前景极为广阔。我国作为一个电子信息产品的消费国,应该制定一套既有利于我国电子商务的发展,又能保证我国的税收收入的税收政策和税法制度。我国电子商务的税收政策,既要促进电子商务的发展,为电子商务创造一个宽松的外部环境,又要采取措施防止企业通过因特网偷漏税款。因此,应借鉴国际先进经验,结合我国国情,加强有关电子商务的税收对策研究。在未来的电子商务税收政策上,我国应该注意如下几点:

1. 关于电子商务税收政策的基本原则问题

首先,在制定和完善税收政策的出发点上,应坚持税收中性原则。税收政策应在加强征管、防止税收流失的同时,不阻碍网上贸易的发展。如前所述,目前世界上已颁布网上贸易税收政策的政府和权威组织都强调取消发展电子商务的税收壁垒,坚持税收的中性与公平原则。世界各国普遍认为税收中性原则应是处理电子商务税收政策的基本指导原则,即不能由于征税而阻碍新技术的发展,税收应该公平对待同一类收入,无论它是通过电子商务途径取得的,还是其他传统的商业渠道取得的。在考虑电子商务税收政策时,也应以交易的本质内容为基础,而不应考虑交易的形式,以避免税收对经济的扭曲,使纳税人的决策取向于市场规则而不是出于对税收因素的考虑。从理论上来说,西方国家对网上交易和传统交易在税赋上应保持公平的原则是符合我国税收政策的,但是,如果我国对网上交易不制定出适合我国国情的税收政策,而是完全赞同美国等国的态度,那么我国的经济利益将受到严重的损失。最好的中性不是对网络交易开征新税和附加税,而是通过一些概念、范畴的重新界定和对现有税制的修补来处理电子商务引发的税收问题,并采用适当优惠的税收政策,以促进电子商务在我国的进一步发展。

其次,应采取适度优惠的原则。所谓适度优惠原则,即对目前我国的电子商务暂时采用适度优惠的税收政策,以促进电子商务的发展,开辟新的税源。电子商务作为一种新的贸易方式具有传统商务所无法比拟的优点,发达国家

---

① 这种差距主要表现在以下几个方面:1.提供电子商务的企业少,规模小,服务面窄;2.多种形式的网上交易还没有真正地开展起来;3.交易款项的结算通过电子收付系统进行的实践很少;4.我国对电子商务的税务研究还在探索阶段,基本上没有取得什么实质性地进展。

普遍采取对电子商务暂时的税收优惠政策。① 但是，由于我国科技水平和生产力发展所限制，电子商务在我国正处于萌芽期，因此，我国更应采取适度的税收优惠，以促使更多的企业上网交易，开辟新的税源。

再次，应坚持居民税收管辖权和来源地管辖税收权并重原则。在税收管辖权问题上，要充分考虑我国及广大发展中国家的利益，联合其他发展中国家，坚持居民税收管辖权和来源地管辖税收权并重的原则，以保护自己的切身利益。美国以纳税人的全部收入、成本在居住国较易控制为由，提出以居民税收管辖权取代来源地税收管辖权，这是美国出于维护其作为先进技术输出国的利益提出的主张，并未考虑到发展中国家利益。具体地说，在税收管辖权问题上，要结合网上交易的特征，在我国现行的所得税等条例中补充对网上交易征税的相关条款。例如，在劳务提供的税务处理上，对不必出场的网上提供劳务的税收问题，应采取特定的税率分成的方法，在居住国政府和所得来源地国政府之间划分。

2. 就我国现阶段而言，还应加强信息技术和电信基础设施建设，加强对电子商务税收的技术性规范的研究和规定。通过推进并逐步扩大网上交易，增强中国企业的信息获取能力和市场竞争力，这也是实现对电子商务交易的监管的必要技术条件。网络经济是依托于技术发展起来的，如果我们的税法对其中的关键技术没有规定，不仅会使它自身的实体性规范建造在空中楼阁上，还可能对其适用产生不良影响。

3. 应通过对电子商务交易的特征的总结，找出应对电子商务征税的有效手段，并据以征税，保证国家对网络经济的税收调节功能的实现：第一，应建立备案制度，即责令所有网上经营业务的单位将与上网有关的电子信息上报当地税务机关，便于税务机关控管；其次，建立登记和单独核算制度，即要求上网企业将通过网络提供的服务劳务及产品的销售等业务单独建账核算，并将上网的资料报送税务机关备案，便于税务机关管理控制；第三，应积极研究制定关于电子商务的法律、规章、制度，使网上交易、电子支付等商贸行为早日步入规范化的轨道。应通过完善公司法、税法等相关法规，加强对企业的设立、营运的监管，促使企业依法办理税务登记，建立和健全财务会计制度，配备人员办理纳税事项，保存相关纳税资料，这是保证依法纳税的重要环节。

---

① 例如，前美国总统克林顿公开赞同各州和地方政府在2004年前不得向通过因特网达成的商品交易征收新的税收，并且为了促进电子商务走向成熟，美国政府甚至还主张商品由网络进行的交易，如电脑软件及网上服务一律免税。

4. 应该加强税务机关与金融机构、电子商务的网络服务商(ISP)的联系与合作,根据电子商务的交易的特点加强对电子商务的监控,保证国家的税收调控手段的有效性。

第六章 网络金融的法律问题

第一节 网络金融概述

所谓网络金融,又称电子金融(e-finance),是指在互联网上实现的金融活动,包括网络金融机构、网络金融交易、网络金融市场和网络金融监管等方面。它不同于传统的以物理形态存在的金融活动,是存在于电子空间中的金融活动,其存在形态是虚拟化的,运行方式是网络化的。它是信息技术特别是互联网技术飞速发展的产物,是适应电子商务(e-commerce)发展需要而产生的网络时代的金融运行模式。

一、发展网络金融的必然性

网络金融的发展有其必然性,即网络金融的发展是网络经济和电子商务发展的内在规律所决定的,可以从以下三方面加以分析:

1. 在电子商务体系中网络金融是必不可少的一环。完整的电子商务活动一般包括商务信息、资金支付和商品配送三个阶段,表现为信息流、物流和资金流三个方面。银行能够在网上提供电子支付服务是电子商务中最关键的要素和最高的层次,起着联结买卖双方纽带的作用。可见,网络金融将是未来金融业的主要运行模式。这种转变是必然的,因为电子商务开创了一个新的经济环境,这种新的环境需要金融业的积极参与才能很好地发展,同时金融业只有适应这一环境的变化才能获得在未来电子化社会中生存和发展的机会。

2. 电子商务的发展改变了金融市场的竞争格局,从而促使金融业走向网络化。电子商务使网上交易摆脱了时间和空间的限制,信息获得的成本比传统商务运行方式大大降低,表现在金融市场上就是直接融资的活动比以前大大增加,金融的资金中介作用被削弱,出现了脱媒①现象。电子商务的出现动摇了传统金融行为在价值链中的地位,使传统金融机构失去了在市场竞争中所具有的信息优势。

3.降低成本:网络金融的巨大吸引力。建立起一个金融网站,可以做到每天应对数以万计的用户查询和交易业务而不降低服务质量,同时使交易成本大大降低。Booz Allen & Hamiltor 估计银行处理一笔交易的费用,物理形态的分行的成本比虚拟形态的网络银行的成本高 100 多倍。电子商务的发展使金融机构大大降低了经营成本,提高了经营效率,这是网络金融得以出现并迅速发展的最主要原因。

二、网络金融的特征

在美国,网络金融是 20 世纪最后 5 年才开始出现和发展的新事物,对它的认识还处于初级阶段,只有市场发展推动下的商业实践和探索。但从其飞速发展的多年过程来看,基本上可以得出网络金融的一些主要特征:

(一)业务创新

网络金融以客户为中心的性质决定了它的创新性特征。为了满足客户的需求,扩大市场份额和增强竞争实力,网络金融必须进行业务创新。这种创新在金融的各个领域都在发生,比如在信贷业务领域,银行利用互联网搜索引擎软件,为客户提供适合其个人需要的消费信贷、房屋抵押信贷、信用卡信贷、汽车消费信贷服务;在支付业务领域,新出现的电子账单呈递支付业务(Electronic Bill Presentment & Payment,EBPP)通过整合信息系统来管理各式账单(保险单据、账单、抵押单据、信用卡单据等)。在资本市场上,电子通讯网络(Electronic Communication Networks,ECNs)为市场参与提供了一个可通过计算机网络直接交换信息和进行金融交易的平台,有了 ECNs,买方和卖方可以通过计算机相互通讯来寻找交易的对象,从而有效地消除了经纪人和交易商等传统的金融中介,大大降低了交易费用。

(二)管理创新

管理创新包括两个方面:一方面,金融机构放弃过去那种以单个机构的实

---

① 金融脱媒,又称"非中介化"(disintermediation),是指资金的融通、支付等活动更多地直接通过证券市场进行,从而降低以商业银行为主体的传统中介在金融体系中的重要程度。李军:《金融脱媒长期趋势基本确立 商业银行面临重大机遇挑战》,2006.7.25,http://www.china-cba.net/Article/ShowArticle.asp? ArticleID=1185。

力去拓展业务的战略管理思想,充分重视与其他金融机构、信息技术服务商、资讯服务提供商、电子商务网站等的业务合作,达到在市场竞争中实现双赢的局面。另一方面,网络金融机构的内部管理也趋于网络化,传统商业模式下的垂直官僚式管理模式将被一种网络化的扁平组织结构所取代。

（三）市场创新

由于网络技术的迅猛发展,金融市场本身也开始出现创新。一方面,为了满足客户全球交易的需求和网络世界的竞争新格局,金融市场开始走向国际联合,如2000年4月英国伦敦证券交易所、德国法兰克福证券交易所宣布合并。另一方面,迫于竞争压力,一些证券交易所都在制定向上市公司转变的战略,因为作为公开上市的公司,交易所将可以利用股票资金以更富有创意的方式与其他交易所、发行体、投资者及市场参与者建立战略合伙关系和联盟。

（四）监管创新

由于信息技术的发展,网络金融监管呈现自由化和国际合作两方面的特点:一方面,过去分业经营和防止垄断的传统金融监管政策被市场开放、业务融合和机构集团化的新模式所取代。另一方面,随着在网络上进行的跨国界金融交易量越发巨大,一国的金融监管部门已经不能完全控制本国的金融市场活动。因此,国际金融监管合作就成了网络金融时代监管的新特征。[1]

第二节　网络金融的发展及主要问题

一、网络银行的发展及问题概述

网络银行(Internet Banking),国内外学者对其称谓从电子银行(Elec-

---

[1] 狄卫平:《网络金融研究与发展策略》,2005.10.21, http://www.cyberlawcn.com/Get/ctfx/jyy/2005102184.htm。

tronic Banking)①、网上银行(Online Banking)②、虚拟银行(Virtual Banking)③以至本书起首称呼的网络银行④,不一而足。网络银行是基于互联网或其他电子通讯网络手段提供各种金融服务的银行机构或虚拟网站。根据巴塞尔银行监管委员会(BCBS)的定义,网络银行是指那些通过电子通道提供零售与小额产品及服务的银行。这些产品和服务包括存贷、账户管理、金融顾问、电子账务支付,以及其他一些诸如电子货币等电子支付的产品与服务⑤。

　　1995年,美国第一家网络银行——安全第一网络银行(Security First Network Bank,SFNB)开业。它没有建筑物,没有地址,只有网址:http://www.sfnb.com。客户可以在任何时间和地点,只要拥有一台电脑和一个调制解调器(modem),还有一个网络账号,就可以享有24小时的服务。⑥ Microsoft总裁Bill Gates曾将传统银行比喻为跟不上网络时代发展的庞然大物——"恐龙"。其预言:"我们需要银行业,但不需要银行",也曾引起世界银行家的恐慌。过去,银行业确实为对互联网发展响应较慢的产业,虽然起步较慢,但随着网络商机的不断涌现,银行界亦开始急起直追,试图跨上互联网蓬勃发展的列车,在新兴的金融版图上插下自家银行的旗帜。

　　在我国,1997年,招商银行率先推出网上银行"一网通",成为国内第一家上网的银行,随后中国银行、建设银行也推出了自己的网上银行业务。目前,中国工商银行、交通银行、光大银行、中信实业银行、深圳发展银行等也纷纷将银行业务推向网上,并且发展了以网络为基础,结合手机、电话等通讯工具等

---

　　① Donald I. Baker, Roland E. Brandel & James H. Pannabecker, The Law of Electronic Fund Transfer Systems, Current through September 2004. 1. 3[10], Corp. 2004 West. 转引自陈建:《电子支付法研究》,中国政法大学出版社2006年版,第36页。

　　② 王心艳、李金泽:《完善我国网上银行业务有关法制的思考》,载《法学》2001年第4期;陈朝晖:《我国网上银行发展之法律问题》,http://peter.fyfz.cn/blog/peter/index.aspx? blogid=190616。

　　③ 朱绵茂:《网上银行的发展及其主要法律问题》,《金融电子化与法律》栏目,第3期,1998年9月,http://www.pkufli.net/html/institute-fayuan/fayuan-txt.asp? search=keyword&num=&code=0316。

　　④ 林玫君:《网络银行法律问题之探讨》,http://ec2006.atisr.org/proceeding/Paper/ec1410.doc。

　　⑤ 汪红萍:《关于网上银行法律问题的研究》,http://www.hnlawyer.net.cn/ShowArticle.shtml? ID=200753022194544314.htm。

　　⑥ 姜建清:《美国银行业的科技革命》,上海财经大学出版社1999年版。

的一系列网上银行新业务和新品种,而且网上银行交易量越来越巨大。[1]

例如截至 2011 年底,工行个人网上银行客户数超过 1.1 亿户,手机银行客户数达 4800 万户,电子银行年交易额由 2000 年的 2 万亿元升至 2011 年的 288 万亿元,增长了 144 倍。电子银行业务的快速发展,充分展现了国内居民金融消费习惯的变迁。[2]

而根据 2012 年 1 月 16 日中国互联网络信息中心(CNNIC)在北京发布的《第 29 次中国互联网络发展状况统计报告》也指出,2009 年以来,以网络购物、网上支付、旅行预定为代表的商务类应用持续快速增长,并引领其他互联网应用发展,成为中国互联网发展的突出特点。2011 年这一态势依然延续,商务类应用依然保持稳步提升态势,网络购物、网上支付、网上银行用户规模实现较快增长。

总的来说,近年来中国网上银行业取得了突飞猛进的发展,但是艾瑞市场咨询的相关报告也指出,我国的网上银行仍处在初级发展阶段,所能提供的产品与服务品种还很有限,在不断发展的过程中还存在安全、监管法规、业务模式等诸多问题。

此外,在网络银行飞跃发展的同时,大量的法律问题也伴随而生。这些问题如果不能获得妥善解决,不但会妨碍网络银行的发展,而且会影响我国社会整体化的信息水平。而我国现行的法律普遍对网络银行业务缺乏必要的规定,在网络经济面前往往显得捉襟见肘。不断健全和完善相关的法律法规,对网络银行实施有效的监管,是我国网络银行发展不可或缺的重要课题。

二、网络银行发展的主要法律问题

(一)《网络银行服务协议》的法律效力问题

网络银行在开展业务之前一般都会与客户签订一份《网络银行服务协议》,其方式往往是将《网络银行服务协议》放在网上,在客户正式申请网络银行服务之前向客户显示,或者由客户直接到银行所在地领取《网络银行服务协议》。该协议的内容一般包括定义条款、服务内容、网络银行使用方法、免责条款以及法律适用等等。在网上显示的服务协议的确认方式是在服务协议之后

---

[1] 王心艳、李金泽:《完善我国网上银行业务有关法制的思考》,载《法学》2001 年第 4 期。

[2] 参见《工商银行电子银行业务占比超 70%》,2012-01-17,http://www.pctoday.net.cn/a/工商银行电子银行业务占比超 70%.aspx。

或者其他显著地方,标注一段文字,大致意思是客户必须在正式申请网络银行服务前,阅读并接受该服务协议的内容,一旦客户开始正式申请网络银行服务,就被视为接受了服务协议的所有内容。由客户在银行所在地领取的服务协议要经客户和银行签字确认后生效。例如,中国建设银行向客户提供《中国建设银行网上银行个人客户服务协议》和《中国建设银行网上银行业务章程》[1],客户与银行签字后生效。

《网络银行服务协议》从内容上看,包含了一般合同所具有的内容,所以它的法律性质是明确了客户及银行双方的权利义务的合同。此服务协议或者网上银行章程是银行为了方便重复使用而制作的,客户如果希望获得银行的网上银行服务,只能简单地表示接受,不能提出修改条款的具体内容。根据《中华人民共和国合同法》第39条的规定:"格式条款是当事人为了重复使用而预先拟定,并在订立合同时未与对方协商的条款。"

显然,现在所有由银行提供的"服务协议"的内容都是格式条款,对于提供格式条款的一方除了应遵循公平原则确定当事人之间的权利义务关系,对该条款进行说明的义务外,还要承担《合同法》所界定的两种风险:第一种是第41条规定的:"对格式条款有两种以上解释的,应当作出不利于提供格式条款一方的解释。"第二种是第40条规定的:"提供格式条款一方免除其责任、加重对方责任、排除对方主要权利的,该条款无效。"

实践中,许多已经建立的网络银行的服务协议中有的条款确实加重了客户的责任,减轻了自己的责任。例如:《中国工商银行网上银行个人客户服务协议》第10条第4款规定:乙方(中国工商银行)因不可抗力或其他不可归因于乙方的情况没有正确执行甲方(网上银行客户)指令的,乙方可不承担任何责任[2];《交通银行股份有限公司个人网上银行服务协议》第5条第5.1款第5项规定:乙方(甲方太平洋卡开户营业网点所属交通银行股份有限公司分行)因不可抗力或其他非乙方所能控制的事件而未及时正确执行甲方(太平洋个人卡持卡人)交易指令的,不承担任何责任。[3] 此外,《中国光大银行网上银

---

[1] 《中国建设银行网上银行个人客户服务协议》,https://ibsbjstar.ccb.com.cn/V5/protocol.htm(2007年7月22日访问)。http://www.law999.net/doc/law/c003/1999/06/17/00084592.html(2007年7月22日访问)。

[2] 《中国工商银行网上银行个人客户服务协议》,http://www.icbc.com.cn/ebanking/wsyhgr2-1.shtml(2007年7月22日访问)。

[3] 《交通银行股份有限公司个人网上银行服务协议》,https://pbank.95559.com.cn/personbank/logon.jsp#(2007年7月22日访问)。

行个人客户服务协议书》第 3 条第 2 款第 7 项规定:6.乙方(中国光大银行)因不可抗力或其他不属乙方过失的情况没有正确执行甲方(个人客户)提交的网上银行交易指令,不承担任何责任。①

从法律角度出发,上述条款皆存在瑕疵。因为根据《合同法》第 117 条的规定,因不可抗力不能履行合同的,根据不可抗力的影响,部分或者全部免除责任。由此可见,在发生不可抗力的情况下,不能履约的一方并不一定能够全部地免除履约责任,需要根据不可抗力的实际影响,在受影响的实际范围内方可免除责任。②

(二)网络银行电子支付的法律问题

1. 网络银行的支付手段

目前,网上支付的手段大体包括三种:

(1) 利用现有的信用卡结算系统进行的网上支付(这不是本书探讨的网上银行的范畴);

(2) 允许客户通过网络转移自己账户中资金的网上支付体系,如"电子支票"(electronic check)、"网上贷记卡"(internet debit card)等;以及

(3) "数字货币"或"数字现金"(digital cash)③。

为了使网上支付更为便捷,一些银行和技术厂商开发出除信用卡之外的其他网上支付手段,包括很多种类,比如"网络硬币"、"电子支票"、"网上贷记卡"(internet debit card)、"在线储值系统"(online store value system)等。④尽管各种手段有些差异,但这类网上支付手段有一个共同特点:客户在银行有账户,账户上有资金,这类支付手段就是通过互联网实现客户账户上资金的转移。

值得注意的是,2005 年 10 月 26 日中国人民银行公告的《电子支付指引(第一号)》⑤(以下简称《指引》),对银行从事电子支付业务提出指导性要求,为规范和引导电子支付的发展提供了基础。《指引》以银行与客户关系为主

---

① 《中国光大银行网上银行个人客户服务协议书》,http://ebank.cebbank.com/xieyi.html(2007 年 7 月 22 日访问)。

② 汪红萍:《关于网上银行法律问题的研究》,http://www.hnlawyer.net.cn/ShowArticle.shtml? ID=200753022194544314.htm。

③ 闫海:《网络银行法律问题初探》,载《研究生法学》2000 年第 4 期。

④ 汪红萍:《关于网上银行法律问题的研究》,http://www.hnlawyer.net.cn/ShowArticle.shtml? ID=200753022194544314.htm。

⑤ 中国人民银行〔2005〕第 23 号公告。

线,以规范电子支付、强化电子支付安全性为主要内容,将"以规范促发展、在规范中发展"作为基本原则,以《指引》相对灵活的形式全面规范电子支付行为;涉及电子支付各方权利义务、责任、安全保障、信息披露、差错处理等多个关键环节。不过专家指出《指引》有如下三点不足之处:

第一,电子支付指令的效力等同问题不够细化。

《指引》第 5 条规定:"电子支付指令与纸质支付凭证可以相互转换,二者具有同等效力。"可以说,这样的规定十分必要,和《电子签名法》第 9 条的规定相呼应,赋予电子凭证以法律效力。但在实践中,该条款能产生多大的效力,以及如何切实地让这个条款在实践中具有可操作性,值得我们深思。

第二,不宜将电子签名与数字证书并列。

《指引》第 10 条规定:"银行为客户办理电子支付业务,应根据客户性质、电子支付类型、支付金额等,与客户约定适当的认证方式,如密码、密钥、数字证书、电子签名等",该规定将电子签名与数字证书、密码、密钥等相并列,这一表述同样出现在《指引》第 25 条中。

但是,电子签名与数字证书并非同一层次上的概念。根据《电子签名法》第 2 条的规定,"本法所称电子签名,是指数据电文中以电子形式所含、所附用于识别签名人身份并表明签名人认可其中内容的数据",这里的电子签名(electronic signature)的范围是很广的,包括符合条件的密码、口令、密钥乃至眼虹膜透视识别等,当然也包括数字签名(digital signature),而数字证书实际上就是用认证机构(Certificate Authority, CA)的私钥(private key)对证书申请签名,并形成特定格式的证书;证书以认证机构的私钥签名以后,发送到目录服务器供用户下载和查询。认证机构通过向其用户提供可靠的目录,保证证书上用户名称与公钥(public key)是正确的,从而解决可能被欺骗的问题。证书之内容包括用户姓名、公钥密码、电子邮件地址以及其他信息的数位化文件。

在该有效期内的证书可以用来推定以下事项:

(1)公钥系依据其被指定之目的而有效使用;

(2)公钥与其他载于证书内的信息的约束力是有效的。

而就认证机构所签发之证书,申请人必须对任何信赖该证书内所记载之资料之人士承担应负之责任。

因此,数字证书是验证数字签名的工具。也就是说,密码、密钥、数字证书、电子签名之间存在相互依存的关系,它们之间并不是并列的概念。即便将它们并列,应理解出现在此的也应是数字签名而不是数字证书。再者,根据国际上普遍确立的"技术中立"(technology neutrality)原则,任何一种达到签名功能的签名技术都不应受到任何限制或任何偏袒,也就是说,数字签名只是目前电子签名技术中相对成熟的手段,并不是唯一或永远最科学的电子签名方式。

第三,银行责任承担问题规定不清。

《指引》第 41 条规定:"由于银行保管、使用不当,导致客户资料信息被泄露或篡改的,银行应采取有效措施防止因此造成客户损失,并及时通知和协助客户补救。"此处回避了一个十分重要的问题,那就是银行是否应作出相应赔偿的问题。

第 42 条规定:"因银行自身系统、内控制度或为其提供服务的第三方服务机构的原因,造成电子支付指令无法按约定时间传递、传递不完整或被篡改,并造成客户损失的,银行应按约定予以赔偿。"该条款非常重要,体现了用户至上的原则,有利于保护用户的合法权益。但是美中不足的是"按约定予以赔偿"的问题,因为在实际操作中,相关约定恐怕都是银行方面制定的,大部分消费者恐怕都没有进行这方面约定的意识和能力,如此的保护很可能在实践中只是"聊备一格"[①]。

2. 电子支票的法律问题

传统的支票在结算阶段已经初步实现了电子化,但是纸质支票仍然存在。电子支票则是用数字化手段,用数字化的信息彻底取代了纸质的支票。使用电子支票付款的时候,客户手中使用的不再是传统的支票簿,而是电子的"支票簿"。电子支票所涉及的法律问题主要有:

(1)电子支票能否单独立法。电子支票虽然被称为支票,但是,它同票据毕竟有很大的区别。从其功能和运作上来讲,电子支票更接近于自动取款机(ATM)卡类的支付工具。它们的共同点都是通过一定的电子化手段,实现客户账户上资金的转移。美国目前调整信用卡的法规为联邦储备系统理事会颁布的《Z 条例》(Federal Reserve's Regulation Z),而调整 ATM 卡等支付工具的法规为《E 条例》(Federal Reserve's Regulation E)。[②]《E 条例》适用于所有使用卡或者其他手段实现客户账户资金转移的支付工具,主要调整对象是 ATM 卡和借记卡。《E 条例》的内容很多,同调整信用卡的《Z 条例》不一样的是,持卡人的责任限度提高了,负有的义务更多了,同时,对银行的要求也

[①] 阿拉木斯、万以娴:《建设网上支付法制环境》,2007 年 3 月 30 日,http://www.ec.org.cn/Content/News/63.htm.

[②] 张燕强:《网上支付工具的相关法律问题》,载《中国律师》2001 年第 6 期。

更为细致了。

(2)如何控制利用电子支票进行网络犯罪,以保护消费者利益也是一个非常重要的问题。许多国家都有防止洗钱(money laundering)的法律,要求银行对交易进行记录。电子支票由于其特点很容易被犯罪分子利用作为洗钱的工具,如何将现有的防止洗钱等犯罪的法律适用于电子支票等网络支付工具上,也是一个迫切需要解决的问题。①

(3)电子支票的金融监管。电子支票还涉及金融监管问题,即如何对一些中介性的技术服务商进行监管。我国《支付结算办法》第6条规定,"银行是支付结算和资金清算的中介机构。未经中国人民银行批准的非银行金融机构和其他单位不得作为中介机构经营支付结算业务。"在网上支付系统中,往往采用一些技术服务商作为中介机构,有的中介机构还通过银行进行结算,其中有的中介机构已经实际发挥着支付结算和资金清算的职能,而这必须经由央行批准,否则会构成对银行业务专营权的侵犯。央行该如何调整其专营权的范围以适应网上支付的发展是法律必须解决的问题。②

(三)网上贷款有关法律问题

网络贷款业务可以分成两种类型:一是银行在自己设立的网络和终端上开展贷款业务。客户通过各类银行主机连线的终端机,经通讯线路进入主机系统享受银行所提供的贷款服务。二是银行利用互联网开展网络贷款业务。客户以个人电脑连上互联网就可以随时上网,申请贷款服务。二者的区别在于后者的互联网系统是开放式的,在提供贷款服务时,安全上的顾虑显然比前者的封闭式系统要大得多。

与传统银行贷款业务相比,网络贷款业务具有如下共同特点:

(1)交易速度快,全天候提供服务;

(2)网络贷款业务目前仍仅限于小额贷款;

(3)贷款期限一般比较短;以及

(4)贷款交易有可能跨越国界。

我国内地目前已有多家银行提供网上贷款业务,对其中涉及的法律问题则仍须有充分的估计:

---

① 孙巍:《E时代货币什么样》,http://www.chinapostnews.com.cn/103/jrsk01.htm。

② 孙巍:《E时代货币什么样》,http://www.chinapostnews.com.cn/103/jrsk01.htm。

第一,网上贷款的性质及条件。我国法律对贷款的要求比较高,如《商业银行法》第 37 条要求贷款合同是书面合同,第 35 条要求贷款实行审贷分离制度;《贷款通则》第 59 条要求贷款人发放异地贷款应当报中国人民银行当地分支机构备案等。网上贷款是否符合这些规定,需要监管机构根据不同的情况作出相应的解释。

第二,网上贷款合同成立时间与地点。《合同法》第 16 条规定:"要约到达受要约人时生效。采用数据电文形式订立合同,收件人指定特定系统接收数据电文的,该数据电文进入该特定系统的时间,视为到达时间;未指定特定系统的,该数据电文进入收件人的任何系统的首次时间,视为到达时间。"第 26 条第 2 款规定:"采用数据电文形式订立合同的,承诺到达的时间适用本法第 16 条第 2 款的规定。"第 25 条规定:"承诺生效时合同成立。"

由此可见,我国采用大陆法系的"到达主义",这既与我国通常的做法一致,又和国际上的做法接轨,而且符合技术发展的需要。但是实践中是网上手续完成之后合同生效还是到银行去认证交易后合同生效? 与此相应,若纯粹在网上完成贷款手续,则异地贷款合同成立的地点又如何确定?

第三,我国《商业银行法》第 20 条至第 23 条规定了设立商业银行的条件、经营许可证的颁发、财务制度等规定,但在网络银行,根本不存在什么分支机构,事实上它却又无所不在,则这部分内容是否会因无法适用而需要进行修正?《贷款通则》第 25 条规定,借款人需要贷款,应当向主办银行或者其他银行的经办机构直接申请,则受理申请的机器或者计算机是否属于分支机构?

第四,根据我国《商业银行法》第 20 条至第 23 条的规定,分支机构的设立需要监管机构的审批,一旦设立之后,就需要遵守相关的法定要求,比如关于营业时间的规定。网络银行虽然可以 24 小时营业,但如果有关机器、网络设备出现故障,客户无法使用,起诉银行没有遵守有关规定时,银行将面临索赔。[①]

(四)网络银行税收征管法律问题

在网络这个虚拟环境中开展银行业务,使税法中的纳税主体、客体,纳税环节与纳税地点及涉外税法中的常设机构等基本概念的界定都陷入了困境,需要税法来作出修正。由于客户与银行之间的合同、票据都以电子形式存在,这些无纸化操作导致传统的凭证追踪审计失去了基础。如何对税法进行修改,如何对网上银行进行征税,如何确保这些税收及时、足额入库是立法机关

---

① 汪红萍:《关于网上银行法律问题的研究》, http://www.hnlawyer.net.cn/ShowArticle.shtml? ID=2007530221945443l4.htm。

和税务机关需要解决的问题。

第一,税收征管和稽查依据问题。税务机关对纳税人进行有效的税收征管和稽查,必须切实掌握纳税人完整真实的信息资料,而这些资料主要的获取途径就是对纳税人的合同、发票、凭证、账簿、报表等进行审查。但是在网络银行业务中,网络银行针对客户自身的条件和特点,提供一整套的网上理财方案,该方案作为有价值的信息,承载的媒体不再是有形的纸,可能是光盘或者只需从网上下载、复制。失去了合同、凭证等物质基础,传统的贴花征收印花税的方式便失去了存在的条件。此外,在电子货币、电子票据、电子划拨技术的使用下,电子记录可轻易改变而不留痕迹,而且越来越发达的加密技术可以很好地隐匿交易信息,这使得税务征管和稽查变得更加困难。

第二,涉外税收管辖权法律问题。税收管辖权是国家主权原则在国际税收领域的体现。世界各国通行的税收管辖权的确认标准主要有三种:一是属地原则,二是属人原则,三是混合原则。大多数国家采取的是混合原则,对本国居民的境内、境外以及本国非居民来源于本国境内的所得征收税款。

传统的税收是以常设机构(Permanent Establishment,PE),即一个企业进行全部或部分经营活动的固定营业场所来确定经营所得来源地,因而常设机构往往是一国对其境内的非居民来源于该国的所得行使税收管辖权的依据。但在网络环境下,对常设机构的判定有一定困难,根据联合国《关于发达国家与发展中国家间避免双重征税协定范本》的界定,常设机构是指一家企业开展全部或部分营业的固定场所,并且其所从事的活动是准备性或辅助性活动以外的营业活动。

然而,网络银行业务大部分是通过服务器自动完成的,服务器虽然是开展大部分活动的场所,但不具有固定性,此时,服务器是否构成常设机构?此外,商品服务供应地是确定流转税收管辖权的主要依据,但在异地网上贷款中,银行、客户、服务器地址所在常常位于不同国家,此时商品服务供应地如何确定、何国拥有税收管辖权难以判断。①

(五)网络金融创新的知识产权保护问题

在金融全球化不断发展的今天,金融创新已经成为金融行业生存和发展的核心。面对日益严峻的竞争压力,各金融机构包括银行在内都在金融创新领域投入了巨大的人力和物力,希望借助于金融创新以达到占领市场的目的。

---

① 汪红萍:《关于网上银行法律问题的研究》,http://www.hnlawyer.net.cn/ShowArticle.shtml?ID=2007530221945443l4.htm。

但是,各金融机构如果没有对已有的金融创新进行适当的法律保护,那些被投入了大量资源所产生的创新成果就会被其他竞争对手所学习甚至使用,从而弱化创新的效果,减损创新所带来的经济效益。因此,银行加强金融创新知识产权的法律保护具有十分重要的现实意义。

  一项来自国家知识产权局的数据显示,截至 2007 年 6 月,在该局申请的专利品种共计 371 项,其中发明专利 262 项,实用新型专利 84 项,外观设计专利 43 项,但来自中资银行的申请并不乐观。其中,五大国有银行当中,工商银行 62 项,中国银行 10 项,农业银行 8 项,建设银行 19 项,交通银行 4 项。而作为外资银行,美国花旗银行已经有了 20 项申请,这一数据在五大国有银行中也仅次于工商银行。股份制银行中,招商银行已有 19 项申请,民生银行有 16 项,其中"移动理财装置"已于 2007 年 7 月获国家专利局的实用新型授权,兴业银行也达 6 项。

  不过,相比之下,外资银行的申请大多集中在软件领域,例如花旗银行就提出了 19 项涉及"商业方法"(business method)专利的申请。而在 2002 年底、2003 年初,中国专利局已对其中两件专利申请先后授权。这两项授权专利所覆盖的保护范围已经将中国现有与电子支付有关的银行业务、证券、保险等都纳入其中。① 中资银行则更多集中在简单的器械改造。虽然受制于我国有关法律制度,外资银行的上述申请尚不能获得相关授权,但此举也令国内银行在开发出类似系统后也不能获得有关的独占性权利。②

  近几年来银行侵害著作权的问题不断出现,最引人注目的是北京美好景象图片有限公司在全国各地以著作权遭侵犯为由起诉多家银行,其中不乏发展网络银行的国内商业银行。例如北京美好景象图片有限公司因发现中信实业银行在业务宣传手册中使用了其公司享有专有使用权的 6 幅摄影作品,将中信银行告上了法庭。2004 年 12 月,北京市朝阳区人民法院审结了此案,判决中信银行立即停止使用涉案的 6 幅摄影作品;赔偿美好景象有限公司经济损失 12 万余元;驳回北京美好景象图片有限公司的其他诉讼请求。③

---

 ① 张平:《商业方法软件专利保护:美国的实践及其启示》,载《法商研究》2005 年第 4 期。

 ② 谢晓冬:《中资银行知识产权意识觉醒》,《上海证券报》,2007 年 7 月 11 日,http://bank.jrj.com.cn/news/2007-07-11/000002412521.html。

 ③ 《宣传手册侵犯著作权 中信银行被判赔偿》,http://www.chinalawedu.com/news/2004/12/li83671527571822140027600.html。

此外，银行也卷入了域名抢注争议。例如 2004 年 6 月，江苏的何先生受托以朋友儿子的出生日期"1995 年 5 月 28 日"为依据申请并注册了域名"95528.com"，作为孩子与同年同月同日出生的小朋友互相交流的平台。2005 年 3 月，浦发银行则以"95528"为其服务热线为由，向亚洲域名争议解决中心（ADNDRC）提出投诉。6 月，该中心裁决将域名"95528.com"转归浦发银行使用。何先生觉得仲裁不公，便将浦发银行告上了法庭。10 月，上海市第一中级人民法院对这起域名纠纷案作出一审判决，对何先生提出的确认域名"95528.com"归其所有的诉讼请求不予支持。[1]

（六）网络银行的安全问题

在网络银行业务日渐发展的同时，其安全性问题已经成为制约网银发展的主要因素。中国金融认证中心（China Financial Certification Authority，以下简称 CFCA，即银联金融认证中心有限公司）发布的《2006 中国网上银行调查报告》显示，2006 年，网上银行使用人数同比增长了 1.7 倍，但是仍旧有 61％的非网银用户由于怀疑网银安全性而不打算使用或不敢使用网上银行。《报告》解释："网民不使用网上支付的最主要原因是担心交易的安全性和可靠性，一是对网上支付的安全性表示怀疑，主要体现在担心泄露个人私密和错误操作导致对自己造成不必要的损失；二是担心个人账号等信息为人利用盗取，从而造成严重损失等。"

我国目前尚没有专门的银行保密法，有关银行个人隐私保密的规定比较零散而且笼统，例如《商业银行法》第 29 条第 1 项和第 2 项分别规定了"商业银行办理个人储蓄存款业务，应当遵循存款自愿、取款自由、存款有息、为存款人保密的原则"和"对个人储蓄存款，商业银行有权拒绝任何单位或者个人的查询、冻结、扣划，但法律另有规定的除外。"我国行政法规另有规定的是指检察、公安、法院、税收及海关等政府机关可以向银行查询存款余额，甚至冻结、扣划款项。这些笼统的规定很难应对银行具体操作所具有的复杂性。中央银行也往往忽视对商业银行这方面的监管，各商业银行也并没有把客户财务隐私的保密纳入整个商业银行内部管理体系之中，缺乏相应的风险控制规定和措施。

实践中，网络银行泄露客户资料偶有听闻。例如 2003 年 11 月 10 日，花旗银行台北分行委外设计的"白金卡线上申请活动"，由于受委托的网络公司程序设计不当，申请人在打印申请书时，可以看到自己的"申请序号"，只要改

---

[1] 《95528 域名纠纷案 上海浦发银行胜诉》，2005 年 10 月 12 日，http://www.smexm.gov.cn/2005-10/20051011191502341.htm。

一下序号数字再输入,就可以看到其他申请人在网络上填写的个人资料,包括地址、固定电话、移动电话、最高学历等,一目了然。11月11日,台湾"财政部"金融局主动约谈花旗银行后,决定立即暂停花旗银行通过网络方式受理消费者各种新增服务的申请,同时也全面停止花旗银行各项新种网络业务的申请需求,至于因资料外泄造成消费者的损失,花旗银行应负全部责任。①

而从已发生多例的网上银行资金被盗事件来看,有关商业银行的网上银行服务显然不符合保障财产安全的要求。专家指出,《消费者权益保护法》第18条规定,"经营者应当保证其提供的商品或者服务符合保障人身、财产安全的要求。对可能危及人身、财产安全的商品和服务,应当向消费者作出真实的说明和明确的警示,并说明和标明正确使用商品或者接受服务的方法以及防止危害发生的方法"。因此,客户存款在网上银行被盗,银行应承担赔偿责任。②

例如晋江"5·11"网上盗窃777万元银行存款案已由福建省泉州市中级人民法院于2006年9月作出一审判决,中国农业银行晋江市支行被判全额赔偿储户损失,并支付相应的违约金。宣判后,晋江农行表示不服将上诉。③ 又如2007年5月,重庆市一起关于他人持假证件注册网上业务后,盗取一名储户12万元存款的案件经法院二审判决,判决结果是由农行赔偿储户存款12万元及利息。法院认为该行在办理网上银行业务时,未对相关证件进行必要的审查,仅凭虚假身份证及卡号即为他人注册了网上银行业务,违反了注册网上银行须持原始储蓄卡凭证的相关规定,导致他人直接从网上银行进行交易从而盗取了储蓄存款,为此农行应对被盗取的款项承担赔偿责任。④

2007年7月,广东省佛山市禅城区法院作出判决:佛山市某银行须为有人通过网上银行先后共计4次转账转走了其原告用户17200元,承担6成主

---

① 参见胡采苹:《网络银行信用卡资料外泄事件余波荡漾》,http://tw.news.yahoo.com/2003/11/12/finance/ctnews/4362964.html;蔡沛恒:《金融局暂停花旗网络业务》,http://tw.news.yahoo.com/2003/11/12/finance/ctnews/4362966.html。

② 参见《网络"黑手"层出不穷 网络银行安全(1)》,赛迪网技术社区,2007年4月25日,http://security.ccidnet.com/art/1101/20070424/1068771_2.html。

③ 参见《巨额存款网上被盗 前车之鉴请您留心》,http://hefei.cyberpolice.cn/news/hydt/200609/12070936.html。

④ 姜姝:《网上银行:安全革命》,赛迪网—中国电脑教育报,2007年5月29日,http://news.ccidnet.com/art/2419/20070529/1093257_1.html。

要责任,即赔偿10320元与利息给原告,其他4成责任由原告承担。①此外,2006年9月28日北京市审结的首例网银合同纠纷案,因原告杨先生不能提供充分证据证明其存款消失是因工商银行北京海淀西区支行、海淀支行过错导致,法院一审已经驳回了杨先生的诉讼请求。②

至于网络木马程序(Trojan)的盛行,无疑也给互联网的发展和普及蒙上了一片阴影。如同前述,CFCA的《报告》显示,受"网银大盗"(banker keylogger)等木马程序的影响,目前有61%的网民不敢使用网上银行。例如2007年3月10日,上海网民蔡某上网查看自己的"银证通"账户时,竟然发现其两个账户内的16万余元人民币不翼而飞,他随即向警方报案。4月4日,案件正式告破,"行凶"的工具正是木马程序。③

三、网络银行发展主要法律问题的对策

(一)本着公平信用原则制定协议条款

简而言之,银行要避免因《网络银行协议》中的不合理内容引发消费者争议的方法应该从两方面着手:

一方面,银行应本着公平信用的原则制定协议条款。例如美国在《电子资金移转法》(Electronic Fund Transfer Act,EFTA)中就明确划分银行与客户间的权责义务关系,并对消费者的责任限定一定金额之上限,例如若该笔资金移转的交易是由未经授权之第三人所进行,则该法在未经授权移转的规定中,于一定要件下明文赋予消费者最多只需负担50美元的有限责任。EFTA除提醒消费者就自身的卡片、密码或其他存取设备尽一定的保管义务之外,亦同时赋予消费者有限责任的保护,并因应消费者在电子记录证据力上的弱势,而由金融机构来负举证责任,其以立法方式明确规范银行与消费者间的权利义务关系,除了以法规明文达到消费者权益保护的目的,就银行的立场而言,也可清楚确知自身所应承担的责任,值得我国未来立法时借鉴。④

---

① 详请参见《网银17200元神秘蒸发 法院判银行担主责》,《信息时报》,2007年7月17日,http://tech.dayoo.com/gb/content/2007-07/17/content_2876196.htm。

② 《北京首例网银纠纷案储户败诉 存款丢失谁负责》,《京报网》,2006年9月29日,http://news.xinhuanet.com/fortune/2006-09/29/content_5151648.htm。

③ 《用户谨慎 小心疯狂木马猛撞电脑后门》,赛迪网技术社区,2007年4月13日,http://security.ccidnet.com/art/1099/20070412/1060145_1.html。

④ 林育廷:《网络银行定型化契约范例之检讨与消费者保护》,台湾资策会科技法律中心 http://stlc.iii.org.tw/stlc_c.htm。

另一方面,银行应努力提高自己的服务水平和技术力量,保障网络银行的操作安全顺畅。2007年6月29日,中国银监会下发《关于做好网上银行风险管理和服务的通知》(以下简称《通知》),①要求各商业银行在积极推广网上银行业务的同时,高度重视网上银行安全问题,切实维护广大网上银行(电子银行)用户的利益,促进业务健康持续发展。

《通知》对网上银行高风险账户操作进行了具体界定,要求各商业银行针对网上银行高风险账户操作采用双重身份认证方式;切实承担起对网上银行客户的安全教育责任,通过各种渠道向公众提示网上银行操作的安全注意事项,包括在本行网站开设网上银行安全教育栏目等;对于对公众危害性较大的假网站、假邮件等违法信息,各商业银行应通过本行网站及其他渠道及时向公众进行通报提示;商业银行应建立规范的网上银行(电子银行)业务投诉处理机制,妥善处理客户投诉事件;商业银行还应加强对与本行系统存在技术和业务连接的第三方机构的管理。②

(二)加强网上支付安全

为了解决网上交易和支付中的安全问题,中国人民银行和十几家商业银行早就于1999年8月建立了中国金融认证中心(CFCA)。CFCA作为一个权威的、可信赖的、公正的第三方信任机构,专门提供基于公开密钥基础设施(PKI)的数字证书服务,为参与网上交易的各方提供安全的基础,建立彼此信任的机制。

此外,商业银行通过与在线支付公司以及国际信用卡组织合作,为各种行业的网络商户提供安全而快捷的网上支付解决方案,通过采用数字签名、全球互通付款的安全技术、安全电子交易协议(SET)、国际通用数据安全传输认证SSL128位加密保护等国际先进安全措施确保网上支付安全,从而提供了快速、简单的安全验证服务。

值得一提的是,2005年4月1日正式实施的《电子签名法》确立了网上支付、数字签名的法律依据,确定了电子合同、数字签名与纸本合同的同等效力;同时承认电子文件与书面文书具有同等效力。从网上贸易来看,它确定了网上交易参与者的合法身份,增加了交易双方的信用度,进一步确保交易双方实现安全的网上交易和支付。

---

① 中国银监会银监办发〔2007〕134号通知。
② 参见《银监会下发通知要求各商业银行做好网上银行风险管理和服务工作》,2007年6月29日,http://www.cbrc.gov.cn/chinese/home/jsp/docView.jsp?docID=20070629D34590F732B61012FF4FF9C4ED26F200。

(三)建立网上贷款客户确认与合同约束机制

网上贷款业务涉及核实客户资信和贷款资金拨付两个问题。在核实客户资信方面,首先应建立客户确认机制。只有在信用、收入、经济活动等方面符合相应的条件,才能成为网络银行贷款业务合格的客户。其次,健全合同约束机制。银行应当与客户签订一系列合同文件,对客户和银行在网络银行贷款业务中可能产生的一系列权利义务事先明确。最后,证据应妥善保存。银行在网上贷款业务中应努力保全相关证据材料,以便使银行在网络银行纠纷诉讼中处于主动地位。①

网上贷款资金拨付表面上看起来只有银行和客户两个当事人,其实涉及的当事人很多,除了顾客本人、网络银行等金融机构之外,计算机制造商、软件开发商、资金拨付系统经营主体、通讯线路提供者等众多的相关人都可能受到牵连。因此,当出现某种故障不能及时、准确地进行资金拨付时,法律责任很难确定。我国可借鉴国外的相关法律为网络银行设立严格的责任制,如果银行没有尽到善良管理人的义务而给客户造成损失,应由银行承担责任;如果银行自己也受到损失,必须要有充分的证据证明这是因为客户的重大过失或故意造成的,否则也应自己承担责任。而对第三人如网络服务提供商(ISP)等的赔偿责任的承担应予以限制。②

(四)妥善立法解决对网络银行征税问题

我国目前还没有纯网络银行,我国的网络银行都属于分支型网络银行,可以提供包括企业银行、个人银行、网上证券、网上商城、网上支付等一系列网上服务业务。在税法意义上,尽管网络银行还不构成纳税主体,但开展网络银行业务的实体银行是当然的纳税主体。③ 美国等发达国家主张以居民税收管辖权来对网络银行征税,即只要是本国银行取得的收入,其居住国就有权征税;而这对发展中国家是非常不利的。因为网络银行业多数为发达国家主宰,采取居民税收管辖权将使发展中国家丧失大量税收。所以我国应当在立法上通过收入来源地税收管辖权来确保税收不致流失。④

---

① 郑顺炎:《第十六讲 网络贷款业务及其法律问题(二)》,《金融法院》第 29 期,2000 年,http://www.chinalawinfo.com/ejrfy/show.asp? flag=1254。

② 汪红萍:《关于网上银行法律问题的研究》,http://www.hnlawyer.net.cn/ShowArticle.shtml? ID=200753022194544314.htm。

③ 林师海、冯君:《简论我国网络银行税收法律制度的构建》,载《海南金融》2006 年第 2 期。

④ 闫海:《网络银行法律问题初探》,载《研究生法学》2000 年第 4 期。

(五) 重视网络金融创新的知识产权保护

诚如中国银行副行长朱民多次公开指出的,中外资银行的竞争将日益聚焦于知识产权的竞争。中资银行只有不断地进行产品创新,掌握科技含量高的知识产权,才能在未来的竞争中立于不败之地。① 因此,对于中资银行而言,认真从事产品的研发 (R&D) 并积极寻求知识产权的保护,才能确保网络银行业务的健康、永续发展。

值得一提的是,2006 年 9 月,中国建设银行出台了我国银行业首部全面规范知识产权管理活动的规章——《中国建设银行知识产权管理办法》,为加强我国银行业知识产权管理走向制度化、规范化迈出了重要一步。虽然建行出台的"知识产权管理办法"对同业其他银行不具有约束力,但却首次在银行内部明确了知识产权的管理职责,对知识产权权属政策及申请、维护、许可、转让等管理活动进行了集中规范。②

(六) 保证网络银行的安全

借鉴欧美银行个人财务隐私保密的成功做法,包括向客户提供隐私保密政策说明书,并积极建立信息系统安全保护程序,结合实际情况,我国应该从国家立法、监管和金融机构内部管理等三方面着手健全我国的银行个人财务隐私保密制度。亦即:

1. 尽快制定银行个人财务隐私保密的相关法律;
2. 加强银监会的监管力度;
3. 完善商业银行和其他金融机构有关个人财务隐私保密的内部管理制度。③

事实上,经营网络银行业务的商业银行由于其营业内容的特殊性,更有可能成为网络犯罪分子的攻击目标。为了防范和制止网络犯罪,除了银行应做好事先的预防措施外,更重要的是将制止网络犯罪放到国家行为的层面上,即由国家加强网络犯罪的法律宣传和教育,增强人们遵守网络安全协议的法律意识。对于已经造成危害的网络犯罪,法律应进行明确的规定,加强惩罚力度。

---

① 谢晓冬:《中资银行知识产权意识觉醒》,《上海证券报》,2007 年 7 月 11 日,http://bank.jrj.com.cn/news/2007-07-11/000002412521.html。

② 参见《建行出台我国银行业首部知识产权管理规章》,2006 年 9 月 12 日,http://finance.eastday.com/eastday/finance/node77285/node77756/node160707/u1a2314263.html。

③ 详可参见张成虎、王雪萍、常继武:《美国银行业个人财务隐私保密制度及其对我国的启示》,载《金融论坛》2003 年第 10 期。

1997年修订的《中华人民共和国刑法》中已经有针对计算机犯罪的条款。该法第285条对"非法侵入计算机系统罪"进行了规定,第286条界定了"破坏计算机信息系统罪"。网络黑客的行为,情节严重的,就已构成犯罪,必须负刑事责任。《刑法》第287条专门规定了"利用计算机实施金融诈骗、盗窃、贪污、挪用公款、窃取国家秘密或者其他犯罪"的处罚,其中规定:对犯罪后果特别严重的,处5年以上有期徒刑。

但是,总的来说,我国内地法律对计算机犯罪的法律界定是比较粗略的,尚乏专门针对网络犯罪的条文。这些关于计算机犯罪的法律条文需要随着计算机网络发展中出现的新情况、新问题而细化,打击网络犯罪的力度应该更加有力。随着计算机技术的发展,打击网络犯罪的难度也越来越大。最关键的是,如何追查犯罪分子的踪迹,将其绳之以法。

例如根据前述《第21次中国互联网络发展状况统计报告》,目前我国各种宽带用户的总和占网络用户总数的85.9%,其中ADSL上网比例已经达到了46.5%,成为最主流的上网方式,我国已经全面进入宽带网络时代。[①] 而随着我国宽带网应用的日趋普及,上网速度提高,将会使网络犯罪分子可以随时侵入他人的计算机系统,对网络用户造成重大损失,并给追查犯罪带来困难。这样的变化要求银行在加强网络犯罪防范的同时,也要加强对已经发生的网络犯罪的应变能力,及时向警方报告,尽量保留犯罪的证据,为追查犯罪分子提供便利。因为,一切的指控都应建立在具有充足、真实的证据的基础上。惩罚犯罪分子的同时,银行可以通过刑事附带民事诉讼,要求犯罪分子赔偿己方遭受的损失,这种索赔的成功也是建立在可以向法院提供充分的、真实的证据的基础上的。

四、网络证券的发展及问题

在线证券交易(online stock trading,台湾地区称为网路下单),通常是指投资者利用互联网网络资源,获取国内外各交易所的及时报价,查找国内外各类与投资者相关的经济金融信息,分析市场行情,并通过互联网进行网上的开户、委托、支付、交割和清算等证券交易全过程,实现实时交易。简言之,在线证券交易就是从事证券交易的主体通过计算机与证券交易平台或网络连接,以电子方式下达证券交易指令、获取交易回报、传送交易信息和数据资料,完

---

① 李培良:《网络银行的法律问题初探》,http://www.allbrightlaw.com.cn/lvbbs/lipeiliang.htm。

成证券交易。

与IT业一样,绝大多数新产生的行业包括在线证券交易,也是美国人的发明。网上证券业务的发展,可以追溯到20世纪70年代的美国纳斯达克(NASDAQ)电子交易,通过专线的专有数据库交易的方式,也就是今天常见的家庭大户式的方式,开辟了一种在交易所之外的交易方式,使证券公司的营业网点不再成为开拓业务的成功关键。上网开展证券交易在国外已经被证明是最具发展潜力的网络金融业务。

我国的网上证券业务始于1997年。第一家开办网上股票交易业务的证券营业部是中国华融信托投资公司湛江营业部。该营业部1997年1月开办网上交易业务,现已发展了500多名客户,每天的交易金额有数百万元人民币。而紧随其后的闽发证券深圳营业部所在一年时间里,通过网上证券交易吸引的开户人数已达5000户,日成交量占营业部总交易的60%。达因集团的博达公司也开发经营了康熙证券信息网,通过Internet向股民提供证券信息和在线交易。[1] 随着互联网技术的发展,网上证券交易也取得了快速的发展,成为券商经纪业务发展的热点与我国最有发展前景的电子商务领域。2006年,证券公司网上委托交易量、网上委托的客户开户数迅速增长。券商在网上证券交易领域展开了竞争,移动证券业务也取得较大发展,但是网上证券交易的安全性等问题仍然存在。[2]

目前,网络证券发展的主要问题表现在以下两个方面:

1. 政策与监管问题。网络证券在中国刚刚开始发展,许多方面还处于探索阶段,网络证券的发展需要的是高度透明和自由化的市场经济,而现阶段的市场运行,还存在着较强的政策干预色彩。当前以下两方面表现得较明显:一方面,固定手续费佣金制度阻碍了网络证券的发展。网络经济中价格水平的确定应该完全由市场来决定。目前我国的证券交易手续费仍然由政府来确定。而这种以法律形式固定的手续费将在很大程度上抹杀网络证券在交易费用上的优势。在美国网络证券之所以能够飞速发展,很重要的原因就是交易手续费是浮动的,而正是这种浮动,才能够使网上证券交易通过大大降低交易手续费用而体现其巨大的吸引力。另一方面,限制竞争违背了网络证券的发展规律。网

---

[1] 参见《网上炒股——实实在在的电子商务》,http://www.netcity.net.cn/club/zuti/wscg.htm。

[2] 参见《2006—2007年中国网上证券交易市场发展研究年度报告》,2007年1月,中国投资咨询网,http://it.ocn.com.cn/20075/1200753274.html。

络证券市场的竞争应该是充分的自由竞争,网络金融的一个很重要的特征就是竞争格局的变化,IT产业加入金融服务者的队伍将是一种趋势。

2.技术问题。中国网络证券发展的制约因素还有一些基本的技术件问题。目前中国互联网的信息传输速度不仅慢,而且不能保证畅通,这对网络证券交易是绝对不行的。另外,当前证券公司与交易所的计算机网络安全还有待加强,不少券商营业部的计算机网络系统还存在安全隐患,各营业部使用的交易软件也存在兼容的问题。

五、网络保险的发展及问题

随着互联网、信息化浪潮席卷整个商业领域,各传统产业纷纷和网络相结合,网络保险应运而生。网络保险也叫网上保险或保险电子商务,是指保险公司或新型网上保险中介机构以因特网和电子商务技术为工具来支持保险经营管理活动的经济行为。目前,保险公司对网络保险营销方式日益重视。2006年6月国务院发布的《关于保险业改革发展的若干意见》明确提出,保险业要运用现代信息技术,提高保险产品科技含量,发展网上保险等新的服务方式,全面提升服务水平,网络保险的地位逐步得到提高。

我国的网络保险始于1997年,至今已经经历了11个年头。1997年中国保险学会与北京维信投资顾问有限公司共同发起成立了我国第一家保险网站——中国保险信息网,该网站于同年11月28日为新华人寿促成了国内第一份网上保单,实现了我国网络保险零的突破。

2000年之后,我国的网络保险实现了从无到有并不断壮大的跨越式发展。2000年3月9日,太平洋保险北京分公司开通首家保险营销网站"网险",推出了包括个人网络保险和企业网络保险在内的30余种网上投保险种,实现首月保费收入99万元,展现了网络保险市场的巨大潜力。2000年6月,平安保险的PA18网上交易平台(www.PA18.com)建成,并于8月正式开通;太保和泰康人寿也几乎同时开通了自己的全国性网站,打响了我国网络保险市场的争夺战。2002年11月,中国人保的网上保险平台(www.e-picc.com.cn)投入运营,客户通过该网站不仅可以购买意外险、车险、家财险,还可以享受网上支付、保险卡注册、保单验真、咨询报案等服务。截至2005年底,31家中资保险公司有26家开通网站,41家外资保险公司(包括分公司、代表处)开通中文网站的有28家,总共54家公司开通网站,比例占全部保险公司的75%。

尽管各保险网站纷纷成立,来自网络的保费收入也不断增长,但是从销售流程上来看,投保者大多仅通过网络递交材料和传递投保意向,事后由保险公司派人上门完成保单签字收取保费等工作。直到中国人保财险于2005年4月1日推出国内第一张全流程电子保单,客户才最终实现了足不出户在线购买保险产品和支付保费,同时获得具有法律效力的电子保险单,网络保险才得到真正意义上的实现。同年,我国网络保险的保费收入达到57亿元,占全年保费的1.13%。目前,平安、泰康、国寿等都可以提供电子保单,人保财险全流程电子保单的适用险种也由最初的2种逐步发展到30余种。

此外,不附属于任何保险公司的第三方保险营销网站也发展迅速,它们主要以保险超市的形式销售车险以及意外险等,目前比较有影响的第三方保险营销网有:易保网(www.ebao.com)、中国保险网(www.china-insurance.com)、保网(www.ins.com.cn)等。

目前,我国的网络保险水平较低,网络保险经营的相关法规尚未出台,开展网络保险出现无法可依、无章可循的现象。但是,随着网络保险的发展,与互联网相关的保险产品将不断涌现,其经营过程中的安全问题以及索赔欺诈问题等,终究需要法律法规的约束,建立并完善相关法律法规是防范网络保险风险、促进网络保险健康发展最为有效的途径。

首先,法规的完善应从《保险法》入手,我国现行的《保险法》对网络保险没有相关的规定,目前看来,弥补这一漏洞是十分必要的;其次,现行的与互联网相关的法规,也需要对与网络保险相关的信息安全、网络管理、金融结算等条款进行相应的完善;最后,从银行业的经验来看,目前我国的网上银行业务有专门的《电子银行管理办法》进行监管,因此,从长期来看,出台一部专门的《网络保险法》是十分必要的。[①]

第三节　对中国发展网络金融的建议

一、加快支付系统和金融网络系统的建设

到目前为止,我国仍然没有实现真正的支付现代化,支付系统的建设仍需要加快进行,一个现代化支付系统是现代化金融系统的物质基础,也是未来网络经济的重要组成部分。近期内,我国支付系统建设应加快解决以下几方面

---

① 王剑南、唐守庆:《我国网络保险的发展前景分析》,http://www.ins.com.cn/material/2008/01/04/2008010417403599.html。

的问题:

1. 网络基础设施的建设问题。未来我国支付系统的主要基础是建设中的中国国家银行现代化支付系统(CNAPS),它以中国国家金融网(CNFN)为通信网络。该网络可以使以前主要依赖于卫星通信解决异地信息传递的银行网络通信,现在可以利用以光纤通信为基础的宽带高速数字化通信技术和帧中继技术(Frame Relay, FR)[①]来解决中心城市之间的金融信息传输问题。这一问题的解决将使银行间资金支付效率大大提高。但是,各个商业银行的专用网络和CNFN之间存在着网间互联的问题。为了利用商业银行的网络,在建设中应注意使用统一的互联网协议来实现不同的网络接口协议之间的互联。

2. 支付工具问题。支付工具是实现支付系统高效运行的关键,我国在支付工具的开发上还比较落后,应该在发展过程中一方面改善现有支付工具的使用效率,另一方面加快研制新型的更先进、更安全的网上支付工具。

信用卡在一定时期内将成为我国最主要的个人支付工具之一。尽快实现信用卡的跨行结算,将极大地推动我国信用卡业务的发展,同时也将极大地推动网上支付的发展。在市场管理方面,中国应该建立一个统一的银行卡管理机构,由独立于银行和商家的第三方机构进行银行卡业务处理。这样就可以制定统一的标准,避免重复建设的资源浪费,集中力量开发信用卡的新业务。

在开发全新的网上支付工具方面,银行应该注重与信息技术企业的合作,在研究开发的过程中注意技术标准统一的问题,以免发生与信用卡一样的重复建设问题。

3. 安全问题。安全问题实际上也是支付技术的一个重要组成部分,技术上我国在这方面还比较落后,很多电子设备和信息技术都是从国外进口的(其中一大部分是美国产品)。金融系统应该与信息技术企业密切合作,大力培养这方面的人才,加紧开发适合我国金融系统安全需要的有关技术。

(二)建设现代化的金融法制体系

市场经济是法制经济,未来以电子商务为代表的网络经济将更加强调法制。我国在法制建设上仍然比较落后,这种落后不仅仅表现在法律体系不完善上,还表现在法律的制定常常跟不上社会环境的发展和变化上,从而由保护

---

① 帧中继技术主要用于传递数据业务,它使用一组规程将数据信息以帧的形式(简称帧中继协议)有效地进行传送。它是广域网通信的一种方式。参见《帧中继技术及其应用》,http://www.sta.net.cn。

变成阻碍社会发展的力量了。如 1995 年刚刚制定的《票据法》就出现了明显不适应网络经济发展的内容。它规定票据出票人或持票人必须按照法定条件在票据上签章,票据方有法律效力。这一规定事实上否定了经过数字签章认证的非纸质的电子票据的支付和结算方式,很可能在很大程度上阻碍电子商务和网络金融业务的发展。因此必须尽快修改现有法律条款或重新制定符合电子货币结算特点的法律法规。

(三)改革专业化金融体制

由于信息技术的飞速发展,金融结构将引起很大的变化。这种变化在美国是十分明显的,由此引起了金融政策的改变,整个金融系统由分业经营开始向综合化、全能化发展。这种发展是一种市场发展的必然结果。中国还没有达到美国的那种信息化水平,因此中国似乎没有向全能银行制发展的客观需要。但是中国改革现有的专业化银行体制的动力很可能来自竞争的需要。如果按照中国加入世贸组织(WTO)协议,2007 年中国必须开放金融市场,因此外资金融机构就会全面进入中国的金融市场。如果中国的金融机构还只能提供专业化的服务而不是全能型的服务,在未来的竞争中很可能处于不利的地位。

此外,信息化发展的趋势要求网络金融业务向综合化、全能化方向发展。虽然我国的信息化水平还不高,网络金融业务、电子商务还处于最初的发展阶段,但是在我们努力向信息化、网络化方面转变的过程中,应该在体制方面有所准备。目前要做的是研究、设计与中国国情相适应的全能型金融机构的模式,在保持金融系统稳定发展的前提下逐步改革专业化的金融体制。[①]

[①] 狄卫平:《网络金融研究与发展策略》,2005.10.21,http://www.cyberlawcn.com/Get/ctfx/jyy/2005102184.htm。

第七章 电子商务中的知识产权保护问题

第一节 电子商务专利

一、商业方法的可专利性

由于美国电脑相关发明审查基准的公布与美国判决案例做出对于商业方法亦可以成为专利保护的标的的判决之后,专利保护的门户大开,对于软件厂商和其他利用计算机软件来进行资料或资源管理、传递、截取与分配的企业,便可通过专利的机制,令其所发展的技术、服务与程序得以享有与一般实体或硬件技术相同的保护。这些利用硬件与因特网所提供的服务,只要具备专利三性要件(即新颖性、创造性和实用性),皆可申请专利,而这些专利通称为电子商务专利(E-Patents)。

自从1996年2月28日美国专利商标局(USPTO)公布"电脑相关发明审查基准"以来,软件专利的申请炙手可热,申请案件的急速增加,对于科技发展与产业竞争产生了重大的影响。自1995到1999年,美国厂商拥有网络软件专利已超过1万1000件。[①]

在美国的影响和压力下,日本也将因特网上电子商务经营模式纳入专利保护,如日本第2756488号专利——图形广告方法(Map advertising method patent)就是一例。至于外国向中国提交的第一件电子商务专利申请是在1994年5月9日(申请号94190313.3),国内提交的第一件电子商务专利申请

---

① 刘尚志、陈佳麟:《包罗万象与危机四伏的E-Patents》,《电子时报》2000年6月3日第9版。

是在 1995 年 12 月 7 日(申请号 95117826.1)。到 2000 年底,中国已公开的直接与互联网技术有关的专利申请 117 件,与互联网相关的专利申请 620 件。目前中国对于商业方法不准备给予专利保护。[①]

二、电子商务专利的侵权诉讼日增

然而在电子商务蓬勃发展之际,自 1999 年 10 月以来,专利侵权的诉讼也随之产生,例如亚马逊书店(Amazon.com)在 1999 年 10 月 21 日获得其"让顾客点击一次鼠标就可以重复购物"(one-click)专利的后的三周内即控告全美最大的实体连锁书店——邦诺书店(Barnes & Noble)侵害其 5960411 号的专利,[②]Priceline.com 控告微软旗下公司 Expedia.com 侵害其 5794207 号的"逆拍卖方式"专利,Intouch 公司诉亚马逊网站、Liquid Audio、Listen.com、Discover.music.com 和时代华纳的 Entertaindom 等数家网站运营商侵害其"在线音乐作品试听技术"专利之诉,Fantasy Sports.com 诉 Yahoo、ESPN 及另外两个网站,麻省理工学院(MIT)的两位教授诉 Ask Jeeves.com 等[③],软件专利俨然已将成为钳制发展电子商务的地雷。

据专家指出,许多目前正在执行的电子商务经营模式和关于电子商务架构(资源供给、采购、管理、交易平台的建立,企业与顾客、需求者和互补者的间的互动)与电子商务运作时所需的要素(金流、物流、商流以及信息流)都已有相关的专利存在,而在近年内会有更多的专利出现。[④]

例如 2003 年 8 月 6 日,美国弗吉尼亚州地区法院法官 Jerome Friedman 做出判决,eBay 公司侵犯了 MercExchange 公司的创办人,也是前 CIA(美国中央情报局)工程师的一项电子商务专利权,为此必须向后者支付 2950 万美

[①] 李顺德:《中国知识产权保护制度的发展和完善》,中国法学网,2003.6.23,http://www.jcrb.com/zyw/n144/ca79528.htm。

[②] 本案初审判决 Barnes & Noble 侵害 Amazon 的 411 专利。上诉法院则判决允许 Barnes & Noble 让客户继续使用这项技术。Barnes & Noble 抗辩这项技术早已被广泛应用,不具有专利性。参见《亚马逊书店专利诉讼案在上诉审遭到败诉判决》,http://news.cnet.com/news;http://nytimes.com/2001/02/14/technology/。

[③] 李顺德:《中国知识产权保护制度的发展和完善》,中国法学网,2003.6.23,http://www.jcrb.com/zyw/n144/ca79528.htm。

[④] 刘尚志、陈佳麟:《包罗万象与危机四伏的 E-Patents》,《电子时报》,2000.6.3,第 9 版。

元的赔偿。这个数目要比陪审团最初要求 eBay 支付少 550 万美元。① 同年 12 月,上诉法院维持原判。2008 年 2 月下旬,eBay 宣布已与后者针对这项长达 4 年多的争议达成和解协议。eBay 同意买下被指控违反的 MercExchange 公司三项专利。eBay 并未披露其买价与和解协议中的其他财务条款。②

至于外国向中国提交的第一件电子商务专利申请是在 1994 年 5 月 9 日(申请号 94190313.3),国内提交的第一件电子商务专利申请是在 1995 年 12 月 7 日(申请号 95117826.1)。2002 年底、2003 年初中国专利局已对两件美国花旗银行商业方法专利先后授权(实际上在非银行界的申请人中已有许多有关电子商务方法的专利申请被授权)。③

2004 年 10 月,国家知识产权局发布了《商业方法相关发明专利申请的审查规则(试行)》,对于商业方法作出了进一步的解释:商业的含义是广义的,包括金融、保险、证券、租赁、拍卖、投资、营销、广告、旅游、娱乐、服务、房地产、医疗、教育、出版、经营管理、企业管理、行政管理、实务安排等,商业方法相关发明专利申请是指以利用计算机和网络技术完成商业方法为主题的发明专利申请。同时该规则指出:商业方法相关发明专利申请是一种特殊性质的专利申请,既具有涉及计算机程序的共性,又具有计算机和网络技术与商业活动和事务结合所带来的特殊性。在这份规则中规定了对这类特殊申请的一系列审查原则和范例,反映出商业方法相关发明的专利申请在中国获得授权的条件还是比较严格的。

我国已加入 WTO,近几年来跨国企业挟其娴熟的国际商业运作实力包括拥有多项知识产权的优势,纷纷大举来华寻求与拓展商机,花旗银行虽仅在中国申请获得两项专利授权,但这两项授权专利所覆盖的保护范围已经将中国现有的与电子支付有关的银行业务、证券、保险等都纳入其中。有鉴于此,我国企业在竞相发展电子商务或运用因特网的技术与便利来提升企业竞争力之余,切莫忽略专利存在的危机。本书以为,一旦跨国企业积极就所开发

---

① 参见《eBay 因侵犯专利权 被判支付 2950 万美元赔偿》,赛迪网,2003.8.8,http://news.xinhuanet.com/it/2003-08/08/content_1016691.htm。

② Ebay agrees to buy patents from MercExchange, settling legal dispute, Feb. 28, 2008, http://www.siliconvalley.com/news/ci_8394420?nclick_check=1.

③ 张平:《商业方法软件专利保护:美国的实践及其启示》,《法商研究》2005 年第 4 期。

的商业方法申请中国的专利保护,我国互联网业界同样不能等闲视之,而应尽早研拟攻防策略,以避免陷入被控侵权困境而蒙受不测的损失。[1]

三、中国发展电子商务的专利战略建议

(1)电子商务正在快速发展中,技术标准化尚未明朗化,创新的空间多且广。除非已有相当先进且未来看好的技术,否则为有效保护专利运用,不一定在产业初始,混沌为开之际急于申请专利。这是因为专利申请的费用与时间相当可观,对于更迭速度快,或是未必能成为标准的技术,通常不具备专利的积极价值。成为一个早期进入者(early mover),不见得比首先进入者(first mover)不利,因势利导创新策略,方为上策。发展配合经营策略的设计,专利申请以品质为主,以数量为辅,然而要使专利成为有效的资产,应能在数量上有基本的规模(critical mass)。

(2)以上下游或协力合作的商业行为,发展专利合作与授权的关系。尤其后续的创新,往往较为容易与先前的发明人达成交互授权(cross licensing)。

(3)运用专利信息,并以建置专利信息于企业内部网络,养成线上工程师与研发人员阅读专利的能力与习惯。

(4)善用网络社区(community)交换信息,作为举发(invalidate)无效专利与撷取相关讯息的管道。因特网的无国界,带动信息流通的无障碍,网络上已有若干网站以讨论专利,交换相关讯息为主,尔后凡是不合格的专利,或是为了撤销专利的搜证工作,都可以借网友的合作来达成。

(5)增进解读专利范围与侵害判断能力,培育回避设计(designing around)与创新能力。[2]

---

[1] 郭懿美、蔡庆辉主编:《电子商务法经典案例研究》,中信出版社2006年版,第89~90、94页。

[2] 刘尚志:《产业竞争与专利策略:由英特尔威盛的专利纠纷与电子商务专利的兴起看智权的竞合》,http://nr.stic.gov.tw/ejournal/scipolicy/Sr8908/SR8908T1.htm。

第二节 域名的法律保护

一、域名的定义与功能

域名(domain name)是互联网络上识别和定位计算机的层次结构式的字符标识,与该计算机的互联网协议(IP)地址相对应。[①] 域名具有地址性和标识性两方面的功能。国内外法律在对域名的描述中,均包含了这两方面内容。例如美国《反域名抢注消费者保护法》(ACPA)对域名的定义为:"域名是指由任何域名注册员、域名登记机构或其他域名注册管理机构注册或分配的任何包括文字与数字的名称,作为互联网上的电子地址的一部分。"[②]互联网国际特设委员会(IAHC)在其发布的备忘录中称:"域名系统是专为网络中的计算机定位而设计的便于人们记忆 IP 地址的友好名称。"而北京市高级人民法院更是明确地指出域名的这两个功能:"域名是因特网上用户在网络中的名称和地址。域名具有技术性和标识性两方面的功能。技术功能是指域名注册人在网络上的地址,识别功能是指域名注册人在因特网上代表自己的标志。"[③]

地址性是域名的原始属性,是域名基本功能的反映;标识性是域名的形式属性。从技术角度来说,域名只是连接到网络上的计算机 IP 地址的外部代码,按照中国互联网络信息中心(CNNIC)的解释,"域名只是因特网中用于解决地址对应问题的一种方法"[④]而已;从形式上看,域名有一定的标识作用,可以起到标识特定的自然人或法人等在网络中的身份的作用。例如厦门大学的域名 www.xmu.edu.cn 相对与其 IP 地址 210.34.0.12 来说,不仅更便于用户记忆,而且稍微有点域名常识的人都知道,这是中国某个重点高校的域名。这也正如世界知识产权组织(WIPO)所云,"域名最初是为了方便用户记忆而发挥其技术功能,目的在于使用户不必使用底层的 IP 数值地址即可辨别其所

---

① 参见《中国互联网络域名管理办法》第 3 条第(1)项。
② 陶鑫良、程永顺、张平主编:《域名与知识产权保护》,专利文献出版社 2001 年版,第 488 页。
③ 参见北京市高级人民法院《关于审理域名注册、使用而引起的知识产权民事纠纷案件的若干指导意见》。
④ 参见 CNNIC"域名常识问答"(http://www.cnnic.net.cn/)。

要查找的计算机。"[1]

二、域名是一种新的知识产权

域名权与商标、商号权有一定的相似之处,甚或有时存在一定的内在联系,但域名权利决不依附于任何一种权利。和传统的知识产权领域客体如商标、专利等相比,域名是具有其自身的特征:其一,域名具有绝对的专属性,也就是说,在网络空间不存在像商标那样由不同主体拥有相同商标的情况,域名在网络上是绝对唯一的,其他任何人不得注册、使用相同的域名,一旦取得,其独占性不因时间、空间的改变而改变。其二,域名的地域性,作为互联网的一种标志,域名不具有商标那样传统的地域性,其领域限于虚拟空间,无国别、行业的限制,域名的使用是全球范围的,没有传统的地域性的限制。现实空间的商标规则,一般不为虚拟空间所接受。其三,域名的时间性,一经注册获得即可永久使用,无须定期续展。其四,域名具有宽泛性,除了.com 像商标一样具有商业价值和作用外,还有以.gov、.edu、.org 等结尾的域名,其社会价值同样不容忽视。

专家周津认为,从这个意义上出发,域名是商标类的知识产权的观点站不住脚,域名不是商标、商号,而是一种独立的权利,是一种新型的知识产权——域名权。域名权的独立性已经开始为越来越多的判例和相关规定所承认。其独立性主要表现在:其一,在实体方面,(1)域名的使用是在网络空间,须遵守特定的一系列规则;(2)如果发生域名与其他在先权利如名称、商号、商标等相同,并不必然导致域名无效,而是应当区分情况,一方面要维护域名的独立权利,另一方面要在一定限度内维护传统权利的优先利益。其二,在程序方面,域名的注册、纠纷的解决都有着独特的机制。因此,虚拟世界的域名与现实世界的商标有着根本的不同,因其法律特点、功能、作用的不同而应为独立的知识产权客体。商标不能涵盖域名,商标法的规定也不能解决域名领域出现的所有争议。[2]

---

[1] 参见 WIPO 的期中报告(Interim Report)和最后报告(Final Report):*The Management of Internet Names and Addresses:Interlectual Property Issues*。

[2] 周津:《域名保护的法律思考》,2003.7.3,http://www.chinaeclaw.com/readArticle.asp?id=654。

三、国际域名争议解决机制

信息技术的迅猛发展,电子商务的快速普及,为传统产业模式带来了巨大的变化。而开展电子商务的基本要求之一就是拥有域名。由此引发了域名这一新兴的技术产物与传统的法定权利之间的各种冲突,并日益成为全球关注的焦点。根据国内外域名诉讼和仲裁的实践,域名冲突对象已经从商标发展到企业名称(商号)、名人姓名、通用词汇、地理名称、普通人的姓名缩写、数字、著名作品的标题和虚构人物姓名等领域,而"言论自由"(Freedom of Speech)的宪法原则也经常见诸域名纠纷中。

由于域名纠纷的全球性和网络性的特征,面对来自全球各地的抢注者,跨国诉讼的高昂成本是许多企业难以承受的。为解决域名纠纷司法救济的缺陷,联合国世界知识产权组织(WIPO)与国际域名管理组织(ICANN)于1999年12月共同推出了《统一域名域名争议政策》(UDRP),有效地保护了在先知识产权人的合法权利。该机制具有应用的广泛性、仲裁的公正性、管辖的强制性、仲裁的快捷性、执行的高效性等明显优势。事实上,在已经裁决的6000多件案件中,仲裁庭大多支持了在先知识产权人的要求,裁决将被抢注的域名强制转让回在先知识产权人,并得到了有效的执行。

根据 UDRP,如果申请人向所批准的争议解决组织提出以下主张,则要求域名注册人服从强制性行政程序的约束:(1)该域名和申请人拥有的商标相同或混淆性相似;(2)域名注册人对域名有权利和合法利益;(3)该域名是被恶意注册的。

专家小组应考虑下列因素作为注册与恶意使用域名的证据,包括:

1. 情况显示域名所有人已注册或取得一项域名主要是基于销售、出租或其他转让域名注册予申请人的目的;或

2. 注册域名以防止商标或服务标章所有人注册该域名;或

3. 注册域名主要是基于扰乱一个竞争者的目的;或

4. 通过制度混淆误认的可能性,使用域名以故意吸引因特网用户至一个网站或其他线上地址,以获取商业利益。

如专家小组认定申请人已证明前揭因素,其得命令转让该域名。通过行政供货商开立的费用须由申请人支付,所有的通信一律以 E-mail、邮寄或传真的书面形式为之,亦不针对本案举行真正的听证会。本项行政争议解决程序系设计为不超过 1000 美元,整个过程为时大约 45 天,如此看来 ICANN 争议解决程序显然是一个自恶意抢注者揪出一个侵权域名的既快速又相当便宜的

工具。

　　域名争议解决程序进行中乃至作出裁定以后，域名争议当事人均可以就同一域名争议提起司法诉讼。对于专家小组作出域名的撤销或转让裁定，域名注册机构在接到争议解决机构通知之日起10个工作日(以域名注册机构主要办公所在地时间为准)后执行。在这期间，如果域名注册机构收到域名持有人提起司法诉讼的正式文件(如盖有法院公章的起诉书复印件)时，域名注册机构将暂停执行该裁定直至：

　　(1) 域名注册机构确信争议在双方之间得以圆满解决；

　　(2) 域名注册机构确信起诉被法院驳回或撤销；

　　(3) 域名注册机构收到法院驳回起诉的判定通知或法院判定域名持有人无权继续使用域名的通知的复印。①

　　2001年4月1日江苏省金图科技有限责任公司收到了来自"世界知识产权组织仲裁与调解中心"的电子邮件，告知该公司在与美国电子商务(infospace)公司的因特网域名纠纷案中胜诉，infospace公司的投诉理由不成立，金图公司合法地拥有www.infospace.com域名。这是我国众多跨国因特网域名纠纷案中，第一例经WIPO仲裁而胜诉的案例。此外，引起国内各界极大关注、牵涉杭州中化网络技术有限公司(以下简称中国化工网)和澳大利亚最大化工企业Orica公司的域名争端终见分晓。瑞士时间2001年11月18日下午(北京时间11月19日凌晨)，在WIPO作出裁决前几个小时，Orica公司正式撤诉，"www.chemnet.com"域名将因此归中国化工网所有。这是我国加入WTO后的第一起域名纠纷，中国企业运用国际法则保护了自己的域名权。然而2001年7月中旬，美国在线(AOL)发给金智塔公司一封律师信函，要求金智塔将"www.gameicq.com"这个域名免费转让给他们，理由是金智塔公司侵犯了美国在线旗下的ICQ品牌。尔后，金智塔公司收到了WIPO寄来的书面仲裁通知，金智塔公司恶意注册和使用了域名"gameicq.com和gameicq.net"，应将这两个域名归还美国在线。②

　　2001年12月3日，ICANN发表声明，正式授权由贸仲和香港国际仲裁中心联合成立的亚洲域名争议解决中心(www.ADNDRC.org)为国际通用顶

---

　　① 郭懿美：《论电子商务的知识产权问题暨解决之道》，《人大法律评论》，2001年卷第1辑，中国人民大学出版社2001年10月版，第329～330页。

　　② 徐英：《域名：中国企业正在开窍》，《中国知识产报》，2001.12.5，http://www.sipo.gov.cn/sipo/zscqb/shgc/200112060011.htm。

级域名的争议解决机构,负责解决通用顶级域名争议。亚洲域名争议解决中心因此而成为世界上第四个、亚洲地区第一个国际通用顶级域名争议解决机构。亚洲域名争议解决中心下设两个秘书处,其香港秘书处位于香港国际仲裁中心,其北京秘书处位于贸仲。两个秘书处均为当事人提供统一的域名争议解决服务。当事人在提交投诉时可选择将争议提交中心北京秘书处或香港秘书处处理。该中心已于 2002 年 2 月 28 日正式运作,对外受理案件。

据中国国际经济贸易仲裁委员会统计,域名争议解决中心成立至今共审理案件 1800 多件,其中.cn 域名争议 1403 件,.com 等通用顶级域名争议 368 件,近 3 年来,每年域名争议解决中心解决的案件都在 260 件左右。值得注意的是,商标权利人的投诉 89% 以上获得了支持,截至 2011 年 7 月底,只有一件投诉被驳回。[①]

我们应注意的是,2000 年安徽黄山市的黄山某发展有限公司因对"HUANGSHAN.COM"域名管理不当,在与香港某公司的域名争议案中痛失域名。这也是首例中国涉及"地理名称"(geographical name)国际域名争议案。然而 2002 年 6 月 19 日,五粮液集团在亚洲域名争议解决中心受理与裁决的第一案——"WULIANGYE.COM"域名案中获胜,这也是中国企业首次从国外企业手中成功夺回被恶意抢注的国际域名。[②] 此例显示中国企业对域名恶意抢注行为如果采取坚决的法律措施,从容面对国际知名企业域名抢注的挑战,才能有效地保护自身的权益。

四、中国域名争议解决机制

经 CNNIC 授权,中国国际经济贸易仲裁委员会域名争议解决中心(www.CIETAC.org.cn)已分别于 2001 年 1 月 1 日和 2002 年 1 月 1 日开始正式对外受理中文域名争议和通用网址争议。贸仲域名争议解决中心已经成功处理了 22 件中文域名和 10 件通用网址的法律争议,所作裁决均得到了顺利执行,争议解决程序和裁决公正性得到了国内外的一致好评。而且,我国的域名争议解决机制与 ICANN 统一域名争议解决机制没有本质区别,只是根据中国实际情况作了相应的修改。其优势在于,既能与国际统一域名争议解

---

① 参见《域名争议逾九成选择仲裁解决 鲜见国内企业投诉》,2011.9.2,http://vaile653.blog.sohu.com/183296882.html。

② 胡钢:《域名法律冲突前沿研究》,2003.7.3,http://www.chinaeclaw.com/readArticle.asp? id=655。

决机制保持一致,又可以在管理和运行上实现本国化,以减少法律冲突。①
2002年8月1日,信息产业部颁布了《中国互联网络域名管理办法》,对现行的中国域名政策做出了重大调整,简化了注册手续,放宽了域名管理限制,降低了收费标准,确立了域名争议解决机制。

2002年9月25日,CNNIC发布了《中国互联网络信息中心域名争议解决办法》(自2002年9月30日起施行。原《中文域名争议解决办法(试行)》同时废止)、《中国互联网络信息中心域名争议解决办法程序规则》(亦于9月30日生效)。贸仲和香港国际仲裁中心作为首批获得CNNIC认证的域名争议解决机构,也已于同一日开始受理CN域名和中文域名的争议投诉。②

据CNNIC主任毛伟介绍,域名争议解决办法主要解决的是因恶意抢注而引起的民事权益纠纷,其目的在于为域名争议双方提供一种快捷、便利及低成本的争议解决机制,减少司法诉讼。如果域名争议解决机构裁定投诉成立,则有关域名将无偿转移给投诉人,或者被注销。

又据贸仲域名争议解决中心秘书长李虎介绍,该域名争议解决机制的一个特点是采用了先进的在线案件管理系统。有关案件投诉、审理及裁决等程序性事项均通过互联网进行。一个案件从开始到结束一般为45天至60天。专家组一经指定,即应在14日内作出裁决,从而大大提高了域名争议解决机制的效率。③

需要指出的是,争议解决机制下的裁决结果仅限于注册人的变更,不涉及经济赔偿,即裁决结果仅限于:注册已经注册的域名;将注册域名转移给投诉人;驳回投诉,对不服裁决的还可以提起司法诉讼。具体的域名争议解决机构则是CNNIC认可的独立的第三方机构。④

2006年2月14日,中国互联网络信息中心(CNNIC)修订新版的《域名争议解决办法》(下称《办法》),规范与".cn"域名和所有中文域名(亦即CNNIC域名)有关的争议。上述2002年9月30日施行的原《中国互联网络信息中心域名争议解决办法》同时废止。新版的《办法》已于同年3月17日生

---

① 李朝应:《中国的域名政策》,《中国专利与商标》2003年第72期。
② 关于贸仲对中国域名争议、通用网址的案件统计,可参见 http://www.cietac.org.cn/cd18/cd18.htm。
③ 参见《CNNIC发布〈域名注册实施细则〉 恶意抢注域名无效》,2002.9.26,http://www.zdnet.com.cn/news/internet/story/0,2000079768,39062022,00.htm。
④ 李朝应:《中国的域名政策》,《中国专利与商标》2003年第72期。

效。《办法》规定了一套解决涉及 CNNIC 域名争议的有效率与合乎成本效益的程序。

根据《办法》第 8 条，投诉如要获得支持，须符合三项条件：(1)被投诉的域名与投诉人享有民事权益的名称或者标志相同，或者具有足以导致混淆的近似性；(2)被投诉的域名持有人对域名或者其主要部分不享有合法权益；(3)被投诉的域名持有人对域名的注册或者使用具有恶意。虽然新版的《办法》基本条款不变，但后述的特定新规则将使得取回 CNNIC 域名更为困难。

新版的《办法》有三点重大变化[①]：首先，如果域名注册期限满两年的，CNNIC 域名争议解决服务提供商将不予受理相关争议申请(参见第 2 条)，以保护域名注册人权益的稳定性。其次，仅仅抱有出售、出租或其他转让 CNNIC 域名之目的的注册域名不再是判断恶意注册的充分标准。要构成恶意，该项行为应该是基于从投诉人或其竞争对手取得不正当利益的想法为之(参见第 9 条第 1 款)。最后，被投诉人如果在接到投诉书之前，在提供商品或服务的过程中已善意、合法或合理地使用该域名，或虽未获得相对应的商标权，但所持有的域名已经获得一定的知名度，表明其对该域名享有合法权益(参见第 10 条)。

五、中国法律对域名与商标争议的解决

(一)我国域名争议诉讼概况与总评

根据有关资料，在 1995 年中中国公用计算机互联网(CHINANET)开通后仅仅半年时间，"域名抢注"一词就在中国出现了。到 1996 年，我国已有 600 多个著名企业的名称或商标在互联网上的域名被抢注，其中包括长虹、全聚德、荣宝斋、健力宝、五粮液、红塔山等。[②]

我国的首例正式的域名抢注案是"科龙公司诉永安制衣厂"案。广东科龙(容声)集团有限公司于 1992 年元月获得"KELON"注册商标专用权。1997年 9 月，吴永安开办的永安制衣厂(个体工商户)向 CNNIC 注册"kelon.com.cn"域名，并取得注册登记证书。1997 年底，科龙公司曾与吴永安商谈有关"KELON"域名注册事宜。1998 年元月，吴永安发送传真给科龙公司，称："为

---

① Cedric Lam, Janet Wong. China's New Rules on Domain Name, http://www.dorsey.com/publications/legal_detail.aspx?FlashNavID = pubs _ legal&pubid = 218678403，March 2006.

② 参见《中国网络风暴》，《电脑报》，1997.10.14。

了尽快了结关于科龙域名的争议权,永安制衣厂要求对方补偿现金五万元,即放弃争议权。"科龙公司遂以吴永安为被告诉至北京市海淀区人民法院。

北京市海淀区人民法院受理本案后,吴永安曾信函告知:要求科龙公司补偿其域名注册费2000元,首年度运行费300元,愿放弃"KELON"域名的使用权。经法庭询问,科龙公司拒绝吴永安的要求。1999年3月6日,本案开庭审理前,被告吴永安再次信函告知一审法院:其已向CNNIC提出申请,要求注销其注册的"kelon.com.cn"域名,并寄回了注册证书。经向CNNIC查询,永安制衣厂注册"KELON"域名的网页自注册之日起至诉讼时止一直为空白。CNNIC已于1999年3月25日完成永安制衣厂"kelon.com.cn"域名的注销工作。1999年3月29日,科龙公司已获得"kelon.com.cn"域名。科龙公司以被告吴永安自动停止了侵权行为为由,向一审法院提出撤诉申请。①

法院虽然没能就该案发表意见,但是在准许原告撤诉的裁定书中仍然提到:被告的行为属于《民法通则》规定的以合法形式掩盖非法目的之无效民事行为,理应予以禁止。另有专家指出,域名抢注行为违反了民法通则的诚实信用原则,属《反不正当竞争法》所禁止的不正当竞争行为,应当受到我国《反不正当竞争法》的制裁。该观点已得到大多数专家学者的认同。②

其后,中国内地企业间或内地与外国企业间已连续出现了多起域名抢注的纠纷,例如"PDA"域名抢注案、上海东方网股份有限公司诉济南开发区梦幻多媒体网络技术开发中心域名纠纷案、(美国)宝洁(P&G)公司诉上海晨铉智能科技发展有限公司"safeguard"域名、诉北京国网信息有限责任公司"whisper"域名以及诉北京市天地电子集团"Tide"域名抢注案,以及(荷兰)英特艾基、(美国)杜邦等外商公司诉国网公司"ikea、dupont、rolex、loreal、cartier、olay、ups"等一系列域名抢注案,被告国网公司均败诉,须注销域名,在rolex、loreal、olay等案一审法院判决被告尚需赔偿原告经济损失③。

2001年11月14日,北京市第二中级人民法院公开对11件涉及计算机网络域名的民事案件作出一审判决,这次公开宣判的11件案件全部为计算机

---

① 参见《广东科龙(容声)集团有限公司诉吴永安域名注册纠纷案》,http://www.chinaiprlaw.com/alfx/alfx44.htm。
② 庄乐波:《域名与商标权利冲突的解决途径》,2003.6.8,http://www.netlawcn.com/second/content.asp?no=609。
③ 丁曼丽:《抢注失败,国网注册数千域名自食苦果》,《市场报》,2002.5.8,http://www.chinaeclaw.com/topic.asp?topic。

网络域名纠纷案,涉及的国外知名企业有:肯德基国际控股公司、陶氏化学公司、耐恩西部集团公司、桦谢菲力柏契出版社、博士联合有限公司、荷兰赛百味国际有限公司、摩凡陀钟表有限公司、美国运通公司、美国联合包裹服务公司、雨果博斯股份有限公司、贝卡德有限公司、(美国)宝洁公司。除肯德基国际控股公司诉广州粤经信息网络有限公司计算机网络域名纠纷一案外,其余10件计算机网络域名纠纷案的被告同为北京国网信息有限责任公司。

北京市二中院在对肯德基国际控股公司诉广州粤经信息网络有限公司计算机网络域名纠纷案的判决中称,"KFC"已由原告于1993年8月在中国注册为系列的商品商标,因此依据我国法律,原告对"KFC"享有专用的权利。同时,在国内外饮食业中,以"KFC"和"肯德基"为标识的肯德基快餐是众所周知的,原告将其商业活动扩展到网络上,并将其知名的商业标识注册为域名使用是合理的。

而被告广州粤经信息网络有限公司是一家销售电子、机电产品、办公用品,从事计算机软件开发及相关信息服务的公司。1998年5月26日该公司在中国互联网注册了域名"kfc.com.cn",在本案原告对"KFC"享有在先权利的情况下,被告无任何正当理由使用了与"KFC"完全相同的文字注册域名,阻碍了原告在中国互联网上注册使用该域名开展网络商务活动,同时易使公众产生混淆和误认,其行为在主观上的恶意是十分明显的。被告的行为违反了诚实信用的商业法律原则,侵害了原告的商业利益,构成不正当竞争。北京市二中院判决被告10日内注销"kfc.com.cn"的域名,并负担案件受理费1000元。①

"ikea"案是我国第一件涉外域名纠纷案,也是我国适用国际条约《保护工业产权巴黎公约》处理的第一案。2001年11月,法院终审以不正当竞争为由判定国网败诉。"ikea.com.cn"得到保护,是否意味着所有的国外商标都会得到保护呢?实践中,与本案相应的"辉瑞"案却得到相反的判决。2002年12月,"美国辉瑞公司诉深圳市万用信息网有限公司侵犯商标权、不正当竞争案"作出一审判决,辉瑞公司"viagra"域名的诉讼请求被驳回。法院对两件案子审理时均将不正当竞争作为审理思路,但两件案子看来相似,判决却截然不同,这其中是否存在矛盾?审理本案的法官解释,"这实际上是划了条线——以驰名商标的认定为界,为域名争议划线。只有驰名商标才能受到跨类的扩

---

① 参见《"入世"有承诺,司法来保障》,《中国知识产权报》,2001.11.22,http://www.gxipo.net/m5-33.htm。

大保护,普通商标则不能享受这种特殊待遇。"①

专家认为,法院判定国网公司的行为违反了公平竞争、诚实信用的基本原则,构成了不正当竞争,依据的是《反不正当竞争法》第 2 条。该条款是当前司法实践中,法院审理网络环境下侵权案件常引用的法律,但它并不是完美的。对于具体的侵权案件借助于一般性条款,这只是在我国网络法律不健全的这一现实下的权宜之计。毕竟对于"viagra"商标而言,为何不能适用该条款,是不能从条款本身找到原因的。为了避免这种情况,我们完全可以寻求另一种解决思路:商标淡化(trademark dilution)。商标淡化理论针对的是用于非竞争关系商品上的商标,按照中国参加的《保护工业产权巴黎公约》,只有驰名商标或其他具有相当知名度的商标才能受到跨类的扩大保护,普通商标则不能享受这种特殊待遇。所以,用商标淡化解决网上的驰名商标保护问题无疑是可取的。

反淡化理论不要求淡化者与驰名商标所有人之间存在竞争关系,不以是否产生混淆、误认为前提,而互联网不与具体的商品或服务相联系,从这一点上说,恰巧适用于网上的商标侵权。美国参议员 Patrick J. Leahy 在立法讨论中曾经说,"我希望这部立法(《联邦商标反淡化法》),会有助于制止在互联网上,将代表他人产品与商誉的商标,欺骗性地注册成域名的行为。"最高人民法院民事审判第三庭蒋志培庭长也认为,根据国际相关条约的规定和国际经验,我国不但在商标法修改中应当明确规定对驰名商标的特殊保护,并应当将这种特殊保护延伸到网络世界。② 专家建议,我国应仿照美国《联邦商标反淡化法》,在法律体系中增加《商标反淡化法》,运用淡化理论确定审理思路,完善我国的法律体系。③

这些域名争议案件具有两个特点:首先,案件主要发生在北京、上海等经济发达的地区。这主要是由于互联网在我国不同地区的发展程度不平衡而造成的。随着互联网的进一步发展,其他一些地方也逐渐出现了域名纠纷以及因此而产生的诉讼。其次,许多案件涉及跨国公司。这有两方面的原因,一是

---

① 参见《辉瑞客队主场挑战"伟哥之争"再起风波》,《中国经营报》,2000.12.26,http://www.domain.com.cn/scnews/news-inc3.asp? newsid=542。

② 蒋志培:《网络域名争议与商标权网上保护》,http://timeslaw.363.net/new-page-47.htm。

③ 徐清霜:《驰名商标的淡化与网上保护》,http://www.sdipr.gov.cn/yanjiu/yanjiu003.htm。

这些案件所涉及的域名大都是在.CN下注册的域名,而被告又大多是中国企业和组织,根据原告就被告或侵权行为地法院管辖的一般诉讼原则,跨国企业要在中国进行有关诉讼;二是我国的许多企业对网络域名并不在意,所以即使被抢注也欠缺通过诉讼方式解决的意向,相对而言,国外的一些大型跨国公司十分重视自己的域名在中国这个广阔市场的作用,故而更倾向于将域名纠纷诉至法院。

专家指出,客观上,现在的原告都是些国际集团公司、知名企业等,具有诉讼的实力和成本。到法院进行诉讼,若按照最高人民法院索赔的最高限额50万元人民币,其交给法院的诉讼费、支付的律师费用等不会超过15万人民币。实际上,该笔费用与该厂家为了维持其商标、强化其商标所投入的广告费用相比几乎不算什么投入。而诉讼无疑给原告带来巨大的广告效应。从诉讼开支来讲,这的确是笔非常合算的投入,一旦赢得诉讼,相应费用则由被告完全承担。仅东方网域名纠纷案件,一审法院就判决被告赔偿原告30万元人民币。而被告,往往是些不知名的小公司、企业、甚至个人,其基本上无任何经济负担能力,有的甚至无力支付律师费,更谈不上如何花力气去调查取证了。这样一来,原告可以提供上千页的书证、各式各样的广告等等来证明原告商标如何驰名,而被告仅仅提供一些解释,为什么其注册这个域名。①

(二)现行的相关法律

1. 商标法

上述域名纠纷的发生使人们逐渐意识到对域名的有关问题施以关注的重要性,对域名与其他权利,尤其是与商标的冲突问题加以解决的必要性。由于具有相同的标识性功能,因此在传统商业社会中产生的商标权在向虚拟的互联网空间中拓展时与域名发生冲突。《商标法》第38条及其《实施细则》第41条中有关商标侵权的无穷尽规定,导致很多的商标权人当然希望把能将商标权作为在先权利加以保护。但《商标法》第37条"注册商标的专用权,以核准注册的商标和核定使用的商品为限"表明,一商标被注册后并不能当然地自然导致该商标在未加注册的商品上产生排他性权利。同样道理,相同标识的域名只要不与注册商标核定使用的商品或服务相联系,就不能构成与受法律保护的商标专用权的冲突。

然而1999年WIPO发表的《互联网域名和地址的管理:知识产权问题》

---

① 商建刚:《质疑"东方网"域名诉讼:剥夺被告域名的条件》,千龙财经,http://www.21dnn.com/26/2002-2-26/120@69351.htm。

的第四章中，要求将对驰名商标的特殊保护延伸到网络空间，建议通过授予驰名商标权人一种域名排他申请和撤销权，在互联网中保护驰名商标权人的利益。我国目前的司法实践可谓已认可了这种态度，即根据TRIPs协议的精神，驰名商标权人有权禁止他人在互联网领域使用其商标，只是不能矫枉过正，否则难免产生过度垄断，阻碍互联网经济的发展。

例如在被誉为我国第一起通过司法程序认定驰名商标的"美商宝洁（P&G）公司诉上海晨铉智能科技发展有限公司案"，由于我国工商行政部门不接受对外国驰名商标的认定，法院在本案的审理中，参照国际通行作法，以被请求保护国的认定标准为基础，借鉴了工商部门的意见，又充分考虑了它在国际市场上的认知程度而最终"safeguard/舒肤佳"为驰名商标的司法认定，是对我国立法活动的有益贡献。被告在案件的审理过程中强调了自己对"safeguard"域名的在先权利以及其公司经营范围与safeguard含义之间的关联性。而法院认为，虽然事实如此，但由于被告没有证明它的企业名称、商标等商业标志与safeguard一词存在联系，所以不能证明被告对safeguard本身享有正当的权利或合法利益。由于域名是一种标识性权利，在法律目前还没有相应法律调整的情况下，当域名与商标等其他标识性权利发生冲突特别是与驰名商标发生冲突时，证明其合法来源是其合法生存的充分条件，所以尽管被告域名注册行为具有一定程度的逻辑合理性，但仍然无法对抗驰名商标的保护措施。

由于绝大多数的争议域名都与驰名商标、著名商标或是具有一定知名度足以造成混淆的商标相联系，而目前对将驰名商标的保护延伸到互联网络已达成国际共识，如前所述。因此是否著名商标或其他具有一定知名度的商标也能享受到这种待遇就是纠纷解决的关键。事实上如果将域名作为一项民事权利，依"两相争议取其先"的原则处理，问题并非十分复杂，而从目前来看由于对域名权始终无法加以明确的界定，从而导致了法律保护上的被动，也使案件审理出现一面倒趋势，即最大限度的保护商标权人利益而忽略了域名权人利益的主要原因。

从到目前为止法院判决、争议解决中心的裁决的商标和域名纠纷来看，可以发现法院在"石家庄福兰德公司诉北京弥天嘉业公司侵犯其注册商标'PDA'专用权并进行不正当竞争案"中，最终维护域名注册人的结果应该是比较少有的,因为绝大多数的结果均以商标权人的大获全胜而告终。① 此外,在宝洁公司诉北京市天地电子集团"Tide"域名抢注案中,一审时,北京市第一中级人民法院主要根据《保护工业产权巴黎公约》中对驰名商标加以扩大的特殊保护原则,在认定宝洁公司的"Tide"商标系驰名商标的基础上,认为被告的行为侵犯了宝洁公司的驰名商标专用权;同时利用了宝洁公司的商誉,因而违反了诚实信用原则而构成不正当竞争。天地集团对一审判决不服上诉至北京市高级人民法院,并在二审期间提供了证明其早在1993年即将"Tide"作为其销售微机的名称使用的证据,二审法院经审理认为,该集团很早即在经营活动中使用"Tide",因此注册并使用"Tide"域名有正当理由,并未侵犯宝洁公司的注册商标专用权,也未构成对该公司的不正当竞争,据此最终作出了撤销原判,驳回原告诉讼请求的判决。

目前,司法界在解决域名与驰名商标冲突中有两种不同的原则:一种是以保护驰名商标权人的利益为本位的"绝对保护主义原则",另一种是以保护善意域名注册人合法利益为本位的"合理保护主义原则"。绝对保护主义原则认为,现实世界对于驰名商标反淡化的扩大保护是世界性的潮流,未经许可,将他人的驰名商标注册为域名并使用该域名的行为,必然损害商标专用权人的合法权益,由此应认定这种行业的结果是侵犯了驰名商标专有权。合理保护原则是在综合考虑域名注册对驰名商标的实际影响,以及域名注册人注册相关域名的主观意图与注册后的客观行为是否可被确定为存在"恶意"后,才能确认相关的域名注册是否构成对商标权的侵害。可以说合理保护原则是一种较为现实的、可行的原则。因为它不仅承认驰名商标的商业价值,同时考虑作为互联网派生的域名是一种新生事物,为促进与保护其健康发展,避免过早设置不成熟的限制,阻碍在虚拟世界中域名的合法竞争。宝洁诉"Tide"域名注册纠纷案,一审法官依据的主要是绝对保护原则,故判天地败诉;二审时,法官充分注意到天地公司注册域名的动机非恶意,故作出相反的判决。②

2. 反不正当竞争法

域名抢注问题与不正当竞争现象之间也有着相当微妙的联系。

(1)域名抢注的实质是在网络上抢用他人的商标或商号或其他标识来进

---

① 王勉青:《网络域名争端的法律实践及其评析》,2003.5.14,http://www.netlawcn.com/second/content.asp?no=216。

② 田文英:《宝洁诉"Tide"域名抢注案的法律思考》,《法制日报》,2002.2.10,http://www.jcrb.com.cn/ournews/asp/readNews.asp?id=74179。

行域名注册。

（2）域名抢注直接导致网站的混淆。它使得许多企业在网络上无法利用自己已有的商标或商号这类无形资产创造商机，大大降低了其商标、商号以及其他无形资产的价值。

（3）许多域名抢注案件，被抢注的一方为了获得需要的域名，被迫向抢注者赎买。这种交易显然违背了自愿、公平、诚实信用的原则。

用《反不正当竞争法》来调整抢注有以下几点优势：

（1）判断是否构成域名抢注比较客观。

（2）保护的对象更加全面。

（3）与《商标法》相比，《反不正当竞争法》有着更加灵活、开放的体系结构。域名抢注是一个新事物，而且，随着网络的发展，其具体情况也在不断地变化。通过《反不正当竞争法》来调整域名抢注，有利于法官根据具体情况，行使自由裁量权，做出公证的判决。

但是，与商标法相比，用反不正当竞争法来调整域名抢注问题具有局限性，该局限性突出表现为在其调整范围上比它窄。[①] 例如东方网案就是国内众多域名纠纷案中，第一个被告胜诉、没有被判决停止使用和注销其域名的案件。虽然一审法院宣判被告停止使用原告网站的系争页面样式、链接图标的不正当竞争行为，以及被告停止实施虚假宣传的不正当竞争行为。但是并未支持原告关于判令被告立即停止使用和注销其恶意抢注的"eastdays.com"、"eastdays.com.cn"的域名的诉讼请求。本案其后由双方当事人的授权代表签署了和解协议，被告法定代表人并签署了给原告的致歉声明。双方撤回上诉，均按原审判决执行。

东方网案也是国内"域名对域名"诉讼的首例。本案的焦点在于一个域名的持有人能否在符合一定的条件下剥夺其他域名的使用？以商标为例，根据《商标法》第28条规定："申请注册商标，在同一种商品或者类似商品上已经注册的或者初步审定的商标相同或者近似的，商标局驳回申请，不予注册。"《商标法实施条例》第50条第（一）项规定："在同一种或者类似商品上，将与他人注册商标相同或者近似的标志作为商品名称或者商品装潢使用，误导公众的"构成侵犯商标专用权。为什么不在域名领域，也采取类似的保护力度，要求近似的域名亦不予注册呢？

---

① 郭乐：《关于域名抢注问题的法律思考》，2001.12.29，http://www.ccmt.org.cn/ss/explore/exploreDetial.php? sId=7。

专家商建刚律师认为,可能存在下原因:首先,域名资源贫乏,给与注册域名以扩大的保护,不利于互联网的发展。组成域名的要素仅限于英文字母、阿拉伯数字以及有关符号,长度短,简单易记;而商标的组成有文字、图案、文字和图案的组合等等,变种很多。在这种情况下,如果注册了"eastday.com"就可以屏蔽"eastdays.com"那么,是否也可以"屏蔽""eastda.com"呢?假设都可以,那么互联网可供利用的资源就显得很小,与此同时,域名本身承载的经济价值就显得太大了。其次,一域名如何排斥其他域名在法律上缺乏操作性。如果允许域名可以排斥其他域名的使用,那么如何操作呢?可以说,很多域名之间存在相似性,例如 163.com、263.com;lawyers.com、law.com、lawyer.com 等等。很显然,域名发展的现状不允许我们再规定因为相似性而排斥其他域名的使用。本案"eastday.com"域名交给原告或被告都不合适。将这个域名"冻结"起来更亦乏先例。第三,本案双方对于域名价值作了不恰实际的估量。实际上,域名的价值并不是人们想象的那么重要,域名的价值远远小于网站内容的价值。①

不论如何,本案判决实际上没有解决原告所提出的一些法律问题:原告在诉讼请求中提出"知名商品的特有名称权益"、"知名商品的特有装潢权益"等法律概念,但法院对此没有给予任何评论。另外,法院直接驳回了原告要求被告立即停止使用和注销其恶意抢注的"eastdays.com"、"eastdays.com.cn"域名的诉讼请求。可谓留下了一些令发人深省的空间。至于原告在注册域名的同时,如一并申请注册为商标或企业名称,也许就能避免陷入只得倚仗《反不正当竞争法》寻求救济的困境。值得我们注意的是,2003 年 6 月 19 日,北京市第一中级人民法院执行庭法官前往位于中关村的中国科学院计算机网络信息中心,强制注销重庆康明斯工程机械有限公司的域名"cummins.com.cn",此前,该公司的域名被一中院判定侵犯了美国康明斯发动机公司的注册商标专用权,而该公司并未停止使用这个侵权域名,美国康明斯公司于是向法院提出了强制执行。据了解,这是我国法院首次强制注销涉案域名。②

3. 最高人民法院司法解释

2001 年 7 月 17 日最高人民法院终于颁布了《最高人民法院关于审理涉

---

① 商建刚:《从东方网案判决看域名保护的法律尺度》,http://www.chinaiprlaw.com/lgxd/lgxd12.htm。

② 参见《藐视法庭判决 侵权域名首次被强制注销》,《北京晚报》,2003.6.19,http://www.chinaeclaw.com/readArticle.asp?id=610。

及计算机网络域名民事纠纷案件适用法律若干问题的解释》(以下简称《解释》),成为目前为止指导域名争议审判最直接、最详细的规定。

根据《解释》,涉及域名的侵权纠纷案件,由侵权行为地或者被告住所地的中级人民法院管辖。对难以确定侵权行为地和被告住所地的,原告发现该域名的计算机终端等设备所在地可以视为侵权行为地。受理时,域名纠纷案件的案由,根据双方当事人争议的法律关系的性质确定,并在其前冠以计算机网络域名;争议的法律关系的性质难以确定的,可以通称为计算机网络域名纠纷案件。

人民法院审理域名纠纷案件,对符合以下各项条件的,应当认定被告注册、使用域名等行为构成侵权或者不正当竞争:(1)原告请求保护的民事权益合法有效;(2)被告域名或其主要部分构成对原告驰名商标的复制、模仿、翻译或音译;或者与原告的注册商标、域名等相同或近似,足以造成相关公众的误认;(3)被告对该域名或其主要部分不享有权益,也无注册、使用该域名的正当理由;(4)被告对该域名的注册、使用具有恶意。

被告的行为被证明具有下列情形之一的,人民法院应当认定其具有恶意:(1)为商业目的将他人驰名商标注册为域名的;(2)为商业目的注册、使用与原告的注册商标、域名等相同或近似的域名,故意造成与原告提供的产品、服务或者原告网站的混淆,误导网络用户访问其网站或其他在线站点的;(3)曾要约高价出售、出租或者以其他方式转让该域名获取不正当利益的;(4)注册域名后自己并不使用也未准备使用,而有意阻止权利人注册该域名的;(5)具有其他恶意情形的。但是,被告举证证明在纠纷发生前其所持有的域名已经获得一定的知名度,且能与原告的注册商标、域名等相区别,或者具有其他情形足以证明其不具有恶意的,人民法院可以不认定被告具有恶意。

人民法院审理域名纠纷案件,根据当事人的请求以及案件的具体情况,可以对涉及的注册商标是否驰名依法作出认定。

人民法院在审理域名纠纷案件中,依照有关法律规定构成侵权的,应当适用相应的法律规定;构成不正当竞争的,可以适用《民法通则》第4条、《反不正当竞争法》第2条第1款的规定。人民法院认定域名注册、使用等行为构成侵权或者不正当竞争的,可以判令被告停止侵权、注销域名,或者依原告的请求判令由原告注册使用该域名;给权利人造成实际损害的,可以判令被告赔偿损失。

此外,1997年国务院信息化工作领导小组办公室(现为"国务院信息化工作办公室")发布了中国第一个域名规章《中国互联网络域名注册暂行管理办法》,然而其内容主要涉及域名的登记程序,即使其第 24 条规定的域名"不许转让或者买卖"对于具体的纠纷有一定的意义,但由于其属于行政规章,仅适用于域名管理组织对域名争议的解决,在法院诉讼过程中不能成为判决的依据①。而中国互联网络信息中心作为一个中立的、非营利性的域名注册管理机构,其发布的文件诸如《中国互联网络域名注册实施细则》《中文域名注册管理办法(试行)》《中文域名争议解决办法(试行)》等只是行业规章,根本不能作为诉讼的法律依据。②

第三节 网络著作权的保护与限制

一、网络著作权的法律问题

网络为知识产权大量而廉价的复制和传播提供了技术可能。但是,如果著作权人无法控制网络这种日益流行的传播媒体,就等于在著作权保护制度上为侵权者开了一道"后门",著作权人的利益将从这道后门源源不断地流向侵权人的荷包。因此,尽快研究和规范各种网络著作权规范已经成为大势所趋与当务之急。

就目前而言,网络著作权纠纷一般涉及下列几个方面:

(一)网络文学有没有著作权

在我国著名的"网络著作权纠纷第一案"中,被告《电脑商情》报社在原告陈卫华个人主页上擅自下载了《戏说 MAYA》一文然后公开出版,经法院判决:原告的网络文学著作权应当受到保护,被告因此被判败诉。该案除了确立网络文学的法律地位外,还给法律界提出了关于电子证据如何确认的新课题:即如何确认原告在网络上的虚拟身份③。

为确认原告的作者地位,北京海淀区人民法院就曾采用过现场勘验的方法。法院认为,个人主页"3D芝麻街"的版主与在该网站上的《戏说 MAYA》

---

① 马来客:《域名抢注案件的处理原则》,载北京市第一中级人民法院知识产权庭:《知识产权审判实务》,法律出版社 2000 年版,第 445~446 页。
② 高富平主编:《电子商务法律指南》,法律出版社 2003 年版,第 647~648 页。
③ 高云:《网络法律热点综述》,2003.5.13,http://www.netlawcn.com/second/content.asp? no=157。

一文署名为"无方",当前个人主页的设立与使用并无明确的法律规定,但在一般情况下个人主页的密码的修改,内容的添加和删改工作只能由个人主页注册人完成。原告作为专业人员,能够修改该个人主页的密码、上载文件、删除文件,被告据此已认可原告即为无方,亦未提出相反的证据证明特殊情况的存在,故原告应为版主无方,《戏说MAYA》一文著作权归原告所有①。

2000年9月18日,北京第二中级法院审理了一起侵害网络著作权和不正当竞争案。该案原告是今夜网网站的创建和维护者——北京百网信息有限责任公司,被告则是著名网站"新浪网"的开办者——北京四通利方信息技术有限公司。原告诉称,被告网站的"都市生活"频道在页面布局、色彩搭配、栏目设置、检索项目等多处侵害了其著作权,同时直接建立了与原告网站内容的深层链接,已构成不正当竞争。为此,原告要求被告公开赔礼道歉,赔偿经济和商业信誉损失。被告则认为原告的诉讼请求不能成立,并特别提出原告提交的主要证据的取得缺乏客观性和真实性,不具有证明效力。

此一案例中,法院首次采用当庭拨号上网、在网上直接调取有关证据并当庭进行质证的审理方式,使得当事双方对法庭所取得证据的真实性和客观性不再持有任何异议。通过拨号或其他方式接入因特网收集证据,是网络侵权案件的一种非常重要的取证方式。此外,该院在审理下述瑞得(集团)公司诉东方信息服务公司案时,亦曾采用过这种方法。②

(二)网页设计和网站内容有没有著作权

早在"中国首例侵害网页著作权案——瑞得(集团)公司诉宜宾市翠屏区东方信息服务有限公司著作权侵权纠纷案"中,北京海淀区人民法院即指出,原告的主页所使用的颜色、文字以及部分图标虽然已经处于公有领域,但是将这些因素组合起来,并以数字化的形式表现出来,给人以美感,则是一种独特的构思,这种独特构思具有原创性;上述因素所组成的网页既可以存储于硬盘上,也可以通过印刷技术打印在纸张上,因此可以认为具有可复制性;该网页被上载于国际互联网之后,能为社会公众所浏览众者访问,因此具有传播性。由于具有上述三个特征,网页可以构成著作权法意义上的作品,应当受到著作

---

① 范新宇:《网上作品也受著作权保护——首例网上作品侵权案开庭网页版主一审胜诉》,http://www.pcworld.com.cn/99/9917/1712.asp。

② 陈志华:《网上的案子网上办——网络取证新方法》,http://www.angelaw.com。

权法的保护。①

（三）上网后的文学作品是否还拥有著作权

王蒙等六位作家诉世纪互联公司（北京在线）著作权侵权纠纷案件很能说明上述问题。该案中被告从其他网站上下载了原告的文学作品，经整理后重新上传到被告的网站上供人浏览或下载，原告认为被告的行为侵犯了他们对作品的传播权而起诉，后经法院判决原告胜诉。该案给我们提出了一个新观点：由于网络媒体的出现，传统著作权权利中应当随之扩张产生网络传播权等新的权利，否则无法有效控制网络传播。本案原告的主张被司法机关采纳。

最高人民法院审判委员会在2000年11月22日通过了《最高人民法院关于审理涉及计算机网络著作权纠纷案件适用法律若干问题的解释》（以下简称《解释》）。该《解释》第2条第2项规定"著作权法第十条对著作权各项权利的规定均适用于数字化作品的著作。将作品通过网络向公众传播，属于著作权法规定的使用作品的方式，著作权人有以该种方式使用或者许可他人使用作品，并由此获得报酬的权利。"该解释一方面明确了作者的网络传播权，另一方面也是对司法中尝试性的实践予以了肯定。

此外，2001年10月我国修正了《著作权法》，也在第9条第12款加入著作权人得享有信息网络传播权的规定，亦即"以有线或者无线方式向公众提供作品，使公众可以在其个人选定的时间和地点获得作品的权利"。该法第47条规定，除法律另有规定的以外，未经著作权人许可，通过信息网络向公众传播其作品的，应当根据情况，承担停止侵害、消除影响、赔礼道歉、赔偿损失等民事责任；同时损害公共利益的，可以由著作权行政管理部门责令停止侵权行为，没收违法所得，没收、销毁侵权复制品，并可处以罚款；情节严重的，著作权行政管理部门还可以没收主要用于制作侵权复制品的材料、工具、设备等；构成犯罪的，依法追究刑事责任。

（四）国内外网络音乐版权纠纷频传

1. Napster案

Napster是位于美国硅谷的一家网络公司，该公司开发的MusicShare软件，利用"点对点技术"（Peer-to-peer,简称P2P）为用户提供MP3格式文件交换服务，任何人到Napster网站上下载MusicShare并安装到自己的电脑上后，就可以在上网时登录到Napster网络系统，使用者首次登录系统时，只要

---

① 参见《瑞得（集团）公司诉宜宾市翠屏区东方信息服务有限公司著作权侵权纠纷案》，http://www.chinaiprlaw.com/alfx/alfx43.htm。

设置自己的用户名和密码,就可以免费注册为 Napster 的用户,所有 Napster 用户之间利用 MusicShare 可以互相交流 MP3 格式的文件,实现资源免费共享,即 Napster 用户在任何时候上传和下载 MP3 文件时都不需要向对方用户、Napster 公司或音乐作品的版权所有人支付对价。另外,Napster 网络系统还提供搜索和编排 MP3 文件的技术服务。Napster 用户利用 MusicShare 搜索到自己想要的歌曲名或者歌手名的同时,Napster 网站还把被搜索用户的 IP 地址提供给搜索用户,以方便用户下载。

由于 Napster 网站为广大的音乐爱好者提供了极大地便利,因而引起众多唱片公司和音乐版权所有者的仇视和抗议。终于,1999 年 12 月 6 日,被 A&M 唱片公司等 18 家唱片公司以辅助性侵权、代理性侵权以及不正当竞争为由提起诉讼。

Napster 案的争议焦点在于:(1)Napster 是否明知有侵犯(原告)版权的行为;(2)Napster 是否为其用户的侵权行为提供了物质帮助。法庭在该案的判决结论中认为:(1)Napster 知道在其系统上存在了侵犯原告版权的文件,但 Napster 没有阻止提供侵权材料者登陆其系统,反而提供"网站和技术"等服务支持,方便其用户搜索和下载文件,Napster 的行为已构成辅助性侵权。因为,根据美国的侵权法理论和判例,"任何一方在明知有侵权行为的前提下,引诱、促成或者是对他方的侵权行为提供物质帮助,就有可能被认定为协助侵权者";(2) Napster 没有对其系统中的文件列表进行监控,并且不断从其系统上可以获得的侵权文件中获利,从而认定 Napster 应该承担代理侵权责任。美国的侵权法理论中,除了直接侵权行为,还规定了间接侵权行为,主要是辅助侵权和代理侵权。成立代理侵权的条件是:存在监管关系;监管者对被监管者必须监管或有能力监管而未给予充分有效的监管,导致被监管者实施了侵权行为,并且监管者从被监管者的侵权行为中获得利益。法庭从原告和被告双方提供的材料中证实,Napster 在技术上有能力监管其用户的文件交换行为,但其并未给予有效的监控,并且 Napster 能从其系统上版权作品的可获得性上得到经济利益[1]。

2. Grokster 案

Grokster 公司和 Streamcast 公司是美国两家为用户提供软件下载服务

---

[1] 翁鸣江、武雷:《Napster 诉讼案及其对美国版权法的影响》,《法制与社会发展》2002 年第 2 期。转引自赵莉、郭宝明、王利、高娅:《从 Napster 案、Grokster 案看网络音乐作品的版权保护》,《电子知识产权》2003 年第 7 期,第 42 页。

的网络公司,其中 Grokster 公司自行开发了一种名为 Grokster 的软件,Grokster 公司的网络用户可以下载 Grokster 软件并以该软件为下载工具下载 Sharman 公司开发的 Kazaa 软件。Kazaa 软件采用了 P2P 技术,可以帮助用户实现文件互换、资源共享,Grokster 公司的用户安装运行 Grokster 软件和 Kazaa 软件后即可相互间搜索各自计算机中存储的音乐文件,进而上传和下载音乐文件。但在这一过程中 Grokser 公司并未提供音乐文件的原件或复制件,Streamcast 公司也自主开发了一种软件,名为 Morpheus,与 Grokster 公司略为不同的是 Morpheus 软件本身即采用了 P2P 技术,因此,Streamcast 公司的网络用户只要下载、安装了该软件后即可实现文件的互换共享,在这一过程中 Streamcast 公司同样未直接提供音乐文件的原件或复制件的上传或下载服务。

无疑,Streamcast 公司和 Grokster 公司的软件下载服务给广大的音乐爱好者带来了福音,极大地方便了网络用户间音乐文件的交流互换,但同时也招致了音乐作品版权人、音乐唱片制作人的极端仇视,于是,2001 年 10 月 M-G-M 公司等作为原告以侵犯音乐作品版权为由与 Streamcast 公司和 Grokster 公司对簿公堂,原告 M-G-M 公司认为,被告在其网站上为用户提供下载含有 P2P 技术的软件,使终端用户可以相互传输各自拥有的音乐文件、资源共享,而其中很多文件是享有版权的音乐作品,用户的这种未经版权人同意在互联网上互相上传和下载版权作品的行为是对版权的一种侵犯,并且用户在实施侵权行为的过程中利用了被告提供的软件,因此,被告应对用户的侵犯版权行为承担辅助侵权责任。2003 年 4 月 25 日加州中区联邦法院裁定驳回了原告的诉讼请求,认为虽然有部分计算机用户利用原告提供的软件侵犯了音乐作品著作权人的权利,但被告并不能确知用户在实施侵权行为,被告提供的软件也并非主要用于侵权,因此,其行为更符合"主要商业用途"原则。法院认定,被告 Streamcast 和 Grokster 并未为用户的侵权行为提供物质上的帮助或便利,因此被告的行为不构成辅助性侵权①。

3. 中国音著协诉网易、北京移动侵犯著作权纠纷案

2002 年 10 月 9 日,北京市第二中级人民法院对中国音乐著作权协会与被告广州网易计算机系统有限公司、北京移动通讯有限责任公司侵犯著作权纠纷案作出一审判决。这是一起比较典型的侵犯作者网络传输权的案件。被

---

① 赵莉、郭宝明、王利、高娅:《从 Napster 案、Grokster 案看网络音乐作品的版权保护》,《电子知识产权》2003 年第 7 期。

告是著名网络巨头——网易公司,自 2001 年以来,在其开办的网站中设置了"铃声传情"栏目,收录了众多音乐作品供用户下载,其中包括歌曲《血染的风采》。对该首歌曲的收录,被告网易一未获得该歌曲曲作者苏越的许可,二也未向其支付任何报酬。

作为早在 1994 年 1 月 18 日就与苏越签订了音乐著作权合同的中国音著协,已经享有对作品的公开表演权、广播权和录制发行权。2001 年 10 月 9 日,双方又签订了补充合同,即作者又将其上述作品在互联网上载、下载以及传输的权利授予音著协管理。根据我国 2001 年 10 月新修订的《著作权法》第 8 条规定:"……著作权集体管理组织被授权后,可以以自己的名义为著作权人和与著作权有关的权利人主张权利,并可以作为当事人进行涉及著作权或者与著作权有关的权利的诉讼、仲裁活动。"据此,音著协认为,网易与北京移动通信公司的商业性使用行为共同构成了对作者著作权的侵害。因而,根据委托协议,以音著协的名义提起诉讼,要求二被告立即停止使用音乐作品《血染的风采》,公开向音著协和作者苏越赔礼道歉,共同赔偿原告经济损失及合理支出 17 万元。

一审判决的结果是,认定苏越是歌曲《血染的风采》的曲作者,其与音著协签订的著作权的委托管理合同合法有效。根据著作权法相关规定,网易未经苏越许可,将其作品收录以供用户下载的这一商业行为构成了对其信息网络传播权的侵犯,应承担民事责任。鉴于原告未能证明网易的行为给本人或作品带来不良影响,因此,对原告要求赔礼道歉的诉讼请求,法院不予支持,同时判令网易未经许可不得向公众传播歌曲《血染的风采》,并于判决生效后 10 日内向中国音乐著作权协会支付赔偿费 1 万元、公证费 1300 元。[①]

至于北京移动则未被法院判决须承担责任。北京市二中院认为:如果责令提供基础设备的服务商停止相关服务,则对社会公众利益和网络技术的应用与发展都是无益的[②]。

(五)网络数据库的保护问题

我国《著作权法》为保护数据库提供了一定的法律依据。如果数据库的内容是由作品汇编而成,可以作为汇编作品适用《著作权法》第 14 条对编辑(汇

[①] 赵莉:《论网络传输的发表权性质》,http://www.shu.edu.cn/Admiss/zhichan/lunwen11.htm。

[②] 参见《未经许可传播歌曲 网易败诉音乐著作权案》,2002.9.23,http://business.sohu.com/16/97/article203329716.shtml。

编)作品的规定。但是,如果数据库是由不受著作权保护的数据或材料汇编而成,即使"内容的选择或安排构成智力创作",要作为汇编作品得到著作权保护还有一定困难,因为《著作权法实施条例》第5条第(11)款对"编辑"(汇编)一词的解释,要求汇编的内容必须是"作品或者作品的片断"。这个问题已随着中国加入国际著作权条约部分得到解决。《实施国际著作权条约的规定》第8条规定:"外国作品是由不受保护的材料编辑而成,但是在材料的选取或者编排上有独创性,依照著作权法第14条的规定予以保护。"由此可见,为了全面充分有效地保护作为汇编作品的数据库,《著作权法》还要做相应的修改[1]。

  事实上,数据库的主要价值并不在于其中信息的"选取"和"编排"所具有的独创性,而是在于其中信息本身的可靠性和完整程度。对于不少具有实用价值的数据库来说,人们很难在数据库本身信息的选取和编排中找到能符合著作权法要求的独创性,这种数据库很难获得著作权保护。然而这些数据库产品也是社会的实际需要。

  同时,由于数字技术被越来越多地使用,数据库制作者面临的主要威胁是其数据库内容可能在未经其授权的情况下通过电子方法被提取并被重新编排,以形成一个内容相同的数据库而又没有侵害原数据库的著作权。而一个数据库中的大量信息正是该数据库的价值的所在,为一个数据库中大量信息的收集、汇编、核对、组织和表达需要在人力、经费和技术作出相当可观的投资。因此,需要保护数据库内容的全部或者其实质性部分,以反对通过提取数据库内容盗用数据库制作者的投资成果的行为。否则,著作权法对事实型数据库的保护恰恰不能及于数据库的内容。

  保护非作品数据库权利的现行法律规定对于不具有作品性的事实型数据库,目前在我国还没有法律保护的直接的明文规定。当然,对于不具有作品性的事实型数据库,如果其中内容属于商业秘密,可以依据《反不正当竞争法》第10条的规定受保护。后述的阳光数据公司诉上海霸才数据公司侵权案,即为适例。

  1999年我国已出现首例数据库侵权案。该年6月以来,被告重庆维普资讯有限公司未经国家出版管理部门批准,不顾全国广大杂志社、期刊编辑部的强烈反对和严正警告,将我国8000多种期刊采用扫描录入方式利用原版原文制成《中文期刊数据库》(又名《中文科技期刊数据库》),以光盘、硬盘、互联网为载体大肆进行出版发行。有关部门曾明文责令被告停止出版发行,并要求

---

[1] 许超:《互联网的著作权保护问题》,http://www.whipb.gov.cn/iplt/5.htm。

地方有关主管机关查缴、销毁其所谓《中文期刊数据库》。然而，被告非但不停止侵权、非法出版活动，反而愈演愈烈。2000年10月，全国2000多家杂志社、期刊编辑部愤然将维普公司告上法庭。北京市第一中级人民法院受理此案，并将其列为大案、要案。

被告对原告采取法律手段阻止其侵权活动不以为然，一方面继续制作、销售侵权数据库，一方面为掩盖其侵权行为寻找理由。被告向法院辩称，他们在案发后已与中国版权保护中心集体管理部统一签订了著作权使用合同，取得了期刊作品使用权。2002年底，北京市第一中级人民法院做出一审判决，依法认定著作权保护中心集体管理部未取得杂志社、编辑部的授权，无权许可被告使用原告的期刊作品，被告的行为仍然构成侵权，因此判令被告立即停止侵权并赔偿原告损失。2002年12月18日，被告对一审判决不服，上诉至北京市高级人民法院，北京高院于2003年4月8日做出终审判决：除对两个案件的赔偿数额做了变更以外其余维持原判决，驳回维普公司其他上诉请求[①]。

另一数据库侵权案发生于2000年。海南经天公司1998年投资180万元完成开发并出版发行的《中国大法规数据库》，2000年被海口网威公司解密后，复制到其经营的《司法在线》网站上。经天公司将该侵权的网上法规数据库，经过公证将其下载作为证据，愤而向海口市中级人民法院起诉。但海口中院一审认为："海南经天公司虽然对《中国大法规数据库》依法享有著作权，但海口网威公司对自己的网站和所设置的网页也享有合法的使用权和管理权。经天公司的数据库和网威公司的网页虽均为对我国相关法律法规等内容的收集和编排整理，但双方在分类和用语上还是稍有不同"，"经天公司的数据库和网威公司数据库中相同位置存有相同的'▲'号等，因在案外人编制的《中国法律法规数据全库》中也有"，因而认定其不构成侵权。

海南经天公司不服一审判决，提出上诉。在二审审理中，当庭展示了原告数据库、被告数据库和案外人数据库，展示证明，被告的法规数据库在法规的分类、分类编码方面，对法规题目、颁布单位的编辑格式和使用省略格式方面，对内容、注释的编辑格式和编排体例方面，在特殊符号的运用和编辑的错误方面与原告数据库都是相同的。二审认为，《中国大法规数据库》1998年已获国家版权登记，依法享有版权。网威公司的法规库与经天公司的法规库基本相同。网威公司的法规库与案外人的法规库只有某些特征相符，因此并不能排

[①] 章文：《以光盘网络为载体侵权 重庆维普公司被判赔偿》，2003.5.14，http://www.chinacourt.org/public/detail.php? id＝56021。

除其抄袭经天公司法规库的可能性。其抗辩不能说明任何问题。

因此,二审法院认为海口网威公司的网上法规数据库对海南经天公司《中国大法规数据库》的侵权事实成立,支持原告的诉讼请求,撤销了海口市中院的一审判决。这是我国法院第一次判决维护法规数据库编辑者的著作权,它对著作权的广泛、深入保护具有重要意义[①]。

(六)超链接的侵害著作权问题

1. 网络链接、超链接的定义与技术种类

网络链接(web link)是指使用超文本标志语言(HTML,hyper text markup language)编辑包含标记指令的文本文件,在两个不同的文档或同一文档的不同部分建立联系,从而使访问者可以通过一个网址访问不同网址的文件或通过一个特定的栏目访问同一站点上的其他栏目。而超链接(hyper-link),通常是以重体字或画线文字或一个影像的方式呈现出来,借着"敲击"鼠标或其他有关超链接的符号装置,被超链接指引的其他网页的内容随即展示在网络浏览人面前。是项"跳跃"至其他网页的动作实系网络的构成要素。超链接鼓励一个网络"冲浪人"连接其他网页并在数秒中取得信息,并且不必执行新的搜寻或其他复杂任务。

从技术层面来看,超链接大致可分为如下五种:

(1)超文本链接(hyper text reference)

超文本链接方式完全是以文字设计,就一段文字、网站站名或者 URL,以不同的颜色或字形,或加上底线的方式来呈现。键击该处即可前往被链接的网站,例如台湾资策会科技法律中心 http://stlc.iii.org.tw/。对于使用者而言,超文本链接相当于文章中的"脚注",或者是道路上的指引路标,目的在于带领使用者到想去的网站甚至是特定的网页。运用这种方式,使用者在同一个时间内,只能在计算机屏幕上看到一个网站的资料。

(2)图像链接(image link)

图像链接是利用超链接方式将前往他人网站抓取的图像插入自己网页。运用这种方法,使用者在计算机屏幕上所见到的画面,是设计者自己所有的网站内容以及用图像链接技术插入他人所有的图案(例如玫瑰图像链接方式插入,旁边衬以自己原有的文字),这种情形很类似在报纸的文章中插入照片。进行图像链接时,设计者并未拥有玫瑰花的图形档案,同时计算机屏幕上并不

---

① 晓松:《我国首例法规数据库侵权案原告海南经天公司胜诉》,中国普法网,http://www.legalinfo.gov.cn/gb/news/2003-02/27/content-15862.htm.

会显现出图像来源的 URL[①]。

(3) 深层链接(deep link)(亦称纵深链)

亦即一个网站直接链接至其他网站的内页,通过深层链接至一个网站,进行链接的网站准许使用人绕过(bypass)被链接网站的首页,而该首页上通常会包括与使用被链接网站有关的广告、条件与规定以及专属性信息。

按照链接目标页不同,链接通常分为"外链"和"内链"两种。外链又称普通链接,它链接的对象是网站的首页,这时屏幕上显示的是被链网站的全部内容,用户明白地知道:他已经从一个网站跳到另一个网站上。深层链接就是内链。内链与外链的区别是:链接标志中储存的是被链接网站中的某一页而不是该网站的首页。当用户点击链接标志时,计算机就会自动绕过被链接网站的首页,直接指向具体内容页。此时如果该内容页上没有被链接网站的标志,则用户就会被蒙在鼓里,还误认为停留在原来的网站上。

(4) 加框(framing)(亦称框传输、镶边)

加框是与超链接有关的以有选择的涡形条纹与滚边,提供分割一个网站或为个别窗口方法的结合工具,每一窗口是展示在个别比例的网络浏览人屏幕上,并独自发挥作用以展示一个单独的网页。在大多数的例子中,每一网页是凭借在被框住的位置内使用超链接以相互链接,允许使用者互动而不必离开原本被框住的位置或另外开启新的屏幕。一个使用者可通过"敲击"被框住网页之一的超链接,选择在网站内个别被框住网页内的不同标题,而该项被框住的网页会依序开启一个在网站上被框住比例之一的被链接网页。

(5) 埋置链(meta tags)(亦称埋字符串、设置元标记)(台湾称为元字标记)

除了分析被展示的网页全文地址以外,搜寻引擎特别使用元标记关键词。元标记关键词是由未能予以正常观看的隐藏式全文编码所组成,且系位于产生网页的 HTML 编码的一个特别指定部分内。网页设计师使用此项隐藏式 HTML 编码来指明与搜寻软件相通的关键词,元标记对网页设计师而言是一个重要的结合工具,因为搜寻引擎通常能根据网页全文适当地指引一个特定网页。在元标记与一个搜寻引擎协力提供搜寻服务时,前者可被认为是一个"前置超链接",因为在使用者使用关键词进行搜寻时,一个超链接通常会被一

---

① 参见《网络 VS. 法律》,财团法人资讯工业策进会科技法律中心 1999 年版,第 85~86 页。

个搜寻引擎在一项搜寻引擎有结果的阶段创设出来①。

2. 超链接的侵害著作权问题

简言之,超链接是因特网及电子商务发展的关键技术之一,它有效地实现了信息共享,方便了读者的查询,同时也成为网站及商家扩大影响、进行广告宣传的有效途径。但链接可能引发的法律问题却也不少,主要涉及著作权侵害、商标专用权侵害、淡化以及不正当竞争等问题。这里主要是讨论著作权侵害问题,其他部分将于第九章第二节另作说明。

在我国,即曾因为链接引发了一起广为人知的著作权侵权诉讼。原告刘京胜诉称:被告搜狐爱特信信息技术(北京)有限公司开办的搜狐网站在未经许可的情况下,擅自将其1995年出版的译著《唐·吉诃德》以三种版式在网上登载,供人阅读下载。该行为侵害了其享有的著作权,故向法院诉求被告立即停止刊登上述作品,在搜狐网站的显要位置和《北京晚报》上公开致歉,并赔偿经济损失10万元。被告辩称,搜狐网站并未实际刊载原告的作品,只是与登载该书的另外三个网站建立了链接关系,链接与登载不是一个概念,而法律并未规定链接是一种侵权行为。当用户访问"搜狐"网站点击《唐·吉诃德》时,实际已离开"搜狐"网站而开始访问被链接网站。

2000年11月23日,北京市第二中级人民法院审理后认为,被告提供的是分类搜索引擎链接服务,被告网站仅是利用链接技术,将用户引导到提供信息内容服务的网站。"要求网络服务商对所链接的全部信息和信息内容是否存在权利上的瑕疵先行作出判断和筛选是不客观的,网上的信息内容有权利上的瑕疵时,主要应由信息提供者或传播者承担法律责任,仅提供网络技术或设施的服务商,一般不应承担赔偿责任。因此,本案被告设置链接的行为不侵害原告人的著作权。"

但法院同时认为,由于被告在原告2000年10月24日提出侵权指控后,未及时采取积极措施停止与非法上载原告作品的网站链接,而被告是完全有技术能力控制其网站与其他网站或网页的链接的。由于被告过错致使侵权状态得以延续,这种结果对权利人是不公平的,有悖于民事主体的合法权利不受侵害的法律原则,因此被告应对其过错承担相应的法律责任,即赔礼道歉并赔偿经济损失3000元②。

---

① 郭懿美:《网络链接的智财权保护问题研究》,台湾新竹交通大学主办"1999智慧财产权研讨会"论文集,1999.11.25,http://www.angelaw.com/weblaw/theory18.htm。

② 参见《北京市第二中级人民法院民事判决书》(2000)二中知初字第128号。

针对上述判决所引发的问题,最高人民法院在 2000 年 11 月颁布的《关于审理计算机网络著作权纠纷案件适用法律若干问题的解释》中进一步明确:著作权人出示身份和权属证明文件后网络服务提供者仍不采取措施的,则应视为通过网络帮助他人实施他人侵犯著作权行为,应当承担相应的侵权责任。

2000 年 12 月 4 日北京第二中级人民法院正式受理博库起诉 TOM.COM 侵权案,原告博库公司起诉称:本公司通过与作家周洁茹签订《著作权使用许可合同》,获得独家在全球范围内以国际互联网络、光盘、磁盘等电子出版物形式使用周洁茹创作的《我们干点什么吧》、《长袖善舞》(均系小说集)等作品的权利。本公司在获得许可授权后发现,被告汤姆公司在其开办的网站上登载了本公司已取得专有使用权的上述两部小说集中的 26 篇作品,所登载的作品是由讯能公司提供。两被告的行为侵害了本公司依法享有的专有使用权,使本公司在经济及声誉上受到损害。请求被告立即停止侵权行为,公开赔礼道歉,共同赔偿经济损失共计 42620 元,并承担本案诉讼费。

法院认为:根据查明的事实,可以确认被告汤姆公司经营的网站对今日作家网上登载的原告主张享有专有使用权的作品设置了链接。在此前提下,本案双方争议的焦点表现为:如果被链接的内容属于侵犯他人著作权时,设置链接者是否也应当承担法律责任。链接作为一种便利访问者获取网上信息的技术手段,目前已被互联网站经营者广泛应用。从技术的角度看,链接的功能在于引导访问者的浏览器去访问登载被链接内容的网站,设置链接只是为访问者提供了一种浏览网上既存内容的便捷手段。从使用作品的方式看,在网站间设置链接的情况下,被链接的内容并不是由设链者"复制"上载于网络,网上的访问者虽然可以通过设链网站看到在网上传播的内容,但事实上直接实施传播的行为人并不是设链者,而是登载被链接内容的网站本身。设置链接行为本身并不同于直接传播,其客观表现更近于帮助传播,将侵权内容上载于网络传播的行为人才是引起网络上侵权纠纷的真正的"肇事者"。

根据目前互联网上传播的各种信息和作品量巨大,以及网站之间普遍存在互设链接这一现实情况,如果要求设链网站在设置链接时必须承担无限的事先主动审查义务,无疑将会使网络服务提供者负担过重的义务,这对于促进互联网业的发展是不利的。同时也应看到,由于设置链接往往出于增加网站访问量的需要,而增加网站访问量又与网站经营者力图获取经济利益的目的密切相关,按照权利与义务应相适应原则,要求网络服务提供者设置链接时履行适当的注意义务,承担相应的经营风险,对于保护权利人的合法权利,规范网络传播行为,也是十分必要的。

法院也指出：虽然目前在法律上对于如何调整网络环境中链接行为引起的权利义务关系尚无具体规定，但根据著作权法的立法精神，处理此类纠纷时，也同样应当遵循合理地平衡作品权利人与网络服务提供者双方权利义务的原则。基于以上理由，法院认为，除网络服务提供者应当对明知被链接的内容属于侵权而仍然以设置链接的方式提供传播条件、或者在得知权利人提出警告后仍拒不采取积极措施加以控制所产生的后果承担法律责任外，不宜责令设置链接的网络服务提供者承担更多的民事义务。

法院查明：讯能公司与今日视点中心签订的合作合同中，虽然没有涉及链接的具体内容，但讯能公司在签订合同时已经注意到这种传播方式可能涉及对作品权利人或者其他权利人的权利保护问题，所以在订立合同时即向对方提出了明确的权利保证要求，据此，不能认定被告与登载该作品的网站之间对登载传播原告享有专有使用权的作品行为存在共同的主观故意。因现有证据不能认定被告设置链接时明知被链接的作品存在权利瑕疵，在得知原告起诉内容后，被告亦及时采取了停止链接措施，故对于原告主张被告应当承担侵权责任的诉讼请求，法院不予支持。①

此外，2005 年 9 月 16 日，北京市海淀区人民法院在涉及非法 MP3 下载的上海步升音乐文化传播诉百度案中判定百度须为未获许可下载 46 首歌曲，向上海步升赔偿 6.8 万元：就是提供搜寻引擎或链接服务的网络服务提供商（ISP）间接准许互联网用户访问著作权侵害作品。

然而，根据 2006 年 7 月 1 日起施行的《信息网络传播权保护条例》第 15 条，如果提供商接到包含支持证据的权利人通知书后，保证立即删除涉嫌侵权的内容，或者断开其链接，则 ISP 将不会因为侵害信息网络传播权承担责任。依据第 17 条，如果提供作品的个人或法人组织发表包含支持证据的"未侵权声明"，ISP 一旦收到，则须立即恢复被删除的内容，或者恢复其链接（参见第 17 条）。因此，百度获得了在其他案件中扭转命运的机会。2006 年 11 月 7 日，在国际唱片业联盟（IFPI）诉百度案中，北京市第一中级人民法院判定提供音乐网络链接的百度服务，未构成侵权，因为所有的音乐下载是来自第三方网络服务的。②

---

① 参见《北京市第二中级人民法院民事判决书》，(2001) 二中知初字第 13 号，http://timeslaw.363.net/new-page-144.htm。

② 郭懿美：《电子商务时代企业的知识产权管理战略》，《第十届两岸经营管理与中华文化学术研讨会论文集》（大陆部分），2007.7.7，第 409～416 页。

第七章 电子商务中的知识产权保护问题

近年来,随着国内各著作权人以及出版商维权意识的提高,原本一直发展顺利的国内视频分享网站也陆续面临侵犯著作权的诉讼,在无数次败诉与赔偿后,2010年土豆网通过《魔术奇缘》、①《活碌碡趣事》两起案件的胜诉,似乎扭转了这个局面。② 这是土豆网接连两次因"避风港"原则③胜诉。

在我国,另有一起因深层链接外汇币种走势图引发的侵权纠纷案。2000年6月至8月,财智公司未经金融城公司许可,越过金融城网站主页,直接对金融城公司制作发布的"中国建设银行北京市分行外汇币种走势图"(简称外汇币种走势图)建立了链接。为此,金融城公司诉至法院,请求判令财智公司立即停止侵权,消除影响,并赔偿经济损失20万元人民币。北京市第二中级人民法院经两次公开开庭审理后认定,财智公司擅自对金融城网站主页以下的次页面内容进行深层链接,应属不正当的经营行为,财智公司应承担相应的法律责任。由于法院认定财智公司的链接行为构成侵权,在实际损失难以确定情况下,法院根据金融城公司对走势图制作的开发、使用等情况及财智公司设链时间、主观状态等因素酌定赔偿数额,判令财智公司赔偿金融城公司5000元④。

本案的启示为,从技术角度讲,提供内链服务的网站实质上仅是提供了搜索服务的工具,引导用户利用这个工具到其他网站或网页上去浏览相关信息,但并未实际复制这些信息并存储在被告的服务器上。因此,提供链接服务的网站并不存在复制行为,也不存在传播行为。相反地,是用户决定去浏览哪些信息,同时也是用户在自己的计算机内临时复制被链接网站所载信息内容,也就是说:复制行为和传播行为的实施者是最终用户,而不是提供链接服务的网站。在现有《著作权法》以复制行为作为侵权要件的局限下(亦即法律惩治侵犯著作权的对象是复制者),我们仍然可以依据《反不正当竞争法》的有关规定,有力制止在网络世界里到处泛滥的深层链接行为。只要设链者无法从中获取非法利益,这种侵权行为就会大大减少。当然,长远而言,也有专家如高云律师主张,修改现行的著作权法将上述行为纳入法律禁止范围是根本解决

---

① 上海市浦东新区人民法院民事判决书(2010)沪一中民五(知)终字第37号。
② 上海市第一中级人民法院民事判决书(2010)沪一中民五(知)终字第89号。
③ 与美国DMCA"避风港"原则的体系相类似,我国《信息网络传播权保护条例》第14条至第17条规定了通知的效力及内容要求,移除的规定以及反通知的要件和内容的恢复,构成了较完整的通知删除程序。
④ 董永森:《深层链接引起的侵权责任》,http://www.netlawcn.com/member/dys/0001.htm。

问题之道①。

  关于深层链接还有一种情况,就是"加框链接"。在这种技术下,设链者可以随意遮掩被链画面的部分内容,打上自己的标志或者广告,从而达到剽窃的目的。由于这种技术难度较高,所以因"加框链接"发生纠纷的判例在中国尚未出现(美国已有几起被控不正当竞争案例,将在第九章第二节另作说明),但是,这种"加框链接"由于改变了被链内容的观看顺序、效果和整体,比较明确地违反了著作权法中所规定的版权人的改编权和保护作品的完整权,在法律上而言其法律责任还是比较容易区分的②。

  此外,1996年7月,美国发生过一起由图像链接引发的法律纠纷。一名中学生用Dilbert连环漫画图像制作了通往United Media公司的链接,用户可以通过此链接直接调用United Media公司网站上的连环漫画图片浏览观赏。在United Media公司提出著作权侵权的抗议后,该学生不得不删除其网页,尽管其认为自己的行为只是链接,不属于复制③。又在美国ACLU诉Miller案例中曾提到的图像链接技术,是将他人网站的图案利用超链接方式,插入自己的网页中,类此做法可想而知会产生复制他人著作物的问题④。

  总而言之,对于链接行为是否构成侵权,应区别对待,个案分析。互联网上载网页的行为可以认为隐含了向公众展现其网站内容之目的。因此,正常的设置链接将用户导引到被链网页的行为起到的仅仅是推荐作用,在展示的过程中,并没有对被链接网站的权利产生任何的侵犯,是符合互联网的发展原则的。因为一般的文字或图像等正常链接并没有改变网页的内容甚至广告的完整性,访问者通过设链网站进入被链接的网页后,可以从地址栏展示的该网页的URL地址获知其所浏览内容的归属,此种情况下被链接网站的访问量正是由于链接而得以增加,其广告收入也不会受到影响。因此虽然设链者的行为未得到被链接网站的授权许可,也不应认定为侵权⑤。

---

  ① 高云:《从司法判例看链接的法律责任》,2003.5.16,http://www.netlawcn.com/second/content.asp? no=363。

  ② 高云:《从司法判例看链接的法律责任》,2003.5.16,http://www.netlawcn.com/second/content.asp? no=363。

  ③ See, http://www.cs.princeton.edu/~dwallach/dibert/.

  ④ 郭懿美:《网络链接的智财权保护问题研究》,台湾新竹交通大学主办"1999智慧财产权研讨会"论文集,1999.11.25,http://www.angelaw.com/weblaw/theory 18.htm.

  ⑤ 赵丽梅:《链接引发的法律问题探析》,http://www.netlawcn.com/new200111/zlm4.htm。

二、网络环境中的著作权权利限制问题

"权利限制",就其本质讲,指的是有的行为本来应属侵犯了著作权人的权利,但由于法律把这部分行为作为侵权的"例外",从而不再属于侵权。其中主要包括"合理使用"制度和"法定许可"制度。

(一)合理使用

合理使用的含义是:"本来是著作权人专有领域的东西,被使用(未经许可)而应属于侵权行为。但由于法律在使用条件及(或)方式上划了一个'合理范围',从而排除了对该行为侵权的认定。"在合理使用的情况下,用户不必征得著作权人的许可,也不必支付使用许可费。可见,这种规定对著作权人的利益影响极大,必须根据实际情况进行分析研究,才能作出使各方利益基本平衡的规定。

《伯尔尼公约》第9条第2款确立了合理使用必须满足的三项标准:任何限制或者例外,一是必须限于某些特殊情况;二是不得与受保护的作品的正常利用相抵触;三是无论如何不得损害作者的合法利益。这被称为"三步检验标准",是确定一个行为是否属于合理使用的标准。可以认为在网络环境下,该标准作为判断合理使用的准则仍然适用。

1.网络个人使用

我国《著作权法》第22条第1款第(1)项规定"为个人学习、研究或者欣赏,使用他人已经发表的作品"可以不经著作权人许可,不向其支付报酬。当然这里的"个人欣赏"应有一定的范围限制,如有学者认为个人欣赏的范围应当限定在家庭的范围中,如超出家庭以外的欣赏,则不是著作权法中合理使用意义上的"个人欣赏"了[①]。

例如2003年6月5日,腾讯公司向木子工作室发出警告,声称该工作室开发的"木子版QQ"已严重侵犯其知识产权,若不关闭网站,停止下载与继续开发该软件,将面临被起诉的危险。迫不得已,木子工作室在自己的网站上贴出公告,宣布不再修改腾讯QQ软件的源代码,但采取新举措,推出QQ插件,木子版QQ的功能诸如屏蔽广告,显示IP地址等依旧不变。

根据我国《计算机软件保护条例》第23条第五款规定:"未经软件著作权人许可,修改、翻译其软件"即属侵权。另外根据我国新著作权法,只要未经著

---

① 刘春茂主编:《中国民法学——知识产权》。转引自韦儒珍:《网络环境下版权的扩张及其限制》,http://chinalawinfo.com/dixwpl.asp? codel=2114mark=3088。

作权人许可,擅自复制、发行、表演、放映、广播、汇编、通过信息网络向公众传播其作品的,都可以构成侵权。"木子版QQ"从技术上而言,是对腾讯QQ软件源代码的修改,这已是不争的事实,而源代码又是软件版权的核心部分,因此无论出于何种动机,只要是修改了软件的源代码在法律上就构成对软件著作权的侵犯。虽然木子工作室声称其以学习、欣赏、增加用户对QQ的满意度为目的,但其在因特网上供用户免费下载,且在短时间内风靡于网上,其复制、下载量之大难以估量,对腾讯的影响之严重使其超出合理使用的界限。

至于"木子版QQ"的出现,正如木子工作室与一些网络营销专家所言,在某种程度上的确增加了网民对腾讯QQ的忠诚度。反之,可能许多网民难以忍受腾讯QQ大量的弹出广告(popup ads)和信息垃圾(spam)的轰炸等问题,转而选择雅虎公司的Yahoo! Messenger或MSN Messenger等网络即时通信(IM)软件。在此意义上,"木子版QQ"的确在一定程度上促进了腾讯QQ的发展,但是这不能成为法律上免责的理由。正如未经作品著作权人许可而转载其作品一样,虽然可以扩大作者的知名度,但是损害了其著作权中财产权的利益,在法律上侵犯著作权的定性无从改变。因此,专家赵占领律师以为,"木子工作室"不能以此为由否认侵权之责。[①]

2. 数字化图书馆

在网络环境下,图书馆进行电子版本的馆藏复制与在传统环境下制作复制件并无区别,因此,这种行为在满足现行著作权法对图书馆使用规定的条件下,应当仍包含在合理使用的范围内。

我国迄今已有两起数字图书馆被控侵害著作权的案例。其一,北京大学法学院教授陈兴良以自己的刑法学专著被擅自使用为由对"中国数字图书馆"网站提起诉讼。2002年6月27日,海淀区人民法院对此案做出裁决,"中国数字图书馆"网站被判赔偿陈兴良教授损失8万元。法院认为,被告方的上载行为并不构成侵权,但是事件的直接效果是:扩大了作品传播的时间和空间、接触作品的人数,改变了接触作品的方式,同时在该过程中被告没有采用有效的手段保证作者获得合理的报酬,因此被告的行为侵犯了原告方信息网络传播权[②]。

[①] 赵占领:《"木子事件"的法律思考》,Chinabyte,2003.7.11,http://www.netlawcn.com/second/content.asp?no=637。

[②] 毅君、海波:《法学专家状告网站侵犯著作权,一审获赔八万元》,《北京青年报》,2002.7.9,http://www.bjyouth.com.cn/Bqb/20020709/GB/5034^D0709B2305.htm。

其二,因多达191种出版物的版式设计专有使用权涉嫌被侵犯,时事出版社向海淀法院提起诉讼,被告是开办"网上图书馆"的两家公司。时事出版社在诉状中指称,该出版社的191种出版物被二被告扫描后转化成数字化形式上载于网站,被告经营的"网上图书馆"通过对社会提供有偿下载和有偿阅览服务获得商业利益,被告的行为侵犯了时事出版社的版式专有使用权,因此请求法院判令被告停止侵权、赔礼道歉并赔偿经济损失。其后,时事出版社与被告均同意进行调解,在法院主持下双方达成了一致调解协议,被告给予适当的赔偿金后,时事出版社向法院申请撤回起诉[①]。

3. 远程教育

《著作权法》第22条第1款第(6)项规定"为学校课堂教学或者科学研究,翻译或者少量复制已经发表的作品,供教学或者科研人员使用……"可以不经著作权人许可,不向其支付报酬。

1999年4月28日,美国著作权局在一项新发布的报告中,提到在远距教学中围绕着使用受著作权保护作品的许多困难争点。该报告对修正现行著作权法做成重要与深思熟虑的建议如下:扩大覆盖范围以符合技术需求(特别是,数字传输涉及制作暂时的拷贝以促成传输或陈列与表演)、允许在"媒体化授课"(mediated instruction)的情况下的陈列与表演、扩大被允许材料的范围(例如,授课者可以使用"一部影片中剪接的相等物,而非该影片的重大部分")、废除仅于教室与类似地点传输及教育经验的规定、执行防护措施以减少对著作权人的危险、允许在服务器保留一份远程教育课程的拷贝,仅限于以对上课期间在修习课程的学生提供接触的机会,以及继续对基于远程教育目的对免责以外的活动(例如,主张"合理使用"将一项作品自类似格式转换为数字格式,以便传输,以及使用不超过一项作品的"有限度比例"[②])。

我国远程教育尚处于初创阶段,起码对于那些非营利的远程教育而言,应当把对作品合理使用延伸到网络空间,让它们有一个宽松的发展环境,这对于实施"现代远程教育工程"体系来说不仅是必要也是必需的。而在现行著作权法尚未能针对网上远程教育提供一套清楚明确的游戏规则以前,学校与有意

---

① 李东民、胡唯嵘:《网上图书馆官司缠身 涉嫌侵权191起》,千龙新闻网,2002.11.16,http://cio.enet.com.cn/article/20021116/20021116222967-1.xml.

② 郭懿美:《网上大学远程教育授课著作权问题的研究》,上海电视大学主办"互联网法律问题研讨会"论文集,2000.11.26,see also,http://www.civillaw.com.cn/twcivillaw/research/yj08-4.asp.

和学校合作开办网校的企业仍宜参照现行著作权法的精神，执行适当的著作权保护措施，以避免产生侵权争议。

（二）网络媒体的"法定许可"

《著作权法》第32条第2款规定："作品刊登后，除著作权人声明不得转载、摘编的外，其他报刊可以转载或者作为文摘、资料刊登，但应当按照规定向著作权人支付报酬。"这是一种"法定许可"制度，是我国特有的著作权法律制度。在这种情况下，已刊登作品的著作权人的"许可权"没有了，只剩下"获得报酬权"，因此也是一种权利限制。

经过综合考虑目前在网络上使用作品的现状以及平衡社会公众利益等方面的因素，《审理计算机网络著作权纠纷案件问题的司法解释》第3条规定已在报刊上刊登或者网络上传播的作品，除著作权人声明或该作品的网络服务提供者受著作权人的委托声明不得转载、摘编的以外，网站予以转载、摘编的，只要支付报酬，注明出处，不构成侵权。

（三）默示许可

随着数字技术下网络环境的迅猛发展，默示许可成了网络著作权下的新名词。所谓默示许可，也可称默认许可或者推定许可，其含义在于即使著作权人没有明说许可某人使用其作品，但是从著作权人的行为可以推定著作权人对某人使用其作品不会表示反对。最高人民法院蒋志培庭长主张，由于网络是一个极为充分开放的过程和载体，作者将自己的作品上载、传输，应当被认为其对网络的这些特性以及网络中的某些使用行为是明知的或是应推定为默示同意的。对于网络作品权利人的行为、举动或其他事实，有充足理由表明权利人意思表示的应当推定对其作品的默示许可。如在电子布告栏（BBS）之间经常相互交换、传递彼此布告栏内的信息，或者使用者自行将电子布告栏内的信息粘贴在其他布告栏上。这些行为一般为BBS使用者所默许、认同。因此在BBS上发表作品，应当可以推定著作权人愿意通过网络散布流通其作品。在默示许可的情形下，在复制使用等方面，不能认为作品的著作权受到了侵犯。①

由于默示许可是网络环境下关于著作权权利的新现象，学理上产生过一定的争论，多数是从默示许可在网络环境下引起的复制出发，确认其属于著作权的权利限制，但有学者以为，对著作权行使时的权利限制，从其性质而言，具

---

① 蒋志培：《计算机网络作品著作权应当受到法律保护》，http://www.chinaiprlaw.com/wtjd/wtjd1.htm。

有法定性与上述国际公约的"三步检验标准",由此才能就网络著作权的权利限制范围给以合理的界定。否则,随着任何一项新技术的出现,"自愿许可"、"主动许可"都将有可能成为权利限制的一种,如何顺应新技术的发展,谨慎地在理论上探讨,在立法中确定一项权利或一项权利限制,都是非常重要的。学者赵莉建议,在我国著作权法的实施过程中,默示许可更多地需要从理论上加以深入研究,而不宜过早地在法律条款中给予其明确的地位。[①]

第四节 网上商业秘密保护的问题

一、网络上的计算机程序散布

因特网的开放空间及其安全性的疑虑,不禁令人产生因特网上是否可能存在商业秘密的疑问,因此我们在探讨网络上的商业秘密保护前,必须先了解网络上存在的商业秘密的可能性,如此才能了解商业秘密在因特网上会遭到何种侵害。

目前在因特网上,最受消费者欢迎的项目之一,非软件下载(download)功能莫属。目前软件下载的方式,包括借由 FTP(File Transfer Protocol,文件传输协议)站下载,置于该站上供人免费下载的软件;及透过 WWW 网页上设计的下载功能下载的。当吾人在网络上下载档案后(储存于计算机硬盘中),须经过解压缩、执行安装程序于计算机硬盘上的动作后,始能利用该下载的软件,于执行安装之时,软件开发者会以在显示器上出现授权契约(版权宣言)的方式,要求执行该程序的使用人,必须同意该授权契约,否则必须停止继续安装该程序。其中有关商业秘密的约定通常为,"禁止反向工程(reverse engineering)、反向编译(decompilation)、反汇编(disassembly)",亦即要求"使用人不得对"软件产品"进行反向工程、反向编译或反汇编,但若所适用的准据法明文禁止上述限制,则不在此限"。

所谓反向工程是指,将产品解体为零件,并研究其内部运作,以提供改进现有产品或是建造新品的潜在可能。在信息软件上,则指透过一定的软件工具将某些软件的机器码,译回可供程序设计师阅读的程序代码。从英美商业

---

① 赵莉:《默示许可与著作权的权利限制》,http://www.shu.edu.cn/Admiss/zhichan/lunwen2.htm。

秘密法(trade secret law)案例可发现,产品一旦上市,只要其并未享有专利,在本质即已开放予竞争者检视验证的机会,进而研究出其制造的方法或如何制造出一个功能近似或更好的产品,因此美国法院实务判定以还原工程方式了解市场上产品并未违反商业秘密法。

我们应注意的是,美国最高法院对于 Bowers 诉 Baystate 科技公司软件产品采用反向工程方法时违犯了一项缩小包装的许可证协议案的裁决,可能使软件厂商常用的反向工程做法的合法性受到质疑。本案软件发明人也就是原告 Harold L. Bowers 于 1991 年指控 Baystate 违犯了其软件的最终用户许可证协议禁止用户对其软件实施反向工程的规定。2000 年 9 月,马萨诸塞州地区院裁决支持 Bowers 的诉讼,并且裁决赔偿他 527 万美元。2002 年 8 月,上诉法院支持这一裁决。2003 年 6 月 26 日最高法院决定不听取被控软件公司的上诉。最高法院不愿意接受此类案件的做法可能会使其他软件公司大胆地阻止反向工程,或者取消版权法允许的其他合法使用权,在最终用户许可证协议中增加禁止这种做法的条款[①]。

由于因特网所提供的线上交易方式,是一种"虚拟实境"(virtual reality)的面对面交易方式(亦即一方在网络上提出要约而另一方在网络上表示承诺,双方虽未实际见面,却是进行"面对面"的交易),因此,借由线上商品流通的方式,使个人在成立契约的同时,同意授权条款内容的方式,应为线上交易方式中,保护商业秘密的方法之一,例如计算机程序保密条款的约定,即在网际网络的线上世界普遍地被利用。

(二)线上机密性的商业资讯

如要在网络上传输、放置商业秘密(亦即线上机密性商业信息),其方式大致包括下列三种情形:

1. 以网络来传输商业秘密,例如以 E-mail 传输订单、内部指示等涉及重要商业的机密,更浅显者为,例如某家可乐公司以 E-mail 传输可乐的订单或更新配方即为一例;

2. 将商业秘密放置于公司的内部网络(intranet)而该网络与网际网络有所链接,例如某家公司将其重要客户名单的商业秘密置放于内部网络主机中,以供所有在世界各地拓展业务的业务人员,可借由网络(国际漫游)随时订取客户信息,使其更容易进行交易;

---

① 林静编译:《审判案例表明:软件反向工程合法性遭质疑》,计算机世界网,2003.6.27,http://news.xinhuanet.com/it/2003-06/27/content-941781.htm。

3. 商业秘密交由外部网络服务提供者(ISP)传输或者放置,在向网络服务提供者租来的空间中,其与第二种方式不同之处在于,其本身并未采用计算机主机而直接与外界联结,而系向某个提供计算机主机的服务提供者,租用其主机中的空间,作为其与外界沟通的管道。

正如前述,商业秘密要保持其秘密性并采取相当的保密措施,始得受相关法令的保护,而因特网却具有相当的公开性与便于接近性,在以上的方式中,所有人必须采取适当的预防措施使该资料保持相当的秘密性,商业秘密始能在网络上存放,而不受侵害;纵使受到侵害,亦不因放置在网络上而丧失其秘密性,无法受到赔偿。例如在美国 Religious Technology Center v. Netcom Online Communication Services Inc. (907 F. Supp. 1361 (ND Cal. 1995)一案中,被告将 RTC 已采取保密措施的商业秘密张贴到网络上,RTC 的营业秘密也因而丧失。不过,由于 RTC 对其著作仍有著作权,虽然其商业秘密已经因为被告将其张贴到网络上而丧失,但是若他人利用其著作则仍会有侵害著作权并遭索赔的可能。

即便在网络上任意截取资料,亦为法律所不容许。然而不可讳言,此种行为对黑客而言轻而易举,使得一般人认为:最好的避免侵害方法,当然是不要把真正敏感的信息放在网络上。不过,即便未利用任何密码系统等防护商业秘密的措施,商业秘密亦可存在于网络上,直到该信息不具秘密性为止。因为黑客发现机密信息(包括商业秘密)未必会造成商业秘密所有人的损害,商业秘密的秘密性在成为众所皆知的信息前,是不会因为一个或少数人取得了该信息就被破坏,因此我们所应加强者为增进网络的安全与商业秘密的保护措施,并加强商业秘密保护的观念,而不是消极地不去利用此一方便与经济的工具①。

二、我国对侵犯商业秘密行为的认定

(一)法律依据

《反不正当竞争法》第 10 条规定,"经营者不得采用下列手段侵犯商业秘密:1. 以盗窃、利诱、胁迫或者其他不正当手段获取权利人的商业秘密。2. 披露、使用或者允许他人使用以前项手段获取的权利人的商业秘密。3. 违反约定或者违反权利人有关保守商业秘密的要求,披露、使用或者允许他人使用其

---

① 郭懿美:《资讯法规》,台湾松岗电脑图书资料(股)公司 2002 年版,第 5-1、5-2~5-5 页。

所掌握的商业秘密",该条还规定,"第三人明知或者应知前款所列违法行为,获取、使用或者披露他人的商业秘密,视为侵犯商业秘密。"上述规定是认定侵犯商业秘密行为的法律依据。

(二)商业秘密的涵盖范围

从上述条文规定可知,商业秘密具有"三性",即:秘密性、价值性、保密性。而在国家工商行政管理局颁布的《关于禁止侵犯商业秘密行为的若干规定》中列举了商业秘密包含的项目:设计,程序,产品配方,制作工艺,制作方法,管理决策,客户名单,货源情报,产销策略,招投标中的标底及标书内容等等方面。这些都有可能成为企业的商业秘密,只要它们符合商业秘密的三性。

而根据《反法》第10条第2款对商业秘密的定义,商业秘密主要包括两大类:一类是技术信息,另一类是经营信息。具体可分为:

(1)产品——企业自行开发的产品,既没有申请专利,也还没有正式投入市场以前,尚处于秘密状态,它就是一项商业秘密。即使产品本身不是秘密,它的组成部分或组成方式也可能是商业秘密。

(2)配方——工业配方、化学配方、药品配方等是商业秘密的一种常见形式,甚至化妆品配方,其中各种含量的比例也属于商业秘密。

(3)工艺程序——有时几个不同的设备,尽管其本身属于公知范畴,但经特定组合,产生新工艺和先进的操作方法,也可能成为商业秘密。许多技术诀窍就属于这一类型的商业秘密。

(4)机器设备的改进——在公开的市场上购买的机器、设备不是商业秘密,但是经公司的技术人员对其进行技术改进,使其具有更多用途或效率更高,那么这个改进也是商业秘密。

(5)研究开发的有关文件——记录了研究和开发活动内容的文件,这类文件就是商业秘密。如蓝图、图样、实验结果、设计文件、技术改进后的通知、标准件最佳规格、检验原则等,都是商业秘密。

(6)公司内部文件——与公司各种重要经营活动有关联的文件,也是商业秘密。如采购计划、供应商清单、销售计划、销售方法、会计财务报表、分配方案等都是企业的"商业秘密"。它们若被竞争对手知道,都会产生不良后果。

(7)客户情报——客户清单是商业秘密中非常重要的一个组成部分,若被竞争对手知悉,顾客将会受到引诱或骚扰,从而阻碍公司的正常活动。比如,著名的中国青年旅行社诉中国旅行总社的不正当竞争案就是一个典型的案例。

以上所述的几种情况,只是商业秘密中常见的一些类型。也可以说,商业秘密是一种"信息",其范围非常广泛,凡是对公司有利,能在竞争中获胜,并经公司有意加入保密的"信息",并采取了保密措施的,也就是说符合"三性"要求的,都是商业秘密[①]。

(三)如何确定是否侵犯商业秘密

在司法实践中,确定是否侵犯商业秘密主要从以下几个方面进行:

第一,应当确定权利人是否存在一项有效的商业秘密。不仅应当弄清楚所称的商业秘密的内容,还应当认真审查该项要求保护的信息,是否满足商业秘密的构成要件,即从是否具有秘密性,是否能够带来经济利益,有无合理的保密措施等方面来确定该项信息应否受到保护。在审查是否存在商业秘密问题上,要由原告陈述其商业秘密的内容,以及其所采取的保密措施,并作举证。被控侵权人对权利人所持商业秘密的内容、保密措施等有异议的,应当由其为此举证。至于是否存在商业秘密和是否为公众所知悉,是案件事实的审查认定,可能涉及专业技术问题。因此,人民法院一般委托鉴定部门或者鉴定人对是否存在商业秘密进行鉴定。在专业技术鉴定的基础上,由法院从法律上判断确认该项经营信息或者技术信息是否受法律保护。

第二,应当查明被控侵权人所掌握的该项秘密信息的来源。被控侵犯商业秘密的人,经常辩称其商业秘密是通过合法途径得到的,因此,查明其信息的由来十分重要。在多数案件中,查明被控侵权人有关信息的由来,对于查明侵权人是否采取了不正当手段至关重要。

第三,要确认被控侵权人是否采用了不正当手段。这是确定被控侵权人是否实施了不正当竞争行为的必要条件。只有侵权人采取了不正当手段获取、披露、使用他人的商业秘密,才承担相应的法律责任。不正当手段主要有胁迫、利诱、盗窃等。其他违反公认的商业道德的手段,也属于不正当手段。对于采取不正当手段获取、使用、披露商业秘密的,可以直接认定行为人有过错,要求其承担法律责任。

在审查确认被控侵权人是否采取了不正当手段时,应当注意:(1)如果被控侵权人根据公开的各项资料通过整理研究获得了权利人的经营信息秘密的,不属于采取了不正当手段。(2)如果被控侵权人通过"反向工程"获得了权利人的技术信息秘密的,不属于采取了不正当手段。

需要注意的是,国家工商行政管理局1995年11月23日发布的《关于禁

[①] 樊永富:《企业商业秘密保护的思考》,http://www.law-lib.com/lw/lw-view.asp?no=1183。

止侵犯商业秘密行为的若干规定》第5条规定了商业秘密侵权纠纷的"举证责任倒置原则",即"权利人能证明被申请人所使用的信息与自己的商业秘密具有一致性或者相同性,同时能证明被申请人有获取其商业秘密的条件,而被申请人不能提供或者拒不提供其所使用的信息是合法获得或者使用的证据,工商行政管理机关可以根据有关证据,认定被申请人有侵权行为。"企业如果通过反向工程获得的商业秘密很容易造成原商业秘密拥有人的误解,从而引起商业秘密侵权纠纷,因此,企业必须要保存好购得样品的票据以及实施反向工程的详细记录,以便在受到对方指控时能够拿出自己是通过反向工程合法获得此商业秘密的证据[①]。

三、我国侵害计算机软件与网络商业机密案例简介

(一)广州"好又多"百货商业广场有限公司诉广州正大"万客隆"(佳景)有限公司侵犯商业机密案

原告诉被告与其任职资讯部副课长的李建新相勾结,1997年8月,由该职工破解公司计算机中心服务器的密码指令,并调出全部商业信息资料,然后将公司计算机中心服务器中有关公司的供货商名址、商品购销价格、公司经商业绩及会员客户通讯簿等资料下载到自己使用的终端机,秘密复制软盘,以2万元现金与万客隆达成交易。其后好又多告上法庭,并向万客隆索赔4200万元[②]。

(二)北京市首例"侵犯商业机密"案

原告北京金益康新技术有限公司成立于1993年,是目前中国第一家也是最大一家专业从事人事、人才、人力资源管理研究软件开发的企业。其与人事部信息中心联合开发的"通用人事信息管理系统GPMS"于1994年通过国家鉴定,被联合国高级专家誉为在世界范围内功能最强、使用最广的管理软件之一,并由国家人事部、国家技术监督局、全国电子推广办联合发文将其作为全国人事信息管理系统建设的基础软件在全国推广,用户范围覆盖了包括西藏、香港在内的全国各地。此后,北京金益康新技术有限公司又率先提出面向人力资源的全面解决方案,推出系列人力资源信息管理系统(YKHRMS)。

---

① 朱军华:《能否通过研究他人产品获得技术秘密?》,http://hskj.3322.net/newpage63019.htm。

② 参见《商业秘密被盗用 索赔4200万元》,http://www.su-zhou.gov.cn/bm/wangluoshebeio/%BE%AF%D6%D3.txt。

1998年，该企业成功地引进了国际著名跨国企业的风险投资，分别与IBM、Intel、Microsoft、HP、Lotus、Oracle 建立了紧密的战略合作伙伴关系。正当企业蒸蒸日上之时，突然发现市场上有人以"北京益康世纪软件技术开发有限公司"的名义，对 GPMS、YKHRMS 软件稍加修改后，进行违法销售，获取非法利益。这一严重的盗窃侵权行为，给金益康公司造成了巨大的经济损失。

1999 年 10 月，北京金益康新技术有限公司以北京益康世纪软件开发有限公司张大波、王玉霞侵犯软件著作权及不正当竞争为由，向海淀区人民法院提起诉讼。2000 年 3 月 22 日，张、王两人因涉嫌侵犯商业秘密被海滨公安分局刑事拘留，4 月 26 日，检察院依法将张大波逮捕，王玉霞因怀有身孕，取保候审[①]。王玉霞其后于 5 月 17 日成立了信达软件公司，继续生产、销售 HRP2000 软件，直至被公安机关再次查封。法院一审判决被告单位北京益康世纪软件有限公司无罪，被告单位北京益康信达软件有限公司无罪，被告人王某、张某无罪。

海淀人民检察院不服提起抗诉。北京市人民检察院一分院支持抗诉，市第一中级人民法院组成合议庭公开审理，认为，被告单位及被告人虽然开发、销售了与 GPMS、YKHRMS 软件功能相同、界面相似的软件，但在没有确实、充分的证据证实在已共知的内容中包含有非公知技术的情况下，指控被告单位及被告人犯有侵犯商业秘密罪，不能成立。故依法裁定：驳回抗诉，维持原判[②]。

（三）北京阳光数据公司诉上海霸才数据信息有限公司违反合同约定，不正当竞争，侵犯商业秘密、编辑作品的著作权、专有技术成果权、劳动获益权等案

这是个在提供网络信息服务过程中侵犯他人商业秘密的案例。原告阳光公司于 1995 年至 1996 年间分别与上海证券交易所等十多家商品和证券交易所签订了交易行情的信息采集、转发、经营合同。阳光公司对各交易所的行情信息进行了整理汇编，以自己的数据格式形成了综合行情信息，通过卫星广播系统向外发送。被告霸才公司与阳光公司签订了使用阳光公司《SIG 实时金

[①] 参见《北京破获全国首例侵犯商业秘密刑事案》，http://www.cpst.net.cn/dzkjb/0613/8-bjpf.htm。

[②] 参见《北京首例侵犯商业秘密案审结 法院判决被告无罪》，《北京青年报》，http://news.xinhuanet.com/legal/2003-11/26/content_1198926.htm。

融》数据分析格式的合同，约定霸才公司不经阳光公司的书面许可，不能以任何方式转发使用 SIG 格式。后来，霸才公司违反合同约定，截取并转发了阳光公司的《SIG 实时金融》信息源。

北京市第一中级人民法院认定，被告的行为违反了合同的约定，侵犯了原告的商业秘密，应承担相应的法律责任。在本案中，受诉法院认定原告的《SIG 实时金融》信息源构成商业秘密的法律依据是《反不正当竞争法》第 10 条第 3 款有关商业秘密的定义规定，认定被告的行为构成侵权的法律依据是该条的第 1 款第 3 项"违反约定或者违反权利人有关保守商业秘密的要求，披露、使用或者允许他人使用所掌握的商业秘密"的规定。故在法律适用方面，此类案件与一般情形下的侵犯商业秘密案件无异[①]。

（四）电脑高手私泄与倒卖公司秘密案

项某毕业于江苏理工大学，案发时年仅 26 岁；孙某毕业于清华大学，案发时年仅 25 岁。两人均在上海市一家外商独资信息公司担任电脑工程师，既是同事，也是朋友。项某多次出差到马来西亚一通讯公司协助网络调试工作，渐渐赢得了该公司的青睐，他们邀请项某到马来西亚工作。马来西亚某公司的高薪打动了项某，但他不愿意一个人独享，便多次和孙某通信，并向马来西亚某公司举荐了孙某。在项某的建议下，孙某将他为原公司开发的 Webmail 软件（一种加密电子邮件软件）的源代码通过电子邮件发送给了项某。

马来西亚某公司得到该软件以后，立刻中断了和两人所在公司关于该项目的合作，造成该公司很大的经济损失。该公司老总对孙某产生了怀疑，向公安机关报案。2002 年 3 月 12 日，法院审理后认为，源代码作为计算机软件的核心内容，具有秘密性，一旦公开，软件就失去应有商业价值，项某和孙某无视和公司所签的保密条款，给公司造成了约 9 万美元的经济损失，其行为构成了侵犯商业秘密罪。

同日，法院作出一审判决，判处项某有期徒刑 3 年 6 个月，孙某有期徒刑 2 年 6 个月[②]。项、孙不服，分别提起上诉。二审法院认为，按照有关法律规定，本案所涉软件源代码符合商业秘密的特征，应予确认；公安机关通过技侦手段获取并加以固定、封存的电子证据等足以证明项、孙实施了泄露权利人商

[①] 张广良：《网上不正当竞争纠纷及相关法律问题》，《中国质量万里行》，2000 年第 6 期，http://www.people.com.cn/GB/paper77/855/114507.html.

[②] 参见《私泄公司秘密 电脑高手沦为"阶下囚"》，《新闻晨报》2002.3.13，http://it.enorth.com.cn/system/2002/03/13/000289225.shtml.

业秘密的行为；两上诉人的行为已经侵犯了权利人的商业秘密，且造成特别严重后果。原判事实清楚、证据确实、定罪量刑并无不当，决定驳回上诉，维持原判。①

(五)香港"女商业间谍"案

香港警方商业罪案调查科侦破全港首宗以"商业间谍"手法，用电脑盗取商业秘密的案件。一女地产公司经纪利用家中电脑遥控位于新加坡的另一部电脑，先后80次入侵前上司的电子邮件信箱盗取其商业秘密。2002年10月27日，被告在东区裁判法院承认共30项非法入侵电脑罪名，现正等候判刑②。

四、企业预防网络商业秘密外泄之道

(一)员工电子邮件的监视

由于电子邮件的通讯非常便利，员工如欲利用电子邮件传送企业的商业秘密，往往并不容易管制，因此，某些企业便以监视电子邮件的方式，防止员工利用电子邮件泄漏企业的商业秘密。然而，企业能否基于保护公司权益的理由，对员工的电子邮件进行监视？该行为是否侵害员工的隐私权或通讯自由？这颇值得我们加以探讨。

美国与此相关的法令主要是 1997 年联邦的《电子通信隐私权保护法》(The Electronic Communication Privacy Act，简称 ECPA)。此法的立法目的在维护电子通信的隐私权。其所称的电子通信涵盖范围颇广，例如：电子邮件、语言邮件、传真、无线电话、网络电话等。此法原则上禁止发信人与收信人以外的其他任何人窃听、存取或揭示电子邮件的内容。但有以下两种例外"事先征得员工的同意(Prior Consent)、公事所需(Business Use)。"若有以上任一种情形时，则雇主可以监视员工的电子邮件。

实务上，美国法院就 ECPA 的条文做宽松的解释，认为只要和公事有关，雇主就可以监视。但是，一旦员工的通话内容移转到私人事件上，雇主就该停止监视。虽然有 ECPA 的例外规定，但是雇主监视员工的电子邮件仍纠纷不断。美国法院判决的结果仍因个案的特殊性而各有千秋。

例如有一案例即显示出，监视员工的电子邮件有可能侵犯隐私权：在 Re-

---

① 参见《员工跳槽公司商业秘密不保，事前防范充分利用竞业禁止！》，《中国经营报》，http://www.cb.com.cn/cb/2003-07-07/6780.html。

② 任民：《女电脑大盗在港落网》，《南方都市报》，http://news.xinhuanet.com/it/2002-10/29/content-611710.htm。

stuccia v. Burk Technology, Inc., Mass. L. Rptr 712 (1996)一案中，Restuccia 是 Burk Technology 公司的员工。此公司的主管们可利用监督者的密码进入公司计算机系统的每一部分，包括员工的电子邮件。计算机系统亦会自动将所有的电子邮件存在备份的档案里。但员工并不知情。

虽然此公司并未禁止员工将电子邮件系统作为私人通信之用，但却有一规定，禁止员工"过度聊天"。该公司一位经理告诉公司老板 Burk，有一员工花很多时间使用电子邮件系统。Burk 用监督者的密码，进入备份文件里察看员工的电子邮件。其发现 Restuccia 和另一员工 LoRe 在几封电子邮件中谈起 Burk 和另一员工的婚外情。三天后，Burk 将 Restuccia 与 LoRe 解雇，声称解雇的原因是因为他们过度使用电子邮件系统。后来 Restuccia 与 LoRe 对 Burk 提起诉讼，指称其侵犯隐私权。

法院认为，员工可以使用电子邮件系统，来作为私人通信用。而且，公司从未明确告诉员工，公司主管可以接触到员工的电子邮件或员工的电子邮件会被储存到备份的档案里。于此情况下，员工可以主张对于私人的电子邮件的隐私权享有合理的期待。

由上述法院的见解中，吾人可推知：若公司制定一清楚明确的电子邮件安全规定，言明公司将会监视员工的电子邮件，并充分告知员工，取得员工的同意，则可使员工对于电子邮件隐私权的期待降低。如此，便可减少员工与公司的诉讼。

一旦涉讼，公司也会取得较有利的诉讼位置。一般而言，公司要对员工宣导电子邮件的安全规定，可以采取以下三种方式：

1. 将公司的电子邮件安全规定放入公司一般的政策规定、员工手册、与员工须知内。

2. 在员工所用的电子邮件系统内的屏幕画面上，放入电子邮件安全规定的显示。

3. 定期向员工传递讯息，表明公司对于电子邮件安全的规定，借以提醒员工。

不论如何，为避免公司与员工将来必须对是否得以监控进行诉讼，造成当事人双方及法院的困扰，公司不妨在与员工订立雇佣契约、保密契约时，另以特别的契约约定，公司得对员工的电子邮件进行监视，当可避免不必要的纷争，同时亦保障公司的商业秘密不至于因员工利用公司的设备传递电子邮件，而加以泄漏。

(二)保密条款(Nondisclosure Clause)

为保护网络上的商业秘密,除法律课予某些具有特定身份的人须负保密义务外,商业秘密的所有人尚得利用契约与相对人约定保密条款,要求其受雇人、顾客、合资公司、商业上合伙人、受任人在其接触到机密性信息前签订之,借以使其商业秘密保持秘密性,此条款在计算机程序的保护上更属重要。何以必须签订保密条款?首先,其可作为强而有力的证据方法,证明商业秘密所有人非常重视其商业秘密,并要求任何接触该商业秘密的人同样重视,亦即其已尽相当的保密义务;其次,借由该契约的约定相对人在法律上即不得泄漏该秘密,如有泄漏则须就因此所造成的损害负赔偿责任;再者,相对人如将商业秘密泄漏予他人,该他人即可推定其知悉系基于不当的泄漏,而不得合法使用该商业秘密。

因此,在网络安全无虞的情况下,如欲利用因特网的 e-mail、网站或其他线上服务签订契约时,必须要求相对人负保密的义务,就其在任何因为契约协商过程中所获悉的对方的商业秘密,必须负保密的义务,当然,这种保密条款亦可透过网络来完成。在企业的商业秘密系交由外部网络服务提供者传输或者放置在向网络服务提供者租来的空间中时,则更应注意与该外部网络服务提供者签订保密契约,要求其在传输过程中不得窥视所传输的信息,纵使有所得知亦应遵守保密义务,不得任意泄漏之,否则应负相当的民事、刑事责任。

(三)竞业禁止条款(Noncompetition Clause)

由于网络上商业秘密最常接触者即为商业秘密所有人的员工,除了在职期间要求员工必须负保密义务外,为避免员工在离职后利用其于任职期间所知悉的商业秘密,与所有人进行竞争而造成所有人的不利益,所有人自有必要与员工订定竞业禁止条款,要求员工签署离职后的若干期间内,不得在一定的区域内,从事与原事业单位商业性质相同或相似的行业,否则应对原事业负赔偿责任;相对的,原事业则必须支付该员工相当的补偿金。由于竞业禁止条款对员工的就业自由、职业选择自由加诸限制,虽不能由企业任意为之,而基于契约自由原则,法律亦未有相关的规定,但美国在司法实务上均已发展了就竞业禁止条款是否合法的判断标准。

例如,1997 年 11 月纽约法院就提供网络广告服务公司 Double Click Inc. 的职员 Henderson 与 Dickey 所为的商业秘密盗用、不公平竞争、忠诚义务违反行为加以判决一案,乃涉及网络广告公司其员工的竞业禁止问题,法院最后认定被告确实有盗用商业秘密及违反忠诚义务的行为,并认为被告应自该判决之日起,不得开设或任职于任何与 Double Click 竞争的公司而提供有关网络上广告的建议或信息,但将原告所请求的一年时间缩短为 6 个月,其理由在于在快速改变的电子商业世界中,被告所知悉有关该公司的商业信息将非常可能在 1 年的时间经过前即失其价值,为平衡此种状况,竞业禁止期间以 6 个月为宜,但原告可在 6 个月后请求延长禁止期限。

在该案件中,被告 Dickey 与 Double Click 公司定有竞业禁止的契约,但 Henderson 并未签订该契约,不过法院以为:被告作为 Double Click 公司的员工,原即负有不泄漏公司机密性信息的义务,因此原告与被告间的保密条款或 Dickey 与原告的竞业禁止条款并不需特别去考虑,亦即纵使双方间并无限制的契约,但离职的员工亦无权利使用原公司的商业秘密或机密性信息去劝诱顾客。由此法院的意见可看出竞业禁止条款对离职员工的限制并非必要的,即使双方间未签订竞业禁止契约,离职员工至少亦不得利用其在原企业任职时所获知的商业秘密[①]。

在我国,目前关于约定竞业禁止的规定散见于各个法规中。例如:

1.1996 年 12 月劳动部《关于企业职工流动中若干问题的通知》。第 2 条规定:"……用人单位也可以规定掌握商业秘密的职工在终止和解除劳动合同后的一定期限内(不超过三年),不得到生产同类产品或经营同类业务且有竞争关系的其他用人单位任职,也不得自己生产与原单位有竞争关系的同类产品或同类业务,但用人单位应当给予该职工一定数额的经济补偿。"

2.国家科委 1997 年 7 月 2 日印发的《关于加强科技人员流动中技术秘密管理的若干意见》。第 7 条第 2 款规定:"竞业限制条款一般应包括竞业限制的具体范围、竞业限期的期限、补偿费的数额及支付方法、违约责任内容。但与竞业限制内容相关的技术秘密已为公众所知悉,或者已不能为本单位带来经济利益或竞争优势,不具有实用性,或负有竞业限制义务的人员有足够证据证明该单位未执行国家有关科技人员的政策,受到显失公平的待遇及本单位违反竞业限制条款,不支付或者无正当理由拖欠补偿费的,竞业限制条款自行禁止。"

3.国家建设部科技司《关于国家重点科技攻关项目成果知识产权保护的通知》。其第 5 条对于任职期间和离职后的竞业禁止作了如下规定:承担项目(专题)的主要研究人员,在攻关研究过程中不得调动到其他单位。离休、退休、停薪留职、辞离或调离的人员,在离开原单位 1 年内不得从事与攻关内容

---

① 郭懿美:《资讯法规》,台湾松岗电脑图书资料(股)公司 2002 年版,第 5-1、5-2~5-5 页。

相关的技术工作。

在地方法规中,1998年,广东省人大常委会通过了《广东省技术秘密保护条例》,率先在省级地方立法中规定单位可以与知悉技术秘密的有关人员签订竞业限制合同。关于员工离职后竞业禁止的期限,该条例与《深圳经济特区企业技术秘密保护条例》和《宁波市企业技术秘密保护条例》均规定竞业限制的期限最长不得超过3年。《珠海市企业技术秘密保护条例》规定,竞业限制的期限根据员工涉及的技术秘密密级、所处保密岗位或者受到的特殊训练等情况而定,一般为2至5年;超过5年,应当经市科学技术行政部门批准。竞业限制协议中没有约定的,竞业限制的期限是2年。如参照外国立法例,德国《商法》规定雇佣关系解除后2年;瑞士《劳动合同法》规定退职后3年;意大利《民法》对高级职员规定为5年,一般职员为3年[①]。

关于对价的补偿性,《宁波市企业技术秘密保护条例》规定,企业应当向被限制人支付补偿费,年补偿费不得低于该员工离职前一年的报酬总额的1/2。《珠海市企业技术秘密保护条例》规定,企业与员工约定竞业限制的,在竞业限制期间应当按照竞业限制协议中的约定向该员工支付补偿费;没有约定的,年补偿费不得低于该员工离职前一年从该企业获得的年报酬总额的1/2[②]。上述规定与德国商法的规定相近。德国商法规定,被禁止竞业的人在竞业限制的有效期间,每一年度获得的补偿不低于他在雇佣期间最后一年度报酬的1/2。法国按竞业限制的长短分别确定,2年以下的给付其工资的1/3或2/3,超过2年的给付全额,则规定得较为细致。

至于区域问题,我国尚无明文判断标准。如我们从竞业限制是否合理的角度来考察,禁止竞业的地域不得超出原企业的业务活动或即将开拓业务活动的范围。同样,限制的工作性质亦应只限于与商业秘密相关的行业。如限制雇员离职后从业的工种、行业与企业的商业秘密无直接关系,这种限制就是不正当的[③]。

目前各省市也出现若干涉及因员工跳槽,被法院判决违反与原东家的竞

[①] 齐树洁、贺绍奇:《论商业秘密的法律保护》,《厦门大学学报(哲社版)》1996年第1期,http://www.xmu.edu.cn/chinese/resources/xuebao/96.1.11.htm。

[②] 任英菊:《关于约定竞业禁止的规范问题》,中国民商法律网,2002.1.13,;《竞业限制合同:保护商业秘密的一道闸》,《法制日报》,2001.5.16,http://finance.sina.com.cn/d/60988.html。

[③] 齐树洁、贺绍奇:《论商业秘密的法律保护》,《厦门大学学报(哲社版)》1996年第1期,http://www.xmu.edu.cn/chinese/resources/xuebao/96.1.11.htm。

业禁止约定的案例。例如 2000 年 5 月 28 日,郑州市中原应用技术研究所原所长助理、科技开发部经理刘显跳槽到杭州某有机硅化工有限公司任职后,向该公司提供了原单位研制的中空玻璃聚硫胶技术,从而给原单位造成重大经济损失。2001 年 11 月,郑州市中原区人民法院作出一审判决被告刘显与杭州公司须赔偿原告经济损失 52 万余元①。

又如 1999 年 8 月 6 日万和公司与汪某签订了五年期劳动合同,合同规定,自 1999 年 7 月 15 日至 2004 年 4 月 14 日,汪某从事外销业务员工作,公司与个人任何一方要提前解除合同,必须提前一个月通知对方,并获得双方同意。未经同意擅自解除合同的,应承担违约责任。同时合同中还要求汪某自觉维护企业商业秘密。2001 年 7 月汪某因故离开万和公司,新就职的单位海盐某电子厂为万和公司的竞争对手。万和公司于是将汪某诉至杭州市西湖区法院。

2002 年 7 月,法院一审判令汪某三年内不得在与原公司有同类业务或者其他利益关系的单位任职,也不允许汪自己经营同类业务。同时,判令汪某不得利用原公司商业秘密为自己或他人从事经营活动。但万和公司与员工约定的违约金数额为 10 万~20 万元,因此,其主张违约 20 万元显属过高,且未举证说明汪某在离开本单位近一年时间里给企业造成的具体损失,故认为汪某向万和公司支付违约金应以 10 万元为妥,足以惩戒被告的违约行为。

法院还认为:万和公司与汪某在劳动合同中虽未约定公司应在汪某履行三年竞业限制义务期间给予补偿,但根据公平原则,应给予汪某一定经济补偿。因此,汪某反诉主张以双方间劳动合同约定的月基本工资及推算每年奖金一万元要求万和公司补偿三年的收入 112800 元,法院予以支持。万和公司主张汪某工作期间的薪金包括了对其履行三年竞业限制义务的补偿,缺乏事实依据,法院不予采信②。

此外,2003 年初,北京市海淀区人民法院审判一起违约索赔案时首次认可了《保密协议》的法律效力。思特奇公司原软件工程师冯先生负责电信计费及管理软件系统的开发。1999 年 8 月 2 日双方签订了一份《保密协议》,约定

---

① 张胜利、涂先明:《擅自跳槽侵犯商业秘密,受害企业获赔 52 万》,《中国知识产权报》,2002.2.1,http://www.sipo.gov.cn/sipo/zscqb/fzkj/200202040014.htm。

② 参见《杭州判决一起因员工跳槽引发的竞业限制纠纷》,《新华网》,2002.7.12,http://big5.xinhuanet.com/gate/big5/news.xinhuanet.com/newscenter/2002-07/12/content_480315.htm。

冯先生在离开思特奇公司一年内不得到有竞争关系的单位任职。2001年9月，冯先生辞职。2002年初，思特奇公司得知他已经到竞争对手亚信公司工作，遂索赔1万元，而冯先生则认为自己正常的跳槽行为并不涉嫌"泄密"。但是，海淀法院认可了《保密协议》的法律效力，认定冯先生违约。

此案引起了不少业内人士的关注，有人质疑《保密协议》中的"竞业限制"过分保护企业利益，事实上"显失公平"。法律界普遍认为，随着北京高科技企业的快速发展，如何保护商业机密应当尽快纳入法制轨道。相比之下，2003年1月，中关村的一家高科技企业与软件工程师余真签订保密协议时，就明确规定了保密付费的条款如下：×××一年内不得从事相同的工作，公司每月付给×××离职前工资的50％作为补偿[①]。本书以为如此作法较能平衡双方的权利与义务，可供企业参考应用。

---

① 杨昌平：《软件精英遭遇泄密危机 保密协议合不合法》，《北京晚报》，2003.1.30，http://www.peopledaily.com.cn/GB/it/index.html。

第八章 电子商务中的反垄断和不正当竞争问题

第一节 中国对反垄断的法规

2007年8月30日《反垄断法》终获全国人大常委会审议通过,并订于2008年8月1日正式实施。其立法目的之一就是维护消费者合法权益和社会公众利益,促进社会和谐健康发展。该法也向企业传递出下列信息:市场经济必须信守平等竞争的原则,企业只有自强、自律,改进技术、提高质量,才能获得市场青睐。[①]

我国反垄断法主要有以下几项任务:

一、禁止垄断协议

反垄断法把竞争者之间的限制竞争协议称为横向协议,或者"卡特尔"。反垄断法第13条主要禁止下列横向协议:(1)固定价格;(2)限制数量;(3)分割市场;(4)限制购买新技术或者限制开发新产品;(5)联合抵制。第一至第三类协议因为损害竞争的程度非常严重,各国反垄断法一般将它们称为核心卡特尔或者恶性卡特尔,任何情况下都不给予豁免。鉴于竞争者之间有些限制竞争有利于提高经济效率,如为改进技术和节约成本进行的合作研发、统一产品的规格或型号、推动中小企业之间的合作,或者有利于社会公共利益如节约能源、保护环境,反垄断法第15条对某些限制竞争协议作出了豁免的规定。

根据《反垄断法》第13条第2款,限制竞争协议除了竞争者之间的书面或

[①] 毛磊:《反垄断法欲破垄断难题 维护消费者权益公众利益》,http://www.legaldaily.com.cn/2007fycj/2007-09/26/content_709146.htm。

者口头协议,还包括企业集团或者行业协会制定的具有排除、限制竞争影响的决定和竞争者之间的协同行为。鉴于某些行业协会在市场竞争中发挥的负面作用,如协调本行业企业的产品价格,该法第46条强调指出,行业协会违反本法规定,组织本行业的经营者达成垄断协议的,反垄断执法机构可以处五十万元以下的罚款;情节严重的,社会团体登记管理机关可以依法撤销登记。

除了横向协议,反垄断法在其第二章还对纵向即卖方和买方之间的限制竞争协议作出两项禁止性规定,一是固定转售价格,二是限定最低转售价格,因为这些限制不仅严重损害销售商的定价权,而且严重损害消费者的利益。其他类型的纵向协议如独家销售、独家购买、限制地域等,因为它们在很多情况下有合理性,应当适用合理原则。

二、禁止滥用市场支配地位

反垄断法虽然不反对合法垄断,但因合法垄断者同样不受竞争的制约,从而可能滥用其市场优势地位,损害市场竞争和消费者的利益,因此我国反垄断法第三章规定,禁止滥用市场支配地位。

根据《反垄断法》第17条的规定,滥用市场支配地位的行为主要包括:(1)以不公平高价销售商品或者以不公平低价购买商品;(2)没有正当理由,以低于成本的价格销售商品;(3)没有正当理由,拒绝与交易相对人进行交易;(4)没有正当理由,限定交易相对人只能与其或者与其指定的经营者进行交易;(5)没有正当理由,搭售商品或者在交易中附加其他不合理的条件;(6)没有正当理由,对条件相同的交易相对人在价格等交易条件上实行差别待遇。此外,该法第55条还规定,经营者滥用知识产权、排除、限制竞争的行为,适用本法。这说明知识产权和一般财产权一样,不能得到反垄断法的豁免。

根据17条第2款的规定,市场支配地位是指经营者在相关市场上能够控制商品的价格、数量或者其他交易条件,或者能够阻碍、影响其他经营者进入相关市场能力的市场地位。这即是说,市场支配地位是一种经济现象,反映了企业与市场竞争的关系,即拥有这种地位的企业不受竞争制约,不必考虑其竞争者或交易对手就可以自由定价或者自由作出其他经营决策。为了使这个关于市场支配地位的定义具有可操作性,《反垄断法》第18条提出了认定市场支配地位的一系列因素,包括经营者的市场份额、相关市场竞争状况、经营者控制市场的能力、经营者的财力和技术条件、其他经营者对该经营者在交易上的依赖程度、其他经营者进入相关市场的难易程度等。为了提高法律稳定性和当事人的可预见性,我国反垄断法还借鉴德国法,提出以下情况下可以推断市场支配地位:一个经营者在相关市场的份额达到二分之一的;两个经营者在相关市场的份额合计达到三分之二的;三个经营者在相关市场的份额合计达到四分之三的。但是,这些推断不具法定推断的效力,即当事人可以证明自己不具有市场支配地位。

三、控制经营者集中

经营者集中有利于提高企业的规模经济,促进企业间的人力、物力、财力以及技术方面的合作,从而有利于提高企业效率和竞争力。然而,如果允许它们无限制地并购企业,就不可避免地会消灭市场上的竞争者,导致垄断性的市场结构。因此,我国反垄断法第四章规定了控制经营者的集中。

根据《反垄断法》第20条的规定,经营者集中的方式包括经营者合并,取得股份或者资产,以合同方式或者其他方式取得对另一企业的控制权。控制经营者集中的制度主要是集中申报和审批制度。根据《反垄断法》第20条的规定,经营者集中达到国务院规定的申报标准的,应事先进行申报,未申报的不得实施集中。

根据第28条的规定,经营者集中具有或者可能具有排除、限制竞争效果的,反垄断执法机构应作出禁止集中的决定。然而,因为经济是非常复杂和活跃的,有些合并即便具有排除、限制竞争的负面影响,同时也可能有利于提高市场竞争强度或者企业的经济效率。因此,第28条第2款规定,经营者能够证明集中对竞争产生的有利因素明显大于不利因素,或者符合社会公共利益的,国务院反垄断执法机构可作出对集中不予禁止的决定。根据第26条的规定,反垄断执法机构审查经营者集中时,主要考虑经营者在相关市场上的份额及其市场支配力、相关市场集中度、经营者集中对市场进入和技术进步的影响、经营者集中对消费者和其他经营者的影响,此外还有对国民经济发展的影响。根据第29条的规定,反垄断执法机构的批准决定中可附加限制性条件,以减少集中对竞争的不利影响。

四、禁止行政垄断

《反垄断法》第8条明确规定,行政机关和法律、法规授权的具有管理公共事务的职能的组织不得滥用行政权力,排除、限制竞争。《反垄断法》第五章还列举了滥用行政权力排除、限制竞争的行为,包括强制交易;妨碍商品在地区间自由流通;排斥或限制外地企业参与本地招投标活动;排斥或限制外地资金流入本地市场;强制经营者从事垄断行为;制定排除、限制竞争的行政法规。

上述这些规定说明,滥用行政权力限制竞争的行为在本质上都是一种歧视行为,即对市场条件下本来应该有着平等地位的市场主体实施了不平等的待遇,其后果是扭曲竞争,妨碍建立统一、开放和竞争的大市场,使社会资源不能得到合理和有效的配置。因此,反行政垄断是我国反垄断法的一项重要任务。

《反垄断法》第51条规定,"行政机关和公共组织滥用行政权力,实施排除、限制竞争行为的,由上级机关责令改正;对直接负责的主管人员和其他直接责任人员,依法给予处分。"这个规定虽然说明,反垄断法没有把行政垄断的管辖权交给反垄断行政执法机关。尽管如此,反垄断法中关于行政垄断的规定仍然是意义重大,因为这不仅表明我国立法者对行政垄断持坚决反对的态度,从而有利于提高各级政府机构的反垄断意识,而且也表明反对行政垄断是我国的主流观点,从而有利于倡导和培育竞争文化。[①]

随着中国互联网经济的快速发展,很多互联网企业例如腾讯、百度和阿里巴巴在各自市场中取得支配地位的速度,远远超过了传统企业,互联网的部分领域已经从垄断竞争阶段,逐步跨入到寡头垄断阶段。而且,由于互联网行业具有发展速度快、技术性强等特点,这使得《反垄断法》难以对滥用市场支配地位,打击竞争对手,损害消费者利益的行为进行有效惩罚。

目前,互联网垄断形势日趋严峻,而且不断引发一些争议,但一直没有见到《反垄断法》在互联网领域起到应有的作用。这也反映了我国《反垄断法》在覆盖互联网行业时的立法与执法上的不足。这就要求《反垄断法》必须调整才能适应市场经济的发展变化。

西南财经大学教授易敏利代表建议,《反垄断法》应根据互联网发展的新形势,从以下几个方面进一步完善:建立一个强有力的、单一的、独立的反垄断执法机构;对实施滥用市场支配地位的垄断企业实施有力的监管与处罚;对实施滥用职场支配地位的垄断企业,参考国际成功案例,实施分拆、强令禁止产品捆绑、划定合理的经营范围并严格监管,等等。《反垄断法》只有进一步完善,与时俱进,才能够有利于保障产业健康发展、有利于保障网民权益、有利于保障社会稳定。[②]

[①] 王晓晔:《反垄断法——中国经济体制改革的里程碑》,2007.9.2,http://www.legaldaily.com.cn/0705/2007-09/02/content_692281.htm。

[②] 参见《互联网企业垄断现象应当引起关注》,http://www.antimonopolylaw.org/article/default.asp?id=3218。

第二节　中国网上反垄断案例简介

2008年8月1日反垄断法施行以后,截至2010年5月,全国地方法院已经陆续受理了至少10起垄断民事案件。其中互联网企业就占了3件。

一、唐山人人信息服务有限公司诉北京百度网讯科技有限公司垄断纠纷案

百度搜索的结果包括自然排名与竞价排名两种方式。唐山人人公司认为,由于其降低了对百度搜索竞价排名的投入,北京百度公司即对其经营的全民医药网进行全面屏蔽,导致全民医药网访问量大幅度降低。北京百度公司的行为属于滥用市场支配地位,强迫其进行竞价排名交易。

2009年12月18日,北京市第一中级人民法院经审理认为,判断当事人的行为是否构成《反垄断法》所称的"滥用市场支配地位",应当首先确定当事人是否已经在"相关市场"中具有了"市场支配地位",继而分析其是否从事了滥用市场支配地位的行为。唐山人人公司主张北京百度公司占据相关市场支配地位,事实依据不足。即使北京百度公司占据了中国搜索引擎服务市场的支配地位,因全民医药网存在"垃圾外链"的事实,考虑到应当尽可能地以最迅捷的手段降低"垃圾外链"对用户利益的损害,北京百度公司实施涉案屏蔽行为也是具有一定正当性,不属于滥用市场支配地位的行为。据此,法院判决驳回了唐山人人公司的诉讼请求。① 唐山人人公司不服原审判决,向北京市高级人民法院提出上诉,2010年7月9日,北京市高院驳回上诉,维持原判。②

二、北京中经纵横信息咨询中心诉北京百度网讯科技有限公司垄断纠纷案

在2004年至2005年期间,北京中经纵横信息咨询中心(以下简称"中经纵横")分别建立了中国市场研究网(网址:http://www.cmrn.com.cn)和北京中经纵横经济研究院(网址:http://www.36021.com),并经过五年坚持不懈的努力,上述网站已达到非常高的浏览量。2009年8月15日,原告发现自己的网站遭到了百度全面屏蔽,原收录的100多万网页一夜之间彻底消失。由于多次与百度协商沟通未果,导致原告业务直线下降,从而遭受了巨大的经

---

① 北京市第一中级人民法院民事判决书(2009)中民初字第845号。
② 北京市高级人民法院民事判决书(2010)高民终字第489号。

济损失,一度陷入经营困难之中。中经纵横认为百度恶意屏蔽其网站的行为已构成了《反垄断法》第十七条规制的滥用市场支配地位的垄断行为。据此起诉到人民法院请求:(1)确认被告恶意屏蔽原告网站的行为属于《反垄断法》第17条规制的滥用市场支配地位的垄断行为。(2)判令被告立即解除对原告网站的屏蔽,彻底全面恢复收录。(3)判令被告赔偿原告经济损失人民币50万元。2009年11月,北京一中院受理了该案。目前此案尚未审结。①

三、北京书生电子技术有限公司诉上海盛大网络发展有限公司和上海玄霆娱乐信息科技有限公司垄断纠纷案

书生电子运营的www.du8.com(读吧网)是经工信部等部门审核批准的经营电子图书的门户网站,因盛大网络玄霆公司共同经营的网站www.qidian.com(起点中文网)的经营范围与其相似而被书生电子公司告上了法院。

笔名为"我吃西红柿"作者的作品《星辰变》在起点中文网上发表后深受广大网友的喜爱。在该作品创作终结后,书生电子公司于2008年5月开始委托寇彬和李亚鹏,以笔名"不吃西红柿"创作作品《星辰变后传》,并在书生电子公司经营的读吧网上陆续发表。

因笔名相似,且沿用《星辰变》中的人物、情节、环境等要素,盛大网络要求寇彬和李亚鹏停止为读吧网创作并在起点中文网上发表致歉信。寇彬等人应要求这样做了。对此,书生电子公司起诉,盛大网络滥用市场支配地位限定交易,要求确认共同经营起点中文网的盛大网络和玄霆公司构成滥用市场(中国网络文学市场)支配地位的行为。

上海市第一中级人民法院经审理后认为,仅凭原告提供的内容难以认定两被告在中国网络文学市场已经具有支配地位,理由主要是:第一,原告未能提供证据证明,其认为"盛大文学"即被告盛大网络;其次,原告将网络上宣传的市场份额等同于实际所占的市场份额,依据不足;第三,原告的读吧网亦自称是全球最大的电子书门户网站,再次无法认定被告在中国网络文学市场已经具有支配地位。

即使两被告在中国网络文学市场具有支配地位,原告的指控也不能成立,因为具有市场支配地位本身并不违法,只有对这种地位加以滥用才属于我国反垄断法规制的范畴,法院认为两被告均无此种行为。被告要求寇彬等人停

---

① 参见《北京中经纵横信息咨询中心诉北京百度网讯科技有限公司垄断纠纷一案》,2009.11.10,http://beijing.ipr.gov.cn/bj12312/aljx/sf/qt/568818.shtml。

止继续创作《星辰变后传》的行为,是基于寇彬等人采用了与《星辰变》作者相似的笔名,并在创作时沿用《星辰变》中的人物、情节、环境等要素这一背景,亦在情理之中。根据中国《反垄断法》第17条第1款第4项,从被告的行为的正当性判断,法院认定被告未构成滥用市场支配地位的行为,判决驳回原告诉讼请求。① 原告上诉后,上海市高院作出二审判决,维持原判。②

四、互动在线(北京)科技有限公司诉北京百度网讯科技有限公司垄断纠纷案

百度百科和互动百科在业务上有竞争关系。2011年11月1日,本案在北京第一中级人民法院开庭审理。原告互动在线诉称,被告百度在中国搜索引擎服务市场具有市场支配地位,并滥用市场支配地位对原告网站及网页进行了降权及屏蔽,而对自己经营的百度百科优先排名,因此,指控百度违反了《反垄断法》,提出100万元的索赔要求。目前此案尚未审结。③

第三节 中国对网上不正当竞争的法规

中国现行的有关立法尚未对网络上的不正当竞争行为加以规定。《中华人民共和国反不正当竞争法》所称的不正当竞争,是指经营者违反该法规定,损害其他经营者的合法权益,扰乱社会经济秩序的行为。国家工商行政管理局根据该法亦曾颁布有关规定,例如1993年12月24日颁布的《关于禁止有奖销售活动中不正当竞争行为的若干规定》,又如国务院于1998年4月18日颁布施行的《关于禁止传销活动的通知》。据悉,中国正在制定《商业秘密保护法》,目的是进一步保护商业秘密权利人的合法权益,维护社会主义市场经济秩序,促进经济健康发展。《商业秘密保护法(送审稿)》共分为5章39条,内容包括商业秘密的实质条件、商业秘密权利人的权益、商业秘密的保护、商业秘密侵权行为及应负的法律责任等。此外,目前,绝大多数经济发达国家都制定并实施了反垄断方面的法律。

---

① 上海市第一中级人民法院民事判决书(2009)沪一中民五(知)初字第113号。
② 上海市高级人民法院民事判决书(2009)沪高民三(知)终字第135号。
③ 吴澍:《互动在线诉百度垄断案开庭》,2011.11.1, http://www.stdaily.com/stdaily/content/2011-11/01/content_368263.htm。

我们应注意的是,在中国现有立法尚不完善、许多行为无法可依的情况下,在网络上实施不正当竞争行为大多是由地方管理部门采取措施加以规范。例如,北京市工商管理局率先公布了有关网络经营行为的规范,即《关于网上经营行为登记备案的补充通告》(2000年7月)、《关于对网络广告经营资格进行规范的通告》(2000年5月)以及《关于对利用电子邮件发送商业信息的行为进行规范的通告》(2000年5月),以明确市场准入资格为切入点,分别就业界最为关心的网上经营行为、网络广告等进行规范,旨在通过对网上无形市场的管理更好地促进首都网络经济的发展,保护消费者的合法权益,反对不正当竞争行为。

针对网络经营广告,北京市工商局规定:凡在北京市已经办理"广告经营许可证"的广告公司可以从事网络广告的设计、代理业务等,而网络经济组织承接广告业务,应向工商部门申请办理企业登记事项的变更,并办理"广告经营许可证"。工商部门同时对利用电子邮件发送商业信息进行规范:(1)未经收件人同意不得擅自发送;(2)不得利用电子邮件进行虚假宣传;(3)不得利用电子邮件诋毁他人商业信誉;(4)利用电子邮件发送商业广告。其内容不得违反《广告法》的有关规定。对于违反上述规定者,工商部门将根据《反不正当竞争法》、《广告法》等法律法规进行处罚。

此外,上海市为了适应网络经济的发展,维护网上交易秩序,保护经营者和消费者的合法权益,已于2000年9月1日起正式实施《上海市营业执照副本(网络版)管理试行办法》(以下简称《试行办法》),对经营主体的合法资格实行有效的监管。《试行办法》规定,凡是在上海市登记注册、利用网络从事经营活动的企业和个体工商户,都应申请使用营业执照副本(网络版)。外地网站在上海有经营活动的.也应申请营业登记,并申请和使用这种电子数字证书。从2000年9月1日起,有独立域名并开设网站从事互联网经营活动的,要在网站主页显著位置公示营业执照副本(网络版)的专用标识,作为在网络上确认经营主体资格的证明文件;接受委托,在自己网站上为他人提供交易平台、上传交易信息的,要在网站内设置公示委托人营业执照副本(网络版)标识的网页,并在网站主页醒目处设置连接窗口。在网上交易的任何一方,都可以通过点击电子标识,打开并查看网上经营者的营业执照副本(网络版),进行有效验证,也可在上海市工商局的电子政务网站(http://www.sgs.gov.cn)上核查营业执照副本(网络版)的有效期。

为了保护网上购物的消费者的利益,制止电子商务中的不正当竞争行为,2000年6月,北京市工商局又发布了《关于在网络经济活动中保护消费者合法权益的通告》（以下简称《通告》）。《通告》重申了《反不正当竞争法》等法律法规的有关规定，同时针对目前网络交易中出现的典型问题做了较为具体的规范，特别是针对目前网上经营活动中常见的欺诈、假冒、虚假宣传等违法行为做出了具体要求。《通告》规定，在网站上销售商品或提供服务的经营者应当将其真实注册地点、联系方式或交易地点告知消费者，不得提供虚假地址；必须明示所售商品或提供服务的价格，不得对商品或服务的价格做出虚假表示；必须明示所售商品的产地、生产者、质量等状况；不得在网站上利用广告或其他方法作引人误解的虚假宣传。工商局还提醒消费者在网上消费时应当注意识别网站合法备案标识，并注意识别网上经营者的真实身份，加强自我保护意识。网上经营者应当按国家有关规定或商业惯例向消费者出具购货凭证或服务单据。

对于违反《通告》的规定，侵犯消费者合法权益的经营者，北京市工商局除依法保护消费者合法权益外，还要根据有关规定对当事人进行必要的行政处罚[①]。

第四节 中国网上反不正当竞争案例简介

电子商务是现代市场经济的重要组成部分，市场主体的竞争不仅不可避免，而且是电子商务健康发展的重要表现。电子商务的发展需要市场主体间的正当竞争，排斥不正当竞争。在中国电子商务实践中即已存在的诸如仿冒、超链接、域名抢注、商誉侵权、低价竞销、虚假宣传或表示以及侵犯商业秘密等不正当竞争行为，桎梏了电子商务的发展，亟待法律的规范与救济。

一、仿冒导致的不正当竞争

我国《反不正当竞争法》中，对经营者采用假冒或模仿之类的不正当手段，使其商品或服务与他人的商品或服务相混淆，而导致或足以导致消费者误认的行为（本书简称为仿冒），做出了明确规范。《反不正当竞争法》第5条规定："经营者不得采用下列不正当手段从事市场交易，损害竞争对手：（一）假冒他人的注册商标；（二）擅自使用知名商品特有的名称、包装、装潢，或者使用与知

---

① 郭卫华、金朝武、王静等著：《网络中的法律问题及其对策》，法律出版社2001年版，第407～410页。

名商品近似的名称、包装、装潢，造成和他人的知名商品相混淆，使购买者误认为是该知名商品；(三)擅自使用他人的企业名称或者姓名，引人误认为是他人的商品；(四)在商品上伪造或者冒用认证标志、名优标志等质量标志，伪造产地，对商品质量作引人误解的虚假表示。"实践中已有不少经营者在网站上从事仿冒行为，因而被法院判决必须承担相对应的法律责任。

例如1997年11月，原告自主开发研制了对股市炒作进行全面指导的软件产品"股神"，并由清华大学出版社出版。其主要负责人称其"股神"产品投放市场后已占有了相当的市场份额，并于1999年4月8日取得了商标注册证。被告在1999年4月生产出版了名为"股市经典"的软件产品，在该商品包装上用的是"股神2000"的名称，其产品内装光盘表面印制的名称仍为"股市经典"。产品上机运行，其Readme.txt文件和光盘内容的文件名称也是股市经典。原告认为被告的行为使消费者误认为"股神2000"是"股神"产品的升级换代产品，在市场上造成了混淆，损害了原告的合法利益，根据《反不正当竞争法》，被告的行为已对原告构成了不正当竞争。根据《反不正当竞争法》第5条第2款的规定，法院判决被告侵权成立，应赔偿原告经济损失2万元，并承担4000元的案件受理费，停止在"股市经典"软件的包装上及其网站的相关宣传上使用"股神"二字，并且公开致歉。①

2000年3月7日，嘉兴市景明科技信息有限公司经北京市工商行政管理局批准，登记成立了注册网站"东方纺织网"，同时批准的网站域名为"www.cf.com.cn"和"www.jingming.com.cn"。嘉兴市景明科技信息有限公司据此在互联网上开展业务。但随后不久，嘉兴市景明科技信息有限公司即在网易、首都在线等互联网网站上发现有人冒用"东方纺织网"的名义对外发布信息，使原访问"东方纺织网"的人群转移到冒名的假"东方纺织网"上，造成了嘉兴景明科技信息有限公司可能存有的商机丧失，也使该公司为创建"东方纺织网"以及为扩大其影响而投入的广告宣传等费用打了水漂，该公司的合法权益受到严重侵犯。

2001年4月初，嘉兴市景明科技信息有限公司愤而将沈某告上法庭，要求立即停止侵权，赔偿经济和名誉损失10万余元。嘉兴秀洲区人民法院受理这起该市首例互联网侵权案后，查阅了有关法律法规，并在嘉兴科技创业服务

---

① 李东涛：《北京金洪恩电脑有限公司诉北京惠斯特科技开发中心不正当竞争纠纷案（上）、（下）》，http://www.ccw.com.cn/news2/column/htm2003/20030218_13Q9E.asp、http://www.ccw.com.cn/news2/column/htm2003/20030219_10I51.asp。

中心的大力支持下,从计算机上下载了被告沈某侵权的证据。沈某在法官的教育下,认识到侵权的错误,表示立即停止侵权、赔礼道歉并取得原告的谅解。在法庭主持下,双方以调解达成协议,被告沈某立即停止侵权,从网站上撤除以"东方纺织网"名义发布的信息,同时向原告嘉兴市景明科技信息有限公司书面道歉,并赔偿经济和名誉损失5万元①。

二、虚假宣传或表示导致的不正当竞争

在网络经济发展的初期,各种网站纷纷在媒体上以大篇幅广告进行轰炸式宣传。为了吸引人们的注意力,各网站在广告内容中经常采用的方式就是夸大其辞,虚假宣传。例如1999年年初,北京讯合科技有限公司在其主要网站——中国法律在线作自我宣传时,宣称其是目前国内"最权威"和国际互联网上"第一家"全面、集中向全球介绍中国律师事务所及其律师详尽资料的专业网站。法院认为,讯合公司在应知国内有其他ICP提供相同的在线法律服务的情况下,在其网页上使用"最权威"、"第一家"等修饰性广告宣传用语,影射了包括原告在内的其他提供在线法律服务的ICP的服务质量问题,从而误导社会公众,已构成不正当竞争②(亦即违反了《反不正当竞争法》第9条"经营者不得利用广告或其他方法,对商品的质量、制作成分、性能、用途、生产者、有效期限、产地等作引人误解的虚假宣传")。

又如2000年3月初,北京泰可思网络信息服务有限公司设立的税务网站被举报:为吸引客户加盟,在广告宣传中称本公司与国家税务总局有密切关系,可以通过加盟该网站直接获得政府的有关政策。经查证,这种行为不仅违反了《反不正当竞争法》,也违反了《广告法》的规定。该网站与国税总局并无任何关系,这就是一种引人误解的宣传。西城区工商分局依据《反不正当竞争法》第9条的规定对上述公司进行了处罚③。此外,2000年1月初,上海市奉贤县的张某和吴某在自制的网页上杜撰一个未经登记核准的"上海智狐机械设备有限公司",并制造了许多虚假的获奖内容,借此吸引客户,从事无照经

---

① 卢晶、孙金霞:《用网站名以假乱真也是侵权》,2001.5.9,http://it.enorth.com.cn/system/2001/05/09/000010425.shtml.

② 林靖:《首例网站广告纠纷案有果网络及网上广告亟需立法规范》,1999.11.18,http://www.gmdaily.com.cn/0_shsb/1999/11/19991118/GB/shsb%5E1166%5E0%5ESH8-1822.htm。

③ 参见《北京市发生首例网上经营行政处罚案》,《北京青年报》第19版,2000.5.30。

营。2000年6月9日,上海市工商局宣布已查获上述该市首例网络虚假广告案①。

2002年4月15日,"杜蕾丝"安全套的生产商——青岛伦敦国际乳胶有限公司在北京市第一中级人民法院起诉了杰士邦(武汉)卫生用品有限公司,诉其广告宣传虚假,违反了《反不正当竞争法》的有关规定和诚实信用原则,给"杜蕾丝"造成了巨大的经济损失,请求法院判令"杰士邦"在全国综合性媒体上及自己的网站上公开道歉,赔偿经济损失500万元。2003年年初,市一中院经审理认为:杰士邦公司的网页及宣传材料中出现的一些宣传用语没有事实依据,违反了民事活动的诚实信用原则及我国《反不正当竞争法》的规定,其行为已经构成虚假宣传。而且,在双方存在竞争关系的情况下,杰士邦公司将原告网页及宣传材料中的部分语句抄袭到自己的网站,还将原告的"杜蕾斯给你想要的感觉"改换成"杰士邦给你想要的感觉"用于网上宣传,实际上利用了原告的商誉并对原告造成了损害,已经构成不正当竞争,应承担相应的民事责任。法院判决被告武汉杰士邦卫生用品有限公司立即停止虚假宣传的行为,并公开刊登更正声明、赔偿原告损失10万元;被告北京雅骏科贸有限公司立即停止发放武汉杰士邦卫生用品有限公司的虚假宣传材料②。

此外,实践中也有网络公司对网络消费者作虚假承诺,例如对外宣传录音笔市场价1500元,上网购买跳楼价50元,喷墨打印机市场价500元,上网购买跳楼价50元,但实际网络消费者上网后能购买到此价格商品的机遇是万分之一,这种情况该公司并没有在广告中真实地对网络消费者说明,有一定的误导因素。

三、低于成本价销售导致的不正当竞争

网络公司为增加浏览量,不惜"赔本赚吆喝"。在"注意力"压倒一切的情况下,网络公司为吸引更多的网络消费者来接受自己的"服务",就以低于成本(进货价)的价格在自己设立的网站上销售各种商品。例如2001年8月,卓越网曾因低价销售崔永元的《不过如此》而被北京市海淀区工商分局查处。按照《反不正当竞争法》第11条的规定,卓越网以低于11.4元的进价销售图书就

---

① 参见《上海查获首例网络虚假广告"智狐"纯属杜撰》,http://www.hongen.com/proedu/flxy/flsw/ztzl/dzsw/lfdt/sw5.htm。

② 李然、姜建中:《杜蕾斯"赢了天价官司》,2003.1.6,http://www.bjyouth.com/article.jsp?oid=2068492。

属于不正当竞争。低于成本销售以吸引网民购买商品,不论是否为主观意识,但从实际效果上已经对其他经营者造成了不正当竞争。另外还有不少网络公司以低于购进价的价格在线销售手机。

1999年9月底,长期从事域名注册和网站寄存服务的创联公司就向海淀区人民法院提起诉讼,称同样从事网站平台业务(IPP)的信诺立公司在其网站(www.sinonets.net)和广告中对创联公司(www.net,en)进行了大量的抄袭,构成了不正当竞争和著作权侵权;并且信诺立公司在广告中对域名注册价格进行了低于成本价、欺骗消费者的宣传,进而构成了针对全行业的不正当竞争。2000年10月27日,北京市第一中级人民法院二审驳回了北京汇盟国际商务咨询有限公司(信诺立)的上诉,维持一审北京市海淀区人民法院判决,勒令被告北京汇盟国际商务咨询有限公司(信诺立)彻底执行一审的判决,即删除其网站上对原告创联公司(中国万网)的抄袭部分,在自己的网站主页上就其抄袭行为向原告创联公司(中国万网)公开道歉,由此侵害著作权和造成的不正当竞争向原告创联公司赔偿经济损失40000万元,并偿付后者合理诉讼费用33000元①。

尽管这些行为是在网络上发生的,但利用网络销售只是经营的手段,并非是产生了新的行业,因此这些行为仍然要为《反不正当竞争法》所规范,它们的行为违反了《反不正当竞争法》第11条"经营者不得以排挤竞争对手为目的,以低于成本的价格销售商品"的规定,因此属于不正当竞争行为,应该受到法律的制裁。当然该条只是一个防御性条款,没有具体的罚则,工商部门只能"责令改正"。但是随着我国加入了WTO,该条款也必将作相应的修改。

四、商标、企业名称与域名的冲突导致的不正当竞争

近年来,全球企业(包括中国企业)纷纷利用法律武器对抗"域名抢注者"(cyber-squatters,或域名蟑螂(domain name cockroach)以保护自己的权益。国际商标协会(ITA)对"域名抢注"下的定义是"从他人商标(商业标志)中牟利的恶意注册并出卖域名"的行为。

根据一份由美国雪城大学信息研究学院所提出的最新报告指出,目前域名争议解决机制的设计,已实质上扩张了商标所有人在网络世界的权利。该报告指出,在所有申请争议处理的人(通常即是商标所有人)中,有80%的人

---

① 曹文立:《信诺立抄袭中国万网 法院终审判罚四万和道歉》,新浪科技,2000.11.10,http://www.whlawfirm.com/0zzal2.htm.

能获得有利于己的决定;有半数以上的案件,被要求为自己所注册的域名辩护的人,完全未理会或回复要求移转域名的申请,并因此依《统一域名争议解决办法》(UDRP)规定而失去了先注册的域名的所有权。该报告认为,此种现象,代表 UDRP 的设计已使得域名所有人因为对于程序的不了解或认为争辩的过程将所费不赀,而怯于力争其权利,UDRP 反倒成为商标所有人取得域名的最佳工具[①]。

例如 2000 年 10 月英国广播公司(BBC)通过 WIPO 仲裁夺回了 bbc-news.com 网址。我们应注意,仲裁小组在裁决书中也指明被申诉方 Data Art Corporation 向 NSI 注册了下列域名(括弧中为相对应的与之似是而非的驰名商标):altervista.com(AltaVista)、compserve.com(Compuserve.com)、hotnail.com(Hotmail)、kodack.com(Kodak)、lycus.com(Lycos)以及 yahow.com(Yahoo)等。被申诉方以细微误拼驰名商标的方式注册了上述域名。除了与赌博而非新闻传播有关的网站以外,被申诉方在本争议发生以前并未使用过那些域名。因此,仲裁小组推论上述域名都是基于妨碍商标所有人在有关的域名中反映他们的标记[②]。

而经过多年的实践,国际上的域名冲突对象已经从商标发展到企业名称(商号)、名人姓名、通用词汇、地理名称、普通人的姓名缩写、数字、著名作品的标题和虚构人物姓名等领域。例如 2000 年 5 月 29 日美国著名影星茱丽亚·罗伯兹(Julia Roberts)就获得 WIPO 仲裁庭判定,被申诉人卢塞尔·博德须将抢注的域名"JULIAROBERTS.COM"强制转让给她。在此后的数个案件中,包括法国明星阿兰·德龙在内的多位名人先后夺回了与其姓名相似的域名。但是,中国的明星们可享受同样的保护吗?据调查,中国的许多明星的姓名的拼音形式早已被注册为国际域名。而域名巨头 NSI 公司推出中文国际顶级域名(即"中文.COM")后,几乎所有含有中国名人姓名的域名都无一幸免。但由于中国的商标法并未像英美法系那样对名人的姓名给予不需注册的直接的商标法保护,中国名人的域名权亟待加强。在现有法律环境下,人民法

[①] 参见《报告指出商标权所有人在网域名称争议中获胜比率偏高》,2002.7.5,http://www.chinaeclaw.com/。

[②] See, British Broadcasting Corporation v. Data Art Corporation / Stoneybrook, Case No. D2000-0683, WIPO Arbitration and Mediation CenterADMINISTRATIVE PANEL DECISION, http://arbiter.wipo.int/domains/decisions/html/2000/d2000-0683.html.

院或域名争议仲裁机构可考虑依据《民法通则》中的姓名权或《反不正当竞争法》给予其等适当的法律救济①。

在"域名抢注"受到法律制约后,"域名冒用"的现象取而代之,即利用权利人的商标、商号或域名注册成相同或近似的域名,造成混淆;后者已成为利用域名进行不正当竞争的主要手段。例如在我国著名的东方网域名案中,被告仿照域名"eastday.com"另行注册一个"eastdays.com",仅仅是多了一个"s",却未受到法院禁止(详请参见第八章第二节的说明)。有专家分析其原因是域名本身有无限精确的技术特点,不论是多了一个"S"还是多了一个小小的符号,机器都能精确识别,不会发生错误。因此,"域名模仿"至今为止并未受到法律的明文禁止。

至于"域名淡化",即利用注册相近的域名"淡化"权利人的商标、商号或域名的知名度,减弱了商业标志的标识作用和与权利人之间的联系,贬损了商业标志及其权利人的声誉。"域名淡化"与前述的"域名冒用"被学界通称为"域名盗用"②。例如:美国德州奥斯汀市有家名为 Zero Micro Software 的电脑公司将自己域名注册为"micros0ft.com",将微软公司的 Microsoft 中的第二个"o"换成了零。微软公司立即寄给 Zero Micro 公司一份停止与禁止信函(cease and decese letter),主张 Zero Micro 的网站将会误导消费者并且淡化了前者的商标。ZeroMicro 公司就停止了对该网站的使用③。

然而,1999 年 10 月,微软公司就天津市医药集团有限公司(简称"天津公司")因抢先在中国注册了"HOTMAIL.COM.CN"的域名而侵犯微软公司商标专用权及不正当竞争纠纷一案,向北京市第一中级人民法院提起诉讼却败下阵来。法院经审理后认为,被告注册诉争域名时,"HOTMAIL"商标并未在中国获得核准注册,且在中国普通公众中产生影响,故"HOTMAIL"不构成驰名商标。被告注册诉争域名后,并未实际使用,且未以"HOTMAIL"为标识向公众提供与原告服务商标相同或近似的服务。故被告注册诉争域名的行为不构成对原告商标权的侵犯……更重要的是,在本案诉讼过程中,被告

---

① 胡钢:《域名法律冲突"扫描"》,《中国知识产权报》,2002.10.23,http://www.sipo.gov.cn/sipo/zscqb/zhuanban/200210240053.htm。

② 高云:《对域名纠纷的法律分析——从美国 CNN 与中国美亚在线域名纠纷案谈起》,2000.12.19,http://edwinsky.nease.net/yc/rs-gy-09.htm。

③ See,Adam Chase ,A Primer on Recent Domain Name Disputes,3 Va. J. L. & Tech. 3 (Spring 1998),http://www.vjolt.net/vol3/issue/vol3_art3.html。

于 1999 年 11 月 20 日后已经不再拥有诉争域名。由于被告天津公司并未以"HOTMAIL"作为其企业的商号进行使用,即未侵犯原告所拥有的企业名称权,故被告注册域名的行为不构成不正当竞争。最后,法院于 2000 年 12 月 13 日依照《中华人民共和国商标法》的规定,判决驳回原告微软公司的诉讼请求①。

此外,美国 CNN 与中国美亚在线域名纠纷案凸显了一个"权利冲突"的问题。美国法院认定,"cnnews.com"域名侵犯了原告的"CNN"商标权。理由是:"CNN"商标是非常驰名和强大的,诉争域名完全包含了"CNN"商标,被告所提供的网络新闻服务与原告具有竞争关系;被告对域名的使用构成"恶意";被告对诉争域名无任何合法权益。另外,美国法院驳回了被告有关宪法和管辖方面的抗辩。被告辩称,由于被告和域名注册服务商间的合同关系,适用美国法律来强制转移诉争域名,将违反美国宪法所明定的正当程序原则。转移域名是违宪的跨越地域的判决。本案法院应当是属于"不便于审理的法院",即管辖不当。而中国才是适当的管辖地。法院认为,由于域名注册簿管理机构 NSI 就在辖区内,因此,转移域名的裁决就完全落入法院的司法管辖范畴。2002 年 1 月,美国法院依照美国法律一审判决中方败诉,要求中方必须将域名"cnnews.com"转移给 CNN。中方随即上诉,但前途未卜。

据胡钢律师指出,美国 CNN 案判决的要害在于:美国法院仅以域名注册簿管理公司 NSI 在其辖区为由,认定其有管辖权。这就意味着美国弗吉尼亚东区法院对全球各地注册的通用顶级域名所引发的争议均有管辖权。该判决还意味着中国注册的各通用顶级域名都可能受到美国法律的威胁,而大量的含有以代表中国的"CN"开头的各通用顶级域名则有覆灭的危险,这也是对国际标准的公然挑战。②

何谓"权利冲突"? 它主要是指就同一或者类似域名而言,很可能在不同地域或者领域,存在着多个权利人,这种权利的多重性与域名的唯一性之间不可避免就会发生冲突,如现在全世界以"CHINA"为主体注册的域名据称已经达到了有 10 多万个,其中较出名包括 CHINA.COM、CHINAONLINE.COM、CHINAREN.COM 等。在网络经济模式中,时空的局限被彻底打破,

---

① 胡钢:《域名法律冲突"扫描"》,《中国知识产权报》,2002.10.23,http://www.sipo.gov.cn/sipo/zscqb/zhuanban/200210240053.htm。

② 胡钢:《美国法院一审判决美亚公司将域名"cnnews.com"转移给 CNN》,2002.11.8,http://news.enet.com.cn/article/20021108/20021108221981_1.xml。

任何地域和领域的商家和消费者,时空距离被压缩至41/2秒(即网络数据从地球一端传输至另一端所需的时间),全球一体化的市场迅速形成,本来被地域自然相分隔的权利被网络技术急剧压缩,从而产生剧烈碰撞,大量"权利冲突"现象因而形成①。

如何解决上述问题呢？本案若从另一个角度观之,中国企业或机构在注册域名时,应考虑到国际惯例,亦须高度重视对中国顶级CN域名的注册和使用,特别是2002年开放的CN下二级直接域名(形如www.abc.cn)的注册。因为从现行国际和国内对域名的法律及管理的层面上来看,对于国内企业而言,CN域名应当是更为安全的,在形式上也将更为简洁方便。对于一个具有全球战略眼光的中国企业家来说,将通用顶级域名与国家顶级域名(包括中国和企业目标市场国)同时注册效果最佳,这不仅显得大气简洁,而且可彰显企业的全球化理念和提高市场针对性。另外,企业在规划自己标识的时候,应当充分发挥独创性,并进行必要的知识产权调研,避免可能的纠纷。有效实施完善的企业域名战略,这在中国逐渐融入WTO和信息社会的今天,显得尤为重要而迫切②。

五、违法提供有奖销售(服务)导致的不正当竞争

如何认定网络消费者登录各网络公司站点的行为是一个相当重要的问题,因为,目前各网络公司出于商业动机,往往会采用巨额奖品或奖金以及物品使用权来诱惑网络消费者登陆浏览其网站或注册为会员接受该网络公司服务。在这方面,《反不正当竞争法》第13条第(3)项规定:"经营者不得从事抽奖式的有奖销售,最高奖的金额超过五千元。"在国家工商局19号令《关于禁止有奖销售活动中不正当竞争行为的若干规定》第4条第1款规定"抽奖式的有奖销售,最高奖的金额不得超过五千元"。《反不正当竞争法》第2条第3款中明确规定了"本法所称的经营者,是指从事商品经营或营利性服务(以下所称商品包括服务)的法人、其他经济组织和个人"。国家工商局19号令第2条第1款规定"本规定所称有奖销售,是指经营者销售商品或者提供服务,附带性的向购买者提供物品、金钱或者其他经济上的利益的行为"。

---

① 高云:《对域名纠纷的法律分析——从美国CNN与中国美亚在线域名纠纷案谈起》,2000.12.19,http://edwinsky.nease.net/yc/rs-gy-09.htm。

② 胡钢:《美国法院一审判决美亚公司将域名"cnnews.com"转移给CNN》,2002.11.8,http://news.enet.com.cn/article/20021108/20021108221981_1.xml。

例如 1999 年,原告上海卓尚信息有限公司(简称卓尚公司)在其"影院热线网"上成功举办了"99 奥斯卡"有奖竞猜活动。2000 年 2 月,原告与被告艺龙网信息技术(北京)有限公司(简称艺龙网公司)就合作举办 2000 年奥斯卡有奖竞猜活动进行磋商,但最终未达成合作协议。原告遂自行举办该活动。

近一个月后,被告在其"e 龙"网上也举办了奥斯卡有奖竞猜活动。在被告众多的活动页面中,其中有一个页面,抄袭使用了原告近 300 字的竞猜活动介绍和竞猜规则。被告在该页面的中上部打上"奥斯卡 2000——网上竞猜"。接下来是一段竞猜活动介绍:"大家好!欢迎大家光临影院热线参加奥斯卡 2000——网上竞猜活动……"原被告活动的不同之处是,原告规定参加竞猜活动的网民既可以是其注册用户,也可以是非注册用户,但后者也应当填写其身份资料,而被告要求竞猜者必须是其注册用户,否则不能参加该活动。此外,原告的特等奖是价值 2800 元的"熊猫数字双频手机",而被告的特等奖则是价值 30000 元的"好莱坞拉斯维加斯 5 日双人浪漫游"。

法院审理后认为,原被告都是通过网络媒体向网民提供服务以获取利润的网站经营者,受中国《反不正当竞争法》的调整。被告在终止与原告的合作意向后,采用抄袭原告竞猜活动介绍和竞猜规则、抬高竞猜奖额的手段,与原告争夺网民。被告的行为一方面会使其竞猜活动参加人数得到增加,另一方面将导致网站经营者进行奖额的恶性竞争。这既损害了网民的利益,又危害了网站之间的竞争秩序,构成不正当竞争(亦即被告违反了《反不正当竞争法》第 13 条第(3)项),应承担停止侵权、赔礼道歉、赔偿损失的民事责任。被告赔礼道歉的方式、范围应与其侵权行为的形式和范围相一致。鉴于被告是在网上实施了侵权行为,因此,被告也应在其网页刊登声明,向原告赔礼道歉。法院最后判决被告停止使用原告的网站名称、竞猜活动名称及网页文字,并停止将 30000 元作为特等奖的奖额;被告在其网站首页刊登声明,向原告赔礼道歉,并赔偿原告人民币 50000 元[①]。

六、以超链接技术擅自使用他人服务内容进行的不正当竞争

在国外,这类超链接技术形成的不正当竞争的诉讼大多是以和解的方式解决的,例如英国的 Shetland Times 案,在双方已同意和解条件时,我们可以认定 Hamilton 法官核准"暂时禁制"(interim interdict)意味着"深层"超链

---

① 陆卫民:《奥斯卡有奖竞猜活动引发反不正当竞争》,载《电子知识产权》2001 年第 4 期。

接是不被允许的。又如美国的 Washington Post v. Total News 案,在许多观察家热切地盼望法院会阐明原告在此项争议中所列举的法律争点时,Total News 与其他被告同意停止加框链接原告的网站以解决是项争议。虽然此项和解并非有决定性的,其可能是建议以加框链接方式安排的超链接依据至少在 Total News 诉状中声明的法律主张之一是可以被起诉的(actionable)。本案有趣的部分在于,在双方和解后,Total News 网站仍然继续从事加框链接。该项加框链接,不论如何,系限定在并非属于上述和解当事人的网站。也就是说,暗示了 Total News 自认并没有行事失当。是项和解亦准许 Total News 继续其现行做法的链接而不包含加框链接[1]。

至于美国的"花花公子案"是"元标记"的典型一例(这种纠纷目前在中国尚无先例)。在该案中,被告在其域名中、网页上以及元标记中都使用了原告的注册商标"PLAYBOY"、"PLAYMATE"关键词,而且在网页源代码中多次重复"PLAYBOY"一词,导致原告作为"PLAYBOY"商标权人,也在其网页关键词中埋置了""PLAYBOY"。但用户以"PLAYBOY"为主题进行搜寻时,被告的网页总是压在原告网页头上,这令原告感到十分恼火,愤而向美国地方法院申请禁止令。1997 年 9 月,法院发出禁止令。其中提到:被告在其网页中反复使用"PLAYBOY"商标,致使本来打算通过查询原告网页的用户转而访问被告的网页,该等行为构成商标侵权及不正当竞争,因此法院禁止被告在其网页或在数据或信息的检索过程中,以任何方式埋设与原告商标"PLAYBOY"或"PLAYMATE"有关的关键词[2]。

在另一同期发生的 Insituform Technologies, Inc. v. National Envirotech Group 案中,亦涉及元标记侵权使用的争点。1997 年 7 月 31 日,Insituform 主张 National EnviroTech 商标侵权与不公平竞争,并提出初步禁止命令的请求。在本案中,National EnviroTech 是 Insituform 的竞争者,为其网站在 HTML 码中置放元标记并引用 Insituform 的注册商标"INSITUFORM"与"INSITUPIPE",是项设定将指引在搜寻引擎的关键词搜寻回到 National 与 Insituform 的网站,是以潜在地显示二者网站的关联性。8 月 26

---

[1] 郭懿美:《网络链接的智财权保护问题研究》,(台湾)新竹交通大学主办"1999 全国智慧财产权研讨会"论文集,1999.11.25,http://www.angelaw.com/weblaw/theory18.htm。

[2] 高云:《网络法律第六章 反不正当竞争篇》,http://www.edwinsky.com/internet-law/fb.htm#_Toc51166721。

日,法院最终判决,同意原告对被告的指控。该项最终判决系根据下列和解协议所作成者:要求 National 自 National Liner 网站的元标记区消除 Insituform 的联邦注册商标与服务标章"INSITUFORM"与"INSITUPIPE",将 National Liner 网站隶属或再隶属于不同的因特网搜寻引擎公司,此外,被告应去函予此等搜寻引擎公司的每一家并附上法院最后的同意判决与原告的诉状。

既然本案已根据同意协议予以和解,其仍缺乏许多因特网使用者目前对有关元标记使用的司法指引。不论如何,被告的确同意消除所有元标记指引,此点可能是意味着被告认为事实上可能存有对此类元标记使用的诉因,或者被告仅仅不希望在一项法院尚未提供指引的领域中引发诉讼[①]。

我国目前也出现了若干因使用超链接技术引起的侵权案例。例如北京百网信息责任有限公司(设立网站为今夜网 tonight.com.cn)诉北京四通利方信息技术有限公司所拥有的新浪网 sina.com.cn 侵犯其著作权及不正当竞争一案中,原告在诉由中提出新浪网在其网站中开通的"315"消费通频道在与"今夜网"链接时,有意"跳过"今夜网的首页,"抹掉"今夜网的广告标识、图形和客户广告,并在同一位置"嫁接"了新浪网的网络标志和广告,此做法给其经济利益和商业信誉造成了损害。这是我国第一起因超链接(特别是"深层链接")不正当竞争而引起的案件。该案至今尚未判决。

又如 2000 年审结的北京金融城公司诉成都财智公司"外汇币种走势图"链接侵权案,被告不是投入资金自行开发金融系统,而是采取"深层链接"技术,将他人辛辛苦苦的劳动成果轻易据为己有。原告认为被告做此链接未经其同意,造成用户对服务者的误认,其行为已经构成不正当竞争。遂起诉至法院,结果被告败诉。

法院经审理后认为,网站所吸引的访问者越多,给其带来的相关经济利益就越大,所以经营者均努力通过内容吸引访问者。而这些独特内容一旦被他人链接,访问者就容易产生对仿制作者的误认。这种误认的必然结果是设链网站的访问者增加而真正的内容制作网站访问者减少,最终使被链网站的经济利益受到损害。根据《反不正当竞争法》的规定,经营者应当按照诚实信用和公平竞争的法律原则规范自己的经营行为,网络经营也不例外。被链网站为制作内容要投入大量经济成本,允许他人无限制地随意链接网站部分内容,

---

[①] 郭懿美:《网络链接的智财权保护问题研究》,(台湾)新竹交通大学主办"1999 全国智慧财产权研讨会"论文集,1999.11.25,http://www.angelaw.com/weblaw/theory18.htm。

会造成经营者之间竞争成本和竞争地位的巨大差异,其实质属于不正当经营行为①。

2001 年也接连出现了《堂吉诃德》译作者刘京胜诉搜狐、《出错的纸牌》作者徐小斌和《路上的感觉》作者叶延滨诉新浪、搜狐与多来米,以及博库网站诉 TOM. COM 以"外链"方式链接侵权内容等案,对于这些搜索引擎间接链接侵权内容的情况,亦即搜索引擎所链接的网站又擅自链接侵权内容,中国司法界的观点比较明确:是否承担侵权责任应当以其是否明知为前提,对于不知道链接侵权内容的设链者一般不应承担责任,但被警告后仍未停止侵权的例外。由于上述案例涉及的争点为著作权侵害问题,详请参照第八章第三节的讨论,这里不再赘述。

此外,我们应注意,采用图像链接时为增加其醒目性和识别性,设链者有时会使用他人的文字或图形商标作为链接标识,这种情况下极有可能导致商标侵权,尤其是在使用了他人驰名商标的情况下,因为法律对驰名商标的保护力度更大,是严禁跨类使用的。而视框链接的"加框"技术也有可能导致商标侵权的争议。设链者可以在框中任意添加他人的文字和图案商标,以扩大自己网站的影响,提高自己网络服务的知名度或可识别性,这就涉及"商标淡化"问题。虽然我国商标法中没有反淡化的条款规定,但可以适用《反不正当竞争法》有关规制引人误解、市场混淆行为的条款来调整②。

七、诋毁他人商业信誉的不正当竞争

目前有许多网络公司通过自己设立的网站发布一些虚假事实,损害竞争对手的商业信誉,由于网络消费者对网站的访问而造成了网络消费者对竞争对手的不信任,从而构成了不正当竞争行为。在"北京市普天新能源技术开发公司诉北京中北高科机电公司不正当竞争纠纷案"中,原告的商标为"狂人",被告的商标为"润宝轻骑兵",双方均属生产有源音箱的经营者。1997 年 7 月,原告在其产品的外包装上使用了"轻骑兵换代产品"的用语,被告因此诉至法院。经法院调解双方达成协议,且原告履行了协议义务。不料,被告在其网站主页上发布消息,称"润宝轻骑兵打假取得重大突破"、"'狂人'的无耻做法

---

① 高云:《从司法判例看链接的法律责任》,2001. 4. 28,http://www. chinaiprlaw. com/lgxd/lgxd16. htm。

② 赵丽梅:《论网络经济中的不正当竞争行为及其法律适用》,2003. 5. 17,http://www. netlawcn. com/second/content. asp? no=470。

属于欺骗消费者",并将上述案件的起诉书、调解书制作成网页,使用链接技术与主页相连。原告起诉后,法院认定被告的行为构成诋毁原告商业信誉和商品声誉的不正当竞争行为①。

2001年4月27日,壳牌(中国)有限公司下属的上海办事处致函郑州质量技术监督局,称郑州市润滑油批发市场发现一大批可疑壳牌润滑油产品。4月29日,郑州市质量技术监督局派了3名工作人员对中业公司的航海路油品仓库进行检查。经检查,在该仓库内未发现有假冒壳牌润滑油产品。当检查人员进驻中业公司油品仓库检查时,壳牌公司河南销售主管黎某并同其他2名陌生人也一同前往。黎某对检查现场进行拍照,中业公司负责人当场反对,检查人员将胶卷从相机中取出销毁。

同年5月7日,与中业公司有业务关系的武汉某公司及其他一些客户相继拒绝和中业公司合作。中业公司不解,经过大量调查,才发现是一封电子邮件在"作怪"。这封电子邮件是黎某所制作的。中业公司后从一客户处查明这封电子邮件,该邮件的内容大致为"对郑州中业在润滑油批发市场的仓库的检查结果……我们对现场进行拍照,已拍下所有相关证据,但相机和胶卷被随后赶来的中业公司人员强行夺走并损坏。我们已抄录一些油品批号,但亦被中业员工强行夺走。幸亏业务员机灵,在手心中写下了2个批号……中业公司聚集一批人员对我们和检查人员进行围攻和大吵大闹,使我们无法进一步调查……之所以出现这种情况,是因为中业公司一直和黑社会有联系,连技术监督局也让他三分……"。

法院经审理查明后认为,黎某身为壳牌公司河南销售主管,在处理壳牌润滑油郑州市场有关问题时,制作"对郑州中业在润滑油批发市场的仓库的检查结果",材料、虚构事实,并将该"检查结果"通过电子邮件方式发送给壳牌公司的有关人员,致该"检查结果"在公司内部互传,后又传播至与中业公司有业务关系的客户手中,甚至在郑州润滑油批发市场上也出现过张贴该"检查结果"原文的复印文件。两被告的上述行为,其目的并非是善意的解决双方间的商业纠纷,而是主观上明显存有毁损原告名誉的故意,观察该纠纷的后果,足以造成原告的名誉社会评价降低,故被告壳牌公司的行为已构成对原告名誉权的侵害。因黎某系壳牌公司的工作人员,故壳牌公司应对黎某的行为承担民事责任。法院一审判决,壳牌公司应停止对中业公司名誉权的侵害;壳牌公司

---

① 刘春霖:《电子商务中的商誉侵权》,《中国知识产权报》,http://www.sipo.gov.cn/sipo/zscqb/fazhi/t20030730_17115.htm。

在判决生效 30 日内在郑州、武汉两地(指定的)报刊上刊登致歉声明;壳牌公司在判决生效 10 日内赔偿中业公司经济损失 267050 元。壳牌公司其后已提出上诉①。

2002 年 9 月 25 日,曾分别被媒体喻为"中国软件行业的一面旗帜"、"播放软件第一品牌"的两大软件豪门——北京金山软件公司与北京世纪豪杰计算机技术有限公司对簿公堂。法院认为,被告散发给新闻媒体的宣传材料中,采用暗示、隐晦的方式贬低对方,并用该公司的检测结果和原告产品明确对比,使对方形象遭损,从而使该公司获得更高声誉。尤其在 7 月 24 日双方就此事交涉后,被告仍将部分相关内容上传到卓越网上,加重了损害后果。法院判定,被告这种行为触犯了《反不正当竞争法》的有关条款(亦即第 14 条),构成了对原告的侵权,需公开向原告道歉,赔偿经济损失。11 月 5 日,法院就赔偿金作出判决,金山软件公司赔偿世纪豪杰公司 3 万元经济损失,并承担诉讼费②。然而事件并未就此结束。就在豪杰等待金山登报致歉并赔偿损失期间,金山已经做出了反应,向北京市第一中级人民法院递交了上诉书。2003 年 6 月 6 日,北京市第一中级人民法院作出终审判决,驳回金山公司上诉并维持原判③。

2001 年 2 月 17 日至 3 月 19 日,上海罗氏公司在罗氏(中国)公司注册的域名为 www.5170.com.cn 赛尼可网站"你问我答"栏目刊出"赛尼可"与"曲美"的对比文章,声称"曲美会引起副作用,不如赛尼可安全可靠",同时在自印散发的宣传册中将两大类减肥药的作用机制和安全性能进行不恰当对比,企图置"曲美"于死地。2001 年 9 月 27 日,重庆市一中院判决:被告上海罗氏制药有限公司于本判决生效后,立即销毁尚存的宣传手册并在被告罗氏(中国)有限公司的域名为 www.5170.com.cn 网站和《中国经营报》上向原告赔礼道歉,消除影响,其内容须经本院审查;被告上海罗氏制药有限公司应承担因网络侵权行为和散发宣传手册侵权行为给原告造成的经济损失各 50 万元,并由被告罗氏(中国)有限公司承担连带责任。

① 参见《普通电子邮件引官司侵犯企业名誉要赔偿》,新华网,http://cities.fz.fj.cn/Fujian_w/xhjw/20020709/2_112842.html。

② 霍立峰:《面对金山诋毁 豪杰避开口水战》,《中国高新技术产业导报》,2002.11.20,http://software.ccidnet.com/pub/disp/Article?columnID＝379&articleID＝31299&pageNO=1。

③ 参见《豪杰诉金山不正当竞争 金山败诉》,摘自:人民网,http://cities.fz.fj.cn/Fujian_w/dnxw/20030618/2_128862.html。

上海罗氏公司不服,向重庆高院提起上诉。2002年5月9日,重庆高院认为,罗氏上海公司分别实施两个侵权行为,实质已构成两个不同的侵权法律事实,而两个侵权法律事实都会分别造成相应的侵权法律后果。因此,原判分别确定侵权损害赔偿额并无不当,故作出驳回上诉,维持原判的终审判决。从此,由两大制药巨头挑起的全国首例减肥药侵权纠纷终于尘埃落定[①]。

此外,在2011年度十大典型案件之一腾讯公司诉360隐私保护器侵权案中,腾讯起诉奇虎360称,"360隐私保护器"通过监测腾讯QQ聊天软件的运行,利用虚假宣传手段,误导和欺骗用户,诬蔑原告和原告的产品"窥视"用户的隐私,给原告及原告的产品和服务的声誉造成极大损害。2011年4月26日,北京市朝阳区人民法院判令北京奇虎科技有限公司、奇智软件科技有限公司以及三际无限科技有限公司停止发行使用涉案"360隐私保护器",删除相关网站涉案侵权内容,公开致歉并赔偿原告损失40万元。[②] 北京奇虎科技有限公司不服,提起上诉。2011年9月29日,北京市二中院驳回上诉,维持原判。[③]

[①] 黄顺祥,《"赛尼可"向"曲美"低下了头》,2002.7.15,http://www.chinacourt.org/public/detail.php?id=6721。

[②] 北京市朝阳区人民法院民事判决书2010朝民初字第37626号。

[③] 北京市第二中级人民法院民事判决书(2011)二中民终字第12237。

第九章 电子商务中的消费者权益保护问题

第一节 电子商务中的消费者权利

一、消费者的知情权

我国《消费者权益保护法》第 8 条规定:"消费者享有知悉其购买、使用的商品或者接受的服务的真实情况的权利。"法律赋予消费者知情权,就是要让其明明白白的掏钱买东西。消费者以满足生活需要而购买商品或接受服务,因而,商品或服务只有在能满足消费者某种需求的情况下,才会被购买,否则,消费者的需求就不能得到满足。而一种商品或服务是否能够满足消费者的需求,只有在对该商品进行适当了解的基础上才能得知,所以,满足消费者的知情权是非常必要的。

同样,消费者实施正确的消费行为也是依赖于他对商品相关信息的了解,了解商品的真实情况是消费者正确判断选择的前提,只有在充分了解商品的功能、效用、外观设计、等级、规格、主要成分、产品日期等有关情况的基础上,消费者才能对自己花费一定数目的金钱购买该商品或者服务是否划得来,作出正确的判断,引导消费者作出让自己满意的选择。当我们进行网上购物,一切的一切都是虚拟的,消费者在交易的过程中根本接触不到商家,更不能亲身感受到商品的相关信息,能了解商品最根本的途径就是广告,通过网上广告宣传来了解商品信息,所以广告对于消费者知情权的行使起很大的作用。因此对网络宣传性广告的要求就更加严格,其必须客观真实,从而引导消费者在整个消费过程中作出正确的判断。

第九章　电子商务中的消费者权益保护问题

(一) 网络广告当前近况

国际互联网已经形成为一种重要的传媒,网络广告现在也成为了一种重要的广告宣传方式。很多企业开始借助因特网来宣传自己的商品,也有很多企业在建立网站开展电子商务的同时,也要通过网站宣传自己的商品或服务,将网站作为面向公众的又一个窗口,还有一些是通过电子邮件的方式发送广告,实现宣传目的。可见,当前在因特网上发布广告已经成为一个新商业热点。从 1993 年美国"连线"网(www.wired.com)登出全球第一个网络广告开始,广告媒体在历经报纸(杂志)、电台广播、电视的不断演变后,网络广告逐渐开始为人们所接受。据网络广告先锋(www.wisecast.com)发布的最新报告,预计 2003 年中国大陆地区的网络广告支出将达到 7.2 亿元人民币。[①] 就互联网广告本身而言,其性质和传统的广告没有什么不同,只是发布和传播的媒体有区别,相比之下,网络广告的主要优势是传播面广、形式生动活泼,尤其是网上广告的交互性,加强了消费者的主动性,满足了消费者的自我需求意识,适应了未来广告的发展潮流。

网络广告的优点虽突出,但有个别企业利用互联网进行虚假商业宣传,不正当地谋取竞争优势,利用互联网这种新兴媒体谋取不正当利益,也不可以逃避法律的约束。企业无论利用何种媒体进行商业性宣传,都不能违反公认的商业道德和诚实的商业习惯做法,否则就要追究不正当竞争的法律责任。例如美国的 Gator 公司因为提供弹出式广告("pop-up" ads)已经受到了包括《华盛顿邮报》在内的一些媒体公司的起诉。2003 年 2 月份,它与包括《华盛顿邮报》、《纽约时报》在内的一些主流媒体进行了和解。[②] 但是,2003 年 9 月 5 日,美国弗吉尼亚州东部地区联邦地方法院的一名法官于批准了一项有利于 WhenU 公司的动议,允许该公司的弹出式广告出现在 U-Haul 国际公司的网页上。法官在判决书中表示,在下载 WhenU 公司的计算机软件时,就意味着用户同意显示其弹出式广告。尽管弹出式广告会使 U-Haul 公司的广告屏幕不太显眼,但这显然与侵犯版权、商标权以及不公平竞争无关[③]。

(二) 消费者有权利了解商品或者服务的真实情况

电子商务法首先要保护消费者在进行网上活动和购物过程中,有了解真

[①] 杨伟庆:《网络广告》,http://www.cnnic.net.cn/annual 2002/38.shtml。

[②] See Brian Morrisey, News Publishers, Gator Settle Suit, February 7, 2003, http://www.internetnews.com/IAR/article.php/1581401。

[③] 《美国法庭裁决:弹出式广告不违法》,2003.9.9,http://www.china.org.cn/chinese/WISI/401201.htm。

实的商品或者服务的信息的权利,即向消费者提供商品和服务的广告及其相关信息必须是客观的、真实的。在网上发布虚假的、不真实的广告,不仅违反了商业道德和诚实信用原则,更重要的是侵犯了消费者的知情权。我国《反不正当竞争法》第9条规定:经营者不得利用广告或者其他方法,对商品的质量、制作成分、性能、用途、生产者、有效期限、产地等作引人误解的虚假宣传。网络广告纷繁多样,消费者很难就某种商品或服务及其真实的使用价值和价值作出较为准确的判断,处于非常不利的被动地位,他们往往会因各式各样的极具诱惑的广告而被掩住耳目,失去判断力。加之在虚拟空间里,消费者不能直接接触到商品,也就更加依靠广告的提示来判断此类商品是否就是自己所需。

同时,消费者购买决策的作出,也都是基于对商品真实情况的了解,若对商品作出引人误解的宣传,就会对消费者产生误导,这种情况下不但欺骗了消费者,更侵犯了其合法权益。可见,网上做出的宣传性广告牵引着消费者的消费倾向、消费欲望。所以,不真实的广告信息,会影响消费者做出错误的判断,买到不称心的商品;会让消费者感到自己在网上购物容易上当受骗,从而对网上购物丧失信心,给电子商务这一新兴产业在发展道路上造成障碍。因而,保证消费者在网上获得真实的商品或服务的信息,是电子商务法严格遵从的原则,也是电子商务得以健康发展的基础。

(三)消费者有权在付款前了解所购商品或服务的具体信息

在决定购物之前,消费者有权利了解一切与商品或服务有关的信息。具体包括三方面内容:

1. 消费者要了解商品或者服务的基本情况,主要包括商品的名称、注册、商标、产地、生产者名称、服务的内容、规格、费用等。

2. 消费者要了解商品的技术指标情况,主要包括用途、性能、规格、等级、所含成分、使用方法、使用说明书、检验合格证明等。例如消费者在网上买手提电脑,或家用电器,或酒类等食品,都须了解商品的技术指标情况。

3. 消费者要了解商品或者服务的价格及商品的售后服务情况,价格和售后服务情况是交易的关键性内容,直接关系到消费者的切身利益。

只有在了解到商品的相关信息后,消费者才能作出是否购买的决定。在传统消费情况下,消费者的知情权可以主动行使,但是在网上,知情权的实现就完全依靠网络服务经营者所提供的商品的相关信息。1997年5月20日,欧盟通过了《关于远距离合同订立过程中对消费者保护的指令》。该指令的立法目的是在欧盟范围内协调一致各成员国有关在远距离缔结合同过程中旨在保护消费者权益的法律措施,"远距离合同"就涵盖了企业和消费者之间通过销售方的远程销售网络。其对消费者的首项保护措施就是规定了"预先告知条款",该条款规定,在远程合同订立前,货物或服务供应商有义务向消费者提供有关供应商身份、货物或服务性能特点、价格、送货费用、付款及送货方式、消费者撤销订购的权利、可能计入远程通信费用、报价的有效性等信息。

依目前我国网络商城状况看,一些商品能满足消费者的知情权,可是在网上购买信息化商品和服务时消费者的知情权就得不到满足,原因在于网络服务经营者在软件销售界面上仅仅提供了价格及很小的一张图片,并没有对软件内容进行具体介绍,以至消费者在不知晓此类商品具体信息的情况下就要接受格式合同、付款,这显然没有满足消费者的知情权。这类商品,如消费者决定购买,并且通过网上银行支付了现金,当网络服务经营者将商品从网上直接传递给消费者之后,消费者却发现此软件并非自己所需,便要求退货。而网络服务经营者则又怀疑消费者在退货前已经将软件复制,因而拒绝退货。导致这种双方僵局的直接原因,就是在消费者购物以前,网络服务经营者没有充分满足其知情权。所以,消费者要求退货是其正当的权利,应该支持。反之,如网络服务经营者提供了商品的充分信息,消费者又无正当原因要求退货的话,根据软件产品可随意复制这一特殊情况,网络服务经营者有理由怀疑产品已被复制而拒绝退货。

二、消费者的公平交易权

公平交易,就一般意义而言,是指交易双方在交易过程中获得的利益相当。而在消费性的交易中,就是指消费者获得的商品和服务与其交付的货币价值相当。电子商务法就赋予了消费者公平交易的权利,即指:消费者在网上进行交易时,享有获得公平的交易条件的权利。这种公平的交易条件包括商品质量保障和合理价格。在传统的消费领域中,相同的商品在不同场所的消费价格就大不相同。比如一听可乐在市场消费,其最低价格是2.5元,而最高价格则是30元。相同的消费品就有如此大的价格差,这是由于人们在不同的消费场合所决定的。网络购物——一种全新的购物空间,由于简单、快捷,也由于是发展的初期,给了大众新鲜好奇的购物新感觉,但无论消费者是以何种心态进行网上购物,其所挑选的商品或服务都是自己的需要,网络服务经营者不能因购物空间的改变和特殊,就故意抬高商品的价格。

所谓合理的价格,即商品或服务的价格应该符合国家物价规定,与价值相符。价格是否合理,直接关系到消费者的财产利益是否得到实现。传统消费者还有讨价还价的余地,而网络消费者所拥有的就只有一个网络平台和一个鼠标；仅根据网上所提供的商品信息，自己来判断商品与服务的价格与价值是否相当；这种自始至终的"自己搞定"购物方式，很容易使消费者被网上的虚假信息所骗而进行不公平的交易，也就更加强调网上商品价格的合理性。我国《价格法》第 14 条第 4 项规定："经营者不得利用虚假的或者使人误解的价格手段，诱骗消费者与其进行交易。"在线商场提供的商品价格必须合理，要做到货有所值、质价相符。

消费者购买商品或者接受服务，有权获得质量保障。商品和服务质量的好坏，是消费者公平交易权能否得到满足的关键，网络消费者有权要求从网上购买的商品符合国家规定的质量标准，尤其是可能危及人身及财产安全的商品，更应保证其质量。在网络商场，这种新兴购物模式的发展过程中，严格反对以假充真、以次充好、以不合格产品充当合格产品的现象。

三、消费者的自由选择权

我国《消费者权益保护法》第 9 条规定："消费者有自主选择商品或者服务的权利。消费者有权自主选择提供商品或者服务的经营者，自主选择商品品种或者服务方式，自主决定购买或者不购买任何一种商品、接受或不接受任何一项服务。"消费者的自由选择权利在网上购物活动中能够充分体现，网上购物——它的最大特征是消费者主导性，购物意愿掌握在消费者手中，其可以根据自己不同的意志加以选择，择优选取。每个消费者都有不同的品味、爱好和特殊的要求，其购物选择也许是为了满足自己的生活需要，也许是心情的需要，或者是满足他人的需要等等。消费者在网上购物，一般是依据广告的内容来选择消费对象，但是对于一些商家通过电子邮件擅自发送商业性广告这一现象，消费者有话要说。

调查中小部分的消费者表示，邮件广告虽然广泛，但却很少能带来真正利益，而大部分消费者则认为邮件广告不但不能给带来利益，还非常占用信箱空间，更糟糕的是经常会将重要的信件"挤"走！以至于消费者一见到信箱里有广告邮件就马上删掉，可见广告邮件既不能带来方便又在无形中增加了上网费用，使消费者的财产受到一定的损失。对于广告邮件，消费者群将它称为垃圾邮件，并表示对于这些垃圾邮件，自己无法选择。目前政府部门已经着手制定有关法律规定，制止垃圾邮件的蔓延。北京市已经出台了《关于对利用电子邮件发送商业信息的行为进行规范的通告》，该通告明确规定：

"（一）因特网使用者利用电子邮件发送商业信息应本着诚实、信用的原则，不得违反有关法律法规，不得侵害消费者和其他经营者的合法权益。

(二)因特网使用者利用电子邮件发送商业信息,应遵守以下规范:

1. 未经收件人同意不得擅自发送;

2. 不得利用电子邮件进行虚假宣传;

3. 不得利用电子邮件诋毁他人商业信誉;

4. 利用电子邮件发送商业广告的,广告内容不得违反《广告法》的有关规定。"

这个通告是我国第一部关于邮件广告的法律法规,对其他省市作出同类规定无疑有重要的指导作用。网络广告其实对于信息社会服务获得融资支持有帮助,且对发展广泛的新型免费服务意义重大。为了保护消费者利益,保障公平竞争,商业性宣传(包括价格打折、促销优惠、促销竞争或游戏)必须符合多个透明度要求,让消费者有充分的选择自由。欧盟在其"电子商务指令"中表示:通过电子邮件擅自发送商业性宣传——类似于擅自向别人的邮箱里塞广告宣传品,此类邮件危害很大,因为信息接受者在下载这些无用信息时还要支付网络费和通讯费,而且还可能干扰互性网络的正常运行,造成网络阻塞或者通讯速度缓慢。因此,在任何情况下,擅自发送的商业性宣传材料都必须被明确标明,并且不应该导致消费者(接受者)通讯费用的增加。

四、消费者的安全权

安全,究其具体意思就是指没有危险、不受威胁、不出事故的状态,是消费者在整个购物过程中的一种最基本的心理需求。对于网上购物的消费者来说,其安全权具体包括人身安全、财产安全、隐私安全(详见本书第十章电子商务中的隐私权保护问题,此处不予讨论)三个方面。

(一)人身安全权

消费者的人身安全权,就是指明消费者在网上所购买的物品不会对自己的生命和健康受到威胁。现在网络商店所提供的商品种类愈来愈多样化,消费者所选购的范围也愈来愈广,这就要求网络商品的提供者对商品的安全性有足够的质量及安全性保障。与传统的消费者一样,从网上购买商品的消费者也有获得质量合格的商品的权利,质量不合格的商品也许就会给消费者的人身带来损伤,如从网上购来的食品过期或变质,就很可能伤害消费者的人体健康;网上买来的家用电器缺乏安全保障,一旦出事,也会给消费者带来人身伤害。给消费者的生命和健康带来损害,就是侵犯了消费者的安全权,违反了我国《消费者权利保护法》和《民法通则》的相关规定,会令消费者丧失对网上购物的信心。

（二）财产安全权

消费者的财产安全权，指消费者的财产不受侵害的权利。通过网络银行支付货款对消费者的财产安全权有一定的威胁。由于国际互联网本身是个开放系统，而网络银行的经营实际上是变资金流动为网上信息的传递，这些在开放系统上传递的信息很容易成为众多网络"黑客"的攻击目标。目前多数的消费者不敢在网上上传自己的信用卡账号等关键信息也是基于这个原因，就是担心自己的财产权受到侵害，这同时也严重制约了网络银行的业务发展。我国网络商场采取的支付手段还是邮寄或当面交易，所以，在传统支付法律体系下，电子支付的交易安全就无法保障。以法律来保障消费者进行电子支付过程中的财产权，我国目前困难重重，只有从技术上来保证消费者信用卡的密码不会被泄露，如果网络银行达不到规定的要求，就要承担赔偿责任。

五、消费者的损害赔偿权

消费者的损害赔偿权，又称求偿权或索赔权。实施这种权利的前提就是消费者在网上进行交易的过程中或使用商品和服务后，对其人身或财产造成了一定的损害。这是利益受损时所享有的一种救济权，可以通过这种权利的行使，给消费者的损害带来适当的补偿。在传统的消费模式中，如果消费者的人身或财产权受到损害，消费者可以直接找到提供商品和服务的一方，请求赔偿。根据《民法通则》第119条有关侵权法的规定，就可以追究商家的侵权责任，就能获得损害赔偿。而在网络交易中，由于消费者和商家互不见面，我们首先要考虑到，当消费者利益受损时，应该找谁请求赔偿？目前消费者对商家信誉的信心只能寄托于为交易提供服务的第三方，如CA中心（电子商务认证机构）和收款银行。其中CA中心能够核实商家的合法身份，收款银行则能掌握商家的信誉情况。

一旦因商家不付货、不按时付货或者货不符实，或因货物的质量问题而给消费者带来人身的伤害时，可以由银行先行赔偿消费者，再由银行向商家追索损失，并降低商家在银行的信誉。如果商家屡次违规，给消费者造成损害，银行可以取消商家电子支付的账号，并可以将商家的违规情况通报给CA中心，由CA中心将其记入黑名单，情况严重时，可以取消商家的数字证书，由此商家将失去开展电子商务的权利。但是依我国电子商务的发展近况而言，信用卡制度还不完善，所以一般都采取邮购方式，北京一些大城市会有货到付款的方式。

对消费者的赔偿问题，还是应适用我国《消费者权益保护法》第49条规定的内容:"经营者提供商品或者服务有欺诈行为的,应当按照消费者的要求增加赔偿其受到的损失,增加赔偿的金额为消费者购买商品的价款或者接受服务的费用的一倍。"这是针对消费领域中的欺诈行为而特意设立的一个惩罚性条款,在网络消费中充分表现于网络服务经营者所做出的广告宣传方面,如所购买的商品或服务与广告所宣传的内容不符,那么广告的内容就具有欺诈性,消费者有权让网络服务经营者对其所做出的虚假的广告宣传负责,承担赔偿责任。

第二节 网络服务经营者的义务和责任

为确保消费类电子商务的健康发展,在赋予消费者保护自身合法权益的诸多权利的同时,对网络服务经营者提出全面的要求也必不可少。在这些要求中,不仅要考虑到技术安全性、充分揭示性,还应结合电子商务的特点,充分考虑到消费者的隐私要得到保障,售后服务充分兑现及广告宣传不含虚假成分。全球企业电子商务对话(Global Business Dialogue on Electronic Commerce,GBDe)曾向国际组织和各国政府发出呼吁,不要对电子商务加以过多的法律限制,把限制性的法律法规降低到最低程度。而要求强调建立以企业界为主的自律体系和体现市场原则的法律法规框架,这种机制将在不受国界限制的条件下解决各种重大政策、法规问题,逐步实现"自律"(voluntary regulations)。所以,在规定网络服务经营者的义务和责任时,不能太过严格,我们要遵从一个基本原则,就是要以一种宽松的法律制度来约束网络服务经营者,不能让网络服务经营者因法律过多的约束而止步不前,而要更好地促进电子商务这种新兴产业的发展。

一、网络服务经营者的基本义务

由于网络服务经营者的身份特殊,我们不能对它进行过严、过重的约束,但其作为一个经营者就要有履行法律规定的义务。法律不可能将经营者的一切义务逐一列举,对其他法律规定的以及经营者与消费者依法约定的义务,经营者当然负有履行的义务。网络服务经营者首先要履行的法律义务就是遵从国家的各项规定。我国《消费者权益保护法》第16条规定的:"经营者向消费者提供商品和服务,应当依照《中华人民共和国产品质量法》和其他有关法律、法规规定履行义务。"从这一规定可以看出,履行法定义务本身就是经营者的义务之一,《产品质量法》《药品管理法》《食品卫生法》《反不正当竞争法》等保护消费者基本利益的法律,经营者在向消费者提供商品和服务时,也必须履行这些基本的义务。这种义务是作为法律主体的网络服务经营者守法义务的一种表现。

基本的法律义务要求经营者严格履行其与消费者约定的义务,即经营者与消费者有约定的,应当按照约定履行义务。合同是权利义务产生的一种形式,当合同符合法律规定的要件时,其约定便会产生相应的法律后果,形成受法律保护的权利和依法强制经营者履行的义务。作为合同的当事人,这种"履行合同"的义务是法律直接规定的,经营者和消费者都有义务履行。

二、提供商品信息的义务

对于网络商店里提供的每一样商品,网络服务经营者都要对其信息作出详细的说明。要对每一件商品的价格、产地、生产者、用途、性能、规格等相关情况予以提供,要让消费者对商品进行充分的了解(其中包括对商品的文字介绍和图片介绍)。由于网络消费者在购物过程中与经营者互不相见,也不能亲身感受商品,所以,网络服务经营者对商品相关信息作出的说明就相当重要,它决定着消费者是否作出购买行动。网络服务经营者履行的这项义务包括两方面:首先,要求其提供的商品的相关信息是真实的、客观的。无论是对商品的宣传还是对商品的信息介绍都应如此。网络商场的商品繁多,服务内容多样,消费者的消费知识总是有限的,尤其是在完全自主的虚拟空间购物,消费者在进行购物选择时就更加依赖于网络服务经营者对商品或者服务的介绍和宣传,并为不同商品的介绍和宣传所左右。

所以,不真实、不客观的产品宣传或商品信息介绍都会给消费者造成误购、错购的后果。这不仅会使消费者的利益受损,也会使消费者对网络商店倍加提防、失去信心。从另一个角度考虑,给消费者提供真实的广告宣传和产品信息,也就是满足了消费者的知情权,我国《消费者权益保护法》第 19 条也明确指出,经营者应当向消费者提供有关商品或者服务的真实信息,不得作引人误解的虚假宣传。其次,网络服务经营者提供的信息要充分,不能对产品的信息轻描淡写,也不能过于夸张。对于购买信息化商品的消费者(比如消费者购买软件),网络服务经营者要从程序上做到在消费者付款前让其了解产品的信息,这样既满足了消费者的知情权,又避免了退货、退钱等一系列不必要的麻烦。

三、商品质量保障及售后服务义务

商品质量的好坏,是网络商场顺利发展的基础,也是消费者是否愿意在网上进行购物活动的关键。所以网络服务经营者一定要保证向消费者提供的商品有质量保障,还要保证其以广告和商品介绍方式向消费者提供的质量状况与商品实际的质量状况相符。在网络虚拟空间的消费模式下,消费者只能通过网络服务经营者对商品做出图片或文字介绍来了解商品,不可能亲自接触到商品,更不可能发现商品里的瑕疵,在通过邮寄或配送后才能真正接触到商品,所以消费者根本无法对同一种商品进行反复的挑选。所以,就需要网络服务经营者充分保证所售商品的质量状况,并保证商品或服务符合人身、财产安全的要求;对商品的瑕疵和可能危及人身财产安全的产品或服务,应向消费者做出真实的说明或明确的警示。能够在网上明示的,应予以明示;网上没有明示的,应当在实物交易过程中向消费者明示。

网络购物模式下,消费者在购物过程中与网络服务经营者互不相见,能够让消费者真实享受到的就是网络服务经营者售出商品后的服务,即售后服务。在传统民法中,有关售后服务的问题几乎完全由当事人通过契约而自由约定,而在传统消费模式中,经营者利用自己的优势,逃避售后服务的现象非常普遍,以至于"顾客当心,出门不换"作为一般的商业原则被广泛接受。在虚拟消费模式中,消费者只能通过网络服务经营者对商品做出的图片或文字的介绍来了解商品,不可能仅从网上的图片和介绍判断商品的质量,更不可能发现商品里的瑕疵。当商品抵达消费者手中,其发现所购买的商品有瑕疵或是与网上介绍不相符,或是不满意,网络服务经营者就要对购买其商品的消费者有继续服务(售后服务)的义务,且该项服务一直要进行到消费者满意为止。

网络服务经营者的售后服务主要义务体现在履行法律规定的强制性义务。这些义务主要是国家根据某些商品的复杂性规定的,即"包修、包换、包退"的义务。对某些商品实行"包修、包换、包退",是网络服务经营者对所提供的商品或者服务承担质量保证的一种方法。这表明网络服务经营者的身份虽特殊,同样要认真执行国家关于商品或者服务质量的有关规定,保证消费者从网上购买的商品或者服务已达到国家规定的质量要求。我国《消费者权益保护法》第23条规定:"经营者提供商品或服务应当按照国家规定或其与消费者的约定承担包修、包退、包换或其他责任,不得故意拖延或无理拒绝。"对于实行包修、包退、包换的商品,如果质量在一定期限内发生问题,消费者便享有免费修理、更换、退货的权利,网络服务经营者如果不履行这项义务,就要承担相应的民事责任。对于存在质量问题的商品,网络服务经营者要依据消费者的需求或合同的要求给予修理、更换、退货,相应的配送费也应由其承担。

四、不得不当免责的义务

网络服务经营者一般采用格式合同与消费者订立购买协议。格式合同的全部内容都是由网络服务经营者一方订立的,消费者只有两种选择:"接受(agree)"或者"不接受(disagree)",一点讨价还价的余地都没有。所以,消费者作为格式合同的一方当事人,已经处于很被动的地位,如果再被迫接受合同中一些网络服务经营者为免除自身责任而单方面制定的"霸王条款",对消费者来说就极为不公平、不合理,更容易在交易中吃亏,造成消费者与网络服务经营者之间在事实上的不平等。基于消费者的自身利益,法律要严格规定网络格式合同中含有对消费者不公平、不合理或者有减轻、免除网络服务经营者应承担责任的内容,此内容应属无效,从而确保网络消费者的合法权益不受侵犯。我国《消费者权益保护法》第24条规定:"经营者不得以格式合同、通知、声明、店堂告示等方式作出对消费者不公平,不合理的规定,或者减轻、免除其损害消费者合法权益应当承担的民事责任。格式合同、通知、声明、店堂告示等含有前款所列内容的,其内容无效。"消费者往往处于弱势、分散和对相关知识不够了解的状态,故法律要求提供格式合同的一方必须以公平的态度对待普通消费者。

对于依照一般商业习惯网络经营者应当承担的责任,以及涉及消费者重大利益的责任(比如规定其对运输迟延不承担责任等等),这些条款往往文字小,内容多,消费者在一般情况下不仔细看就表示接受了,这样就侵害了消费者的正当权益,所以,网络服务经营者必须对此类免责条款的字体、颜色加以区别,或在显著处以提醒文字进行表述,引起消费者的注意,也使有关免责条款真正体现双方当事人的意思。

现在,网上的电子邮件大部分都是免费的,有许多网站都在消费者接受邮件服务之前弹出格式合同界面,消费者只有在点击之后才能使用服务,网络服务经营者声称:点击,便表明消费者接受合同。这种免费邮件方式附带的格式合同提出免责和限制网络服务经营者责任条款——免费但不能免责。但并不等于说网络服务经营者不能在合同中提出免除责任和限制责任的条款。电子邮件的传输涉及极为复杂的技术问题,任一网络节点的故障都可能导致邮件传输失败。依据合同法的规定,免责和限制责任条款的提出应当符合合理原则。所谓合理,是指网络服务经营者提出的免责和限制责任条款应当符合《合同法》的基本原则,如诚实信用、公平原则、公共道德等。必须指出,这些原则不是橡皮条款,可以任意解释。

五、保护消费者个人数据的责任

全世界都在呼吁对消费者在互联网上个人数据及隐私权的保护,网络服务经营者的责任同时也相对加重,其具体的责任集中表现于保证消费者的个人信息不滥用、不泛用、不被第三者非法利用。

1999年2月欧盟部长会议提出的《信息高速公路上个人数据收集、处理过程中个人权利保护指南》对网络服务经营者强调更多的就是其责任:要采用适当的步骤和技术保护消费者的个人隐私权,特别要保证数据的统一性和秘密性;以及网络和基于网络提供的服务的物理和逻辑上的安全;在消费者申请或开始使用服务时要告知使用Internet可能会带来对个人隐私权的危害;告知消费者可合法使用的降低风险的技术方法;告知用户匿名访问Internet的可能性;不阅读、修改或删除向他人传送的信息;仅仅为必要的准确、特定和合法的目的收集、处理和存储消费者的个人数据;不为促销目的而使用数据,除非所涉个人未予反对;对适当的使用数据负有责任,必须向消费者明确个人权利保护措施,在消费者开始使用服务或访问网络服务经营者的各个站点时告知其所采集、处理、存储的信息内容、方式、目的及使用期限;根据消费者的要求更正不准确的数据或删除多余的、过时的或不再需要的信息。避免隐蔽的使用数据;向消费者提供的信息必须准确、及时予以更新;在网上公布数据应三思而行,因为这很可能会侵害他人隐私权,也可能是法律所禁止的。

另一项被禁止的活动是数据文档的互联与比较。澳大利亚法律规定,除非国内法能提供相应的保护措施,应当禁止互联,特别是通过连接、合并或下载包含有个人数据的个人数据文档,禁止从第三方可查询的文件中建立新的文档,禁止将第三方掌握的文档或个人数据与公共机构掌握的一个或更多的文档进行对比或互连,以便丰富现有的文档或数据。

新加坡认为对网络服务经营者的法律责任风险加以限制非常必要,否则会损害本国新兴网络业的发展。新加坡的法律向来以严厉而著称,但是在保护网络服务经营者利益方面也顺应了国际潮流,采取了比较和缓的政策,值得我国立法或修法时参考[1]。

---

[1] 李佳:《电子商务法中消费者权利的保障》,http://chinalawinfo.com/xin/disxwpl.asp?code1=211&mark=3086。

第三节　我国网络消费者保护有关案例

一、大连网民王明昆状告邮电局案

王明昆1999年毕业于大连东北财经大学法律系,23岁,是一名普通的网民,于1998年8月在邮电局拨号上网。虽然,每月上网不到10小时,但11月的网费近300元,12月的网费达到700元,1999年1月超过1000元。起先他以为是他上网时间过长,但经过查询,得知这些网费几乎全是"磁盘存储费"(邮电局规定:所有拨号上网用户邮电局在本地服务器上给一个电子信箱,但平均每天免费存储1M字符,超量按0.2元/千字符计费)。可是,他虽不是每天收信,但也是隔几天检查信箱。就是超量,也不会达到成百上千的费用。2月份以来,他天天收信,有时一天收几次信,他发现"磁盘存储费"以每天近百元的速度递增。他不解地找到邮电局,请工作人员解释。工作人员也十分奇怪,在他的允许下,他们打开了他的信箱。结果,发现信箱里装满了他自上网以来发出的近600封电子邮件,也就是说,是这些他曾经发出的信造成他大量的"磁盘存储费"。

作为一个普通用户,王明昆当初根本不知道如此一个设置会造成他共2500多元的损失。后来,他询问过多名网友,他们也不知有如此一个设置。更何况邮电局的工作人员对此也不甚熟悉。他想说明的是,他已具备了作为一个普通用户应具备的有关知识,而以上的那个设置以及是否会因这样或那样的设置会造成巨大损失,已超出了他应具备的相关知识的范围。邮电局作为他的服务商,有义务警告或提醒用户设置及后果,但在邮电局给用户的指导材料里根本没有有关警告或提醒。所以,他认为邮电局在服务中有疏忽责任,因此产生的全部损失应由他的服务商邮电局来承担。

为此,他向邮电局反映了情况,并多次与之交涉。邮电局的意见是:"你的损失不是由我们的操作失误造成的,而是你自己设置失误造成的,与我们无关。""我们只提供账号入网,没有提醒你不该这样做的义务。""如果是你的Netscape的设置失误,请你找Netscape公司。"王明昆认为,随着因特网的飞速发展,拨号上网用户的不断增加,他的这个案例有一定的普遍意义。因此,他将大连邮电局告上了法院。

大连市中山区人民法院作出一审判决,判决如下:"消费者有权自主选择提供服务的经营者。现原告作为消费者选择了被告作为为其提供服务的经营者,且原告已经知道被告提供服务的价款,故原告接受了服务,理应给付被告服务费用。原告称被告提供服务前对消费者宣传、培训不够,无法律依据。原告作为消费者应当努力掌握所需商品或服务的知识和使用技能,正确使用商品,提高自我保护意识,故原告要求被告返还人民币2841.6元的诉讼请求证据不足,本院不予支持。综上所述,依照《中华人民共和国民法通则》第106条第1款的规定,判决如下:驳回原告王明昆的诉讼请求。案件受理费120元,由原告负担。"①

二、瀛海威"信用点"事件

瀛海威公司曾经在京、沪、广等8大城市开通网站,有网民1.5万之多,其BBS公共论坛是其最具吸引力最令网民喜爱的服务项目。1999年5月5日,该公司在时空网络的"资源中心"栏目上载"瀛海威客户端NT版本升级软件Ntclintl-4",共四张软盘,并标明"有奖下载",即完成一个软件下载,系统自动奖励下载人20个信用点(注:信用点系网络消费者用钱买的网上消费的支付"货币",1点相当于1角钱,可上网1分钟)。没想到,由于瀛海威未提示下载的次数限制,也未采取其他的技术限制手段,致使部分头脑"灵光"的网民闻讯后争相下载该文件,主要目的很明确:攒信用点。截至5月11日,短短6天中,四个文件总计下载69902次,折合信用点1398000多,相当于人民币13.98万元。

面对此种情况,瀛海威作出"果断"反应,关闭了下载文件库,随即又关闭了网民们经常使用的密码修改、信用点传输等系统功能,并将下载次数过多的网民账号关闭。由于此一系统的"关闭",也影响到所有其他的网民,例如有的网民与国外的亲友间也是通过瀛海威进行国际互联网通话,不能传信用点,国外方面就无法上网。瀛海威方面同时采取的另一"果断措施",就是凭借系统对普通信用点与免费信用点的自动区别及纪录功能,迅速将被套取的信用点划回,不仅直接从套用者的账上划回,而且把这些网民因还债等原因已送到其他网民账上的信用点也一并追回。

一番"打击"之后,被挂网民中22人,于百盛大厦6层茶座商议对策,决定"先礼后兵",暂缓诉诸公堂。据他们表示,网民代表曾要求与公司总裁张树新

---

① 王云斌:《互联法网——中国网络法律问题》,经济管理出版社2001年版,第105~108页。

对话,遭到"严词拒绝";此后网民们以"消费者权益受损"名义投诉于北京市消协,主要理由除被停、被挂、信用点被挂外,还有名誉受损一项,因为瀛海威网上发言人将多次下载获取信用点的行为定性为"恶意盗取",有损人格。投诉主要代表基本是两位,一是网民 STOP,是直接套取者;二是 CHOLE,却是由于别人归还信用点而被挂起的受连累者。此次投诉构成了信息网络消费者投诉于消协的首例,但终因"不属于有奖经营性行为"等原因而不被受理。

对于消协不受理用户的投诉,专家王云斌认为其真实的原因是消协作为一个既无行政权又无司法权的调解组织,且对计算机网络上的事物缺乏了解,无法插手而已。因此,其建议工商管理部门和技术监督部门可以派专人长期在消协工作,在消协对民众反映的侵权行为进行调查核实之后,根据行政处罚的程序,由这些人员进行处罚。此外,中国的 ISP 等服务商应重视网络服务的质量问题,在中国已转向市场经济、同业竞争日增的情况下,如果因为服务问题与用户发生纠纷,最终失去信誉,并造成营业损失,应非其所乐见者[①]。

三、消费者诉易趣网售假案

2000 年 9 月 8 日,上海虹口区法院受理了消费者杨小姐诉电子商务网站易趣网售假一案,这是该法院受理的首例网上消费纠纷赔偿案。杨小姐是易趣网注册会员,并在易趣网上的"美循环化妆品专卖店"订购了"KOSE 特效银杏减肥口服液"一瓶。易趣网上的广告称该产品系日本 KOSE 公司产品,并使用 KOSE 公司的商标。但实际交货后,杨小姐发现自己订购的产品上的商标与日本 KOSE 公司的商标不符,且所标地址也与日本 KOSE 公司的实际地址不符。此外,该产品上印有的日文产品介绍也是错误百出。杨小姐遂委托律师对该产品进行调查,得知其所购产品并非日本 KOSE 公司制造。另外,律师还发现易趣网上的"美循环化妆品专卖店"未经工商管理部门登记注册。为此,杨小姐认为易趣网应对其网上出售的假冒产品承担责任,并要求退回所购假冒产品,赔偿一倍的价款和承担相关的费用(参见《消费者权益保护法》第 49 条)。

易趣网络信息服务(上海)有限公司代表认为杨小姐告错了对象。因为易趣网只是在自己的频道内给"美循环化妆品专卖店"开了一个平台,属于出租性质。此外,易趣网络公司与网上专卖店签有协议,专卖店在网上销售商品应

---

① 王云斌:《互联法网——中国网络法律问题》,经济管理出版社 2001 年版,第 108～110 页。

保证服务与质量。另外,易趣网还有一个法律声明,如消费者在易趣商家专卖店购物遇到质量等问题,可以依照商品所属销售商承诺的售后服务和《产品质量法》与销售商协商解决(参见《产品质量法》第40条,亦即消费者可以要求销售者负责修理、更换、退货)。因此,杨小姐应状告"美循环化妆品专卖店"①。

2002年11月5日,法院审理后认为,原告所购商品的经营者是"美循化妆品专卖店"而非被告易趣网,故买卖合同关系的相对人应为"美循化妆品专卖店"。易趣网系从事网上信息经营的网络服务提供者,其在网站上为"美循化妆品专卖店"设立网上专卖店,是为网络用户提供交易平台和网络信息服务,其与网络用户之间形成的是服务关系。易趣网不是买卖合同当事人,不应承担卖方的权利与义务。但被告易趣网对"美循化妆品专卖店"的商品信息未尽形式上的审查义务,客观上帮助了"美循化妆品专卖店"的售假行为,应当承担与其过错相应的补充赔偿责任。由于原告杨小姐坚持认为"美循化妆品专卖店"不应作为被告,不先行起诉要求"美循化妆品专卖店"承担民事责任,因此法院在实体上无法确定被告易趣网是否仍须承担以及如何承担补充赔偿责任等问题,故法院认为本案尚不具备起诉条件。最终上海市虹口区人民法院一审裁定驳回了原告的诉讼请求。裁定送达后,双方均未上诉②。

四、新浪邮箱缩减案

2001年9月16日,当天津四方律师事务所律师来云鹏律师使用了近5个月的新浪邮箱由50兆缩减为5兆后,他将新浪告上法庭。双方在庭上争论的焦点为三个问题。首先是关于合同文本问题。原告认为,新浪针对来云鹏申请注册新会员的要约行为做出了承诺,而这一承诺的内容即是合同的内容;被告认为,会员服务条款即是合同内容。其次是是否"免费"之争,原告分别指出三种关于合同有偿性的陈述,而被告一直坚持合同在本质上是免费的。第三,关于格式合同中的免责条款的效力问题,原告认为,依照合同法规定,格式

---

① 参见《网上购物遇假货消费者状告"易趣"》,易得新闻网,2000.9.8,http://news3.easy.com。

② 张红霞:《网上购物遇假货,网站应负责?》,《人民邮电报》,2003.3.12,http://www.cnii.com.cn/20030218/ca138522.htm;刘爱君:《易趣:赢了官司有话要说》,http://www.legaldaily.com.cn/gb/content/2002-12/25/content-48947.htm。

合同中免责条款无效;被告认为,他所提供的格式合同中的免责有效。

11月15日,北京市海淀区人民法院经过近三小时的审理后,一审判决新浪网胜诉。判决词说,来云鹏在完成了自愿明确接受网站服务条款后与被告之间缔结了电子邮箱服务合同,新浪网服务条款作为双方缔结的电子邮箱服务合同的组成部分对双方当事人具有法律上的约束力。法院认为,四通利方公司作为新浪网北京站的运营管理者已经事先通过新浪网北京站服务条款明确而清晰地告知来云鹏要获得免费电子邮箱服务,用户必须完全同意并接受所有服务条款。

判决词强调说,四通利方所从事的互联网信息服务是商业行为,谋求商业利润最大化是商业行为最根本的目标,而采取何种商业行为应完全由商事主体自行决定。因此,北京市海淀区人民法院判定来云鹏有关确认四通利方公司擅自变更合同内容为违约行为的主张没有事实依据和法律的支撑,故驳回来云鹏诉讼请求①。

原告来云鹏律师表示不服,于2002年12月1日上诉至北京市第一中级人民法院,目前该案正在审理中。来云鹏在上诉状中说:《新浪网服务条款》中"服务修订"条款系无效条款。"服务修订"条款规定"新浪网保留随时修改或中断服务而不需知照用户的权利。新浪网行使修改或中断服务的权利,不需对用户或第三方负责。"该条款表明,被上诉人在修改或中断服务时,有权不与包括上诉人在内的广大用户协商,甚至不通知用户,而且不因此承担任何责任。来云鹏律师认为,鉴于上述条款是"为重复使用而预先拟定,订立合同时未与对方协商"的格式条款,因此依据《合同法》第40条的规定,提供格式条款一方免除其责任、加重对方责任、排除对方主要权利的,该条款无效②。

五、263邮箱收费案

2002年3月18日,263网络集团公司宣布,从5月21日起263将停止免收电子邮箱服务费的做法,全面升级为邮件收费服务。消息传出后,立即在社会上引起极大反响。北京实习律师许昔龙随即将北京首都在线科技发展公司告上法庭,另一名北京律师姜良鹤也将263网络集团公司告上法庭。两位律

---

① 参见《邮箱缩水案有果 新浪网一审胜诉》,《新华网》,2001.11.16,http://tech.sina.com.cn/i/c/2001-11-16/92105.shtml。

② 参见《新浪邮箱缩减案原告一审不服继续上诉》,《中国青年报》,2002.1.30,http://tech.sina.com.cn/i/c/2002-01-30/101588.shtml。

师认为,原来的"免费邮箱"开始收费的行为属违法,要求263邮箱全面履行合同,继续提供免费邮件服务。

因为263网络集团公司不具备被告主体资格,姜良鹤撤回了他的起诉。另一被告北京首都在线科技发展有限公司则以住所地不在朝阳区为由提出管辖异议,许昔龙也收回了自己的诉讼请求。据悉,北京首都在线科技发展公司已与新浪网达成协议,将免费邮箱服务用户转到新浪网,此事已得到解决,许昔龙将不再另案起诉①。

六、116元买帕萨特网上拍卖纠纷案

2002年5月6日下午,陈仲在浏览实惠网时,以销售二手车闻名沪上的赛洛公司设在网上的付费店铺网页上发布的一则无底价销售二手汽车的帖子引起了他的注意。帖子上除了标注着"帕萨特(原装车)热卖中""起始价10元,一口价人民币16.4万元"等字样和相关的车辆信息外,同时注明了竞拍的结束时间为当天下午16点16分。陈仲立刻键入了竞拍价人民币100元。不多时,系统显示另一位网友又出价人民币111元。陈仲马上跟进人民币112元,并同时启动了系统自动代理报价功能。网页上竞价栏内显示出系统自动给他加价到了人民币116元……直到过了16点16分的竞拍截止时间,也未再有其他竞拍者出现。当天下午16点40分,陈仲收到了一份电子邮件,是实惠网发来的:"亲爱的陈仲:您收到这封邮件是由于您在实惠网上竞标商品'帕萨特(原装车)热卖中'已经成交,您的出价是:人民币116.00元,购买数量:1。"

5月8日,陈仲一到单位,就与赛洛公司联系。然而,赛洛公司负责联系拍卖的小姐却说根本就没这回事,还反问了一句:"116元能买一辆帕萨特原装二手车?"此后的数天内,仍抱着一丝希望的陈仲多次通过电话,与赛洛公司进行交涉。对方的回答如出一辙,要么予以否认,要么干脆不予答复。5月26日,心有不甘的陈仲暗自打定主意,准备向法律要个说法。经过两个月的准备,陈仲于7月26日向法院提起了诉讼。请求法院判决赛洛公司继续履行合同,以维护其合法利益和网络交易的正常秩序。此案经过多次开庭,最终在法庭的主持下,双方达成了书面和解协议,同意撤销该电子买卖合同;由被告一

---

① 孙晓胜、矫杨:《状告263邮箱收费的律师撤诉》,新华网,2002.5.29,http://it.enorth.com.cn/system/2002/05/29/000339635.shtml。

次性补偿原告交通费、误工费等经济损失。①

北京市律师协会消费者权益保护专业委员会主任邱宝昌主张,网上拍卖应适用《拍卖法》,竞拍人与出卖人之间没有直接法律关系,而提供平台的网站则应被视为拍卖行承担责任。所以,如果网站不具备拍卖主体资格或没按程序拍卖,以及拍卖禁止性标的物,其拍卖行为是无效法律行为,卖主的反悔行为亦不构成违约,但由此给买主造成的损失应由网站承担。而对于网民间通过网站进行的一般买卖,邱律师认为,卖主的"开价"就应该视为意思真实的要约,一旦反悔应承担违约责任。同时,网站也应承担相应责任。②

七、北京首例网上错标价格案商家胜诉

2003年6月25日,崔恒杰上网浏览时发现,安腾思路公司在硅谷动力公司的IT商城里开设的新惠普金牌店网页上,正开展"全新惠普笔记本网上促销"活动,其中有一款型号为533MHAZ的惠普笔记本电脑新款上市,网页上显示:"市场价:14499.00,eNet价:1100.00",崔恒杰立刻提交了订单,系统提示订单有效。然而当天下午,安腾思路公司向崔恒杰发来电子邮件,声明因其疏忽,将笔记本电脑的实际价格11000元误写为1100元,并表示原订单无效。

海淀法院认为,根据有关法律规定:"行为人因对行为的性质、对方当事人、标的物的品种、质量、规格和数量等的错误认识,使行为的后果与自己的意思相悖,并造成较大的损失的,可以认定为重大误解。"(参见《最高人民法院关于贯彻执行〈中华人民共和国民法通则〉若干问题的意见》第71条)本案双方当事人诉争的标的为一台全新惠普笔记本电脑,因安腾思路公司工作人员的疏忽将其价格误写为1100元,该价格与市场上相同型号的笔记本电脑的交易价格相差十倍以上,将对安腾思路公司造成较大的损失。因此,安腾思路公司的行为属于重大误解,根据《合同法》第54条的规定,因重大误解订立的合同,当事人一方有权请求人民法院或者仲裁机构变更或者撤销合同。不过海淀法院也以安腾思路科技公司有过错为由,判其赔偿崔恒杰经济损失1000元。③

---

① 参见《一百多元买一部帕萨特 网上竞拍引发民事官司——一起网上竞拍案的启示》,2003.4.5,中国法院网,http://www.chinacourt.org/public/detail.php?id=48434。
② 参见《网上交易纠纷谁应担负责任?》,海峡网,2002.8.19,http://www.csnn.com.cn/csnn0208/ca95310.htm。
③ 参见《万元电脑千元卖 北京首例网上错标价格案商家胜诉》,千龙网,2003.11.3,http://www.jcrb.com/zyw/n49/cal50352.htm。

第十章 电子商务中的隐私权保护问题

第一节 隐私权的意义

一、早期消极意义：不受干扰的权利

隐私权(privacy right)概念的源起，可推溯自1890年Warren及Brandies两位学者共同发表 The Right to be Privacy 的论文开始，他们强调任何人均享有不受干扰的权利(The right to be alone)。而他们之所以提出隐私权的概念，主要是因为当时美国社会流行以揭发个人私生活及丑闻为主要内容的黄色刊物(yellow journalism or yellow press)，而Warren夫妻的性生活就被这些刊物引为题材加以公开刊载，造成Warren夫妻极大的不满与不便，因此Warren就与Brandies共同撰写上述论文强调并阐明隐私权。由此可见当时平面媒体的发达，使得个人一些不愿被公开的私生活事务遭到公开因而不堪其扰。

当媒体所公开的内容是凭空杜撰之词，个人固然可以名誉权受侵害为由请求救济；然而如果媒体所公开的内容属实，只不过被公开的人不愿他人知道该内容，此时因被公开的事项确属事实，则被公开的人就无任何名誉被侵害可言，自然不能以名誉权被侵害为由请求救济；但是如果说这时被公开的人没有任何权利来制止这些未经其本人同意，而恣意公开其本人不欲为人知的私生活事务，则对该被公开的人来说非常不公平。因此，自然有必要使个人有权利来制止他人恣意公开该个人的私生活事务。而这项权利就是早期定义的隐私权，可见当时隐私权的概念，是在强调个人私生活事务不受恣意公开干扰的权利，性质上属于被动消极的权利。

二、现代积极意义：个人数据控制支配权

1964年世界第一部计算机诞生后，人类生活就脱离不了计算机，随着计算机科技的日新月异及逐渐被大量普及利用，有关个人资料例如姓名及身份证号码等，被政府机关或民间企业（如银行、征信社、保险公司等）借由计算机大量搜集、处理及利用。甚至通过计算机科技结合电子通信技术的发展，使得个人资料不仅在国内被搜集、处理及利用，更可经由互联网而在世界各地被任何人所搜集、处理及利用。在此情形下，隐私权的意义已不能再局限于前述消极被动不受干扰的权利，更应赋予其主动积极的内涵。因此，不但应赋予个人对其个人资料有权决定是否开始或停止被他人搜集、处理及利用，亦可要求已搜集、处理及利用其个人资料的他人，提供该被搜集、处理及利用的个人资料；发现被搜集、处理及利用的个人资料有错误时，亦可要求搜集、处理及利用其个人资料的他人加以更正。换言之，个人对于属于其个人隐私的个人资料应有控制支配的权利。而此即为隐私权的现代意义，其性质上属于主动积极的权利。

三、完整的隐私权意义＝消极被动不受干扰的权利＋对个人资料积极主动控制支配权

由上可知，隐私权的意义已不再局限于消极被动的不受干扰的权利，更应包括对个人资料的积极主动控制支配权。故在探讨个人资料的保护时，即必须由上述隐私权的两方面意义加以一并注意，始得确实掌握及周全保护，自不待言①。

第二节 我国隐私权保护的法律基础

总体而言，我国还没有针对个人隐私保护的法律，并且在其他的法律法规中的相关规定也很单薄。隐私权保护，尤其是网络与电子商务中的隐私权保护，在中国法律界还是一个新的命题。不论如何，从散见于许多法律的规定当中，我们仍然可以找到保护隐私权的条款。

---

① 黄三荣：《论国际网络上的个人资料及其保护——以电脑处理个人资料保护法而论》，《资讯法务透析》，1996.9，http：//stlc.iii.org.tw/publish/85c.htm。

一、宪法的规定

《宪法》第 38 条规定:"中华人民共和国公民的人格尊严权利不受侵犯。禁止用任何方法对公民进行侮辱、诽谤和诬告陷害。"人格尊严指公民所谓人的基本权利,包括名誉、肖像、隐私等内容。凡是维护主体作为一个法律意义之人的一切要素,均可以认为属于人格尊严所保护的范围。本条虽然没有明确的规定隐私权,但是人格尊严本身的弹性内涵为公民隐私权的其他立法和司法解释留下了广阔的空间。《宪法》第 39 条规定了公民的住宅不受侵犯,实际上是规定了公民的个人生活安宁权。《宪法》第 40 条规定了公民的通讯自由和通讯秘密权,这两种权利都是个人信息保护权的重要组成部分。《宪法》的这些规定成为我国其他法律保护隐私权的基础。

二、民事法律的规定

我国《民法通则》第 100 条规定:"公民、法人享有名誉权,公民的人格尊严受到法律保护,禁止用侮辱或诽谤等方式损害公民、法人的名誉。"本条也没有明确规定隐私权,但它规定了公民的名誉权,名誉权是人格尊严的重要方面,与隐私权有一定的联系。为了实践的需要,最高人民法院于 1988 年 4 月 2 日印发《关于贯彻执行〈中华人民共和国民法通则〉若干问题的意见》第 140 条灵活解释了关于名誉权的条文,规定:"以书面、口头形式宣扬他人的隐私,造成一定影响的,应当认定为侵害公民名誉权的行为。"又于 1993 年 8 月 7 日印发的《关于审理名誉权若干问题的解答》第 7 条第 3 款中规定:"对未经他人同意,擅自公布他人的隐私材料或以书面、口头形式宣扬他人隐私,致他人名誉受到损害,按照侵害他人名誉权处理。"

三、行政法规的规定

我国很多行政法规的规定涉及了公民隐私权的保护。例如我国《计算机信息网络国际联网安全保护管理办法》第 7 条规定:"用户的通信自由和通信秘密受法律保护。任何单位和个人不得违反法律规定,利用国际联网侵犯用户的通信自由和通信秘密。"《计算机信息网络国际联网管理暂行规定实施办法》第 18 条规定:"用户应当服从接入单位的管理,遵守用户守则;不得擅自进入未经许可的计算机系统,篡改他人信息;不得在网络上散发恶意信息,冒用他人名义发出信息,侵犯他人隐私;不得制造、传播计算机病毒及从事其他侵犯网络和他人合法权益的活动。"许多行政法规为保护公民隐私权提供了具体的法律依据①。

第三节　信息科技对隐私权保护的新威胁

  在电子商务交易中,经营者收集个人资料的方法可分为两类:第一大类是基于消费者所采取的积极主动的行为,例如各网站在准许消费者使用其网站所提供的服务前,要求其通过填写个人资料进行注册;第二大类则是不需要消费者积极主动提供而往往是附随于消费者的消费行为而产生的。第一大类行为由于资料主体已经对该资料收集行为有所了解,其争议往往集中于收集者应该采取何种手段来处理和利用信息,法律责任也是明确的。而后一类行为是透过电脑信息科技的辅助,在消费者进行日常电子商务交易过程中,默默地进行收集和处理行为,其对于消费者隐私的侵犯更应引起必要的关注。

一、小甜饼(Cookie)技术

  Cookie 是一种 Web 服务器通过浏览器在访问者的硬盘上存储信息的手段。消费者上网后,一旦进入某个网站,它就会向其电脑投放一块。以后,只要该用户再次登录,它就会进行识别,而用户在网站上的购物情况、浏览情况(如阅读了哪些新闻、点击了哪些广告)都将被记录在案。按照网络使用的早期惯例,cookie 只能向投放它的网站发回信息,而且这些信息不可以对第三者公开。但随着互联网的发展,电子商务竞争的加剧,一些专门从事网上广告业务的企业开始漠视这样的约定。任何人只要点击了它们在各个网站上发布的广告,就会收到它们传送过来的 cookie;它们还利用 cookie 的跟踪作用整理出网民浏览习惯的详细资料,而这一切都是在消费者不知情的情况下进行的。

  具体来说,网络广告商经常用 cookie 来统计广告条幅(banner)的点击率和点击量,从而分析访客的上网习惯,并由此调整广告策略。一些广告公司还进一步将所收集到的这类信息与用户在其他许多网站上的浏览活动联系起来。这显然侵犯了他人的隐私。例如,位于纽约的 Double Click 公司就曾被密歇根律师事务所的 Jennifer Granholm 控诉它违反了密歇根州的《消费者保护法案》,因为 Double Click 公司的广告对它网站的所有 1500 名消费者都分发了

---

① 朱理:《网络隐私权的保障与冲突》,http://chinalawinfo.com/xin/disxwpl.asp?code1=211&mark=3078。

cookies，从该公司数字终端机上收集来的信息，偶尔也会被与它将收购的Abacus Direct公司的数据一起使用。这就意味着，人们的姓名和地址会被连接到他们的其他匿名在线个人信息上。

  Double Click公司也承认，到案发时为止，该公司已经使用cookies技术对它的大约10个网站消费者进行了描述记录。密歇根律师事务所还指出，该公司并没有为消费者提供意义明确的提示和选择，使他们接受或拒绝被描述。如此一来，它还是在欺骗因特网用户。2000年2月初，美国联邦贸易委员会（FTC）已开始对Double Click公司展开调查。2月28日，Double Click公布了一个平息众怒的方案，其中心意思是请网络用户访问其"隐私选择"网站（www.privacychoices.org）来获取网络隐私保护的有关信息，并给用户以"双击"方式退出接收Double Click公司cookies文件的选择[①]。由于访客资料是一笔宝贵的财富，某些经营情况困难的网站甚至会将这些收集来的资料打包出售给买主，以此牟利。根据《纽约时报》的报道，BOO.com、Toysmart.com和CraftShop.com等网站，都曾将客户姓名、住址、电子邮件甚至信用卡号码等统计分析结果标价出售，以换取更多的资金。

  美国政府已经要求各政府机关的网站不要将cookie放在访客的电脑中，以免被人指控侵犯个人隐私权。不过，目前大部分商业网站都会将cookie放置到访客的电脑里，以跟踪访客的上网习惯、浏览的页面、停留时间、访客来源等。这种行为已经引起许多争议。虽然许多商业网站都保证，其站点将确保在线日程表业务中关键的私人隐私数据不会被泄露，然而事实并非这样简单。调查显示，在美国即使是最受欢迎的排名前100位的电子商务网站，有35个网站允许第三方公司跟踪记录访问者的信息，另外，有18个网站根本不对消费者公开信息收集原则。

  美国国会也对此问题表示关注，国会正在研究方案，将禁止网络公司将用户数据库列入公司资产，这样将禁止网络公司任意将用户数据库资料出售的行为，从而保护了消费者的隐私[②]。此外，2001年11月13日，为了增强人们对网络的信心，欧洲议会决定支持对使用数字跟踪程序，也就是人们所熟知的"cookie"加以限制的草案。电子通信隐私权是此次欧洲议会讨论的重点，议

  [①] 李科逸：《FTC对DoubleClick网络广告收集个人资料展开调查》，《科技法务透析》，2000.4，http://stlc.iii.org.tw/publish/89c.html。

  [②] 王明明：《电子商务与隐私权保护》，http://www.e-works.net.cn/ewkArticles/Category105/Article12431.htm。

会对未经同意乱发邮件的问题并不在意,但却要求各成员国禁止不经用户同意使用"cookies"。欧洲议会在一份报告中称:"除非事先通知并经过相关用户的同意,各国才能使用此类程序。"①

二、国内外侵害消费者网上隐私权事例频传

到目前为止,国外已经有好几起侵害消费者网上隐私权的案例,例如英特尔曾在1999年1月中宣布,计划将于其所最新研发的Pentium Ⅲ处理器中加入特殊编码序号,其设计方式是在每个处理器中加入经过随机取样的特殊编码序号,所以每一编码序号均属独一无二,如此一来使得每台计算机单机于因特网环境中,其身份将更容易地被辨识出来。Pentium Ⅲ使用者,将因为特殊编码序号的存在,导致他们日后于因特网上漫游、交易时,更容易被有心人借由特殊编码序号所辨识出来,如此一来使用者的隐私权将无法获得保障。陆续而来的反对意见的压力,使得英特尔公司最后决定作出让步,将于其后所生产的Pentium Ⅲ处理器内,把特殊编码序号的预设选项转设定为"关闭",以作为回应②。又如号称全世界最大网络书店亚马逊(Amazon)书店,1999年曾于网站特别开辟一个名为"采购圈"(Purchase Circles)的专区,上面公布亚马逊书店关于书籍、CD、录像带等销售排行榜。然而,亚马逊书店此项公布行为,却引发了美国隐私保障团体对于侵害个人资料隐私权的质疑。电子隐私信息中心(Electronic Privacy Information Center)的David Sobel表示,顾客因在亚马逊书店购物所需而提供的个人资料,应有其利用目的的限制,亚马逊书店并不能将这些个资料转换整理,并泄露给第三者知道,如此行为是明显侵害客户的个人资料隐私权。对于采购圈公布所引发的个人隐私权的侵害争议,亚马逊书店了解后立即表示将从善如流,由产品发展部总裁Warren Adams发表声明表示,亚马逊书店的宗旨即为致力创造自己公司与消费者间最大利益,所以如果任何公司或团体对于自己被公布于采购圈的情形有所疑虑的话,亚马逊书店将会尊重他们意愿,立即将其资料于网站上予以删除,以明

---

① 清晨:《欧洲议会为保护网络隐私权限制Cookies的使用》,新浪科技,2001.11.4,http://tech.sina.com.cn/i/w/2001-11-14/91733.shtml。

② 李科逸:《英特尔公司将于Pentium Ⅲ加入特殊编码序号,有侵害隐私权利之虞》,《资讯法务透析》,1999.3,http://stlc.iii.org.tw/publish/88c.htm。

确保障他们的权益。①

　　2000年5月底，Toysmart.com对外宣布即将结束营业并向法院申请破产后，即于6月8日在《华尔街日报》(Wall Street Journal)刊登广告拍卖公司有形及无形资产，其中包括"数据库及客户名单"(databases and customer lists)。此举掀起美国国内舆论界一阵哗然，FTC随即以Toysmart违反《联邦贸易委员会法》第5条第(a)款"禁止在商业交易中从事或就商业交易产生影响的不公平或欺骗行为或作法"为由，控告Toysmart公开拍卖其线上客户资料的行为，违背其于隐私权政策中对客户隐私权保护的保证。FTC也指控Toysmart在明知客户为儿童且未事先取得其父母同意的情形下搜集个人资料的行为，违反了《儿童线上隐私保护法》(COPPA)。双方其后于7月21日达成和解协议。双方同意，Toysmart唯有在拍卖应买人同意承担并遵守Toysmart先前对其客户的隐私权保护承诺的条件下，始得继续进行其线上客户资料的拍卖行为。同时，该和解协议就应买人的资格，限于在家庭相关商业市场中从事与Toysmart类似业务者。Toysmart并于达成和解的10日内，应删除或销毁其违反COPPA所搜集的儿童个人资料②。

　　2002年8月8日，美国联邦贸易委员会(FTC)官员宣布，微软已同意修改与通行证(Passport)网路服务相关的隐私和安全政策，双方达成了和解协议。双方达成的协议将接受公众的监督，协议禁止任何与通行证或其他类似服务有关的资讯误导行为，一个独立的专业机构每隔两年将制定一个标准，微软的新安全措施必须达到或超过这一标准才能获得通过。此前，政府机构指控微软在上述领域的管理法规方面存在误导行为，包括：宣称其已采取"合理和适当的措施"来维护和保证消费者的个人资讯不受侵犯和保密状态，以及宣称相对在同样网站没有透过通行证钱包(Passport Wallet)进行的购物，透过通行证钱包的购物行为"在通常情况下更为安全"。

　　FTC指出，尽管微软指出有关服务收集的个人资讯不会超过隐私权保护政策中规定的范围，但实际上通行证在一段时间内收集并保存了每个用户的个人登录历史。此外，FTC还指出，微软在控制父母浏览参与其子女通行证

---

① 李科逸：《亚马逊(Amazon)书店公布排行榜，引发侵害隐私的争议》，《资讯法务透析》，1999.11，http://stlc.iii.org.tw/publish/88c.htm。

② 孙文玲：《美线上隐私权保护新近案例》，《科技法务透析》，2000.10，http://stlc.iii.org.tw/publish/89c.htm。

系统的资讯网站方面也存在误导行为,这些网站的资讯可能来自浏览者的子女①。

  2000年底,我国台湾智富网曾受广告客户中国信托商业银行委托在网站上共同举办活动,希望借此发掘广告客户的潜力。不少网民通过该网站上的横幅广告填写了基本资料,并愿意进一步了解产品。Google搜索引擎未经同意便利用"页库存取"(cache)技术自行将这些属于该公司内部机密文件的内容存入Google的网页内,成为其内容的一部分并对外公布。结果类似广告反馈信息的资料被网友用Google搜索引擎搜了出来。2001年3月中旬智富网发表声明,对厂商及网友表示歉意,并称将加强网友隐私信息的保护。智富网强调,这些网友填写的反馈信息一般网友是看不到的。但当时为方便广告用户查询潜在广告客户的资料,该数据库并未设定防火墙,从而引起业界的轩然大波。智富网强调,搜索引擎功能越强大,个人隐私、甚至于商业机密的保护问题也就显得更加重要②。

  2003年5月21日,台湾省台北市警局大安分局破获以邓伟仁为首的诈骗集团,5月28日追查到供应名单资料给该诈骗集团的机构是"台经贸企业文化协会"。警方从该协会电脑中查扣民众隐私资料500多万笔。业者透露,如果加几毛钱,甚至可以提供所持有的信用卡是白金卡、金卡或现金卡,消费额度、家里汽车的厂牌、年份、一年总收入等资料,"所有隐私无所遁形"。据报道,不法机构收集个人的方法,往往是通过网络促销或街头促销,以赠送纪念品或参加抽奖为诱饵,诱骗民众填写个人资料。③

  2003年6月14日,美国纽约州首席检察官办公室表示,AOL时代华纳旗下的Netscape因使用追踪用户下载情况的软件而遭投诉。Netscape将支付10万美元和解金,删除所有使用SmartDownload浏览器软件获取的URL地址和相关资料,并接受隐私权保护审查。④

  此外,花旗银行网站提供线上申请信用卡,一位在台湾地区高雄文藻外语

---

  ① 参见《微软与美政府部门就网络通行证隐私保护达成和解》,2002.8.9,http://www.chinaeclaw.com/sub-category.asp? page=3&Cat-id=4&s-id=8&s-title= 。

  ② 参见《Google搜索强劲 网民资料曝光》,eNet硅谷动力,2001.3.26,http://tech.sina.com.cn/i/w/59558.shtml。

  ③ 参见《台民众网上隐私不隐 1.5元就可买到个人资料》,http://www.hxdb.com.cn/daily/20030704/twindex.htm。

  ④ 参见《Netscape追踪用户信息遭投诉 花10万了官司》,赛迪网,2003.6.15,http://www.ccidnet.com/news/networkcom/2003/06/15/95-89283.html。

学院担任讲师的曹姓申请人,输入完整资料按确认键时,顺手试着更改网址上的客户流水序号,竟可看到其他申请人的个人资料。他试着向客服人员说明,花旗却没有迅速响应并理解问题,因此转向媒体披露。2003年11月11日,花旗银行郑重道歉,并紧急关闭所有网络申请业务,配合金检单位调查。对于客户可能遭受的损失,承诺负起法律赔偿责任。消费者文教基金会也表示,持卡人可依台湾地区《电脑处理个人数据保护法》向花旗银行求偿,实质损失应全额赔偿;无法举证之实质损害金额,依法也可求偿,每人每案可求偿总额介于新台币2万至10万元(约合人民币5000~25000元)之间。①

第四节 网络服务提供商的隐私权保护责任

网络服务提供商对网络与电子商务中隐私权保护的责任,包括以下的一些内容:

一、隐私权政策必须在主页明示

网络经营者需要告知客户其所执行的隐私权政策,以便客户了解经营者的隐私权政策,更好地保护自己的隐私权。所以网站的主页应该明确地标出有关隐私权政策的链接。这一要求不仅网站经营者要遵守,而且在该网站投放广告的经营者也要遵守。

二、经营者可以收集的信息的内容

按照信息与个人的联系程度,可把信息分为个人化信息和非个人化信息。对于非个人化的信息,网络经营者可以不经消费者同意自行决定收集,这在业界已经成为惯例。如网络经营者为了进行客流量的统计和改进管理与服务,通过IP地址收集客户浏览器的性质、操作系统的种类、提供接入服务的网络服务商的域名等。这些信息尚不能构成对客户的个人身份的识别,所以并不侵犯客户的隐私权。

但是个人化的信息即个人资料则与消费者的隐私权有关。个人资料又可

---

① 参见《网页泄密 花旗道歉愿赔偿》,http://tw.news.yahoo.com/2003/11/12/finance/ctnews/4362964.html;《消基会:每案可求偿2万至10万》,http://tw.news.yahoo.com/2003/11/12/finance/ctnews/4362965.html。

以分为独立识别资料、背景资料和其他资料。独立识别资料包括客户的姓名、身份证号码、通信地址、联系电话、电子邮件地址、信用卡号码等。这些资料是任何时候都不能泄露的,除非法律另有规定。对这种资料的收集必须征得客户的同意。背景资料包括个人职业、受教育情况、收入状况、工作单位规模、婚姻家庭状况、宗教信仰等等。这些资料与其他资料结合起来也可以对客户构成识别,没有征得用户的同意也不能收集、使用和透露。其他信息资料指用户上网时服务器自动产生的一些纪录,如上网的时间、浏览的网站及点击的次数等。这些信息的收集一般可以不经客户的同意,但是其使用必须基于合法的目的,并不能交于第三人使用[1]。

三、经营者收集个人资料的目的要求

经营者收集个人资料时必须明确告知客户收集的目的所在。《欧盟个人数据保护指令》规定:个人信息的收集只能限于具体的合法的目的,收集的范围也必须与收集的目的有关。这种规定是合理的,应当为网络经营者共同遵守。同时,在征得客户同意以前,不得为促销的目的使用数据。

四、对客户个人资料的保护义务

网络经营者应该采取适当的步骤和技术措施保护个人资料的安全,应该采取合理的措施保证网络和基于网络提供的服务的物理上和逻辑上的安全,并应该对因为故意或过失造成的客户的个人资料的泄露负责,侵害客户隐私权的,应该承担相应的法律责任。

五、禁止经营者之间对客户个人资料的共享

除非法律另有规定,未经客户的明确同意,经营者不得向第三方提供客户的姓名、电子邮件地址等个人资料,不应当与其他经营者共享客户的个人资料。经营者之间应该特别禁止数据文档的互联和比较,所谓数据文档的互联和比较是指经营者把自己电脑中的客户个人信息和其他电脑中的个人信息相互比较。由于每一个经营者都把各自的客户的信息都贮藏在电脑之中,如果把各个电脑中的信息互相匹配和比较,等于在全国范围内事实上建立了一个个人信息资料库。任何人不问其业务性质如何,都可以得到个人的全部信息。这种情况最能侵犯个人的隐私权,是网络经营者必须杜绝的。因此,除非法律

---

[1] 李金诚:《网站隐私权保护制度研究》,载《科技与法律季刊》2000年第3期。

另有规定,经营者不得将自己收集的个人资料与其他经营者互连,不得通过连接、合并或下载包含有个人数据的个人数据文档,不得从第三方可查询的文件中建立新的文档[①]。

第五节 我国网络隐私权保护立法进展

目前若干国家或地区例如欧盟、加拿大,我国香港、台湾皆有保护电脑个人数据的法令。欧盟甚至规定禁止向无隐私权保护政策的国家输出数据,以保护电子商务的安全。其中我国台湾于1995年8月11日公布施行《电脑处理个人资料保护法》(以下简称《个资法》)。其内容除将公务机关与非公务机关对个人资料之搜集、电脑处理与利用分别设有限制规定外,亦规定当事人就其个人资料享有下列权利:(1)查询及请求阅览;(2)请求制给复制本;(3)请求补充或更正;(4)请求停止电脑处理及利用;(5)请求删除。同时,相对应地规定保有个人资料之公务机关与非公务机关应采取各种配合措施,以确保个人资料之正确及安全,并对个人之权利受到侵害时明定救济方法。此外,法律亦赋予目的事业主管机关检查、管制与处罚等权限。

但是由于《个资法》制定当时,互联网的发展尚未成气候,因此并未适当地将互联网上的个人数据保护问题列入考量,以至于原本以规范电脑处理个人资料行为为主要目的之法律,难以顺利地适用于以电脑架构而成的互联网。此举不但在立法政策上同时造成规范不足与过度规范的现象,在实际法律适用上也存在着若干疑义,其中最明显的就在于受规范对象之认定问题。就互联网来说,最直接的问题就是,网站例如搜索引擎、人力中介及红娘网站、线上出版等受不受《个资法》的规范就曾引起专家的质疑。[②] 不论如何,为了加强保护消费者个人资料与制定交易资料的自主同意权与管理权的相关规定,台湾"行政院"法务部已检讨修正《电脑处理个人资料保护法》,并于2002年12

[①] 朱理:《网络隐私权的保障与冲突》,http://chinalawinfo.com/xin/disxwpl.asp?code1=211&mark=3078。

[②] 钟明通:《立法规范不足与过度规范》,http://www.grandsoft.com/gim/020/dru201.htm。

月完成草案报请"行政院"审查①。

2001年1月1日起,加拿大也实施了《个人信息保护与电子文件法》(the Personal Information Protection and Electronic Documents Act)。根据该法,所有收集信息数据的网站必须向它们的客户说明是谁在收集信息以及为何收集信息。该法预定首先在联邦一级机构实施,如银行、电信公司和交通运输公司的网站。到2004年,这项法律将适用于所有商业性网站②。

此外,美国对于未成年人的隐私则有专门的法律保护。1998年10月23日通过并于2000年4月21日生效的美国《儿童网络隐私保护法》(Children's Online Privacy Protection Act of 1998 ,COPPA),是美国进入网络时代出台的第一部有关保护网民隐私的联邦法律,引起了各界人士的极大关注。这一新法律的主要目的是保护13岁以下网童的隐私,要求网站在向13岁以下儿童询问个人信息时,必须先得到其家长的同意。如果有网站无视这项法律,我行我素,违反一次则联邦贸易委员会(FTC)将对其罚款1.1万美元,其处罚是严重的。

上述法令对个人数据的收集、使用和安全保护做了详细的规定,对于控制网络空间隐私权侵权行为具有不可低估的作用。我国也应尽快制定《电脑处理个人数据保护法》,以实行网络隐私的特别保护。这不仅可以遏制侵权的发生,还可做到法律与国际接轨,同时对电子商务的发展有较大的促进作用。

总而言之,我国网络隐私权保护虽有立法但不健全。有专家指出,我国《侵权责任法》已于2010年7月1日起施行,对网络侵权进行了相关规定。但是网络侵权责任并没有得到相关的重视,没有与产品责任等责任一样,并列作为独立的章来规定,无法体现出网络侵权责任与其他法律责任一样的地位和重要性。

法律对网络隐私权重视不够。截至2011年年底,中国网民人数达到5.13亿;存在大量个人数据被非法搜集、滥用、交易现象,但是国家目前还没有网络隐私权的专门法律规定。③

---

① 参见《台湾隐私权发展情形与国际间进展报告》,台湾"行政院法务部法律事务司",2000.2.1,http://www.moeaboft.gov.tw/impt-issue/impt-6/ec-rept03-1.htm。

② 参见《加拿大实施因特网隐私法》,2001.1.4,http://www.legaldaily.com.cn/gb/content/2001-01/04/content-11466.htm。

③ 文维:《我国网络隐私权保护的法律探讨》,《人民论坛》2010年第26期,http://paper.people.com.cn/rmlt/html/2010-09/11/content_636420.htm?div=-1。

我国"网络隐私权"的专项立法保护是否能早日出台,值得各界注意与期待。

第六节 垃圾邮件(spam)的管制问题

一、美国总统布什签署了反垃圾电子邮件法案

2003年12月16日,美国总统布什在白宫签署了一项旨在应对垃圾电子邮件的联邦法案,并将于明年1月1日起正式生效。这项名称为《2003控制非自愿色情与促销攻击法》(the 2003 Controlling the Assault of Non-Solicited Pornography and Marketing (CAN-SPAM) Act)的法案,赋予消费者拒绝接收未经请求的电子邮件的权利。本法案授权联邦贸易委员会(FTC)为那些不愿意收到垃圾邮件的因特网用户提供"不要传垃圾邮件"注册服务("Do Not Spam" registry),类似于FTC先前设立普受好评的"不要打电话"电话促销名单("Do Not Call" tele-marketing list)。

根据法案,如果不尊重消费者要求继续向其发送垃圾电子邮件将会受到处罚。法案还禁止使用虚假或欺骗性标题、无效回复地址等发送垃圾电子邮件,并要求发送者必须对包含色情等内容的邮件给出警告标记。垃圾电子邮件发送者如果故意违反这些规定,最多可能被判处5年监禁和处以最高600万美元的罚款。

AOL当天在一份声明中表示,新法案是解决垃圾电子邮件问题的一个"分水岭"。Yahoo也发表声明称,新法案的签署是因特网和消费者的胜利,"它为企业界应对垃圾电子邮件提供了一件重要的法律新武器"。但也有一些业界人士对新法案究竟会产生多大效力持怀疑态度。著名反垃圾电子邮件企业Sophos公司的专家多尔蒂在12月早些时候发布的一份声明中认为,美国联邦反垃圾电子邮件法案不够严厉,凭借它难以有效减少因特网用户收到的垃圾电子邮件数量。[①]

美国各州就已出现了若干惩处滥发垃圾邮件者的案例。例如2002年10

[①] 参见《布什签署反垃圾电子邮件法案》,http://www.chinaeclaw.com/readArticle.asp? id=1161。See also Andy Sullivan, "Bush Signs First National Anti-Spam Bill Into Law", http://news.findlaw.com/news/s/20031226/techspambushdc.html.

月18日俄勒冈州塞勒姆市一位名叫贾森·赫克尔的28岁男子因滥发垃圾电子邮件被法院判处支付将近10万美元的诉讼费和罚金。这是根据华盛顿州严厉的《反垃圾电子邮件法》(Anti-spam Act)审理的第一起案件。检察长Christine Gregoire办公室预计,赫克尔在1998年向居住在华盛顿的居民发送了20万封垃圾电子邮件,推销一本售价39.95美元的名为《如何在互联网上赚钱?》的小册子。

这起案件是根据禁止主题栏包含误导信息、回复地址无效或伪装传送通道的商业性电子邮件的法律审理的第一起案件。法官Douglass North命令赫克尔支付2000美元的罚金和9.4万美元的诉讼费。赫克尔没有出现在法庭上。他在书面声明中说,他从未想到要违反法律,他用这种方法卖书只赚了680美元。赫克尔的律师Dale Crandall表示打算上诉,并认为华盛顿州的《反垃圾电子邮件法》违反了美国宪法"保护州与州间的商务活动"的条款。[1]

又如2003年10月24日,美国加利福尼亚州的圣克拉拉县高级法院宣布,对一家被控向他人电子邮件信箱发送数百万封垃圾邮件的"PW市场销售"公司处以200万美元的罚款。这是加州司法部门就垃圾邮件案作出的首例判决。[2]

二、欧盟议会批准禁止传播垃圾邮件新法令

据欧洲委员会曾经公布的一份调查报告显示,在全世界网络上散发的未经用户许可的大量电子邮件,每年消耗网络费用高达100亿欧元,约合93.6亿美元。2002年5月30日,欧盟议会批准了一条新的"反垃圾邮件及保护在线隐私权"的法令,该法令有可能改变目前欧洲的电子邮件营销惯例,同时有争议地赋予成员国对网民的行为进行监视的权力。该法令中的反垃圾邮件条款规定,将"选择接受"作为商业性电子邮件的默认规则,这意味着营销方必须事先获得消费者的许可才能向其发送电子宣传材料。所有的商业性电子邮件宣传品都必须具有"选择拒收"的功能。不过这项针对垃圾电子邮件的禁令不适用于目前已经存在的客户关系,因此零售商仍可继续向那些有过业务往来的消费者发送电子邮件。

---

[1] 参见《滥发email推销书 赚取680元遭罚10万》,2002.10.22,http://it.enorth.com.cn/system/2002/10/22/000438554.shtml。

[2] 司久岳:《美加州首判垃圾邮件案》,《北京青年报》,2003.10.26.http://bjyouth.ynet.com/article.jsp?oid=2699847。

该法令还指出,网站必须提前告知网民其 cookie 程序,让消费者有权拒绝基于 cookie 的数据采集。它还规定,商家必须得到用户的明确许可才能将他们的个人数据列入公共目录内。但是,这项法令中最有争议的条款是,制定了互联网服务提供商(ISP)之间分享用户上网活动情况的法规。按照该条款的规定,只有在涉及犯罪调查以及国家或公共安全的情况下,才能允许第三方不经用户同意而访问他们的数据。该条款还规定每个欧盟成员国都有权根据自己的情况制定立法。另外该条款还指出,合法地截获电子通信信息应符合欧洲人权和基本自由协定以及欧洲人权法庭的裁决。

这条法令经欧盟批准之后,还有待各成员国通过,使它成为本国法律的一部分,这个过程常常会持续数年的时间。在三年的时间内,它在各成员国中的落实情况还需经欧盟议会审议。① 2003 年 10 月 13 日欧盟委员会宣布,欧盟将从 10 月 31 日起全面禁止向个人发送商业广告性质的电子邮件,除非事先征得收件人的同意。②

三、日本反垃圾邮件法已正式实施

2002 年 4 月 15 日,日本通过反垃圾邮件法并已于 7 月正式实施,这项法律采"除外(opt-out)"原则,滥寄广告信的人必须尊重收信人表示不愿再收信的除外要求,必须在每封广告信中说明是广告信,并且说明是在未经同意下寄出,每封垃圾信都必须在主题栏直接写明主题,并且提供有效的回信地址,同时规定行销者不得使用随机产生的邮件地址滥寄广告信。这项法律实施的对象包括网络上的 E-Mail,以及手机收发的 E-Mail。任何违反这项法律的公司最高可罚款 256 万美元,个人则可判处最高 2 年有期徒刑。法律同时要求电信业者采取积极办法减少滥发的广告垃圾邮件③。

四、韩国将成反垃圾邮件立法典范:刑罚与罚款一应俱全

韩国国会在 2002 年 11 月 8 日审议了反垃圾邮件的议案,正式通过了《促

---

① 参见《欧盟议会批准禁止传播垃圾邮件的新法令》,赛迪网,2002.6.3,http://duba.xaonline.com/c/2002/0603/13381.htm。

② 参见《欧盟 10 月 31 日将禁止滥发商业电子邮件》,http://news.xinhuanet.com/it/2003-10/14/content_1121537.htm

③ 参见《日本反垃圾邮件法正式实施》,CSDN ,http://www.internetnews.com/IAR/print.php/1402331http://www.csdn.net/news/newstopic/6/6516.shtml。

进信息通信网利用以及信息保护等修正法案》，修正案规定，垃圾邮件发送者应该公开在何处收集了电子邮件地址，利用电话等发送语音广告时必须在通话前告知是广告。修正前的韩国法律仅仅把有害媒体限于电子邮件，但是修正案把该范围扩大到电话和传真。更重要的是韩国规定从 2003 年开始凡是对青少年发送成人广告性电子邮件者，将被判处最高 2 年徒刑或者 1000 万韩元罚款。如此严厉的法案甚至出乎很多韩国人的意料[①]。

五、中国处理垃圾邮件的相关法规与问题

iResearch 艾瑞咨询整理 Sophos 报告数据发现，2011Q1 源发自我国的垃圾邮件数量明显减少，由 2008Q1 的第 4 名下降到 2011Q1 的前 12 名之外。艾瑞分析认为，我国垃圾邮件数量减少的原因主要有以下几个方面：一是政府逐渐加大对垃圾邮件的监管力度及惩罚措施，通过开展国际间反垃圾合作，联合国内民间组织共同治理垃圾邮件，取得的效果显著；二是邮件服务提供商的反垃圾邮件技术水平不断提高，向用户提供垃圾邮件的过滤和防护方法；三是用户提高了对垃圾邮件的防范意识，能够积极向国家互联网协会 12321 举报中心及邮件服务提供商进行举报、投诉，从而提高对垃圾邮件的有效拦截。反垃圾邮件是一项长期工程，需要不断加强政府监管，促进互联网行业的法律法规建设，推进行业自律，提高技术以及开展合作，在各方共同努力下营造良好的网络环境。[②]

（一）中国电信制定了垃圾邮件处理暂行办法

为保障广大网络用户的合法通信权益，保证电信网络的正常运行，制止网络不良信息的泛滥，中国电信集团公司早在 2000 年 8 月出台了《垃圾邮件处理暂行办法》。

该办法规定：因某些用户发送垃圾邮件等不正当使用网络行为影响到其他用户或通信网路正常运行，中国电信有权在不通知用户的情况下，采取对用户进行警告、暂时性关闭直至永久停止对其服务的措施。某些用户滥发垃圾邮件对网络通信产生严重影响的，中国电信各级部门将及时向当地执法部门报告并追究其法律责任。

[①] 参见《韩国将成反垃圾邮件立法典范 刑罚罚款俱全》，新浪科技，2002.11.13，http://duba.xaonline.com/c/2002/1113/15077.htm。

[②] 张晶:《艾瑞视点：2011Q1 垃圾邮件源发国排名中国下降》，2011.8.31，http://service.iresearch.cn/18/20110830/148681.shtml。

该办法指出：对拨号用户，在接到投诉后3个工作日内对用户予以警告，并将其列入监控名单，在警告后仍发送垃圾邮件者，则在通知该用户后，采取暂停直至永久关闭账号等措施阻止该用户再发送垃圾邮件；对情节严重者，移交当地执法机关。对专线用户，在接到投诉后3个工作日内对专线用户予以警告，若用户在3个工作日内没有回复或5个工作日内没有采取措施加以制止，将采取封堵端口或封堵路由的方法加以制止，对因专线用户注册的联系人变更没有及时通知而导致无法通知到专线用户或找不到联系人的，可以直接封堵端口或封堵路由[①]。

虽然中国电信出台了上述反垃圾邮件的规定，但是发送垃圾邮件的行为并未得到缓解和遏止。业内人士主张，除了在技术上给予足够重视与投入以外，实有必要在法律上将发送垃圾邮件的行为定义为侵权行为。就中国电信的垃圾邮件处理暂行办法而言，它是商业公司的内部规定，只能对其客户产生效力，并非严格意义上的反垃圾邮件立法。

（二）现行相关法规

首先，在北京市工商行政管理局于2000年5月颁布的《对利用电子邮件发送商业信息的行为进行规范的通告》第一点规定："因特网使用者在利用电子邮件发送商业信息时应本着诚实、信用的原则，不得违反有关法律法规，不得侵害消费者和其他经营者的合法权益。"因特网使用者利用电子邮件发送商业信息，应遵守以下规范：（1）未经收件人同意不得擅自发送；（2）不得利用电子邮件进行虚假宣传；（3）不得利用电子邮件诋毁他人商业信誉；4.利用电子邮件发送商业广告的，广告内容不得违反《广告法》的有关规定。

其次，电子邮件属通信方式的一种，所以，滥用垃圾邮件的行为还违反了《宪法》中对公民通信自由的保护的规定。《宪法》第40条规定："中华人民共和国的通信自由和通信秘密受法律的保护。除因国家安全或者追查刑事犯罪的需要，由公安机关或者检察机关依照法律规定的程序对通信进行检查外，任何组织或任何个人不得以任何理由侵犯公民的通信自由和通信秘密。"

第三，《消费者权益保护法》的某些规定，也可以间接适用。该法第9条规定："消费者享有自主选择商品或服务的权利。消费者有权自主选择商品或者服务的经营者，自主选择商品品种或者服务方式，自主决定购买或不购买任

[①] 《中国电信兴利除弊规范互联网的发展——垃圾邮件有了处理办法》，《北京青年报》，2000.8.21，http://www.bjyouth.com.cn/Bqb/20000821/BIG5/4347‐D0821B0708.htm。

何一种产品,接受或者不接受任何一项服务。"

第四,《计算机信息网络国际联网安全保护管理办法》第 7 条规定:"用户的通信自由和通信秘密受法律保护。任何单位和个人不得违反法律规定,利用国际联网侵犯用户的通信自由和通信秘密。"

第五,在 2000 年初,香港电讯局会同香港因特网供货商协会等机构,制定了一份《因特网供货商实务守则》,除规定对滥发电子邮件者进行惩罚外,还要求因特网供货商必须采取预防措施,减少滥发电子邮件的现象。

第六,虽然我国台湾地区刚通过防止黑客的刑法第 360 条,无故以计算机或其他电磁方式干扰他人计算机或其相关设备,致生损害于公众或他人者,处 3 年以下的有期徒刑、拘役或并科 10 万元以下罚金。不过单纯以邮件较多不堪其扰的方式来申诉,并不适用这条。为此,目前已有《电子广告信件管理条例草案》在"立法院"待审中。该草案对于发送电子广告信件的公司或个人,必须在电子广告信件中明确地注明该公司或是个人名称、邮政地址、联络电话及联络人姓名。发送广告信件的公司或是个人也要有详细的名称及地址,联络人及电话也要注明。最重要的一点,发信人必须先得到收件人的同意才可以发送广告信件,除非该收件者曾经与发信人先前有公务或私人的关系。另外,在广告信件中还要提供收信人可以不再接收发信公司的电子邮件,收信人或是因垃圾邮件而造成实际损害的网络服务业者,可以向发信公司或是代发信件公司请求赔偿。①

但是,是否因为有了上述列举的法律依据,即可认为在中国不存在法律适用上的障碍与盲点呢?事实上恐非如此。首先,以上列举的法律,还都只是间接运用垃圾邮件,并且其要求也非常原则与简单,而真正直接针对垃圾邮件管制的规定还只是从北京市工商管理的角度的规定;其次,以上这些规定,都只是从违法行为和制裁方面作出的规定,很少有从减少违法现象的发生而从管制措施等方面作出规定和要求的,而只有这样的规定才能使危害在发生前被杜绝。

此外,对于北京市工商局关于垃圾邮件的规定,并非没有无可訾议的处。一方面,有两个在制止垃圾邮件方面的关键措施该规定没有涉及,那就是对电子邮件标题与来源需要明示的要求和相应地对 ISP 的相关管理措施,而国外法律中已有许多规定值得借鉴。

---

① 参见《对抗垃圾邮件 还是"法"宝最有用》,2003.6.27,http://it.sina.com.tw/technews/ettoday/2003/06/27/11189965.html

例如美国华盛顿州于 1998 年 3 月 25 日通过规范电子广告信的法案（Washington House Bill 2752），其于同年 6 月 11 日生效，规定从华盛顿州境内计算机发出，华盛顿州居民收件的商业电子信，不得未经允许使用第三人的 IP 或域名为发信源头或传输路径、标题（subject），不得使用不实或误导的信息，否则属于不公平与欺骗性商业行为、不公平竞争行为，以及违反《消费者保护法》(Consumer Protection Act)。而收信人对违法电子邮件得请求 500 美元或实际损害（取高者）的损害赔偿；交互式计算机服务提供者（ISP）得向寄件人请求 1000 美元或实际损害（取其高者）的损害赔偿。此外，赋予 ISP 于合理怀疑信件属于违法电子广告信时，有权加以拦截。

另一方面，就是北京市工商局的规定还是过于笼统，在具体操作中肯定还会遇到若干问题，就以"未经收件人同意不得擅自发送"这一条来说，可能还需要进一步的细化。例如，默示是否可以视为许可，即在第一次收到未经请求的邮件后来表示异议能否算做许可？许可是应对每一次邮件作出，还是对发送者的许可，抑或对某一类产品或某一项服务的求的邮件后来表示异议能否算作许可等。最后一点，也是最关键的一点，我们都知道"网络无国界"，单单以一纸行政命令能管得着内地其他省市发送的电子邮件吗？如果是业者"上有政策，下有对策"辗转自外国 IP 地址发送 E-Mail 至北京市用户手上，主管单位有多少人力物力可以缉查这种规避行为呢？

事实上，北京市工商局的规定只是一项地方行政机关的通告，其效力无法及于全国范围。它与上述的《中国电信垃圾邮件处理暂行办法》一样，都不是严格意义上的反垃圾邮件立法。2000 年底，全国人大通过的《维护互联网安全的决定》竟然对"垃圾邮件"行为并未提及。2001 年，北京市又通过了《网络广告管理暂行办法》，虽然把"电子邮件"也作为网络广告的一种形式，但对其法律地位及违法责任却没有任何明确规定。同时，根据 1997 年《刑法》的"罪刑法定原则"，法律没有明文规定的不算犯罪。在我国，发送垃圾邮件行为尚无法得到《刑法》制裁。[1]

由于中国起步较晚，在反垃圾邮件立法方面还是空白，因此我国应加快关于反垃圾邮件的法律规制，并进一步加强国际司法合作，遏制垃圾邮件的增长，给广大网民营造一个安全、轻松的电邮环境。

---

[1] 于国富：《用法律狙击垃圾邮件》，2002.3.22，http://it.gzinfo.net/internet/2002-03-22/12.htm。

第十一章 网络犯罪问题

第一节 国际网络犯罪防治的概况

随着计算机网络技术的日益推进和迅猛发展,当今世界形成了一个有别于传统空间领域的全新的社会生活空间,即网络空间。网络空间当然也存在它的两面性,它一方面给人们提供了大量的信息,另一方面又会成为犯罪分子的新的犯罪平台。1958年美国就有了计算机滥用事件的记录。1966年10月,学者康·B·帕克在美国斯坦福研究所调查与计算机有关的事故时发现,一名计算机工程师通过非法修改程序在存款余额上做了手脚。这是世界上首例受到刑事追究的计算机犯罪案件。我国发现的首例计算机犯罪则是于1986年7月发生在深圳市的一例利用计算机伪造存折诈取银行存款案[①]。

近年来,伴随着网络用户数量的激增,网络犯罪也呈现出几何级增长的趋势,在一些领域已呈泛滥成灾之势。2003年6月29日,我国台湾"行政院"法务部的研究就显示,网络犯罪是一种新兴犯罪态样,最普遍的就是利用网络媒介色情交易。如何建构一套打击网络犯罪机制,是现阶段政府与民间应共同面对的课题。在台湾"行政院"法务部的统计中,"利用网络散布或贩卖猥亵图文影片"、"利用网络媒介色情交易"、"利用网络发表不法言论"、"虚设购物网站诈取订购货款"、"利用网络侵犯著作财产权"、"利用网络煽惑他人犯罪"、"利用网络冒名滥发或偷窥电子邮件"、"利用网络散布计算机病毒"、"黑客入侵网络银行盗领案"等形式,都是常见的网络犯罪,其中又以网络色情是最普遍的犯罪样式[②]。

---

① 参见《深圳:逮捕电脑"黑客"》,《时代潮》2000年第12期,http://www.16da.org.cn/chinese/LP/16054.htm。

② 参见《打击网络犯罪是政府与民间应共同面对的课题》,http://tw.news.yahoo.com/2003/06/29/society/cna/4077128.html。

因为网络犯罪具有形式多样性、作案的隐蔽性和极大的危害性,网络犯罪已成为当今制约网络社会发展的一大障碍。以美国为例,HP 发表的由旗下子公司 ArcSight 委托 Ponemon Institute 针对网络犯罪所进行的研究报告,主要分析 2011 年网络犯罪所造成企业损失。该报告取样自美国境内 50 家横跨不同产业的企业,且多为跨国性企业。为求取样同构型,调查基准以拥有超过 700 名员工以上的大型企业为主。研究发现这些采样企业整年网络犯罪平均损失为 590 万美金,每家企业的损失费用范围自 150 万到 3650 万美金不等。相对于 2010 年采样企业平均每年损失 380 万美金相关费用,2011 年之平均损失增加了 210 万美金,提升幅度高达五成六。①

近年来欧美等国与多个国际组织已开始推动相关的立法工作与防治措施。例如为了有效防止和惩处计算机及网络犯罪,印度在《信息技术法案 2000》中明确规定了 8 类行为构成"破坏计算机和计算机系统"犯罪,一经查实,犯罪者所要负担的民事赔偿金额最高可达 1000 万卢比(约合 200 万人民币)。这 8 类行为包括未经许可侵入他人计算机、计算机系统和网络,私自下载他人计算机或系统中的数据信息,制造和散播计算机病毒等等。法案还专门对"黑客行为"做出界定,并规定对黑客的最高刑事处罚为 3 年徒刑或 20 万卢比罚金,或两项并处。又为了协调与其他法律的关系,《信息技术法案 2000》提出要对现行《刑法》、《证据法》、《银行法》等法律的部分条款进行修改,其中一项重要内容就是法庭可以接受"电子文书"和"数字化签章"作为审判依据。法案还提出成立一个"计算机法规上诉法庭",专门受理计算机和网络领域的争议案件。②

2003 年 3 月 12 日我国香港特区保安局指出,2002 年共侦破电脑罪案 272 宗。香港所谓"电脑罪案",一般指直接以电脑或电脑系统为目标的罪行、利用电脑作为媒介的罪行,以及电脑只起附带作用的罪行。香港电脑罪案主要由警方和海关处理。警方的电脑罪案小组专责侦查电脑罪行,并设有电脑法理鉴证所,以提供鉴证电子证据的技术支援。在 2000 年该组共有 17 名人员,2002 年则增至 42 名。海关的互联网反盗版队专责侦查网上盗版活动,2000 年 11 月设立的海关电脑法证所,负责提供电脑法理鉴证的技术支援。

---

① 《2011 年网络犯罪损失研究报告》,2011.8.25,http://www.ithome.com.tw/it-adm/article.php?c=69460。

② 参见《信息技术法案 2000 简介》,http://www.jcinfo.gov.cn/infomation/gjzl-16.htm。

入境事务处于2001年成立了电脑罪行小组,负责处理涉及电脑罪行的出入境个案①。

1997年,为应对电脑及高科技犯罪对传统刑法的冲击,台湾《刑法》曾被进行部分条文的修正,但因特网高度发展后,新形态的电脑犯罪层出不穷,原刑法却鞭长莫及,台湾"行政院""法务部"因此成立"电脑(网路)犯罪相关法规研究小组",并于《刑法》增订妨害电脑使用罪专章,并于2003年6月3日由"立法院"院会三读通过。相关修正条文如下:

1. 新增第358条"无故入侵电脑罪",凡无故以他人账号密码、破解电脑或利用电脑系统漏洞,入侵他人的电脑者,处3年以下有期徒刑及科或并科10万元以下罚金。

2. 新增第359条"保护电磁纪录规定"明定,对窃取、删除或变更他人电脑资讯,导致公众或电脑使用人重大损害者,处5年以下有期徒刑及科或并科20万元以下罚金。

3. 新增第360条"干扰电脑系统及相关设备罪",规范黑客瘫痪网路的攻击行为,凡无故以电脑程式或其他电磁干扰化电脑致生损害者,处3年以下有期徒刑及科或并科10万元以下罚金。电脑黑客瘫痪网络或故意以电子邮件灌爆别人电子信箱造成损害,都适用这项条文。但上述三条条文都是告诉乃论,必须由受害人提出告诉才受理侦办。

4. 第361条则对上述电脑犯罪对象为公务机关电脑者,加重刑罚1/2(此为公诉罪)。

5. 新增第362条"制作专供电脑犯罪的程式罪",对电脑病毒程式的设计者,其设计电脑程式因他人或自己用于犯罪导致公众或他人损害,处5年以下有期徒刑及科或并科20万元以下罚金(此亦属告诉乃论)。此项规定,明确排除软件业界在程序开发与创作上可能触法的顾虑,将有助软件的开发。②

在国际组织方面,2003年2月28日,欧盟各成员国的司法部长批准了一项新的法律,对各成员国在网络犯罪的定义和惩罚措施方面的法律进行了协调。它针对任何非法地进入计算机系统或服务器以及传播计算机病毒的人。

---

① 参见《香港去年侦破电脑罪案272宗》,新华社,2003.3.12,http://www.peopledaily.com.cn/GB/it/index.html。

② 祁安国:《防骇条款 骇客、垃圾邮件有法可管》,http://tw.news.yahoo.com/2003/06/04/technology/udn/4028290.html;陈志平:《电脑犯罪将受刑法处分》,http://www.buddhanet.com.tw/gb/chi/chi-100.htm。

根据新的法律,从事黑客活动或传播计算机病毒可以被判处 2～5 年的监禁,没有造成严重后果的可以被判处 1～3 年的监禁。[①] 欧洲网络和信息安全局在 2003 年年底开始运转,它对 15 个成员国在如何应付与互联网相关的威胁方面发挥重要的咨询作用。但是 2003 年 6 月 4 日,欧盟表示,由于各成员国政府希望进行更密切的关注,亦即能够直接任命该机构的成员,欧盟机构打击计算机病毒、恐怖袭击等电脑领域犯罪活动的计划可能会搁浅。[②]

此外,2003 年 7 月 21 至 25 日在泰国曼谷举行的 APEC 论坛的关键议题,就是对抗计算机黑客、病毒制造者和其他"计算机犯罪"。设在新加坡的亚太经合组织(APEC)秘书处表示,出席 APEC 论坛的各国官员们将讨论如何成立防治网络犯罪法律的执法部门,透过国际间紧密的合作,推行一项法律框架,以起诉网络罪犯。APEC 将网络犯罪列为不当使用计算机系统进行不法的行为之一,包括用于偷窃、诈骗或者恐怖活动等不当行径[③]。

第二节　网络犯罪的特点暨构成特征

一、网络犯罪的特点

同传统的犯罪相比,网络犯罪有它自身的一些特点:

(1)犯罪主体的智能化。作为新型犯罪的网络犯罪,犯罪主体往往要具有相当高的专业知识和熟练的操作技能,运用人的智力而非身体或物品的强制力量。因此,有人称网络犯罪为智慧型犯罪。

(2)犯罪成本低,传播速度快,传播范围广。犯罪分子往往只要敲几下键盘就可以实施犯罪,并且在短短的一瞬间就可能完成犯罪,并且犯罪分子可以针对全世界范围内的任意网络用户实施,在不同国家实施不受空间的限制。这是传统犯罪所不能比拟的。

---

① 参见《欧盟颁布新网络犯罪法,最高可判 5 年》,2003.3.3,http://www.ccw.com.cn/news2/secure/htm2003/20030303-11PV5.asp,2。

② 参见《欧盟打击电脑领域犯罪活动计划可能搁浅》,2003.6.5,http://tech.sina.com.cn/it/w/2003-06-05/1518195019.shtml

③ 参见《APEC 论坛将打击网络犯罪列为重要议题》,http://tw.news.yahoo.com/2003/07/18/technology/reuters/4120376.html。

（3）犯罪后果具有严重的社会危害性。网络犯罪对社会正常管理秩序及国家安全的危害是其他犯罪所无法比拟的。一旦其犯罪针对国家事务、国防建设、尖端科技和金融财政等关键部门，就可能造成整个社会的混乱，国家管理的瘫痪，乃至人民的恐慌。

（4）犯罪行为复杂，隐蔽性强，犯罪黑数高，取证困难，不易侦破。网络犯罪瞬息完成、不留痕迹，收集证据困难，犯罪分子可能身在万里之外的异国某个角落，很难找到，无法抓获。

二、网络犯罪的构成特征

一般认为，构成网络犯罪尚应具有以下特征：

（1）网络犯罪的犯罪客体是为刑法所保护的而为网络犯罪行为所侵犯的一切社会关系。网络犯罪所侵犯的直接客体是多种多样的，并且侵犯的是复杂客体，有的行为侵犯计算机系统的管理秩序，有的危害计算机系统的安全保护制度，有的还危害国家安全、国家和人民群众的人身和财产安全等。

（2）网络犯罪的犯罪客观方面表现为违反有关计算机网络管理法律、法规，侵入国家事务、国防建设、尖端科学技术等国家网络系统和大众网络系统，对网络系统功能、数据和应用程序等进行删除、修改，或者破坏计算机系统软件、硬件设备等侵害计算机系统安全的行为，以及利用网络实施偷窥、复制、更改或者删除网络信息，诈骗，网络色情传播，侮辱，诽谤与恐吓等犯罪行为。网络犯罪行为的表现形式只能是积极的作为，即犯罪人只能是积极的实施侵入、删除、增加或者干扰等网络犯罪行为，才能构成网络犯罪。

（3）网络犯罪的犯罪主题是一般主体，既可以是自然人也可以是法人。一般看来，只要是具有一定计算机网络专业知识水平的人，不论其年龄大小，从事何种职业，都可以成为网络犯罪的主体。

（4）网络犯罪的主观方面表现为故意。这是因为，在这类犯罪中，犯罪行为人进入系统以前，需要通过一定方式输入指令或利用技术手段突破系统的安全屏障。利用网络实施危害社会的行为，具有极强的主观故意。

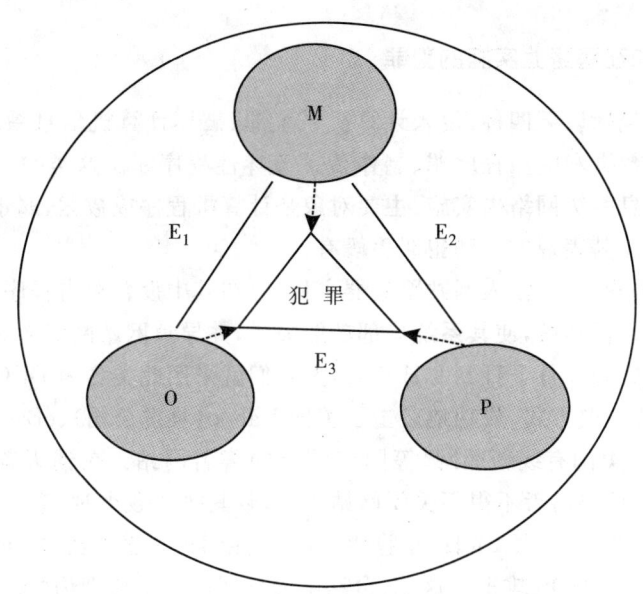

图 11-1　日常活动犯罪理论的 M-O-P 犯罪三要素动态模式

资料来源：林宜隆：《网络使用的犯罪问题与防范对策的探讨》，第七届"中美防治犯罪研究会"论文，http://140.111.1.19z/moecc/tanet/tanet-seminar/88data/880420.doc。

注：美国犯罪学者 L. Cohen and M. Felson 在 1979 年所提日常活动犯罪理论（Routine Activity Theory），其认为犯罪是人们日常生活形态的一种结果，且犯罪事件要发生必须有三种要素（M-O-P）在时空的聚合：(1)有动机及能力的犯罪者（Motivation）、(2)合适的犯罪标的物（Object）及 (3)抑制犯罪发生者的不在场（Protect），（E1，E2 及 E3 分别表示家庭环境、学校环境及社会环境）。

第三节　网络犯罪的种类与案例选介

所谓网络犯罪，是指犯罪分子利用其编程、加密、解码技术或工具、软件指令、产品加密技术及法律规定上的漏洞，或利用其居于网络提供者的特定地位或其他方法，在网络上实施的严重危害社会以致违反特定刑法的行为。网络犯罪的表现形式多样，归结起来主要有以下两类：

一、只能在网络上实施的犯罪

其通常包括以下四种:侵入计算机系统罪、破坏计算机信息系统功能罪、破坏计算机数据和应用程序罪、制作传播破坏性程序罪。这类网络犯罪只能在计算机信息系统网络内实施,主要对象是计算机程序或数据,属于信息攻击或破坏行为。其表现方式和犯罪手段有:

(1)袭击网站,即侵入网站服务器主机,并在其中设置袭击程序,在特定的时间内袭击目标网站,使其系统局部功能失灵,并导致网站网络系统瘫痪。例如新千年伊始的2月7日到9日三天,黑客们就采用此类名为DDOS(分布式拒绝服务)的入侵方式,成功地袭击了美国Yahoo(雅虎公司)、eBay(电子海湾公司)、CNN(美国有线新闻网)等因特网上的著名网站。在铺天盖地的邮包炸弹攻势下,被袭击者不得不关闭网站入口,致其瘫痪数小时,造成重大损失。

又如2002年10月21日,全世界13台路由DNS服务器(Route Server)也同时受到了DDOS攻击。这13台路由服务器的名字分别为"A"至"M",其中10台设置在美国,另外各有一台设置于英国、瑞典和日本[①]。

(2)在线传播破坏性病毒或逻辑炸弹、蠕虫、特洛伊木马等其他破坏性程序。

2011年10月20日发布的《2010年度全国信息网络安全状况暨计算机病毒疫情调查结果》显示,我国移动终端病毒疫情发展迅速。当年移动终端病毒感染率为32.47%,多次感染病毒的比率为12.72%。移动终端病毒主要通过普通短信、彩信、网站浏览、电子邮件、网络聊天、电脑连接、存储介质、蓝牙等多种途径传播。

2007年9月24日,备受社会关注的"熊猫烧香"案在湖北省仙桃法院开庭审理。法院当庭宣布,被告人李俊犯破坏计算机信息系统罪,判处有期徒刑4年;被告人王磊犯破坏计算机信息系统罪,判处有期徒刑2年零6个月;被告人张顺犯破坏计算机信息系统罪,判处有期徒刑2年;被告人雷磊犯破坏计算机信息系统罪,判处有期徒刑1年。并判决对被告人李俊、王磊、张顺的违法所得予以追缴,上缴国库。[②]

---

① 参见《特稿:全球13台核心路由服务器遭袭击分析》,日经BP社,2002.11.17,http://www.ccidnet.com/news/industryexpress/2002/11/17/113_78120.html。
② 《"熊猫烧香"案昨宣判 4名被告获刑》,2007.9.25,http://msn.ynet.com/view.jsp?oid=24115362。

二、网络关联犯罪,即利用网络实施的种种犯罪

这类犯罪较多,常见的有:

(一)电子盗窃

即是以解码、修改指令等方法,擅自破译他人接受某项网络服务的密码,侵入系统终端,达到盗获他人网络接入服务的行为。目前我国各地出现了多起网络虚拟财产被盗的案例。例如2003年3月3日,湖南省株洲市芦淞区公安分局贺家土派出所接到了几个网民的报案,称有人盗走了他们的游戏ID号及密码、游戏中的人物装备和武器,要求民警为他们"主持公道"。株洲市公安局判定该行为属于盗取他人密码,盗卖他人游戏人物的装备,属于"盗窃",应根据《治安管理处罚条例》进行处罚。盗窃者被处以治安拘留10日。[①]

又如5月21日中午,武汉市洪山公安分局网监科接游戏玩家肖某报案称:上午11时许,他正在玩"传奇"游戏时,突然被强行从游戏中退出,待他再次登陆后就发现密码被人篡改。当肖某使用另一账号登录时,发现有人在游戏中用400元现金叫卖自己被盗账号中的极品"兵器"。他立即请一个女网友在游戏中假欲现金购买,双方当即约定在民众乐园一网吧内交易。接到报案后的洪山区公安分局网警立马同肖一起赶往民众乐园,当肖与前来卖"兵器"的张某一手交钱一手交货时,警方将"卖方"张某等人抓获。洪山警方根据《计算机信息网络国际互联网安全保护管理办法》,于是对张某等人予以罚款处罚[②]。

由于目前我国《刑法》对于盗用、盗取他人网络游戏ID号等行为尚无相关规定,在其他的网络游戏的"宝物"、"武器"、级别、段位等或幸运QQ号码被盗案件,也有被警方拒绝立案或只对盗窃者进行严厉的批评教育的情况[③]。在这方面,台湾的法律规定已相对比较完备,值得借鉴。近期,台湾"行政院"法务部已经做出解释,确定网络游戏中的虚拟财物和账户都属存在于服务器的电磁记录,而电磁记录在刑法欺诈及盗窃罪当中均以动产论。这实际上明确

---

① 蓝碧霞:《谁偷了我的"屠龙刀"?》,《厦门日报》,2003.4.1, http://www.csnn.com.cn/csnn0303/ca145107.htm。

② 晓亮、陈俊:《盗卖网络游戏中"兵器" 武汉一网迷受处罚》,正义网,2003.5.29, http://www.jcrb.com/zyw/n119/ca65446.htm。

③ 参见《网虫兵器被盗案难倒公安》,北方网,2003.1.24, http://it.enorth.com.cn/system/2003/01/24/000497511.shtml;巫伟、艾勇、唐若磊:《谁来保护网络虚拟财产?》,人民网, http://www.china-window.com.cn/Fujian-w/dnxw/20030808/2-130691.html。

承认了玩家在网络游戏中获得的虚拟财物具有财产价值①。新的台湾《刑法》修正案通过后,使用外挂加速游戏进行的外挂程序,也将受到上述第360条的约束,未来对使用外挂程序的玩家,都将可以依法提出告诉。因此对于线上游戏业者及玩家来说,这可以是一种保障②。

(二)网上洗钱

即在网络上以密码或加密传输信息的方式,在网上销售或存储钱款,通过网上的合法交易,把通过非法渠道得来的"黑钱"洗"白"。在常规状态下,犯罪分子通常通过银行或其他金融机构的中介转换、兑现等,使其非法资金在形式上"合法化"。信息时代,随着网络商务、虚拟钱包、电子银行、在线商店、网络租赁等业务的发展,洗钱活动也日趋电子化。犯罪分子愈来愈注意通过网上的"合法"交易,将自己的黑钱洗"白"。例如以出售毒品获得大笔黑钱的贩毒犯某A,先将其"货款"用于网上购房、进而将其转售给某网上购房户B,当B将其购房款打入A的电子账户后,A的黑钱就堂而皇之的地成为"合法"售房收入,并就此获得银行方面的、所有合法存款户一体享有的待遇和保护,如银行针对储户的保密制度、定期支付存款利息制度等③。

(三)网络诈骗

包括利用网络信息服务、网络商务、电子银行、在线商店、网上拍卖等业务,从事假支付、真诈骗的活动。例如根据美国证券交易委员会(SEC)的指控,从2002年5月到2003年2月之间,一个20岁的肯塔基州的男子K.C. Smith建立了两个网站。在这期间,Smith利用网络发布了900万封垃圾邮件。邮件称,如果用户在这两家网络上投资,每个月将得到两位数的回报率。邮件还称,电话投资公司Kryer Financial全力支持这个项目。Smith还欺骗用户称,这些投资项目在美国Deposit保险公司投保,该公司的名字也是Smith伪造的。Smith还为这家不存在的公司建立了网站,并且仿制了SEC的官方印章。SEC之所以关注到Smith,是因为投诉中心的记录。许多客户对于Smith的不法行为,进行了投诉。对此指控,Smith既不承认也不否认。

---

① 巫伟、艾勇、唐若磊:《谁来保护网络虚拟财产?》,人民网,http://www.china-window.com.cn/Fujian-w/dnxw/2003.08.08/2-130691.html。

② 陈瀚权:《外挂程序 也难逃"法"网》,http://tw.news.yahoo.com/2003/06/04/technology/udn/4028291.html。

③ 屈学武:《因特网上的犯罪及其遏制》,《法学研究》2000年第4期,http://www.jcrb.com/zyw/n148/ca82034.htm。

不过,Smith 同意返回 102554 美元现金和 4956 美元的利息。最后,SEC 和 Smith 达成了协议,不会再对 Smith 处以更多的惩罚,主要原因是因为 Smith 没有能力支付这些罚款[①]。

又如 2003 年 3 月 27 日,我国厦门市公安机关出动警力,查获了位于开元区莲花广场 34 号、35 号的 5 个犯罪窝点,摧毁两个利用电子商务网站发布虚假商品信息的特大诈骗犯罪团伙。这是厦门市近年来侦破的最大网络诈骗案,共抓获以福建人李全才、李胜杰等人为首的两个犯罪团伙的犯罪嫌疑人和涉案人员 25 名,缴获电脑 20 台、手机 39 部、赃款 10 万余元现金及大批存折、银行卡等犯罪工具。据初步查明,这两个犯罪团伙通过设立网页等方式,在电子商务网站上发布虚假的商品信息,以远低于市场的价格销售电脑配件、笔记本电脑、汽车、手机、数码相机、摄像机等货物,留下手机和电子邮件等联系方式,让受害人预交定金和补交税款等手段骗取钱财,该案涉及全国,危害严重[②]。

(四)网络侮辱、诽谤与恐吓

即出于各种目的,向各电子信箱、电子公告板(BBS)发送或粘贴大量有人身侮辱、诽谤、或恐吓等内容的文章或者图片和散布各种谣言来侮辱、诽谤和恐吓他人。例如 2002 年 9 月,广东省惠州市中级人民法院审结了该省首例网上侵权案。26 岁的被告徐某,因在互联网上诽谤同事吉某夫妇,造成了极为恶劣的影响。徐某被惠州市中级人民法院以诽谤罪名判处管制 3 个月[③]。又如 2003 年 3 月,吉林省无业青年曹哲因为利用电脑上网,侵入他人电子信箱并制作淫秽照片敲诈索要巨额财物,被北京市朝阳区人民法院判处有期徒刑 2 年。作案工具电脑被依法没收。此案是北京市法院系统判决的首例既当网络"黑客"又对被侵害人实施敲诈的案件[④]。

(五)网络色情传播

由于网络支持图片传输,于是大量色情图片、电影等就横行于网络上,导

---

① 参见《美 SEC 与网络诈骗犯达成协议:返还现金了事》,2003.5.15,http://it.enorth.com.cn/system/2003/05/15/000561463.shtml。

② 参见《厦门警方摧毁两个特大网络诈骗犯罪团伙》,新华网,2003.3.28,http://news.xinhuanet.com/it/2003-03/28/content-803123.htm。

③ 参见《因借同事妻的名网上征男友被判诽谤罪》,新华网,2002.9.6,http://it.enorth.com.cn/system/2002/09/06/000413481.shtml。

④ 参见《淫秽照片敲诈三万 —"黑客"被判两年》,http://it.enorth.com.cn/system/2003/03/24/000531750.shtml。

致了大量犯罪的出现,也影响了网络环境的健康。随着网络技术的发展,色情资料就越来越多地以声音和图像的形式出现在网络上。在网上发布色情广告的案件,目前国内外均有发生。在国内,河南警方已于1999年底破获了一起网上传播黄毒案件。作案人系郑州无业青年何肃黄、杨坷。两人为赚取网上广告赞助费,合伙制作了隐藏在商丘信息港个人空间免费主页下的淫秽网站——"酷美女网际乐园"。自1999年8月以来,两人通过从国际互联网上下载的大量淫秽图片、色情小说,在其淫秽网页上先后发布淫秽图片万余张、色情小说百余部。2000年初,何、杨二人已被河南省商丘市公安机关刑事拘留。① 而浙江省永康市一名网站技术员闻人兴勇为增加网站访问量,竟非法链接黄色网站上的淫秽、色情影片在网上播放,结果网站访问量虽然大增,闻某却因传播淫秽物品罪于2002年7月6日被法院一审判处有期徒刑8个月②。另外,2008年1月27日至2月9日,有人通过网络,曝光了香港艺人陈冠希与钟欣桐、陈文媛、张柏芝等多人的数百张不雅照片。香港警方介入调查后,先后以传播淫秽物品罪将近10人拘捕。2008年2月20日,北京市公安局首次明确表态,向朋友赠阅上述"艳照门"图片系违法。如果是通过网络打包传播,且数量在200张以上的,赠与人将被追究刑事责任(参见《最高人民法院关于传播淫秽电子信息刑事案件具体应用法律若干问题的解释》第1条第5款)。③

(六)网络赌博

在网络时代,赌博犯罪也时常在网上出现。2003年3月27日,全国首例通过设置赌博程序、控制赌局输赢的互联网聚众赌博案,在江西上饶市信州区人民法院审结,犯罪团伙4名成员均被判处有期徒刑1年,并处罚金2000元。法院宣判后,4名被告人均未提出上诉。④

值得一提的是,美国于2006年10月立法,禁止信用卡公司办理线上赌博业扣款,从而有效关闭海外线上赌博公司的市场。许多线上赌博公司设在欧

---

① 参见"酷美女国际乐园网"制作传播淫秽物品案,《法制文萃报》第16版,2001.1.31。

② 参见《为增访问量链黄色网站 网站技术员被判刑》,北方网,http://it.enorth.com.cn/system/2002/07/09/000368837.shtml。

③ 《各地警方清查艳照 传播200张以上涉嫌犯罪》,《法制晚报》,2008.2.20,http://news.dayoo.com/ent/news/2008-02/20/content_3302748.htm。

④ 参见《全国首例网上聚众赌博案审结 4名犯罪成员被判刑》,《法制日报》,2003-04/21,http://www.legaldaily.com.cn/gb/misc/2003-04/21/content-24650.htm。

洲,诸如 888 控股公司、PartyGaming 和 Sportingbet 公司等。而 2007 年 12 月 19 日,美国司法部表示,微软、谷歌(Google)和雅虎同意以 3150 万美元,就其涉嫌推广非法网络赌博指控达成和解。这三家公司先前被指控在 1997 年至 2007 年间涉嫌接收线上赌博业者资金,为其刊载非法博彩广告。作为和解协议的一部分,这些公司将向联邦政府支付现款和解金,并提供数百万美元价值的公共服务广告,告知年轻人和青少年网络赌博是非法行为。①

(七)网络传销

从司法的角度来看,传销在我国被列为非法经营行为,凡在非法经营中获利 1 万元以上或非法经营额达 5 万元以上即构成犯罪。2001 年我国沿海地区曾出现过网上传销,但那时的网上传销尚处在实物传销阶段,其中最有影响的是广东的"神龙数码卡"案。涉案人员均已被侦办。2002 年 9 月"神龙数码"卡北京分销商李勃蓬被北京市宣武区人民法院判以非法经营罪,判处有期徒刑 2 年 6 个月,并处罚金 3 万元②。

2003 年 3 月初,一个以武汉、荆州为据点的网上非法传销组织被武汉警方侦破。该组织以"全球远程教育网站"为载体进行交易,其授课地点为网吧。此次的传销组织以虚拟的网站服务器空间为传销物,这在全国尚属首例。现查明,该组织在湖北地区共发展地下会员 1000 余人,其中武汉 200 余人,荆州 800 余人,涉案金额约 140 万元,涉案人员伍某、吕某二人从中获利 5 万余元③。

(八)网上非法交易

指行为人实施了经当事国法律或国际公法明令禁止交易或不得无证交易的非法行为。例如我国《刑法》第 225 条就规定,"未经许可经营法律、行政法规规定的专营、专卖物品或者其他限制买卖的物品","扰乱市场秩序,情节严重的",构成非法经营罪;此外,国际公法上也将出售某些禁止买卖的野生动物器官的行为规定为犯罪行为。

1997 年 9 月间 在台湾曾发生一起轰动一时的"军火教父"案,后虽证明嫌

---

① 《涉推广赌博 微软谷歌雅虎赔 10 亿》,(台湾)《联合晚报》,2007.12.20,http://times.hinet.net/news/20071220/infotech/22f8f8b0f300.htm。

② 参见《"神龙数码"卡骗了 5 万北京人,分销商被判有罪》,http://www.gmdaily.com.cn/gmw/gmwhomepage.nsf/documentview/2002-09-16-11-48256A22001B0C1148256C360008C775?OpenDocument。

③ 黄兵:《立法打击网络传销刻不容缓》,2003.3.31,http://zgrdxw.peopledaily.com.cn/gb/paper7/28/class000700002/hwz233118.htm。

犯仅系出于好奇心的驱使,并无任何实际的枪支贩售行为,但该案例却凸显网络上可能出现的贩售枪支、毒品等犯罪行为,以及企图利用国外网站以规避台湾的司法管辖权与增加执法人员侦查上的困难,此案例促使政府部门开始重视各类网络犯罪如网络色情、网络诈欺案件的侦办工作,并相继成立各专责的侦查执法单位①。

又如美国著名的网上拍卖商 eBay(电子海湾)公司,为了扩大其成交份额,曾允许利用其网站销售军火、股票、酒类和烟草等。但因美国各州法律规定的不同,在一些州属于合法交易的行为在另一些州则可能为非法。一些犯罪分子正好利用此机非法交易。同时"管理州际酒类和烟草交易的相关法律也有可能对 eBay 公司的用户带来麻烦",因而,eBay 公司在1999年9月15日以前业已宣布禁止通过自己的网站销售军火和股票;并声明从1999年10月13日起,无论是个人还是企业用户,均禁止在其网站销售酒类和烟草。"以防这些货物穿越州界可能带来的法律纠纷"②。

(九) 网上教唆或传播犯罪方法

网上教唆他人犯罪的重要特征是教唆人与被教唆人并不直接见面,教唆的结果并不一定取决于被教唆人的行为。这种犯罪有可能产生大量非直接被教唆对象同时接受相同教唆内容等严重后果,具有极强的隐蔽性和弥漫性。例如1997年9月台湾省台北市警方破获的"无政府分子文件集"网站,是由某私立大学资讯系的学生透过学术网站,连接外国制造炸弹的信息,内容从制造的材料、过程都相当详尽,且取材不难,网友可依"教学内容"制造出威力惊人的爆裂物,检方以妨害秩序罪和涉嫌煽惑他人犯罪,将这位大学生提起公诉③。

2002年3月,湖北省襄樊警方也成功侦破我国首例网上出售冰毒配方案。犯罪人胡某系随州均川镇人,化学成绩特别好,他通过互联网掌握了冰毒(甲基苯丙胺)分子式和结构式。之后,他运用所学知识,"研制"出冰毒配方。2月下旬,胡某在襄樊"天使网吧",以同学名义,登陆"中国化工网",公开发布了出售冰毒配方的信息。3月5日,胡在襄樊与北京"客户"以3000元价做成

---

① 林宜隆:《网络使用的犯罪问题与防范对策的探讨》,第七届"中美防治犯罪研究会"论文,http://140.111.1.192/moecc/tanet/tanet-seminar/88data/880420.doc。

② 昊天编译:《Ebay 禁止在自己网站上销售酒类和烟草》,《华声报》1999.9.15。

③ 祁安国:《网络教作炸弹 不可取!》,http://tw.news.yahoo.com/2003/04/18/technology/udn/3938774.html。

第一笔"生意"后,被襄樊警方擒获①

此外,网络犯罪还有网上侵犯知识产权、侵犯隐私权、网上报复、网上盯梢、网上恐怖活动等多种形式。

第四节 我国对网络犯罪的规范与防治对策

一、我国网络犯罪的规范

近年来,我国的网络犯罪案件一直呈上升趋势:据公安部的统计数字,1999年立案侦查计算机网络违法犯罪案件为400余起,2000年剧增为2700余起,2001年又涨到4500余起,2002年共受理各类信息网络违法犯罪案件6633起,比上年增长45.9%。上述统计数字表明,网络犯罪已经成为一个不容忽视的社会问题。如何防范网络犯罪不但是各国立法机关、司法机关及行政机关迫切要解决的问题,而且也是计算机技术领域、法学及犯罪学研究领域中最引人关注的课题②。

因网络犯罪形式多样,侵犯对象各有不同,我国的网络犯罪立法活动也处在就事论事阶段,表现在政策性立法占主导地位,且主要集中在计算机互联网络的经营秩序和计算机互联网络的信息系统安全方面,而关于计算机资产的保护和滥用计算机所造成的危害行为,相关规定则较少。

(一)全国人大常委会《关于维护互联网安全的决定》

全国人大常委会2000年12月28日第九届全国人民代表大会常务委员会第十九次会议通过的《关于维护互联网安全的决定》规定对五类网络犯罪应追究刑事责任,即:

(1)妨害网络运行安全的犯罪;

(2)妨害国家安全和社会稳定的犯罪;

(3)妨害社会主义市场经济秩序和社会管理秩序的犯罪;

(4)侵犯人身、财产等合法权利的犯罪;

---

① 参见《全国首例网上出售冰毒配方案告破》,新华网,2002.3.14,http://it.enorth.com.cn/system/2002/03/14/000290088.shtml

② 喻军:《当前网络犯罪的发展趋势及对策》,正义网,2003.8.5,http://www.jcrb.com/zyw/n183/ca103019.htm。

(5)其他网络犯罪。

除规定"构成犯罪的,依照刑法有关规定追究刑事责任"外,还同时规定:"利用互联网实施违法行为,违反社会治安管理,尚不构成犯罪的,由公安机关依照《治安管理处罚条例》予以处罚;违反其他法律、行政法规,尚不构成犯罪的,由有关行政管理部门依法给予行政处罚;对直接负责的主管人员和其他直接责任人员,依法给予行政处分或纪律处分。利用互联网侵犯他人合法权益,构成民事侵权的,依法承担民事责任。"

(二)刑法

对于计算机犯罪,《刑法》侧重于保护计算机信息系统。2009年2月28日《中华人民共和国刑法修正案(七)》在刑法第285条中增加两款作为第2款、第3款:"违反国家规定,侵入前款规定以外的计算机信息系统或者采用其他技术手段,获取该计算机信息系统中存储、处理或者传输的数据,或者对该计算机信息系统实施非法控制,情节严重的,处三年以下有期徒刑或者拘役,并处或者单处罚金;情节特别严重的,处三年以上七年以下有期徒刑,并处罚金。"

"提供专门用于侵入、非法控制计算机信息系统的程序、工具,或者明知他人实施侵入、非法控制计算机信息系统的违法犯罪行为而为其提供程序、工具,情节严重的,依照前款的规定处罚。"亦即增设了非法获取计算机信息系统数据、非法控制计算机信息系统罪,提供侵入、非法控制计算机信息系统程序、工具罪。这些规定对于维护计算机信息系统安全,打击计算机网络犯罪发挥了重要作用。

此外,最高人民法院、最高人民检察院2011年8月29日联合发布了《关于办理危害计算机信息系统安全刑事案件应用法律若干问题的解释》。这个共有十一条的司法解释自2011年9月1日起施行。司法解释针对危害计算机信息系统安全犯罪所涉及的定罪量刑标准、单位犯罪、共同犯罪、术语界定等问题,进一步明确了相关刑事案件的法律适用标准。

二、我国网络犯罪法规尚待完善

计算机网络信息,是指传输于互联网络上的各种资讯信息。必须承认,计算机网络资讯信息的传输和使用具有其内在的规则,违反这种规则的行为,势必危害网络信息传递的安全性。这种安全性是由数码空间(又称赛博空间,Cyberspace)的特殊性所决定的。侵犯网络信息资讯的行为,一般认为是一种典型意义上的网络滥用行为,或者说是纯粹网络工具犯的表现。其行为表现主要有如下几种形式：

非法散布信息，散布危害国家安全的有害信息、散布虚假信息、散布损害他人商业信誉和商品声誉信息、散布淫秽信息、散布犯罪方法等。如利用互联网煽动颠覆国家政权、推翻社会主义制度的，要依照《刑法》第105条煽动颠覆国家政权罪处罚；对于利用互联网煽动分裂国家、破坏国家统一的，依照《刑法》第103条煽动分裂国家罪定罪处罚；对于在互联网上建立淫秽网站、网页，提供淫秽站点链接服务，或者传播淫秽书刊、影片、音像、图片，可以依照《刑法》第363条制作、复制、传播淫秽物品牟利罪、第364条传播淫秽物品罪定罪处罚。

2004年9月6日，最高人民法院、最高人民检察院则出台了《关于办理利用互联网、移动通讯终端、声讯台制作、复制、出版、贩卖、传播淫秽电子信息刑事案件具体应用法律若干问题的解释》（以下简称《解释》）。该《解释》的颁布实施，固然有利于全国打击淫秽电子信息犯罪活动专项行动的顺利开展，有利于依法惩治相关犯罪活动，有利于维护公共网络、通讯的正常秩序，保障公众的合法权益，但是，由于网络活动所具有的互联互通、快速即时、匿名隐身、跨地区无国界等特点，决定了在打击淫秽电子信息犯罪时，司法人员往往会遭遇三大证据难题，亦即涉案人员的身份难以确定、犯罪行为难以认定以及技术对抗性较强。

有专家建议通过专门立法解决淫秽电子信息的鉴定问题。淫秽电子信息属于非实物化的淫秽物品，淫秽电子信息的鉴定关系到案件性质的正确认定，关系到罪与非罪的界限问题。而对淫秽电子信息的鉴定，我国法律、法规尚无明确规定。实践中，公安机关办案依然按照新闻出版署和公安部1993年1月19日联合发布的《关于鉴定淫秽录像带、淫秽图片有关问题的通知》执行，显然已经不适应信息化时代的要求。[①]

网络非法通信行为，即利用网络作为其他犯罪的通信联络手段，如利用互联网组织邪教行为、进行犯罪联络行为等。

非法交易场所。如进行网络赌博、利用网络进行盗窃、诈骗、敲诈勒索等，可依照《刑法》关于赌博罪、诈骗罪、敲诈勒索罪的规定定罪处罚。

[①] 参见盘冠员：《打击淫秽电子信息犯罪遭遇三大证据难题》，2005.9.20，http://law.asiaec.com/fxlw/516657.html。

三、计算机资产保护存在空白

(一)计算机网络硬件的保护

针对计算机网络硬件的侵犯行为主要有两种形式:(1)盗窃计算机网络设备的行为;(2)破坏计算机网络硬件的行为。有学者认为,盗窃、破坏计算机网络设备的行为,事实上也是破坏计算机信息网络的行为,因此,建议在破坏计算机信息系统罪的行为方式中,增加关于物理破坏的行为。通行的观点认为,对于这种行为应当以盗窃罪和故意破坏公私财物罪追究刑事责任,在盗窃、破坏网络设备的同时侵害存储数据的,应以数罪并罚或者牵连犯追究刑事责任。但是,在网络硬件中存储数据极具价值的情形下,上述方法均有处罚过轻之嫌。

(二)计算机数据的保护

这里的计算机数据,是指可以体现为财产利益的各种计算机数据。关于计算机数据的侵犯行为,主要有下列几种形式:1.盗窃;2.诈骗;3.非法复制;4.破坏。其犯罪对象主要是电子资金、计算机软件、电子出版物、商业秘密、个人隐私等。由于计算机数据所体现的财产利益属性的不同、侵犯手段的不同,对于计算机数据的侵犯可能构成不同的犯罪。根据《刑法》第287条的规定,利用计算机实施金融诈骗、盗窃、贪污、挪用公款、窃取国家机密或者其他犯罪的,依照刑法的有关规定定罪处罚。因此,对于可以以计算机数据表现的利益,几乎都可以成为刑法保护的对象。其具体构成何种犯罪,应当适用刑法分则的有关规定进行处罚。但是,由于除计算机软件外,并无关于计算机数据确切地位的法律规定,因此,在具体适用过程中具有相当的难度。

(三)计算机网络服务的保护

计算机网络服务是计算机网络服务经营者或提供者针对特定用户所提供的特定的网络服务。计算机网络服务的使用,一般须由使用者向提供者支付一定的费用,因此,计算机服务本身可以体现为一定的财产利益。因此,非法使用计算机网络服务,情节严重的,是侵犯他人财产权的犯罪行为。

根据最高人民法院《关于审理扰乱电信市场管理秩序案件具体应用法律若干问题的解释》第8条的规定,盗用他人公共信息网络上网账号、密码上网,造成他人电信资费损失数额较大的,依照《刑法》第264条的规定,以盗窃定罪处罚。

但是,诚如前述,对于非法使用其他服务的,如窃取他人注册的信息查询账号、密码使用的,刑法尚无相关的规定①。

四、我国网络犯罪的防治对策

专家喻军主张,要打击和防范网络违法犯罪活动,必须支持"预防为主,打防结合"的方针,从管理、技术、法律、教育、惩处几方面着手:

(一)加强计算机网络的安全管理

据美国FBI统计,在美国发生的计算机网络犯罪案件中,70%是内部人员作案。我国公安机关的调查也显示,大部分计算机网络犯罪案件是由于疏于管理造成的。管理是防治网络犯罪的经常性手段,政府应加大对网络的管理力度。根据现状,网络管理的重点对象应是:网络服务供应商(包括接入服务、信息服务、应用服务)、涉足网络的机构、网吧及普通网民。

一是内部管理,即信息系统建立者要采取措施,主动对违法违纪行为进行约束。当前有的计算机使用单位的安全保护意识不强。安全组织不落实、制度不健全或没有得到有效执行,有的缺乏较规范的系统管理守则,少数部门则根本就没有建立计算机安全管理规定。

二是外部管理,即计算机信息系统的建设和应用单位要借助外部力量来加强对本系统的安全管理。要建立社会防控网络,增强全体公民,尤其是计算机工作人员遵守法律法规的意识和抵制违法犯罪的能力。同时要强化公安计算机监察部门对计算机信息系统的安全检查、监察和处罚职能。

(二)加快发展网络安全技术,不断提高安全技术防范措施

计算机系统越安全可靠,违法犯罪的发案率就越低。通过提高安全技术防范措施可增强网络使用单位和个人防病毒侵袭、黑客攻击、自然灾害的能力。要加大对网络安全技术研究的资金投资力度,确立专门的机构对网络安全进行负责,研究开发网络证据搜集技术,设法逐步掌握网络核心技术。针对网络犯罪建立专门的预防网络犯罪网络系统,要设立职能部门的预警网站和预防犯罪网站,建立群众性预防犯罪网站和网内外相结合的预防犯罪系统。同时要增强广大网民的自我保护意识,提高网上自我防范能力,做到保持清醒的头脑,不要轻信虚假信息,不要随意浏览、查看、下载有害信息。个人密码应经常更换,不要随意泄漏。机密信息不要轻易存入计算机,涉及机密的计算机不要用来上网。

---

① 赵秉志、卢建平:《遏制网络犯罪 法律尚待完善》,《检察日报》,2003.7.4,http://www.jcrb.com/zyw/n155/ca85540.htm。

(三)加强法制教育、增强相关人员的法制观念

通过法律、法规的宣传和普及,可以让相关人员了解什么行为该做或不该做,从而清洁网上环境,规范网上行为。既要增强广大网民的法律意识,让他们自觉守法。为强化网上的法制教育,应充分利用因特网提供的技术和条件,有关部门可以在网上设立网站,提供咨询服务,将最新案例在 BBS 上进行公开讨论,并可以通过电子邮件等方式,对某些人员及机构提供法制教育方面的服务。同时要发展良好的网络教育文化。尤其要加强对青少年伦理道德教育,必须进行人格养成教育,使青少年自觉地遵守作为一个公民必须具备的道德准则。这就要求教育体制适应网络时代的需要,增加新的教学内容,树立与时代合拍的价值观和人生观。

(四)加强网络警察队伍的正规化、现代化建设,提高打击犯罪的能力

目前,全国 31 个省、市、自治区都已建立了网络警察的专业队伍,地市一级的网警队伍也正在积极地组建;专家喻军认为组建起来的网络警察队伍应核实下列的工作:

1. 尽快建立与完善公安系统的科技网络,建立起自己的反网络入侵的"网络侦探"。

2. 开发、配备高科技装备,如网络安全预警、网络安全检查、入侵检测、有害信息发现、病毒控制、安全专用产品检测、电子数据取证和鉴定等方面的装备。

3. 设立信息网络举报中心,负责对相关网站进行巡查,发动上网者举报"有害信息"和网上违法犯罪行为。

4. 大力培养反计算机犯罪人才,将反计算机犯罪人才充实到网络警察队伍中,减少案件查证的困难和保障反击计算机犯罪的及时性。

5. 加强网际间的司法合作,建立全球"法网"以对付网络犯罪。网络犯罪不受地域限制,成为各国共同面临的问题,网络犯罪的跨国性要求各国立法注意与国际接轨和联合。加强国际间的交流与合作,有利于增强对网络犯罪的控制。

6. 争取全社会的通力合作,尤其是电信部门与警方的积极配合。信息产业界的支持,对于警方打击计算机网络犯罪极为重要,可以为警方提供和改善侦查手段和侦查技术,提高警方的安全技术防范措施。

(五)加强与完善计算机网络方面的立法

计算机信息系统的技术、管理必然有漏洞,所以还要进行法律控制。我国已出台的法律控制手段主要有刑法、行政法规、部门规章和地方法规。《刑法》

就增加了非法侵入计算机信息系统罪、破坏计算机信息系统罪和利用计算机进行传统犯罪等内容。近年来,各级公安机关要依据新刑法中增设的打击计算机犯罪条款,对计算机网络犯罪案件及时侦破,及时打击,震慑了犯罪分子,有效地遏止犯罪的发生。但我国的网络社会发展迅速,网络立法方面尚有诸多未尽事宜,已如前述。

总而言之,我们的网络立法应当在立足现实的基础上具有前瞻性,而不能等到网络社会发达了才进行立法。在打击网络犯罪方面,我们应当依据网络社会的特征,充分认识到网络犯罪的社会危害性,以超前的眼光进行网络犯罪立法。目前打击网络犯罪的行动在全球范围内已经展开,开放的、全球的计算机网络犯罪的惩治也要求我们不断加强和完善网络方面的立法。①

---

① 喻军:《当前网络犯罪的发展趋势及对策》,正义网,2003.8.5,http://www.jcrb.com/zyw/n183/ca103019.htm。另关于我国网络犯罪对于国内立法、国际刑法与刑事司法协助、刑法理论创新以及刑事司法方面进行全方位的反思,可参见赵秉志、于志刚:《计算机犯罪及其立法和理论的回应》,中国刑事法律网,2003.6.12,http://www.jcrb.com/zyw/n133/ca73567.htm。该文分析精辟,殊值有意深入探索网络犯罪防治者的参考。

第十二章

电子商务纠纷的解决问题

第一节 电子商务纠纷的司法管辖问题

一、传统的司法管辖权

(一) 概述

从国际法的角度来讲,管辖权是国家的一项基本权利。管辖权一般包括三种含义:立法管辖权(jurisdiction to prescribe)、执行管辖权(jurisdiction to enforce)和司法管辖权(jurisdiction to adjudicate)。我们这里所讨论的仅是司法管辖权,它是指国家通过司法手段对特定的人、物、事进行管理和处置的权利,它是国家固有的、不可缺少的根本性权利之一,是国家主权的直接体现。

国家的管辖权主要体现在四个方面:属地管辖权,即国家对其领土范围内的一切不享有特权和豁免权的人、物、事都有权进行管辖;属人管辖权,指国家对无论位于何地的具有本国国籍的人进行管辖的权利;保护性管辖权,指国家对在本国领土外犯有危害该国国家安全、领土完整、政治独立以及其他重大政治、经济利益等罪行的外国人进行管辖的权利;普遍性管辖权,指每一个主权国家对任何人在任何地域从事的严重危害国际社会普遍利益的国际罪行进行管辖的权利。

根据不同的划分标准,管辖权还可以从不同的角度进行分类。例如,根据是否由法律直接规定或者由当事人约定,可以分为专属管辖和协议管辖;根据法律是否有直接规定或者法院是否有直接裁定为标准,可以分为普通管辖和专属管辖;以诉讼管辖是否基于当事人的身份还是基于纠纷发生地或者物之所在地为标准,可以将法院对民事纠纷的管辖方式分为属人管辖权和属地管辖权。所谓属人管辖权,指的是当事人之间发生纠纷后,由被告所在地以外的法院受理并审理案件的权力。在司法实践中,为了更好地保护当事人的利益,通常是采取原告就被告的原则,也就是说,原告要对被告提起诉讼,应当到被告所在地法院进行。但在特殊情况下(通常由法律作出明确规定),原告也可以在被告所在地以外的法院提起诉讼。①属地管辖权在我国又叫地域管辖,指的是同一级别的法院之间在各自的辖区内受理第一审案件的分工和权限。我国民事诉讼当中的地域管辖应当符合以下基本原则:(1)各级人民法院的区域与其相应的行政区域相一致。只有在本辖区内的民事案件,该法院才有管辖权,并在此基础上对案件进行审理和判决。(2)当事人所在地或诉讼标的要与受理案件法院的辖区相联系。如果某一案件的当事人或者诉讼标的跟法院的辖区不存在任何客观上的联系,那么该法院就不能对案件进行管辖。由于这种关系的不同,地域管辖又可以进一步分为一般地域管辖、特殊地域管辖以及专属管辖等。

从国内法的角度来看,管辖权是指一国法院系统内部不同级别不同地区的法院受理案件的权限,解决的是纠纷的当事人应该向哪一个法院提起诉讼,寻求诉讼救济的程序问题,一般由国内法中诉讼法加以具体规定。

在国际民事诉讼中,管辖权是指依据国际条约和国内法的规定,对特定的涉外民事商事案件,根据其连结点选择由哪一国根据何种原则、规则来确定国内法院有权或无权审理某一具体的涉外民事案件。一国法院对某一具体的涉外民商事案件进行管辖是该国行使主权的一种具体方式,是该国享有的国际法意义上的管辖权的实现。

(二)传统的确立国际民事诉讼管辖权的原则

1. 一般原则②

(1)在国际范围内协调管辖权的原则。与此相对应的是维护法院地的国

---

① 在美国,属人管辖权的行使应当符合美国宪法第14条修正案中规定的正当程序条款及各州法当中规定的"长臂"法规定,但是首先应当符合的长臂法规定的条件,其次应当符合根据正当程序条款,只有这样,法院才有权对本州以外的被告行使属人管辖权。一般说来,被告应当和法院管辖地有某种最低限度的接触,或者对案件的审理不会侵害传统的公平待遇以及实质公正的传统观念。在以下三种情况下,法院可以根据长臂规则对被告行使管辖权:第一,被告在某一州内从事商业交易活动;第二,被告在某一州内从事侵权行为;第三,被告在侵权结果发生地以外的州从事其他行为,如在某一州内招揽生意或者希望该行为将产生某种伤害或者损害。

② 李双元、谢石松:《国际民事诉讼法概论》,武汉大学出版社1990年版,第171~174页。

家主权原则。国际范围内协调管辖权的原则要求将法院的选择(像国际私法中适用实体法的选择一样)与将由哪一国家的法院来实际裁决有关法律争议的问题分开。当案件的事实和诉讼程序与某外国国家最为密切时,应尽可能选择该国法院的管辖权,而不能一味地维护和强调其本国的特别法律概念。

(2)立法和法院管辖权同一原则。这一原则是指应尽可能地考虑其实体法和诉讼法可适用于有关争议的判决中的那个国家法院的管辖权,以利于争议的快捷解决。

(3)互惠原则。它要求在由某一外国人提起或对某一外国人提起的诉讼中,管辖权的确定应视该外国人所属国怎样对待内国国民而定。每一个国家的法律几乎都接受这一原则,只是具体的意义不尽相同。

(4)考虑当事人意思自治和处分原则。要求立法者和法官在确定法院管辖权时尊重当事人的自主意愿,它与国际私法中的意思自治原则相对应。

(5)有效原则。它要求立法者在确定法院管辖权时,应考虑确保其法院的判决在当事人所属国或当事人请求执行的国家内得以执行。这个原则不仅是管辖权的国际协调的要求,而且也是实现法律政策和当事人利益的需要。

(6)不干涉原则。它在于防止在人身、地域或其他事实都与法院地国无关的案件中行使管辖权,除管辖权的国际协调观念外,相互矛盾的司法裁决必然会导致混乱,应尽力避免。而且,一国过分扩张其管辖权,可能会导致其他国家的报复。

(7)自尊(Self-respect)原则。它是指国家对其本国法院和法律制度的评价同样要求其法院不应作出只停留在书面上而无实际意义的判决。

(8)防止滥用法律的原则。它要求立法者不允许其内国管辖权被用来规避外国国家或外国公民的合法利益。

2. 具体原则

长期以来,确立管辖权的原则都是由各国的国内法和国际私法加以规定的,这些具体原则主要有:

(1)地域管辖原则。它是指在确定法院管辖权的司法实践中,具有决定性意义的因素,应该是诉讼中的案件事实和双方当事人与法院地国在地域上的联系,应该把地域作为确定管辖权的基础。管辖权与纠纷涉及的主体、客体和内容的空间联系的具体表现形式不同,主要有:当事人的住所地、经常居住地、主要营业所在地、诉讼标的所在地、行为地(包括行为发生地和行为结果地)。

①当事人住所地

住所是当事人固定的居住场所,其日常生活起居多发生于此地,对此地的影响也不言而喻。

从方便送达、便于取证的角度出发,被告住所地被多数国家认为是首要的管辖基础,如德国、瑞士、荷兰、日本等传统大陆法系国家及中国均采此原则。这一原则被欧共体在《布鲁塞尔公约》和《洛迦诺公约》中加以确认,英、美等普通法系国家也把被告住所地作为管辖基础之一。实行"原告就被告"的普通管辖原则时,常以被告住所地确定管辖权。把住所地作为管辖基础时,往往把居所、惯常居所、临时住地等作为补充。

作为原告就被告原则的例外,原告住所地作为管辖基础也被一些国家,如荷兰、比利时等国采用。荷兰、比利时的法律规定,在比利时和荷兰有住所的人,可向比利时和荷兰的法院对外国的被告人提起诉讼。中国《民事诉讼法》规定,对不在中国领域内居住的人提起有关身份关系的诉讼,由原告住所地人民法院管辖。

②英、美等普通法系国家依据"管辖权的基础是实际控制"的理论,不仅肯定了地域管辖,而且还对它作了扩张解释——被告人出现(Physical presence)也可以产生管辖权。被告人的出现(不论是长期的还是暂时的)是普通法系国家所采用的首要的管辖基础。被告人出现并被送达了起诉书和传票,使法院的管辖权得以确立。如果传票不能依法送达被告,法院就不能对其行使管辖权;反之,只要起诉开始时,被告在其境内出现,即使是在该国暂时居住或临时过境,只要法院能够将传票有效地送达给被告,法院对该案就有管辖权。这来源于苏格兰古老的司法实践,警长必须逮住本国人并将其本人带入法庭出现在法官面前,法庭对此案才有管辖权,后来这一规则被扩大适用至民事诉讼。

③引起纠纷的行为的发生地。它是指以法律行为发生地为特定联结因素或标识来确定涉外民商事案件的管辖权原则,也叫以诉讼原因发生地确定的管辖权原则。由引起纠纷的行为的发生地的法院管辖,不仅方便双方当事人的诉讼,而且有利于及时保存证据,便于公正、及时地解决纠纷。这一原则主要用来解决因行为方式而产生的管辖权冲突问题,以构成法律关系的法律行为作为对象。它来源于"场所支配行"为这一古老的习惯法规则,其作用由最初产生时的可以解决行为方式要件发展为可以解决不同性质的行为实质要件,具体包括合同的缔结地、合同的履行地、侵权行为的发生地、侵权行为的结果地、婚姻关系的缔结地等。合同成立地、义务履行地、侵权行为地都可以成为法院管辖的依据。大多数国家在国内法中都规定了侵权行为案件可以在侵权行为地起诉,如法国、德国、日本等。英国最高法院规则第11号法令规则规定,侵权行为若在英国境内发生,英国法院就有管辖权,即使被告不在英国。

具有代表性的国际公约《关于民商事案件管辖权及判决执行的公约》第5条第3款规定,有关侵权行为或准侵权行为的案件,由侵权行为发生地的法院管辖。

④诉讼标的所在地。诉讼标的就是诉讼当事人论争的财产。诉讼标的处于一国领域内的事实,是各国行使管辖权的重要基础。这一原则早在13世纪的意大利就已形成。现在,因不动产权利争议引起的诉讼,由不动产所在地国家专属管辖,这已是各国普遍承认的原则。被告财产所在地或诉讼标的所在地是许多国家确立法院管辖权的基础之一。德国《民事诉讼法》第23条规定,对于在德国国内无住所的人,因财产上的请求而提起的诉讼,该项财产或诉讼中请求标的位于某一法院管辖区内时,该法院有管辖权;如为债权时,以债权人的住所为财产所在地;如该债权有担保物时,以担保物所在地视为财产所在地。美国有准对物诉讼程序,美国法院应原告的申请,可以扣押被告的财产,或扣押第三人欠被告的债务,取得对被告财产的管辖权,从而受理对被告提起的诉讼。诉讼标的就是诉讼当事人论争的财产。

2. 国籍管辖原则。即把当事人(原告、被告均可)的国籍作为确定法院管辖权的基础。国籍是个人隶属于一个国家的一种法律资格,是他与这个国家稳定的法律联系,是他享有该国保护的法律依据。在现代社会中自然人、法人、航空器、船舶都应具有且只能具有一个国籍。

依国籍行使管辖权的规定始于1804年《法国民法典》,属于大陆法传统。法国、卢森堡、意大利、葡萄牙等国既采原告国籍又采被告国籍作为管辖基础,比利时采被告国籍,荷兰采原告国籍。英美普通法国家以有效控制原则行使管辖权时,国籍或公民籍也是确定对自然人行使司法管辖权的依据之一。

过度扩张国籍管辖会与管辖权的国际协调原则冲突,把本国法院的管辖权凌驾于别国主权之上,对外国人采取歧视态度,容易受到其他国家的批评。

3. 意思自治原则。在两种情况下当事人的意志可以成为管辖基础:一种是双方当事人达成协议,把他们之间的争议提交某一国法院审理,该国法院便可行使管辖权;美国《标准法院选择法》第2节规定了州法院受理当事人协议提交案件的四个条件。英国法院对这种案件则没有自由裁量的余地,必须行使管辖权。我国《民事诉讼法》也规定,涉外合同或者涉外财产权益纠纷的当事人,可以用书面协议选择与争议有实际联系的地点的法院管辖。二是被告接受管辖。一国法院对接受管辖的被告享有管辖权,这是国际上普遍承认的原则。1951年海牙《国际有体动产买卖协议管辖权公约》第3条规定,如果被告到某缔约国的法院出庭应诉,应被视为已接受法院的管辖。此外,被告人提出答辩状、通过律师出庭辩护、提出反诉等行为也被视为对管辖的接受。

综上所述,传统法院管辖权的基础是当事人的住所、国籍、财产、行为、协议等,而当事人的住所又是这些管辖基础中的基础。在传统各国法律中法院的管辖区域是确定的有着明确的地理边界,或称物理边界。

二、电子商务对传统管辖权的挑战

(一)概述

不论网络商业行为或网络利用方式如何,其共同、突出的新情况是涉及法律的不同当事人可能相距遥远甚至在不同的国家或地区,接收或传送当事人间信息的计算机服务器、终端等,则可能又在另一个国家,甚至协助当事人完成一次沟通联系的还有处于其他国家的服务器等设备。正是网络空间的全球性和不确定性,使网络行为与传统管辖基础之间的关系变得不确定。网络空间作为一个全球化的整体,具有无形性的特点,不可能像物理空间那样划分一个个管辖区域。同样,网络行为的不确定性使一个网络行为无法指向一个确定的管辖因素。当一个终端用户进行远程登录的时候,别说待法院来查明这次登录行为涉及的对象、地点、是否侵犯他人的权利,有时就连网络用户本人也无法预见。管辖是以某种相对稳定的联系作为基础的,一旦网络法律行为与这些传统的管辖基础失去了联系,如何将物理空间的管辖权规则适用于网络空间就成了一道难题。由于互联网的国际性特点,对网络利用所发生的任何争议,都可能涉及不同国家的主权与居民,而争议的当事人甚至当事国又往往对审判权与管辖问题争议不休。另外,由网络空间派生的新的连结因素,如 ISP、同址等,将是法院在确定网络案件管辖权时不得不考虑的重要因素。然而这些新的因素能否最终成为新的管辖基础在理论和实践上仍存在分歧。

管辖总是以某种相对稳定的联系作为基础,如住所、居所、国籍、财产、行为、意志等,它们和某管辖区域存在着物理空间上的关联。而在电子商务案件中,被告与法院地的地域联系可能降到最低,被告可能既不是法院地国(州)的国民或居民,亦无财产可供扣押,甚至可能从未在法院地出现过,当然也很难同意接受法院地的司法管辖。在网络环境中,又很难认定侵权行为地、合同签订地等地理因素,而仅仅通过网络的虚拟存在显然不构成法院行使管辖权的基础。传统上法院的管辖区域是确定的,而网络空间是无边界的,因此,某法院对哪一部分网络空间享有管辖权,或者是否对全部网络空间享有管辖权,很难判断。再有,被告人的出现(不论是长期的还是暂时的)是普通法系国家所采用的首要的管辖基础。那么,在网络环境下,用户仅仅通过访问单独网站邀游网上世界,这种访问能否构成一种管辖基础？用户访问该网站,是否表明他愿意把自己置身于该网站所在地法院的管辖之下？由于在网络空间并不存在可识别的国界、地缘标识,而网络空间的活动者根本无视网络外地理边界的存在,一旦上网,他对自己所"进入"和"访问"的网站是明确的,但对该网址和路径所对应的司法管辖区域则难以查明和预见。① 同时,不同于一个自然人在同一时刻只能出现在某一个特定地点,网上用户可以同时打开多个窗口,访问多个网址,从而"出现"在多个网站上。若说这些网站所在国都享有管辖权,无疑很牵强。因此,由访问推断用户自愿受制于相关的司法管辖是武断的。②

(二)关于网络案件新的管辖理论

可以看出,传统的确立管辖权的原则都要求具有一个相对稳定的明确的关联因素,如当事人的住所、国籍、财产、行为、意志等,但在网络空间中这些因素都变得非常模糊。为了解决传统管辖权基础在网络环境下面临的窘境,各国都在探寻互联网环境下的新管辖模式,人们也提出了一些新的管辖理论。目前,关于电子商务案件的管辖的法律规制问题存在着两大新理论,即新主权理论和管辖权相对论。③ 这两种理论部否认国家管辖权。

1. 新主权理论

新主权理论认为,网络的非中心化倾向表现在每个网络用户只服从他的网络服务提供商(ISP)的规则,ISP 之间以技术手段、协议方式来协调和统一各自的规则。网络成员的冲突由 ISP 以仲裁者的身份来解决,并由 ISP 来执行裁决。该理论还认为在网络空间中正在形成一个新的全球性的市民社会(global civil society),这一社会具有自己的组织形式、价值标准和行为规则,能够完全脱离物理空间中的政府而拥有自治的权力,这种理论的持有者担心传统的国家权力介入会损害网络空间的新颖性和独立性,会阻碍电子商务的发展。

2. 管辖权相对论

管辖相对论认为网络空间完全可以成为新的独立的管辖区域,使用者和ISP 可以通过自律管理来避免和解决网络空间中的各种纠纷,包括电子商务中的纠纷。管辖权相对论有三个基本点:(1)网络空间应该作为一个新的管辖

---

① 王德全:《试论 Internet 案件的司法管辖权》,《中外法学》1998 年第 2 期。
② 肖永平、李臣:《国际私法在互联网环境下面临的挑战》,《中国社会科学》2001 年第 1 期。
③ 周忠海主编:《电子商务法导论》,北京邮电大学出版社 2000 年版,第 187 页。

区域而存在,就像公海、国际海底区域和南极洲一样,应在此领域内建立不同于传统规则的新的管辖原则;(2)任何国家都可以管辖并将其法律适用于网络空间内的任何人和任何活动,其程度和方式与该人或该活动进入该主权国家可以控制的网络空间的程度和方式相适应;(3)网络空间内争端的当事人可以通过网络的联系在相关的法院"出庭",法院的判决也可以通过网络手段来加以执行。

新主权理论过分强调了网络空间的独特性,完全隔离了与物理空间的联系,事实上对电子商务的发展也是不利的。单纯的技术力量并不能解决技术造成的司法困难,也无法真正保护电子商务活动中当事人的切身利益。同时,这种理论是不切实际的。虽然网络的非中心化的特点确实表现为对网络管理的困难,使传统的行政管理感到力不从心,但是,管理的困难并不等于无法管理和完全可以放任不管。网络空间的客观性告诉我们,网络是客观真实存在的,它不能脱离于现实社会而独立存在。网络管理的非中心化不能否定传统的价值标准和规则,网络空间不能游离于国家、政府之外而不受约束。[①] 网络不能脱离社会而独立存在,网络空间不过是物理空间的延伸和扩充,发生在网络空间中的纠纷归根结底影响的是物理空间中法律关系主体的利益,因此,不能否定网络之外的法院的管辖,行业道德和技术标准等可以对法律产生影响,甚至在一定条件下上升为法律,但永远不能替代法律,自律管理也不可能替代法院的全力救济。[②]

管辖相对论则过分强调了行业自律而忽视了法律的管理。行业自律固然是非常必要和重要的,但是,它绝不能完全取代法律的地位和作用。其实,网络空间争端的形式有很多,管辖相对论只能运用于其中的一部分,即关于信息本身的合法性的控制问题,而多数争端双方的权利、义务与责任,都必须在网络空间之外的现实生活中得以实现。管辖相对论还必须和某主权国家的法律规范相结合才能具有真正的可操作性,否则,就不是一种针对法院管辖权的理论,而只是没有直接的国家强制力保障的行业仲裁的基础。[③] 管辖相对论旨在通过技术自身的力量来解决技术带来的司法困境,各国对作为整体的网络空间的管辖权大小取决于该国接触和控制网络的范围和能力,而这种判断取决于法官的自由裁量,带有法官的主观性,使法院可能对几乎完全相同的案件

[①] 陈均:《网络侵权案件的管辖确定》,载《法律适用》2000 年第 6 期。
[②] 周忠海主编:《电子商务法导论》,北京邮电大学出版社 2000 年版,第 187 页。
[③] 王德全:《试论 Internet 案件的司法管辖权》,载《中外法学》1998 年第 2 期。

做出截然相反的判决。美国在互联网案件方面的司法实践便是很好的例证。在"莫里茨公司诉网金公司"（Marits Inc. v. Cybergold Inc.）一案中，网金公司是一家加利福尼亚州的公司，它在该州拥有网址并在网址上提供了一项有关新服务的广告，期待互联网用户看到并成为其潜在顾客。有311位密苏里州的居民访问了该网址，其中多数是位于密州的莫里茨公司的职员。莫里茨公司于1996年4月向密苏里东区法院起诉，控告网金公司侵犯其商标权及进行不正当竞争。最后密苏里东区法院做出裁决，认为被告网金公司在互联网上的行为已经与原告所在的密苏里州发生了足够的接触，根据密州长臂管辖法案以及宪法修正案第14条适当程序条款所规定的管辖权要件，密州法院享有管辖权。而在"麦克道纳夫诉法龙公司"（Mcdonough v. Fallon Mcelligott Inc.）一案中，法院对管辖权问题则做出了截然相反的裁定。居住在加利福尼亚州的麦克道纳夫向加州法南区法院起诉一家位于明尼苏达州的广告公司——法龙公司，控告它在广告中使用了他的体育照片侵犯版权。但加州南区法院以管辖权不充分为由驳回此案。法院认为，在互联网上保留一个可以被加州人使用的网址的事实本身不足以构成足够的联系，从而构成对外州公司的司法管辖权，"因为全世界共享网络，同意网上访问构成足够联系从而建立管辖权的做法会削弱当前的管辖权要件，本法院不愿走到这一步"。[①] 因此，它仅是少数技术领先国家所欢迎的。

综上所述，任何一种新事物不可能从虚无中产生，新事物都是在旧事物中逐步产生，并且在不断地否定旧事物的过程中发展壮大。因而，网络空间的发展和规制，尽管有其极其独特的方面，但也难以完全抛开与物理空间千丝万缕的联系。因此，我们同意这样的观点，即主张尤其是在电子商务的初期发展过程中，新的法律规制还没有产生，还必须借助于物理空间的法律规范，再进一步改造和发展物理空间的法律，使之适合于网络空间的特点。[②]

三、网上民事侵权纠纷的司法管辖

网络纠纷涉及法律部门的各个领域，在实践中发生的网络纠纷主要为民事、行政和刑事纠纷、争议及犯罪案件，民事纠纷中又主要为侵权与合同纠纷案件，以下将重点讨论网上民事侵权纠纷和网上合同纠纷的司法管辖和法律

---

① 参见齐爱民、刘颖主编：《网络法研究》，法律出版社2003年版，第397～398页。
② 这一点美国利用判例法来建立电子商务的法律规制相当成功值得我国很好地借鉴。

适用等问题。

(一)网上民事侵权纠纷对传统司法管辖的挑战

在互联网上经常发生侵权案件,比如侵犯肖像权、诽谤、散布虚假信息等侵犯人身权的案件及黑客侵入计算机系统盗窃银行账号、窃取商业秘密、散布计算机病毒等侵犯财产权的案件。此外还有诸如侵犯知识产权、不正当竞争、产品质量损害以及其他不属于犯罪但能引起民事责任的损害。由于互联网具有全球性特征,因此,网上侵权也具有全球性特征,即侵权人可以位于全球任何地点、针对任何人实施侵权,侵权行为可以在任何地方实施,而侵权结果也可以在任何地方发生。传统的依据侵权行为发生地和损害结果发生地确定侵权案件的管辖权的原则因此受到了挑战。在网络空间中,网络空间的虚无性使得人们之间的交往都是借助于网络语言而在看不见的信息高速公路上进行。因此,在网络空间中并没有某个实际的地点以及某种身体的位移变化,所以,网络空间中的侵权行为与具体的物理场所之间的联系更具有偶然性,这使得在许多场合中运用侵权行为地法非常困难。而且,网络上某个侵权地点或范围有时很难确定。所以,适用侵权行为地法所带来的僵硬和单一,在网络空间中会变得更为明显。

(二)网上民事侵权纠纷管辖权的确定

那么,对于电子商务中的侵权行为是否应另行规定新的管辖原则?根据我国《民事诉讼法》的规定,侵权之诉管辖地主要依据侵权行为人(被告)住所地、侵权行为地和侵权结果发生地。尽管网络世界的虚拟性给传统管辖提出了挑战,但是,我国《民事诉讼法》确定的管辖规则仍然能够解决网上侵权纠纷案件在法院的管辖分工问题。

1. 被告住所地

依照我国《民事诉讼法》第29条的规定,侵权纠纷案件由侵权行为地或者被告住所地的人民法院管辖。侵权行为总是与侵权行为人直接相联系,权利人诉讼的对象也是侵权人,最后民事责任的追究也是由侵权行为人承担。在法律上被告的住所只有一处,一般不难分析判断。网络纠纷案件中的不法行为人当然也应当有住所,甚至他们的住所有可能就是他们实施侵权行为的地点。因此,被告住所地仍旧是最明确、有效、联系最密切的管辖标准。一般说来,在网络纠纷案件中,以被告住所地确定管辖争议不大,审判实践中也容易掌握,只是在确定被告住所地时存在一定的困难。所以,被告住所地法院可以作为网络侵权纠纷案件管辖法院。

网上侵权行为人大致可以分为两类:一种是网站经营者,另一种是登录网站的任何第三人。为弄清被告所在地,这里需要弄清几个基本概念,即网站服务器地址、网址和网站设立人地址。

网站本身并不具有民事主体资格,网站只是某个民事主体设立从事某种事业的工具,对于经营性网站而言,网站是用来营利的工具。但网站不仅在现实世界中具有地址,在虚拟世界中也有地址:(1)网站在现实世界中的地址即是网络服务器所在地,即装有网络服务器(Web Server)软件的硬件服务器设备所在地。网络服务器既可以在设立该服务器的公司、单位、组织或者个人住所地处,也可以在虚拟主机服务(virtual hosting)提供商处,也可以在因特网服务提供商(Internet Service Provider)处;从地域上讲,网络服务器既可以在境内,也可能在境外。即使在境内一个公司、单位、组织或者个人也可能占用多个服务器,同时,这些服务器也可能位于不同的行政区域内。(2)网站在虚拟世界的地址即网址,即是 IP 地址;IP 地址在现实中又转化为域名。尽管,从带有国家或省区编码的域名上可以判断接入互联网的服务器所在地区,但是,实际上既不可能以域名注册地,也不可能以域名所反映的地址作为诉讼管辖的依据,更不可能以 IP 地址作为管辖依据。因为,某一个 IP 地址可以确定其相应的主机以及该主机所在的确定的地理位置,但是,该主机所在的地理位置不一定就是而且往往不是当事人的住所地、行为地。而且,由于"虚拟主机"的技术和服务的存在和广泛地被采用,所以若干台具有独立域名的虚拟主机分享一个 IP 地址的情况很常见。另外,许多公司网络和因特网服务提供商为了充分和经济地利用其所持有的 IP 地址的数量,以大量用户分享一定数量 IP 地址的方式来动态分配给用户在其上网时的 IP 地址。因而,同一用户在不同期间登录互联网,他的 IP 地址将会不同。同时,用户可以自由选择因特网服务提供商——既可以选择其本地的服务商,也可以选择在其住所地或者注册登记地以外的其他地区的服务商。不同的因特网服务提供商能够提供给用户的 IP 地址是不同的,不能确切和真实反映该用户的住所地和行为地。因此,学者认为仅依据 IP 地址而没有其他的因素来确定管辖地的观点和做法是不足取的。[1] 网站在虚拟空间的地址在诉讼管辖中没有任何意义。

网站设立人即设立并经营网站的人,是网站的所有者或经营者,是享有网站经营的权利、承担相应义务的主体,该主体是有民事主体资格的人(包括自然人和法人)和组织。如果设立人是自然人,那么,其地址为其住所地或经常居住地;如果是法人和其他组织,那么,其注册地或主要办公地即为其住所地。

---

[1] 高富平、张楚:《电子商务法》,北京大学出版社 2002 年版,第 296 页。

基于以上分析,我们认为在网站经营方面发生的侵权行为情况下,应当作为管辖依据的是网站所有者或经营者的住所地而不是服务器所在地。网站所有者的住所地可能与服务器地址一致,也可能不一致。在不一致时,网站所有者或经营者的住所地应当成为诉讼管辖地。

至于第三人利用自己的终端设备,通过他人网站服务器实施的侵权行为,其侵权人所在地适用一般的民事诉讼法上的住所地认定规则,即侵权人法定住所地或经常居住地为被告所在地。

2. 侵权行为地

依照我国《民事诉讼法》第29条的规定,侵权纠纷案件也可由侵权行为地的人民法院管辖。司法实践中不易掌握的是如何以侵权行为地来作为确定管辖的标准,难点是网络纠纷的侵权行为地如何确定。根据《最高人民法院关于适用〈中华人民共和国民事诉讼法〉若干问题的意见》第28条的规定,侵权行为地包括侵权行为实施地和侵权结果发生地。因而侵权行为地的确定又会涉及两个方面,即认定侵权行为实施地和侵权结果发生地。①

在网络环境下,侵权行为实施地必须通过一定的计算机设备进行,因此,侵权行为实施地的确定应当以侵权行为人实施复制、传输等侵权行为的设备为线索,认定其所实施侵权行为地点。这样,侵权行为地几乎演变为被告所在地。一般地说,在著作权侵权纠纷案件中,被告通过计算机等设备实施的涉及网络的复制、传输等行为所在地即为侵权行为地。根据被告所处民事主体地位的类别不同其行为实施地也有不同的差别。如网络服务商可以是其服务器所在地,网络用户侵权可以是其所使用的计算机所在地等。对于被告所实施的侵权行为是一个包括各个环节的过程的,在国内诉讼中,宜于以侵权行为主要实施地为管辖地,在共同诉讼中,共同被告可能涉及多个侵权行为实施地点,原告可以选择其中一个实施地的法院管辖。

由于网络所具有的开放性的特点,从理论上讲在世界任何一个地方都可以实施侵权行为,因此,在网络环境下,对侵权行为地的判断在某些情形下存在着困难,甚至是不可能的。为此,更多的国家选择损害结果发生地作为管辖权的基础。网上侵权行为可以在服务器所在地或任何一地方的计算机终端进行,因此,很难确定其行为发生地;而且由于网络的无地域性特点我们也不可能在互联网上寻找侵权行为结果发生地。

---

① 当然,在某一具体案件中只需确定被告住所地或侵权行为实施地或侵权结果发生地之一就可以确定案件的管辖了。

但是,如何判断侵权结果地呢?从一定程度讲,侵权结果发生地在网络纠纷中的确定比侵权行为实施地更为复杂。那么,是否是受害人所在地可以视为侵权行为后果的发生地?如果是这样的话,侵权结果发生地则完全演变为以原告为核心的地点。为了防止原告利用这一特点扩大原告住所地管辖范围,对网上侵权结果地范围应当予以限制。在这方面美国法院在司法实践中形成了服务器"接触"管辖规则。在确定侵权行为结果地为管辖时,原告不仅在某地浏览到侵权信息,还应该与该站点有一定的交互联系,该服务器所在地才能构成结果地。美国法院的所谓"接触"管辖,一般是指"必要的接触(necessary contacts)"或"持续且实质的接触(continuous and substantial contacts)"。美国曾有原告从网络看到别州网站发布侵权广告而要求其本州法院受理其控告被告侵犯其商标权诉讼,结果被法官判决该法院缺乏对此案管辖权的案例。受理此案的美国法官们担心会造成这样一个后果:任何地方的原告对被告提起诉讼,原告主要营业地的法院都能取得对被告的管辖权。

计算机信息网络的特点之一就是其与用户的交互性。但细分析起来,此种交互性却有不同的程度区别。谈到交互性涉及管辖问题,就不能不提交互性的程度区别。根据美国学者所提出的标准,网站所显示出的交互程度分为6级:①

1.网上仅为单纯的广告,只有简单与静态的网页,不涉及"交互"的电子商务,其用户对网页的内容只是浏览;

2.支持用户的浏览器,用户可以浏览网页内容,并能使用户根据其需要下载所选择的内容,多数网站都属于此种类型接触;

3.网站要求用户提供基本资料或回答问题,并能根据用户的要求提供资料,此种网站在动性已经比较高了;

4.通过此类网站可以购买或是交付所需要的资料,其范围包括多数收费网站,用户需要向网站提供信用证号码或付费后取得密码才能进入该网址;

5.此类网站进行网上计算机程序的销售,购买者付费通过密码进入该网站,购得所需要的计算机程序;

6.通过此类网站,用户可以直接进行网上金融等交易,如下单购买证券或其他金融商品,通过网络进行转账。

从第4级起,已经存在了传送资料、网上下订单、订立合同等邀约与承诺

---

① 周忠海主编:《电子商务法导论》,北京邮电大学出版社 2000 年版,第 239~240 页。

的商务活动。我们可以初步得出这样的结论:从第4级到第6级,已经构成了具有管辖因素的交互性接触程度,若原告与被告存在这样的交互性接触,原告所在地的法院就享有了管辖权,若原告向该法院起诉,受诉法院不好拒绝受理。在侵权案件中,原告与侵权网站通过此种类型的交互性接触,获得侵权"物"或侵权结果到达原告计算机终端等设备,该地法院应当具有了诉讼管辖权。①

综上所述,网上民事侵权纠纷的管辖地最易确定的首先是侵权人所在地,亦即被告所在地。这种所在地可能包括下列几种情况:被告住所地、被告实施侵权行为利用的服务器或终端设备所在地、被告实施侵权时交互接触的原告(不是任何人,仅限于原告)的服务器所在地、原告的与该侵权行为有交互性关联的计算机终端设备所在地;其次是依据侵权结果发生地而引致的受害人所在地,两地法院均具有管辖权,以原告选择起诉的法院为有管辖权的受诉法院。

四、电子合同纠纷的司法管辖

(一)电子合同纠纷对传统司法管辖的挑战

我国《合同法》第34条规定:"承诺生效的地点为合同成立的地点。采用数据电文订立合同的,收件人的主营业地为合同成立的地点;没有主营业地的,其经常居住地为合同成立的地点。当事人另有约定的,按照其约定。"合同成立地点与合同纠纷管辖不无关系,我国《民事诉讼法》第24条、第25条规定,因合同纠纷提起的诉讼,由被告住所地或者合同履行地人民法院管辖。合同的双方当事人可以在书面合同中协议选择被告住所地、合同履行地、合同签订地、原告住所地、标的物所在地人民法院管辖,但不得违反该法对级别管辖和专属管辖的规定。可以看出,我国关于合同等财产纠纷的诉讼管辖分为三种情况:一是被告所在地;二是合同履行地;三是当事人协议的与该合同相关的一定范围的地点。在网络纠纷中,管辖的确定会遇到一定的实际困难。因为在许多情况下,当事人并无法知悉对方的住所地,网络交易中标的物的给付也常常是以下载的方式直接取得。这种情况造成在实在世界所遇不到的种种确定管辖的麻烦。

计算机网络纠纷除侵权纠纷外,主要是合同以及其他财产范围内的民商

---

① 接触管辖规则使判断侵权结果发生地有了一定客观标准,但是,这种标准是否合理或科学,是否为原告人为的利用等,仍然是一个需要进一步研究的问题。

事纠纷,其中主要为合同纠纷。① 在法院受理的案件当中,因合同而起的纠纷占相当的数量。因合同的成立、效力、履行等问题而引起的纷争在电子合同中同样存在。因为电子合同同样存在合同是否成立、何时生效、履行不能、履行迟延等问题,而且在我国现有法律对电子交易规范不甚完善甚至可以说薄弱的情况下,电子合同纠纷将比传统贸易方式下的合同纠纷更复杂。首当其冲的便是电子合同的管辖问题。由于网络的跨国性质,关于合同签订地、如何履行网络合同进而确定合同履行地等已经使诉讼管辖问题突现,已经到了非解决不可的程度。

(二)电子合同纠纷管辖权的确定

1. 由当事人协议选择管辖法院

基于私法自治和契约自由的精神,合同当事人不仅有权决定与谁订立合同,订立什么样的合同,而且可以在合同条款中协议选择发生纠纷后由何地法院管辖。在涉外合同中还可以协议选择适用何国法律来解决纠纷。在电子合同中契约自由仍是其基本原则,双方当事人仍然可以在电子合同中协议选择管辖法院。在私法领域实行当事人意思自治,这种自治的权利也延伸至救济方式的选择和管辖法院的选择。协议管辖,即在当事人可以在合同中率先选择管辖法院,为了避免管辖权的不确定性,在合同中约定管辖法院是一种未雨绸缪的风险防范方法。

以约定或称协议的方式决定发生纠纷后的诉讼管辖权的归属是解决电子合同纠纷管辖权问题的一个较好的途径。在电子商务中,订立合同的双方或多方当事人,事先协议约定诉讼管辖的条款,并不困难。特别在格式合同中,往往只需在相应条文上打上"是"的标记即确定了发生纠纷后的诉讼管辖法院。当然,合同当事人约定的诉讼管辖法院违反民事诉讼法的规定所作的约定应当确定无效。

在双方当事人没有选择管辖法院或选择无效时应遵循什么原则来确定管辖权,这是至关重要的问题。法律规定的管辖地即法定管辖,它是在当事人没有约定时根据我国《民事诉讼法》等法律规定而确定的管辖地。我国《民事诉讼法》第24条规定,因合同纠纷提起的诉讼,由被告住所地或者合同履行地人民法院管辖。因此,下面将讨论被告住所地和合同履行地作为纠纷管辖地问题。

---

① 实际上这一领域才是电子商务的真正领域。

2. 被告住所地

从网站为在线交易的工具的观点来看,网站服务器所在地并不能认为是在线交易主体的所在地,也不可能以用户终端作为其所在地的依据。这一点的理由几乎与侵权行为下判断被告所在地时阐明的理由相同。被告住所地依照一般认定住所地的原则确定,即如果被告是自然人,则适用户籍所在地或经常居住地;如果被告是法人或其他组织,则以其注册地或其主要办事机构所在地为住所地。

3. 合同履行地

合同履行地的确定在实践中十分困难。可能存在多个履行地及履行地确定容易产生争议等。如果当事人在合同中事先约定了履行地,则该约定的履行地应为合同履行地。如果没有约定则可以按照我国《合同法》的有关规定确定。只要原告起诉的法院所在地属于任何该合同的履行地,该法院就享有管辖权。原告的选择最终在多个合同履行地及被告住所地间决定了一个法院的管辖。

(三)美国的有关司法实践

美国在近几年的司法实践过程中,针对网络交易纠纷的司法管辖问题形成了一系列的判例原则,最具代表性的有以下三种:[1]

1. 针对网络交易纠纷管辖的特殊性,美国法院已经开始采用一种所谓的"按比例增减法(sliding scale approach),将互联网上的交易活动分为三类:(1)被告通过互联网从事明显属于外国管辖权的交易活动;(2)被告在网上已经张贴信息,但没有意义通过互联网和潜在客户作更进一步的交流;(3)被告通过交互性互联网站和外国管辖范围内的潜在客户交流被告货物或者服务信息。法院通过审查网站上发生的信息交流的商业性质以及交互性程度的高低来确定由哪个法院行使管辖权。也就是说,根据美国宪法行使的属人管辖权应当和网上进行的商业活动的性质有直接的对称关系。这就是所谓的"按比例增减"法。

在以下四种情况下可以适用"按比例增减"法:(1)在因特网上从事商业行为。在这种情况下,法院可以对属于第一类网络交易活动的被告行使属人管辖权。(2)被动网站。法院认为,如果被告经营的网站是仅提供信息或者广告,而不从事任何其他行为的被动网站,则不宜对其行使属人管辖权。(3)交互性。如果用户能够和作为被告的主机之间进行信息交流,那么,就可以对被

---

[1] 参见王利明主编:《电子商务法研究》,法律出版社 2003 年版,第 546~554。

告行使属人管辖权。例如,用户通过 E-mail 和网站之间进行信息交流以及其他交易,网站为用户提供信息查询服务,网站为用户提供广告服务、寄发软件,邀请用户加入邮件组以便于收到被告产品信息等等,所有这些情况,法院一般都认为用户和网站之间存在交互性。因而如果用户在其本地起诉网站的话,法院可以对作为被告的网站行使属人管辖权。(4)其他情况。即使不存在前面三种情况,用户和网站之间不是通过网页进行接触,如果法院认为网站和用户之间存在最低限度的接触(minimum contacts),法院同样可以行使属人管辖权。

2.最低接触标准

对于原告所在地法院是否可以对辖区以外的被告行使管辖权,美国第八巡回法院的做法是采用"最低接触"标准。怎样才算最低接触呢？第八巡回法院主要从以下五个方面进行认定：(1)被告在管辖地域和原告通过互联网所进行的接触的性质；(2)双方接触的数量；(3)原告和被告之间的接触与诉讼原因之间的关系；(4)原告管辖地对其本地居民提供管辖对管辖地有何利益；(5)双方在受理法院进行诉讼的方便程度。

要确定被告和原告管辖的法院之间是否有最低限度的接触,还需要区分网站是"被动网站(passive website)"还是"交互式网站(interactive website)"。如果一个网站的用户可以浏览,并且可以通过该网站和其他计算机之间进行交流交换信息,那么,这个网站就是"交互性"的；如果一个网站仅仅是提供信息,用户之间没有信息交流,那么这个网站就是被动的。但是,在有的情况下要作出这种区分不是太容易。例如,在网站上注册一个电子邮件一般认为交互性不强,不能够对被告行使属人管辖权。但是,如果网站上有广告而且登了免费的电话号码,那么一般就认为超出了"被动网站"的范围,符合最低接触的条件,因此,可以对被告行使属人管辖权。其次,还要考虑被告在主观上是否故意。

3."其他活动(additional activity)"标准

根据"其他活动"标准,仅有互联网站不足以使法院对被告行使属人管辖权,只要被告在法院管辖的地域内还有其他活动,比方说在法院的辖区内订立合同或者从事商业行为等,法院才可以对被告行使管辖权。其他活动对于决定是否对被告行使属人管辖权之所以重要,其原因还在于互联网的性质。由于互联网上没有现实中的地理范围概念,因此,互联网页一经发布,在瞬间即传播到世界各地,网站经营者根本无法控制其传播的路径。这样,如果仅有互联网站原告所在地法院就可以对被告行使管辖权的话,那么就等于是说,法院对于全世界范围的网站都可以行使管辖权。这样对于维护法律制度是十分有害的,因为这样就等于创造了一个不公平的游戏场所。只有通过"其他活动"标准加以约束确保被告在法院的辖区内从事过其他活动,法院才可以对被告行使属人管辖权,这对于维护公平的法律制度是十分重要的。

第二节　电子商务纠纷的法律适用问题

一、电子商务对法律适用制度的挑战①

(一)传统的国际民事法律冲突及其解决

1. 国际民事法律冲突的产生

尽管法律全球化一度成为继经济全球化之后的一大热门话题,但是,法律毕竟是由主权国家依其主权意志制定的。而各国情况的不完全相同也就产生了法律相互冲突的法律。国际私法上所讲的法律冲突,就是国际民事法律冲突,即对同一民事关系因所涉各国民事法律规定不同而发生的法律适用上的冲突。可见,国际私法中的法律冲突就是法律适用上的冲突。国际民事法律冲突的产生是由下列原因共同作用的结果:②

(1)各国民事法律制度互不相同。这里的民事法律制度包括商事法律制度。由于世界各国的阶级性质、社会制度、经济发展状况以及历史文化传统的不同,其法律制度千差万别。正是由于这种差别,对同一国际民事关系,往往因适用不同国家的法律而产生不同的结果,这便提出应适用何国法律来确定当事人的权利和义务问题。由此可见,各国民事法律制度不同是民事法律冲突产生的前提条件。

(2)各国之间存在着正常的民事交往,组成大量的国际民事关系。尽管各国民事法律制度互不一样,但如果各国处于同一国际平面上的静止状态,没有

---

① 法律适用与管辖权是既有区别又有联系的两个概念。管辖权是指应该由哪一国法院审理涉外民事案件,法律适用则是指应该适用哪一国法律来审理涉外民事案件。取得管辖权的法院并不一定就适用本国的国内法来审理案件,它会根据本国的法律规定来确定应该适用的法律,这种被选择适用于审理涉外民事案件的法律在国际私法上叫做"准据法",而用以确定准据法的法律规定叫做"冲突规范"。

② 韩德培主编:《国际私法》,高等教育出版社、北京大学出版社 2000 年版,第 89~92 页。

往来或很少往来,民事法律冲突也无从产生。可以说各国之间正常的民事交往是民事法律冲突产生的客观基础。

(3)各国承认外国人在内国的民事法律地位。在实际生活中,凡在内国法不允许外国人享有某项民事权利时,也就不会出现外国人作为主体的民事法律关系,当然不会产生民事法律冲突。另一方面,如果外国人在内国居于凌驾内国人之上的特权地位,也无民事法律冲突可言。

(4)各国在一定条件下承认外国民事法律在内国的域外效力。任何法律都有一定的效力范围,有的只有域内效力,有的既有域内效力,又有域外效力。所谓法律的域内效力,是指一国制定的法律在其领域内具有效力。而法律的域外效力,是指一国法律不仅适用于本国境内的一切人,而且适用于居住在国外的本国人。任何国家在制定法律时都可以依照自己的主权确定本国法律具有某种域外效力,但这些域外效力只是一种虚拟的或自设的域外效力,只有当别的国家根据主权原则和平等互利原则承认其域外效力时,这种虚拟的域外效力才变成现实的域外效力。正是因为各国的相互承认,才产生了民事法律冲突。

2.传统国际民事法律冲突的解决

传统国际民事法律冲突的解决方法主要有两种:一是冲突法解决方法。这种方法就是通过制定国内或国际的冲突规范来确定各种不同性质的涉外民事法律关系应适用何国法律,从而解决民事法律冲突。民事法律冲突实质上是民事法律适用上的冲突,而冲突规范恰恰是指定某种涉外民事法律关系应适用何种法律的规范。因此,它是解决民事法律冲突的有效方法。二是实体法调整方法。这种方法是指有关国家间通过双边或多边国际条约的方式制定统一的实体法,以直接规定涉外民事关系当事人的权利义务关系,从而避免或消除法律冲突。适用统一实体法规范即避免了在国际民事交往中可能发生的法律冲突,从这个角度来讲用统一实体法规范调整涉外民事关系较之适用冲突规范确实前进了一步。但是,这并不意味着统一实体法规范可以完全取代冲突规范的作用,因为采用直接调整方法在国际私法关系上,也有其自身的局限性:首先,这种方法的适用领域比较有限;其次,即使在已经制定并适用统一实体法规范的那部分涉外民事领域,冲突规范的间接调整方法仍将起作用。因此,我们这里主要讨论第一种解决传统国际民事法律冲突的方法。

3.冲突规范

运用冲突法解决国际民事法律冲突的解决方法的重要工具就是冲突规范。冲突规范(conflict rules),是由国内法或国际条约规定的,指明某一涉外民商事法律关系应适用何种法律的规范,因此,它又叫法律适用规范(rules of application of law)或法律选择规范(choice of law)。

冲突规范的结构包括范围与系属:(1)范围又称为连结对象(object of connection)、起作用的事实(operative facts)、问题的分类(classification of issue)等,是指冲突规范所要调整的民商事法律关系或所要解决的法律问题,通过冲突规范的"范围"可以判断该规范用于解决哪一类民商事法律关系。这一部分既可以是法律关系,也可以是法律事实,还可以是法律问题。(2)系属是规定冲突规范中"范围"所应适用的法律。它指令法院在处理某一具体涉外民商事法律问题时应如何适用法律,或允许当事人或法院在冲突规范规定的范围内选择应适用的法律。其中,连接点是冲突规范中一个很重要的部分。

国际私法中的法律适用制度或法律选择制度是建立在一种以地域为标准划分各国法律管辖范围之基础上的法律体系,它通过运用有人称之为"分配法"的方法,将发生争议的涉外民事关系分配给某一国家的法律去处理。从而解决"外国法律的域外效力与内国法律的域内效力,或内国法律的域外效力与外国法律的域内效力之间的冲突"。[①] 在制定冲突规则或解决法律选择问题时都要把一定的民事法律关系和某一特定国家的法律联系起来,才能确定应该适用的准据法。实际上,法律选择的过程也就是把不同的法律关系和不同法律制度联系起来的过程。而这种联系乃是通过连结点的选择与确定来实现的。

传统上,对于涉及民事、商事的跨国纠纷,如何选用特定国家法律,是由专门的一门法律——冲突法进行规范。这个被选定的特定国家的法律,我们称之为准据法。按照冲突法的冲突规范去选择准据法,往往需要借助一个或多个连结点去固定这一特定的法律。所谓连结点(point of contact)或连结因素(contacting factor),也有人称之为连结根据(contacting ground),就是指冲突规范就范围中所指法律关系或法律问题指定应适用何地法律所依据的一种事实因素。一般来说,由于客观情况复杂多变,任何一个博学多闻的立法者或法官,都不可能熟悉所有国家的民商法的内容和具体的规定。因此,在一般场合下,他们解决法律选择问题时,只能首先从原则上规定用什么地方的法律来调整这一或那一法律关系最为合适的问题。因此,他必须从法律关系的构成要素中选择其中之一作为选择准据法的媒介,这些被指定为媒介的要素,就是连结点。在冲突规范中,连结点的意义表现在两个方面:(1)从形式上看,连结点

---

① 李双元:《国际私法(冲突法篇)》,武汉大学出版社1987年版,第8页。

是一种把冲突规范中"范围"所指的法律关系与一定地域的法律联系起来的纽带或媒介。因此,每一条冲突规范必须至少有一个连结点,没有这个连结点便不能把一定的法律关系和应适用的法律连结起来。(2)从实质上看这种纽带或媒介又反映了该法律关系与一定地域的法律之间存在着内在的实质的联系或隶属关系,它表明某种法律关系应受一定国家法律的约束,应受一定主权者的立法管辖,如果违反这种约束或管辖,该法律关系就不能成立。若以连结点的状态来看,可以将之分为动态连结点和静态连结点。动态连结点是可变的,如国籍、住所、所在地、法人的管理中心地等。像现在人员流动性不断增强,国籍、所在地都可能在变化中,这就加大了选择法律的难度,也为当事人规避法律提供了可能。而静态连结点是固定不变的连结点,主要为不动产所在地以及涉及过去的行为或事件的连结点,如婚姻举行地、合同缔结地、法人登记地、侵权行为发生地等。相对而言,静态连结点是不变的,可以比较稳定地据此确定涉外民商事纠纷应适用的法律。

(二)电子商务对传统法律适用制度的挑战

电子商务对传统法律适用制度的挑战,主要体现在以下两个方面:

1.在连接点方面

电子商务活动与传统的民商事活动是有很大的不同的,它是在一种与地理空间完全不一样的网络空间中进行的。任何一笔通过电子方式进行的交易,其大多数过程和环节都是在网络空间上自动完成的,而网络空间里一个虚拟的世界,地理因素在其中并无太大的实际意义,很难从地域的角度对这些过程和环节加以确定或场所化。例如,网上民事侵权,其影响可能延伸至世界任何地方,即这些地方都可成为侵权行为地,但对受害者而言,绝非这些地方具有同样意义。有时在网上确定一地点即使并非不可能,至少也是相当困难的,如果网上交易不涉及到实物或有形的交付,而是网上订购、支付和交付无形货物和服务,合同履行地同样很难确定。因此,基于属地连接点很难套用到电子商务中。也就是说在传统冲突法中扮演着十分重要角色的地域因素和空间场所,如果运用于电子商务必然会受到很大的冲击和挑战。

另一方面,像国籍、住所等这些体现国家与当事人之间的法律关系的属人连结因素在用以指引支配电子交易的准据法时,也将面临困难。在电子商务中,国籍与当事人间的联系是相当脆弱的,与电子商务本身的关系是相当偶然的。所以,在电子商务纠纷中以国籍、住所作为连结点的意义同样不大。

2.在准据法方面

准据法是经冲突规范指引用来确定国际民商事关系中当事人的权利和义

务的特定法域的实体法。被选定的准据法可能是某个国家或地区的法律,也可能是国际公约或国际商事惯例。但现在的问题是:一方面,由于互联网是20世纪80年代后期才发展到应用阶段,是最新的科技成果,许多国家尚未来得及对其加以法律调整,即使像电子贸易这样急迫的领域也只有澳大利亚等少数国家通过了有关立法,而且这些立法往往仅就电子贸易的证据效力作出规定,未涉及到其他方面;另一方面,许多国家出于保护科技发展的考虑,不愿过早下结论,因此,有关互联网的立法许多国家都是空白。所以,即使我们运用现有的法律选择规范,确定应适用哪一国法律作为准据法,最后也会发现这一切都是徒劳的,因为该国根本就没有相应的立法,很容易出现准据法落空现象。也就是说在很多案件中,适用冲突规范根本找不出相应的准据法。

为了解决电子商务的应用所带来的国际私法中的法律适用问题,学者们提出了两种截然相反的解决方案:一是继续采用传统的冲突方法,将具体的电子商务案件通过识别归入既有法律体系中,如确定为合同案件、侵权案件、著作权案件等,并据各自的冲突规范来寻找应适用的法律;二是归纳一种新的法律关系即网络空间法律关系,由各国通过国内立法与判例,以及国际条约与公约制定网络空间法,形成一独立法律部门,专门适用于发生在网络空间的案件。

对于第二种方案,学者认为,网络具有全球性,要各国在每一细小规则上保持一致是不现实的,即使能保持一致,法院地的公共秩序也须得到尊重,原有的利益和价值标准上的冲突仍会起作用,尤其是仅仅针对网络空间中信息内容的规则,很难成为其一部分,况且还有赖于全球立法和司法实践。所以,在实践足够充分之前,不宜对网络空间法的存在与否过早地作出结论。至少在目前,对此问题,彻底否定传统冲突法的效用的观点与做法并不可取。我们需要做的工作主要是如何对现有的冲突法制度通过一定的方法作出修订、补充和改进,使之能够更好地适应电子商务的特殊要求。

二、电子合同纠纷的法律适用

(一)传统冲突法合同纠纷的法律适用

1.确定合同纠纷的准据法的历史发展

确定合同纠纷的准据法大致经历了这样几个阶段:

(1)以缔约地法为主单纯依靠空间连接因素确定合同准据法的阶段。由于适用的缔约地法具有确定性和可预见性的优点,符合当时经济条件下国际贸易的需要,因此,这种选择方法从14世纪开始,一直持续到16世纪,始终在涉外合同纠纷的法律选择上占据统治地位。直到19世纪,这种方法才逐渐退出历史舞台。

(2)以意思自治为主,强调依当事人主观意向确定合同准据法。16世纪,随着自由资本主义阶段的纵深发展,天赋人权、契约自由的理念被极度推崇。其反映在法律中便是,无论合同的订立还是合同的内容,都由当事人自主决定,任何人不得干涉、变更。那么选择适用于合同的准据法作为合同的一个内容,当事人也当然有自主决定的权利。随着国际经济贸易的扩展,"意思自治"这个连接点已为多数国家承认和接受。

(3)以意思自治为主而以最密切联系为辅的合同自体法阶段。20世纪后,由于最密切联系说、特征性履行说和利益分析说等理论逐渐占据重要地位,意思自治开始与最密切联系理论结合,形成合同自体法理论,以特征性履行、利益分析来确定最密切联系。这种选择法律的方法基本是目前处理合同纠纷的最普遍的方法。

2. 合同纠纷准据法的确定方法

(1)当事人意思自治原则

①当事人意思自治原则的产生与发展

当事人意思自治原则是指合同当事人可以通过协商一致的意思表示自由选择支配合同准据法的一项法律选择原则。一般认为,该原则最早是由法国的查里士·杜摩兰(Charles Dumoulin,1500—1566年)于1522年在处理一宗夫妻财产案时提出的。当时法国的法律长期处于不统一状态,内容分歧,加上各地封建势力在法律适用上均采属地主义,这些对商业发展都十分不利。杜摩兰为了克服这些弊端,主张在契约关系中适用当事人自己意欲适用的法律。现在它已成为几乎所有国家的国内立法和有关国际条约在处理国际性合同准据法方面一致接受的原则。

②当事人选择法律的时间、方式和范围

一般认为,当事人选择法律的时间既可在订立合同当时,也可在订立合同之后选择。但从国内到国际立法的情况看,当事人在合同订立后选择或变更选择的权利也受到一定限制,即不得使合同归于无效或使第三人的合法利益遭受损害。

在选择方式上有明示和默示两种。明示方式以合同中的法律选择条款或在合同之外的专门的法律选择协议表达选择法律的意图,因其透明度高、具有稳定性和可预见性,为各国法律所普遍规定。对于默示方式,理论与实践均无定论。

就范围而言,当事人选择法律的范围只包括实体法,不包括冲突法,这是多数国家的立法和国际公约一致认可的。关于当事人选择法律的空间范围,即当事人能否选择与合同没有客观联系的法律长期以来就是一个有争议的问题。

③当事人意思自治原则应受到的限制

当事人意思自治原则应受到下列限制:

首先,当事人意思自治原则要受本应支配合同的法律的强行法的限制。自主选择只能在任意性法律规范范围内进行,不得违背法律中的强制性规定。

其次,当事人协议选择的法律必须有合理的根据。许多大陆法系国家法律中还有另一种限制,即当事人不得选择与契约毫无实际联系的法律。

最后,当事人协议选择法律必须善意、合法并且不违反公共秩序。

(2)最密切联系原则

在合同纠纷的法律适用方面,最密切联系原则是指,合同应适用的法律是合同在经济意义或其他社会意义上集中地定位于某一国家的法律。它仍然采用连结因素作为媒介来确定合同的准据法。不过,起决定作用的不再是固定的连结点,而是弹性的联系概念。一个合同之所以适用某国法不是因为该国是合同的缔结地或履行地,而是因为该法与合同存在着联系。这样提高了法律适用的灵活性,有利于国际交往和公正合理地对待当事人的利益。但由于其适用需要法官对国家、社会、当事人的利益及其他客观标志进行综合考察,因而给了法官较大的自由裁量权,易于导致主观随意性,减损法律适用结果的确定性和可预见性,并影响案件的公正。为解决这一问题,自20世纪60年代开始许多国家尤其是大陆法系国家采用了最密切联系原则具体化的方法,其突出表现是以特征性履行方法来具体贯彻最密切关系原则。

(3)特征性履行方法

由于最密切联系原则是一项抽象原则,本身没有指明合同应适用的准据法,在具体运用过程中必然面临一个重要问题,即如何判定哪一个国家的法律与合同存在最密切的联系,由此学者提出特征履行学说。特征履行学说又称特征债务说,它要求法院根据何方的履行最能体现合同的特性而确定合同应适用的法律。在这种理论中可找到萨维尼的"法律关系本座说"的影子,但它是为克服"合同运用与其有最密切联系的法律"这种较为空泛的规则所带来的法律适用上不稳定、不可预见性而诞生的。

(4)合同自体法

关于合同自体法的具体内容,学者们的看法并不一致。韦斯特莱克指出,合同自体法是支配合同内在有效性和效力的法律，是与合同有真实联系的法律。戴赛和莫里斯的著作称，合同自体法是当事人明示选择的法律，当事人没有明示选择时，根据合同的条款、性质和案件的总体情况推断当事人会意图适用什么法律，如果当事人意图不明确，不能通过情况推断的，合同受与其有最密切、最真实联系的法律支配。这种确定方法也受到了多数学者的支持。合同自体法理论完成了合同法律适用问题上主观论与客观论的协调和结合，平息了主观论与客观论的纷争。它既肯定了意思自治原则，适应了各国经济社会发展的需要，另一方面又补充了意思自治原则的不足，对当事人没有选择的情况作出规定。

（二）电子合同纠纷的法律适用

尽管网络技术对合同纠纷法律的选择带来的障碍，不过，这并不是一个不能解决的问题。尤其是合同本身所一贯坚持的"意思自治"原则，使电子合同产生纠纷所应选择的法律也有其可遵循的思路。也就是说，在电子环境下，应充分考虑虚拟空间对时空判定的困难，而对电子商务合同的法律适用强调依照"意思自治"来处理，尊重当事人对合同准据法的选择。实际上，意思自治原则与最密切联系原则也能适用于电子合同，只不过具体的适用过程中应有所差异，只能承认明示选择，若允许默示选择则难以认定默示选择的标准。

1. 当事人意思自治原则的运用

目前，有关当事人所签订的示范交换协议大都包含有法律选择条款，这反映出各法律体系在这一领域均承认合同法律适用中的当事人意思自治原则。几乎所有的交换协议——无论是各个国家拟定的交换协议，还是国际组织拟定的交换协议——都包含有法律选择条款，规定当事人可以选择适用于交换协议的法律。而且，一般讲来，当事人可以选择任何法律制度作为其交换协议的准据法，即使被选择的法律与该交换协议完全没有联系。不过，当事人所作的选择并非毫无限制，有些交换协议就规定不得违背国内法中的一些强制性规则。

2. 最密切联系原则与特征性履行方法的运用

尽管，当事人意思自治原则是合同法律适用中的普遍原则，但在一些具体的合同中，贸易伙伴很可能根本没有想到选择法律或者考虑到了却未达成协议，而且贸易伙伴之间有时所作的法律选择可能被法院判定无效。在这些情况下，法律适用的解决方式不可能是笼统采用一个待认定的客观连结点，应采用最密切联系原则，因为许多传统的客观连结点难以有效地适用于电子合同。对于最密切联系原则，在认定电子合同中的最密切联系这个标准，就不能完全套用"特征履行"理论。如果是间接电子合同交易当然是可以的。但是,如果是直接电子合同交易,答案显然只能是否定的。因为,在直接电子合同交易过程中,特征履行并无多少特征可言,而且特征履行地几乎不能确定。因此,对于直接电子合同交易,仍应结合个案的实际情况综合考虑所涉的各种连结点来确定其准据法。近些年来有关电子合同的法律适用问题已开始引起人们的关注,个别学者还提出了一些新的解决办法,但都仍有待于进一步论证。

三、网上民事侵权纠纷的法律适用

(一)传统冲突法民事侵权纠纷的法律适用

在含有涉外因素的侵权案件中,一个行为是否构成侵权,是否应负赔偿责任,在应负赔偿责任时其责任范围如何确定等问题,通常要由侵权行为准据法来确定。国际侵权行为准据法的确定,主要有以下几种理论和实践。

1. 适用侵权行为地法

侵权行为地法几乎自13世纪的法则区别说以来,就一直为欧洲各国普遍采用。随后又传至其他国家,只是所持理由各异。侵权行为适用行为地法虽然被不少国家所遵循,然而当代人员交往频繁、交通发达,侵权行为可能发生在一国,而其结果却可能在另一国产生,对于此时如何确定行为地的问题,主要有三种观点:

(1)主张以加害行为地为侵权行为地。德国学者鼓吹此观点,并为瑞士、斯堪的那维亚国家的实践所接受。1978年《意大利民法典》和1984年《秘鲁民法典》第2097条也采此说。

(2)主张以损害发生地为侵权行为地。美国1934年《第一次冲突法重述》第377节就持此说。主持该《重述》编纂的比尔教授认为侵权行为地就是"必须使行为人承担责任的事件发生地",或"最后事件地"或"损害地"。

(3)主张侵权行为地既包括加害行为地,也包括损害发生地,甚至还可以包括其他相关的地方,允许受害人自由选择已发生的整个行为的各项事实的任一项发生地为侵权行为地。德国最高法院曾采此说。1982年前南斯拉夫冲突法第28条规定,除个别情况另有规定者外,民事侵权责任,依行为实施地或结果发生地法,其适用视何种法律对受害人最有利。

2. 选择适用侵权行为地法或当事人共同属人法

单纯采用侵权行为地法可能会因为侵权行为地的偶然性而不太合理。特别是当事人具有同一国籍或在同一国有住所时,更是如此。因此,一些国家采用了选择适用侵权行为地法和当事人共同本国法或共同住所地法的方法,如波兰国际私法及前民主德国法律适用条例的规定。

3. 适用法院地法

主要是德国学者的主张,如萨维尼和华赫特,但现在单采法院地法已很鲜见,一般都重叠适用侵权行为地法和法院地法。

4. 重叠适用侵权行为地法与法院地法(或行为人的属人法)

这是目前国际上较为普遍采用的做法。如依 1896 年德国《民法施行法》的规定,对于发生在外国的侵权行为,不得对德国公民提起比德国法律规定更高的赔偿请求,就是认为侵权行为原则上虽应该依行为地法,但如行为人为德国人,则行为地法加于他们责任范围大于德国法所允许的,德国法院是不会同意这种请求的。这一规定现仍为德国修改后的国际私法所坚持。英国法院也采取此观点,但把行为地法和法院地法倒过来适用,以法院地法为主,只参考行为地法。

5. 重叠适用侵权行为地法、法院地法和当事人共同属人法

由于涉外侵权行为的当事人可能来自同一个国家或者具有共同住所,这时也应适当考虑当事人本国法或住所地法的规定。所以,有的国家采用重叠适用侵权行为地法、法院地法和当事人属人法的做法,如匈牙利国际私法。

6. 侵权行为自体法

"二战"后,新的含有多国因素的侵权行为与日俱增,其责任的构成和范围的复杂程度,已使 19 世纪以前形成的理论和制度暴露出局限性。侵权行为准据法理论的新发展是从对法院地说和行为地说的批判为开端的。侵权行为自体法的概念首先由英国莫里斯于 1951 年在《哈佛法律评论》上发表的《论侵权行为自体法》一文中提出。主张对于侵权行为准据法,不能机械地在侵权行为地法与法院地法之间进行选择,而应采用最密切联系原则这个灵活、开放的连结点来指引,即侵权行为应适用与案件或当事人有最密切联系的国家或地区的法律。美国《第二次冲突法重述》中也充分反映了这一学说,规定在判定最重要联系时需考虑的各种因素有:损害发生地、导致损害发生的行为地、双方当事人住所及国籍、法人组成地、商业经营地及双方当事人关系集中地等。

在侵权行为准据法理论的新发展中,另有两种做法值得注意:一是把当事人意思自治的制度引入侵权行为法。私法自治的观念本来是流行于民事主体的平等交易领域,但有些国家立法也将其引入到侵权法领域。例如,《瑞士联邦国际私法法规》第 132 条规定:"当事人可以在侵害事件发生后任何时候约定适用法院地法"。1995 年意大利国际私法规定,侵权责任应由损害结果发生地国法律支配,但受害人可以要求适用导致损害的行为发生地国法律,这也

贯彻了这一思想;二是规定适用对受害人有利的法律。如1979年匈牙利关于国际私法的13号法令第32条第2款规定,如果损害发生地法对受害人更有利,以该法作为准据法。

(二)网上民事侵权纠纷的法律适用

与合同纠纷的法律适用一样,网络技术也对于侵权纠纷问题的法律适用带来了新的困惑。在传统的侵权行为的法律适用上,尽管也出现了像"侵权行为自体法"、"对受害人有利的法律"等选择法律的方法,但"场所支配行为"这一古老法律谚语仍影响着大多数国家的法律体制,仍以侵权行为地法作为侵权案件的支配或参考法律。然而这样就会造成网上侵权案件适用的盲点,因为导致侵权责任的行为往往包含有诸多要素,这些要素通常发生在不同的场所。在国际法律关系中,侵权行地的确定则显得更加困难,其原因在于,不但行为(数据发送)和损害结果(数据错误所致)分处不同的国家,而且行为地和结果地在物理空间中没有固定的位置或场所。因此,对于网络侵权行为,如果按照传统的"侵权行为适用侵权行地法"的法律适用原则,那么就只能在行为地与损害地之间作出主观选择。而实际上在网络空间中,不但行为地与损害地很难确定,而且两者往往跟当事人或案件本身并无太大的联系。

另一方面,侵权行为自体法理论的缺陷也是显而易见的,因为其最终适用的准据法很难为当事人所预见,缺乏必要的确定性。当事人在这种情况下几乎不可能对他们应享有的权利或承担的义务作出估计。

对侵权案件准据法的确定,也有采用重叠适用行为地法和法院地法的,如英格兰采用了一种"双重可诉规则",即该行为根据侵权行为地法和法院地法(英格兰法)都应是可诉行为,由于该规则在很大程度上限制了受害人就其损害获得赔偿的可能性,如果应用于网络侵权行为同样会导致不公平、不合理的结果,因而很少有人对其持赞成态度。

所以,学者们认为,对于网上民事侵权行为的法律适用,可以考虑采用当事人意思自治原则,允许当事人在他们的交换协议中合意选择支配他们之间可能会产生的侵权责任的法律。此外,当事人如能在交换协议中通过排除条款或赔偿条款就侵权责任的构成、范围等作出具体规定,也不失为一种好的解决方法。不过,无论是合意选法条款,还是排除条款或赔偿条款,它们的法律效力取决于应予适用的准据法或法院地法的规定。比如,如果当事人在交换协议中规定欺诈行为可免责,那么此种协议在许多国家看来显然是违法的,法院所在国也会以违背公共秩序而拒绝承认其法律效力。[①]而在缺乏当事人合意选择的情形下，则可以适用"侵权自体法理论"。

第三节 电子商务纠纷解决的替代方式
——在线争议解决方式

电子商务的法律纠纷仍然可以和应当在原有法律体制下通过司法程序加以解决。但由于电子商务的特殊性，业内人士积极地寻找适合电子商务或网络特点的新形式的纠纷解决方式——替代性争议解决方式，在这种背景下产生了在纷争议解决方式。

一、替代性争议解决方式概述

（一）替代性争议解决方式的产生

电子商务的发展提供了无限商机，它使商家可以轻松地把市场扩大到全世界，也使消费者足不出户就能在全球市场进行消费。然而，这种网络上的商务活动与现实世界中的商务活动一样也会产生纠纷，甚至会因为网络技术的运用而产生更多的纠纷。如果这些纠纷无法及时得到解决，消费者就会对电子商务的可靠性产生怀疑，从而对参与电子商务缺乏信心。一旦全球消费者作为一个整体对由于商务的可靠性缺乏信心，电子商务将失去生命力。

对电子商务中产生的纠纷，仅靠各国法院通过司法程序解决是远远不够的。首先，电子商务纠纷的双方当事人很可能相隔万里，如果要在一方当事人所在地提起诉讼，成本是惊人的。第二，电子商务纠纷的管辖权和准据法如何确定，尚未有国际立法，各国的实践也不一致。因此选择有管辖权的法院以及执行判决都是难题。第三，即使上述两个问题都不存在，电子商务每天产生的大量纠纷对各国法院的人力物力来说都是沉重的负担。因此，很多国家和国际组织都鼓励采用替代性争议解决方式（Alternative Dispute Resolution，简称 ADR）来解决电子商务纠纷。

（二）替代性争议解决方式的特点

替代性争议解决方式（ADR），又称选择性争议解决方式，是除诉讼方式

[①] 吕国民:《EDI 的应用所带来的若干国际私法问题》，《政治与法律》，2000 年第 4 期。

以外的其他各种解决争议方法或技术的总称,主要包括传统的仲裁、法院附属仲裁、建议性仲裁、调解仲裁、调解、微型审判、简易陪审审判、中立专家认定事实等。①

以 ADR 方式解决争议主要具有以下优点:

1. 较诉讼程序而言,ADR 更加迅速、便宜。

2. ADR 方式灵活多样,从在第三方协助下进行谈判到正式的仲裁,当事人可以根据争议的性质选择不同类型的 ADR,既体现了当事人的意思自治,又可以通过最适合的争议解决方式获得最佳结果。

3. 在专家中立者的帮助下,当事人更容易获得"双赢的解决办法"(win-win solutions)。

4. 维护个人或组织的声誉。特别是对有名誉、有地位的人或机构来说,与他人进行诉讼是有损形象的事情,因此发生争议后,他们更愿意私下解决,而不是公布于大众的监督下。

(三)替代性争议解决方式的主要方式

最常用的替代性争议解决方式有仲裁和调解两种。

1. 仲裁

仲裁,是指双方当事人自愿把他们之间的争议交给第三者进行评判或裁决,并约定自觉履行该裁决的一种制度。仲裁必须有当事人的仲裁协议,可以是合同中的仲裁条款,也可以是单独的仲裁协议书。仲裁协议必须明确交付仲裁的争议事项、规定仲裁地点和仲裁机构,并明确仲裁裁决的效力。仲裁程序一般都适用仲裁组织的仲裁规则,但有的仲裁机构也允许当事人合意选择仲裁规则。一般而言,仲裁裁决是终局性的,而且具有强制执行力,一方当事人不自觉履行的,对方当事人可以申请法院强制执行,法院一般不对仲裁裁决进行实质性审查。

2. 调解

调解是双方当事人在共同选择的中立者的帮助下,对争议的问题相互妥协与让步,以达成协议解决争议的方法。调解虽然是非正式的争议解决方式,灵活性相当大,但是一般的调解机构也都有自己的调解规则,以确保调解程序的进行。调解与和解不是同一概念。和解是指当事人双方互相协商、妥协以解决争议的程序,其中并没有引入中立的第三者。在和解程序中主要是谈判,

---

① 郭玉军、甘勇:《美国选择性争议解决方式(ADR)介评》,载《中国法学》2000 年第 5 期。

由双方当事人的意思决定,并设有确定的规则。

在这一寻求替代性争议解决方式过程中,也孕育出运用网络技术解决在线争议的方式,这便是在线争议解决方式。

二、在线争议解决方式的主要形式

(一) 概述

所谓在线争议解决方式(Online Dispute Resolution,简称ODR),是指争议解决的全部或主要程序都在互联网上进行的争议解决方式。具体地说,就是从争议解决程序的发起到进行裁判或协商甚至到作出裁决或达成解决协议以及支付有关费用等主要通过网络技术来实现,当事人之间及当事人与争议解决机构之间不进行面对面的会见。用网络技术仅仅实现文件的管理,程序的其余部分仍用传统方式来完成,不属于在线争议解决的范围。①

目前,在线争议解决方式主要有4种形式:在线仲裁、在线清算、在线消费者投诉处理及在线调解。

1. 在线仲裁或网上仲裁(online arbitration)

目前最主要的在线仲裁提供者是加拿大的 eResolution,主要解决域名争议。国际互联网名址分配公司(ICANN)授权 eResolution 以在线方式解决域名争议,争议的解决以 ICANN 的"统一域名纠纷处理规则"为依据。解决域名争议的请求可以通过电子邮件提出,也可以通过填写安全网页上的申请表提交。仲裁委员会根据 ICANN 的规则、实施细则以及 eResolution 自己的补充规则进行审理。在听取当事人双方的陈述后,仲裁员会作出具有约束力的裁决。

2. 在线清算(online settlement)

Cybersettle 是最早提供在线清算服务的,主要是针对保险索赔。Clicknsettle 紧随其后,适用于任何金钱纠纷。两者都有一种专门的系统,通过这一系统,争议双方各自报价,但无从知晓对方的出价。如果双方的报价符合事先约定的某一公式,则系统自动以中间价成交。Cybersettle 允许被诉人出价三次,原告可以还价三次;Clicknsettle 则允许双方在60天时间内进行任意次数的报价。如果在此期限内双方无法达成一致,则当事人仍然可以不受影响地进行谈判,因为他们在在线清算系统中的报价是绝对保密的。这种系统的建

---

① 齐爱民、万暄、张素华:《电子合同的民法原理》,武汉大学出版社2002年版,第237页。

立,可以大大缩短谈判和诉讼时间,降低解决争议的成本和费用。其他提供类似服务的还有 Ussettle,Settlesmart 等。

3. 在线消费者投诉处理(Online resolution of consumer complaints)

更佳商业局在线(BBBOnline)是美国中央更佳商业局(Center Better Business Bureau)的子公司,致力于发展以在线方式处理消费者投诉。美国中央更佳商业局下属有 132 个更佳商业局,最早的一家成立于 1912 年,其从事替代性争议解决方式已有 100 多年历史。通过 BBBOnline,消费者可以以在线方式提交投诉,但是目前对投诉的处理还没有完全做到在线。一般情况下,在收到投诉后,BBBOnline 首先会进行和解(conciliation),即与公司内部的有关人员联系,这种方法常常能马上解决问题。如果和解不成,在多数情况下会利用电子邮件和电话进行简易的调解(mediation)程序。如果这些非正式的、部分利用在线方式的努力都不成功,BBBOnline 会提供更加正式的离线争议解决方式,包括面对面的调解和仲裁。目前这种在线消费者投诉处理还不成熟,仍需部分使用离线方式,但毕竟已向在线解决方式迈出了步伐。

4. 在线调解(Online mediation)

而所谓在线调解,其基本原理同传统调解一样,只是其从程序的发起至争议解决协议的达成全部在线发生。在线调解是网上的调解。所以,它一方面与传统调解有紧密的联系,具有调解的一般特征,同时又具有传统调解所不具有的反映网络环境需要的互联网发展现状的一些特点。如在线调解更能体现当事人的自愿,它可以自由决定是否采取调解的方式,也可以自由决定是否参与到程序中来,甚至可以在程序进行中中途退出而使调解终结。另外,在线调解的程序也很自由,而且其受法律规范约束少,因为第三人并不试图运用现有的法律规范来解决双方的冲突,而是对冲突双方提出的观点和要求策划一种妥协与和解的办法。尤其在网络空间高度自治的情形下,调解人更注重自治规则的影响,在线调解已以其能方便快捷而经济地解决争议吸引了更多的案源。

(二)在线仲裁面临的主要法律问题

目前,在线争议解决方式的 4 种主要形式中,在线仲裁(或网上仲裁)是最重要的一种。所以,以下进一步分析在线仲裁面临的一些主要法律问题。在线仲裁活动在当前也面临着许多需要解决的适用障碍。在线仲裁面临的问题主要包括法律和技术两个方面,而法律问题又包括实体法上的问题和程序法上的问题,这些法律问题主要表现在以下几个方面:

1. 在线仲裁的形式要件之一——书面要求

《承认和执行外国仲裁裁决的公约》(1958年签订于纽约,以下简称《纽约公约》)与许多国家国内仲裁法的规定的一样,要求仲裁协议是书面的(联合国国际贸易法委员会《国际商事仲裁示范法》亦有类似规定),而且提交法院的仲裁裁决必须是经适当签证的原件或复印件并附以同样方式提交的仲裁协议才是可执行的。但是对于什么才构成公约所定义的"书面"形式,从电子邮件上打印下来的信息是否构成书面形式,人们没有形成统一理解。这样,法院是否接受以网络通信方式出具的仲裁协议(包括仲裁协议和合同中的仲裁条款)和裁决就成为一个问题。

网络通讯文件是否符合《纽约公约》第2条第2款规定的书面要求,实际上是一个法律条款的解释问题。为适应网上国际商事仲裁实践,应当对《纽约公约》第2条第2款的书面要求做出扩大解释。在解释该法律条款时,我们应当从制定该条款的背景、当时的技术发展状况以及在它之后的国际条约的相关规定去理解其中所反映的"书面"定义的发展趋势。《纽约公约》第2条第2款包含了两种协议形式:一种是合同中的仲裁条款或由双方签名的仲裁协议书,另一种是包含在互换信件或电报中的仲裁协议。显然,公约将包含在互换信件、电报中的协议方式规定进去是为了适应国际贸易中以信件、电报方式缔结合同的实践,其意图在于尽量增加达成仲裁协议的可能性,而不是相反。考虑到当时的通讯技术状况——电报是大量商业通讯最快捷的方式,它代表了当时投入商业应用的最现代化的通讯技术,应该说,法律起草者们并设有排除以未来更先进的技术手段缔结协议的可能性的意图。实质上,随着技术的发展,法律制定者们在定义"书面"时已经越来越多地考虑技术发展趋向。例如,联合国国际贸易法委员会《国际商事仲裁示范法》第7条将"书面"范围扩大到"电报、电话和其他能够提供协议记录的电子通讯方式"。所以,在解释《纽约公约》第2条时,将国际互联网络通讯方式视为书面形式,应该是不存在问题的。所以,在形成统一的立法或司法解释之前,进行充分的学理解释是非常必要的。

2. 在线仲裁的形式要件之二——签名要求

各国仲裁法有签名的要求,《纽约公约》规定仲裁协议需有双方当事人的签名。网上仲裁双方当事人的数字签名是否符合《纽约公约》的要求呢?这也是一个有待解决的问题。还有一个与书面和签名要求相关的问题,在网络上做出的并具有仲裁员数字签名的电子版本仲裁裁决,能否视作仲裁的正本文件?这一点从《纽约公约》中找不到明确答案。

因特网上的签名是数字签名,数字签名是否符合《纽约公约》的签名要求,实质上也是一个法律解释问题。在此,人们应当考虑签名的作用。签名帮助人们确认交易,为交易安全提供保障和鉴证,它还表示文件以最后形式出具,双方同意正式签订该合同。最传统的签名方式是由双方当事人在同一时间、同一地点于同一文本上签名。当合同以电报、电传等书面交换方式签订时,由于所使用的媒体的性质,双方当事人不可能在同一时间、同一地点在同一文本上签名,但交换书面文件本身表示双方同意和协商一致。公约承认这两种签名方式,反映了国际贸易实践发展的要求,也被一些国家法院所确认。同理,人们既然可以用电子邮件和 EDI 系统来交换信息签订国际贸易合同,当然也可以用同样的手段来签订仲裁协议或仲裁条款。因此,应当认为数字签名是符合公约的要求的。

3. 在线国际商事仲裁地空缺的法律问题

由于在线仲裁是在网上进行,因而缺乏仲裁地,而仲裁地在法律上的意义是不言而喻的。《纽约公约》在采用意思自治原则决定仲裁准据法问题上采取了比较激进的步骤。作为一项法律选择原则,仲裁适用的准据法由双方当事人确定,仲裁地法具有辅助作用。人们也许会说,既然当事人根据意思自治原则确定仲裁的准据法,仲裁地空缺并不会引起什么法律问题,但实际情况并不那么简单。如果仲裁机构和当事人自由选择了准据法而准据法并不包含仲裁实际所需的一切规则,在此情况下,根据国际私法的理论,仲裁地法将作为第二性的准据法在决定仲裁协议的效力、仲裁庭的组成、仲裁程序等方面发挥作用。还需强调的是,在确定什么法院有权干预仲裁、有权执行或拒绝执行裁决的问题上,确定仲裁地也是必需的。如果双方当事人未选定一个仲裁地或仲裁地不能由仲裁规则来确定,将无法确定何国法院对案件行使管辖权。那么,在线仲裁应当如何确定其仲裁地呢,这是一个急需解决的问题。

有鉴于此,学者提出了仲裁地空缺法律问题的解决方法,主要包括以下几个:(1)依据意思自治原则确定仲裁地。应当指出,所谓仲裁地空缺是指在网上仲裁条件下,缺少一个传统的具有特定场所意义的仲裁地点,但是与仲裁相关的若干场所却肯定是存在着的。在网上仲裁情况下,与仲裁相关的场所包括常设仲裁机构所在地、开始仲裁程序地、仲裁程序终结地、仲裁员的住所地或本国、某一方当事人的住所地或本国、在有多名仲裁员而他们分别位于不同国家时首席仲裁员所在地等等。由于仲裁地在确定法院的管辖权等方面所具有的作用,可由双方当事人在仲裁协议中假定某一地点为仲裁地,这一仲裁地并非仲裁发生的特定场所,而是由双方当事人合意假定一个地点,而由法律承认双方当事人的假定。根据国际私法的意思自治原则,在仲裁地空缺的情况下,当事人就应当有拟制仲裁地的自由。承认当事人假定仲裁地的权利,并不意味着当事人可以随心所欲地做出假定,而是应当依照最密切联系原则,在诸多有仲裁相关的场所中选择一个场所并假定它是仲裁地。(2)由仲裁庭依最密切联系原则确定仲裁地。在双方当事人未假定仲裁地时,仲裁庭可以根据案件的需要,依最密切联系原则确定仲裁地。在从诸多有联系的场所中择定仲裁地时,要考虑是否与案件有最密切、最重要的关系以及由此确定管辖法院是否有利于案件的公正合理解决。另外,似乎仲裁非本地化理论可能也有助于解决仲裁地空缺法律问题,但由于对这一理论争议颇多,因此,其解决问题的可行性仍有待人们进一步探讨。

4. 在线仲裁裁决的承认与执行问题

大家知道《纽约公约》规定任何一个加入该公约的国家都必须承认和执行仲裁裁决,这个国家并不是指做出仲裁裁决的国家。但同时《纽约公约》也规定要求申请执行仲裁裁决的当事人应出具裁决书正本或被依法认证的复印件。但目前,即使当事人通过在线仲裁获得了裁决,也不可能做到这些规定的要求。一方面,还没有国家承认在线仲裁庭的管辖权;另一方面,也不会执行在线仲裁庭所做出的仲裁裁决。而且,即使承认在线仲裁裁决,也难以符合《纽约公约》或大多数国家的规定。另外,仲裁裁决的执行,首先必须保障被告人的权利,如得到适当通知的权利、仲裁庭的公正性和被告反诉的权利等。然而,通过在线仲裁做出的仲裁裁决,很难证明被告的这些权利得到保障。

对于上述几个问题,尽管学者们已经提出了一些解决问题的对策和建议。一方面,这些解决问题的方法是否有效,需要在实践中进一步检验;另一方面,仍有些问题需要人们进一步探讨和解决(尤其是那些需要结合技术的发展予以解决的问题)。

第四节 电子商务诉讼中的电子证据问题

一、电子证据的概念与特点

(一)电子证据的概念

电子证据是指以电子形式存在的、用作证据使用的一切材料及其派生物,或者说,电子证据是借助电子技术或电子设备而形成的一切证据。① 要正确理解电子证据的含义,必须注意以下几点:1.电子证据包括以电子形式存在的材料,也包括其派生物;2.电子证据是借助电子技术或电子设备而形成的;3.电子证据是作为证据使用的材料。

(二)电子证据的特点

与传统的证据相比,电子证据有以下突出的特点:

1. 高科技性

电子证据的物质载体是电脉冲和磁性材料等。从技术上说,电子证据具有数字信息的准确性、精密性、迅速传递性等特点。计算机是现代化的计算工具和信息处理工具,其证据的产生、储存和传输,都必须借助于计算机技术、存储技术、网络技术等。离开了高科技含量的技术设备,电子证据便不能够准确地储存并反映有关案件的情况,正是以这种高技术为依托,使它很少受主观因素的影响。其精确性决定了电子证据具有较强的证明力。而电子证据的收集和审查判断,往往需要一定的科学技术,甚至是尖端的科学技术并且伴随科技的发展进程会不断地更新、变化。

2. 无形性

计算机内部所有信息都是以唯一的由0和1组成的数字编码的二进制数码的信息,且都必须用二进制的特定编码表示。计算机就是通过二进制编码的形式体现为一系列的电磁脉冲来实现某种功能。在进行电子商务交易的过程中,一切信息都由这些不可见的无形的编码来传递,因此,电子证据也具有这样的无形性。

3. 复合性

由于多媒体技术的出现,信息在电脑屏幕上的表现形式是多样的,其呈现出图、文、声并茂形态,甚至人机交互处理,与其他证据相比更具表现力。信息在计算机屏幕上的表现形式是多样的,它输出到计算机的外部设备上则与传统的证据极其类似,如打印到纸张上或以计算机缩微胶卷的形式输出,这都显示了它的复合性。尤其是多媒体技术的出现,更使电子证据综合了文本、图形、图像、动画、音频及视频等多种媒体信息,这种以多媒体形式存在的电子证据几乎涵盖了所有传统证据类型。

4. 易破坏性

由于电子证据均以电磁浓缩的形式储存,电子数据和信息的无形性使得

---

① 何家宏主编:《电子证据法研究》,法律出版社2002年版,第5页。

其易被毁灭与变更,因而其真实性也被大打折扣。计算机信息是用二进制数据表示的以数字信号的方式存在,而数字信号是非连续性的,因此,如果有人故意或因为差错对电子证据进行截收、监听、窃听、删节、剪接,从技术上讲无法查清,不像录音、录像资料记录的是连续的模拟信号,发生变化可以用技术手段查明。而且,计算机操作人员的差错或供电系统、通信网络的故障等环境和技术方面的原因都会使电子证据无法反映真实的情况。计算机登记、处理、传输的资料均以电磁浓缩的形式储存,体积极小,携带方便,而行为人往往具有各种便利条件,极易变更软件资料,随时可以毁灭证据。行为人对电子证据的修改或伪造过程在几分钟甚至几秒钟内就可以完成,且不易察觉。

此外,计算机储存的资料均以浓缩形式储存,具有体积小、便于携带、收集迅速、易于保存的优点。但电子证据唯一的缺憾就是无法像传统的证据那样形成书面文件,亲笔签名、亲自盖章也是不可能的。同时,大多数国家的诉讼法都要求当事人提交原件,但电子数据在信息网络中传递,接收到的电子信息是计算机系统重新复制出来的,只能是原件的副本。另外,电子证据的易破坏性也使其真实性和安全性受到威胁,在诉讼或仲裁中能否被采纳为证据,就成为证据法的难题。

二、电子证据的可采纳性问题

我国三部诉讼法对电子证据未作明确规定,三部诉讼法大致将证据规定为七种,即书证、物证、视听资料、证人证言、当事人陈述(或被害人陈述、犯罪嫌疑人和被告人供述和辩解)、鉴定结论、勘验和检查笔录。

在上述诸种形式中,许多学者认为数字电文应归入视听资料的范畴,应对"视听资料"作扩大解释,不应限于录音带、录像带之类的资料,还应把电子数据资料也包括在内,因为电子数据同样是可以显示为"可读的形式"(Readable Form),因而它也是"可视的"。其理由主要有:(1)电子数据可显示为可读形式,因而也是可视的。这和视听资料没有本质的区别;(2)二者存在的形式极为相似,即都以电磁或其他形式而非文字符号形式存储在非纸的介质上;(3)二者再现的形式极为相似,都需借助于一定的媒体来转化才可达到为人所感知的目的;(4)二者副本的制作都极为容易,且与正本没有什么区别。但反对者认为:(1)法律上将视听资料与其他证据相区分强调的是以声音和图像而非文字内容证明案件的真实情况,将电子证据中文字的"可视"和视听资料的"可视"混在一起没有充分的理由,这样很难解释其他文书、鉴定结论、勘验笔录等证据都是可读的,当然也是可观的,因而可以归为"视听资料"的结论。(2)从证据的角度来看,将电子数据视为视听资料不利于电子数据在诉讼中充分发挥证据的作用。理由是我国《民事诉讼法》第69条明文规定:"人民法院对视听资料应当鉴别真伪,并结合本案的其他证据审查确定能否作为认定事实的根据。"这就把电子证据的可采性和确定力置于模棱两可中,并对电子证据的效力作了苛刻的限制。由此条得出的结论是,如果某一案件只有电子数据证据,但因其被视为视听资料,即使经辨别为真实可靠,也会因该案无其他证据结合使用,而不能作为认定事实的根据,因而这类案件将会无法解决,这对电子合同的保护和推广是十分不利的。(3)因为电子合同是一种"无纸合同",合同的载体为电脑(计算机),故通常条件下的书证、物证为电子数字所代替。所以,电子证据要与物证、书证等法定证据相印证在司法实践的操作中非常困难。

因此,也有学者主张把电子证据归类为书证。大致理由归纳如下:(1)二者只是载体不同而已,即记载内容的介质和记录方式不同。普通的书证是将某一内容以文字符号等方式记录在纸张上,电子数据则是以不同的方式,如电磁、光等方式,将同样的内容记录在非纸张的存储介质上;(2)电子数据多数也最终表现为书面的纸张形式。因为电子数据也是以其记载的内容来证明案件的事实,只是记载方式不同而已。从一定意义上看,数据电文在并未明确取得证据法上的地位时,也可对书证作宽泛解释,将数据电文视作书证。数据电文是否构成书证,其实是一个关于"书面形式"的解释问题。《合同法》第11条明确规定:"书面形式是指合同书、信件及数据电文(包括电报、电传、传真、电子数据交换和电子邮件)等可以有形地表现所载内容的形式。"显然该法对书面作了扩大解释,使之涵盖了数据电文,从而给数据电文作为书证营造了良好的法律环境。

然而,主张电子证据应归为书证的学者会面临这样一个难题,即法律对书证"原件"的要求如何解决,这也是世界上众多国家共同面临的一个难题。不过,联合国《电子商务示范法》第9条的规定令我们看到了解决问题的希望。《电子商务示范法》第9条规定:"(1)在任何法律诉讼中,证据规则的适用在任何方面均不得以下述任何理由否定一项数据电文作为证据的可接受性:(a)仅仅以它是一项数据电文为由;或(b)如果它是举证人按合理预期所能得到的最佳证据,以它并不是原样为由。"《电子商务示范法》这一规定的目的是确定电子意思表示在法律诉讼中作为证据的可接受性,但这毕竟只是示范法而已,具体到各个国家如何规定则还有各自很复杂的因素。

三、电子证据的证据力问题

数据电文作为证据来使用，必须能被法院认为具有证明案件事实的证据力。关于电子证据的证据力问题，联合国国际贸易法委员会国际支付工作组在1992年的报告中认为采用以下两种方法解决：一是完全由法院依自由裁量权来决定，另一种办法是通过专家的鉴定来解决。联合国《电子商务示范法》第9条第2款对此作了原则性规定，即对于以数据电文为形式的信息，应给予应有的证据力。在评估一项数据电文的证据力时，应考虑到生成、储存或传递该数据电文的办法的可靠性，保持信息完整性的办法的可靠性，用以鉴别发端人的办法以及任何其他相关因素。

具体说来，一项数据电文要具有充分证据力，必须符合法律所规定的如下要求：

1. 客观性又称实质性。证据必须是客观存在的事实。数据电文的客观性在于其内容必须是可靠的，非法虚构、篡改的数据电文没有客观性，必须保证信息的来源和信息的完整性是可靠的。因此，必须证明计算机的操作有严格的规程，包括操作者处于严格控制之下，系统未被非法人员操作；操作者的操作是合法的，符合系统本身的设计；系统的维护和调试也处于严格控制之下，未被随意修改，以便于日后核查数据与原始资料是否一致。

数据电文内容的可靠性还涉及数据电文的储存问题。必须严格保证数据电文存储介质的安全，防止数据的遗失和未经授权的接触。为保证储存的公正性，可由具有较强公信力的第三方机构提供服务。

在审查电子证据的客观性时应注意以下两方面的审查：第一，审查电子证据的来源。查明电子证据形成的时间、地点、对象、制作人、制作过程及设备情况，明确是在有关事实和行为发生时留下的，还是以后专为诉讼的目的而形成的。只有查明上述情况，才能明确电子证据所反映的是否真实可靠，有无伪造和删改的可能；第二，审查电子证据的内容。判断电子证据是否真实，有无剪裁、拼凑、伪造、篡改等，对于自相矛盾、内容前后不一致或不符合情理的电子证据，应谨慎对待，不可轻信。

2. 相关性，又称关联性或者证明性，即证据与其所涉及的事实具有一定的联系并且对证明事实有实际意义。这就必须对诉讼有关的诸多数据进行重组与取舍，而要保证重整后的数据与诉讼事实具有本质上联系，也必须保证重组方法和过程的客观科学性和合法性，只有紧密围绕事实，严格按照操作程序进行的重组才能符合这一要求。实践中，必须查明电子证据反映的事件和行为同案件事实有无关系,只有与案件相关的事实或逻辑上是相关的事实才能被认为是证据。

3. 合法性,又称有效性或者法律性,即证据必须是依法收集和查证属实的事实。对数据的固定、收集、存储、转移、搜查等行为必须依法进行。违反法定程序收集的证据,其虚假的可能性比合法收集的证据要大得多,因此,在审查判断电子证据时,要了解证据是以什么方法、在什么情况下取得的,是否违背了法定的程序和要求,这样有利于判明证据的真伪程度。

参考书目

1. 高富平主编:《电子商务法律指南》,法律出版社2003年版。
2. 齐爱民、刘颖主编:《网络法研究》,法律出版社2003年版。
3. 王利明主编:《电子商务法研究》,法律出版社2003年版。
4. 阿拉木斯、高富平主编:《中华人民共和国电子商务与网络法规汇编》,法律出版社2002年版。
5. 齐爱民、万暄、张素华:《电子合同的民法原理》,武汉大学出版社2002年版。
6. 王纪平主编:《商务法律法规》,清华大学出版社2002年版。
7. 高富平、张楚:《电子商务法》,北京大学出版社2002年版。
8. 张正新主编:《中国企业电子商务转型及其法律问题研究》,武汉大学出版社2002年版。
9. 胡静:《电子商务认证法律问题》,北京邮电大学出版社2001年版。
10. 万以娴:《电子签章法律问题研究》,人民法院出版社2001年版。
11. 杨坚争、高富平 方有明:《电子商务法教程》,高等教育出版社2001年版。
12. 吕国民:《国际贸易中EDI法律问题研究》,法律出版社2001年版。
13. 张楚:《电子商务法》,中国人民大学出版社2001年版。
14. 魏士廪:《电子合同法理论与实务》,北京邮电大学出版社2001年版。
15. 蒋志培主编:《网络与电子商务法》,法律出版社2001年版。
16. 齐爱民、徐亮:《电子商务法原理与实务》,武汉大学出版社2001年版。
17. 陶鑫良、程永顺、张平主编:《域名与知识产权保护》,专利文献出版社2001年版。
18. 郭卫华、金朝武、王静等:《网络中的法律问题及其对策》,法律出版社2001年版。
19. 王云斌:《互联法网—中国网络法律问题》,经济管理出版社2001年版。
20. 韩德培主编:《国际私法》,高等教育出版社、北京大学出版社2000年版。
21. 阚凯力、张楚主编:《外国电子商务法》,北京邮电大学出版社2000年版。
22. 张楚:《电子商务法初论》,中国政法大学出版社2000年版。
23. 周忠海主编:《电子商务法导论》,北京邮电大学出版社2000年版。
24. 崔建远主编:《合同法(教学参考书)》,法律出版社1999年版。
25. 李双元、谢石松:《国际民事诉讼法概论》,武汉大学出版社1990年版。
26. 李双元:《国际私法(冲突法篇)》,武汉大学出版社1987年版。

图书在版编目(CIP)数据

电子商务法/郭懿美,蔡庆辉编著.—厦门:厦门大学出版社,2004.2(2013.1重印)
(商法系列/柳经纬主编)
ISBN 978-7-5615-2164-2

Ⅰ.①电…　Ⅱ.①郭…　②蔡…　Ⅲ.电子商务-法规-中国　Ⅳ.D922.294

中国版本图书馆 CIP 数据核字(2004)第 010314 号

厦门大学出版社出版发行
(地址:厦门市软件园二期望海路 39 号　邮编:361008)
http://www.xmupress.com
xmup @ xmupress.com
南平市武夷美彩印中心印刷
2013 年 1 月第 3 版　2013 年 1 月第 1 次印刷
开本:787×960　1/16　印张:23.5　插页:2
字数:404 千字　印数:1～3 000 册
定价:32.00 元
本书如有印装质量问题请直接寄承印厂调换